做一个理想的法律人
To be a Volljurist

法律人进阶译丛【案例研习】
李 昊/译丛主编

德国民法总则案例研习

第 5 版

Fälle zum BGB
Allgemeiner Teil, 5. Auflage

〔德〕尤科·弗里茨舍（Jörg Fritzsche）/著

张传奇 /译
游小红 张传奇 /校

著作权合同登记号　图字：01-2015-4533

图书在版编目(CIP)数据

德国民法总则案例研习：第5版／(德)尤科·弗里茨舍著；张传奇译．—北京：北京大学出版社，2022.7
(法律人进阶译丛)
ISBN 978-7-301-33071-5

Ⅰ. ①德…　Ⅱ. ①尤…　②张…　Ⅲ. ①民法—总则—案例—德国　Ⅳ. ①D951.631

中国版本图书馆 CIP 数据核字(2022)第 095418 号

Fälle zum BGB Allgemeiner Teil, 5. Auflage, by Jörg Fritzsche
© Verlag C. H. Beck oHG, München 2014
本书原版由 C. H. 贝克出版社于 2014 年出版。本书简体中文版由原版权方授权翻译出版。

书　名	德国民法总则案例研习（第5版） DEGUO MINFA ZONGZE ANLI YANXI(DI-WU BAN)
著作责任者	〔德〕尤科·弗里茨舍（Jörg Fritzsche）　著 张传奇　译
丛书策划	陆建华
责任编辑	陆建华　陆飞雁
标准书号	ISBN 978-7-301-33071-5
出版发行	北京大学出版社
地　址	北京市海淀区成府路205号　100871
网　址	http://www.pup.cn　http://www.yandayuanzhao.com
电子信箱	yandayuanzhao@163.com
新浪微博	@北京大学出版社　@北大出版社燕大元照法律图书
电　话	邮购部 010-62752015　发行部 010-62750672 编辑部 010-62117788
印刷者	三河市北燕印装有限公司
经销者	新华书店
	880 毫米×1230 毫米　A5　17.625 印张　457 千字 2022 年 7 月第 1 版　2022 年 7 月第 1 次印刷
定　价	88.00 元

未经许可，不得以任何方式复制或抄袭本书之部分或全部内容。

版权所有，侵权必究

举报电话：010-62752024　电子信箱：fd@pup.pku.edu.cn
图书如有印装质量问题，请与出版部联系，电话：010-62756370

"法律人进阶译丛"编委会

主　编

李　昊

编委会

（按姓氏音序排列）

班天可　陈大创　杜志浩　季红明　蒋　毅
李　俊　李世刚　刘　颖　陆建华　马强伟
申柳华　孙新宽　唐志威　夏昊晗　徐文海
查云飞　翟远见　张　静　张　挺　章　程

做一个理想的法律人(代译丛序)

近代中国的法学启蒙受自日本,而源于欧陆。无论是法律术语的移植、法典编纂的体例,还是法学教科书的撰写,都烙上了西方法学的深刻印记。即使是中华人民共和国成立后兴盛过一段时期的苏俄法学,从概念到体系仍无法脱离西方法学的根基。20世纪70年代末,借助于我国台湾地区法律书籍的影印及后续的引入,以及诸多西方法学著作的大规模译介,我国重启的法制进程进一步受到西方法学的深刻影响。当代中国的法律体系可谓奠基于西方法学的概念和体系之上。

自20世纪90年代开始的大规模的法律译介,无论是江平先生挂帅的"外国法律文库""美国法律文库",抑或许章润、舒国滢先生领衔的"西方法哲学文库",以及北京大学出版社的"世界法学译丛"、上海人民出版社的"世界法学名著译丛",诸多种种,均注重于西方法哲学思想尤其英美法学的引入,自有启蒙之功效。不过,或许囿于当时西欧小语种法律人才的稀缺,这些译丛相对忽略了以法律概念和体系建构见长的欧陆法学。弥补这一缺憾的重要转变,应当说始自米健教授主持的"当代德国法学名著"丛书和吴越教授主持的"德国法学教科书译丛"。以梅迪库斯教授的《德国民法总论》为开篇,德国法学擅长的体系建构之术和鞭辟入里的教义分析方法进入中国法学的视野,辅以崇尚德国法学的我国台湾地区法学教科书和专著的引入,德国法学在中国当前的法学教育和法学研究中日益受到尊崇。然而,"当代德国法学名著"丛书虽然遴选了德国当代法学著述中的上乘之作,但囿于撷取名著的局限及外国专家的视角,丛书采用了学科分类的标准,而未区分注重体系层次的基础教科书与偏重思辨分析的学术专著,与戛然而止的"德国法学教科书译丛"一样,在基础教科书书目的选择上尚未能充分体现当代德国法学教育的整体面貌,是为缺憾。

职是之故,自2009年始,我在中国人民大学出版社策划了现今的"外国法学教科书精品译丛",自2012年出版的德国畅销的布洛克斯和瓦尔克的《德国民法总论(第33版)》始,相继推出了韦斯特曼的《德国民法基本概念(第16版)(增订版)》、罗歇尔德斯的《德国债法总论(第7版)》、多伊奇和阿伦斯的《德国侵权法(第5版)》、慕斯拉克和豪的《德国民法概论(第14版)》,并将继续推出一系列德国主流的教科书,涵盖了德国民商法的大部分领域。该译丛最初计划完整选取德国、法国、意大利、日本诸国的民商法基础教科书,以反映当今世界大陆法系主要国家的民商法教学的全貌,可惜译者人才梯队不足,目前仅纳入"日本侵权行为法"和"日本民法的争点"两个选题。

系统译介民商法之外的体系教科书的愿望在结识季红明、查云飞、蒋毅、陈大创、葛平亮、夏昊晗等诸多留德小友后得以实现,而凝聚之力源自对"法律人共同体"的共同推崇,以及对案例教学的热爱。德国法学教育最值得我国法学教育借鉴之处,当首推其"完全法律人"的培养理念,以及建立在法教义学基础上的以案例研习为主要内容的教学模式。这种法学教育模式将所学用于实践,在民法、公法和刑法三大领域通过模拟的案例分析培养学生体系化的法律思维方式,并体现在德国第一次国家司法考试中,进而借助于第二次国家司法考试之前的法律实训,使学生能够贯通理论和实践,形成稳定的"法律人共同体"。德国国际合作机构(GIZ)和国家法官学院合作的《法律适用方法》(涉及刑法、合同法、物权法、侵权法、劳动合同法、公司法、知识产权法等领域,由中国法制出版社出版)即是德国案例分析方法中国化的一种尝试。

基于共同创业的驱动,我们相继组建了中德法教义学QQ群,推出了"中德法教义学苑"微信公众号,并在《北航法律评论》2015年第1辑策划了"法教义学与法学教育"专题,发表了我们共同的行动纲领:《实践指向的法律人教育与案例分析——比较、反思、行动》(季红明、蒋毅、查云飞执笔)。2015年暑期,在谢立斌院长的积极推动下,中国政法大学中德法学院与德国国际合作机构法律咨询项目合作,邀请民法、公法和刑法三个领域的德国教授授课,成功地举办了第一届"德国法案例分析暑期班"并延续至今。2016年暑期,季红明和夏昊晗也积极策划并参与了由西南政法大学黄家镇副教授牵头、民商法学院举办的"请求权基础案例分析法课程暑期培训班"。2017年暑期,加盟中南财经政法大学法学院的"中德法教义学苑"团队,成功举办了"案例分析暑期培训班",系统地在民法、公法和刑法三个领域以德国的鉴定式模式开展了案例分析教学。

中国法治的昌明端赖高素质法律人才的培养。如中国诸多深耕法学教育的启蒙者所认识的那样,理想的法学教育应当能够实现法科生法律知识的体系化,培养其运用法律技能解决实践问题的能力。基于对德国奠基于法教义学基础上的法学教育模式的赞同,本译丛期望通过德国基础法学教程尤其是案例研习方法的系统引入,能够循序渐进地从大学阶段培养法科学生的法律思维,训练其法律适用的技能,因此取名"法律人进阶译丛"。

本译丛从法律人培养的阶段划分入手,细分为五个子系列:

——法学启蒙。本子系列主要引介关于法律学习方法的工具书,旨在引导学生有效地进行法学入门学习,成为一名合格的法科生,并对未来的法律职场有一个初步的认识。

——法学基础。本子系列对应于德国法学教育的基础阶段,注重民法、刑法、公法三大部门法基础教程的引入,让学生在三大部门法领域中能够建立起系统的知识体系，同时也注重扩大学生在法理学、法律史和法学方法等基础学科上的知识储备。

——法学拓展。本子系列对应于德国法学教育的重点阶段，旨在让学生能够在三大部门法的基础上对法学的交叉领域和前沿领域，诸如诉讼法、公司法、劳动法、医疗法、网络法、工程法、金融法、欧盟法、比较法等有进一步的知识拓展。

——案例研习。本子系列与法学基础和法学拓展子系列相配套，通过引入德国的鉴定式案例分析方法，引导学生运用基础的法学知识，解决模拟案例，由此养成良好的法律思维模式，为步入法律职场奠定基础。

——经典阅读。本子系列着重遴选法学领域的经典著作和大型教科书(Grosse Lehrbücher)，旨在培养学生深入思考法学基本问题及辨法析理之能力。

我们希望本译丛能够为中国未来法学教育的转型提供一种可行的思路，期冀更多法律人共同参与，培养具有严谨法律思维和较强法律适用能力的新一代法律人，建构法律人共同体。

虽然本译丛先期以德国法学教程和著述的择取为代表，但是并不以德国法独尊，而是注重以全球化的视角，实现对主要法治国家法律基础教科书和经典著作的系统引入，包括日本法、意大利法、法国法、荷兰法、英美法等，使之能够在同一舞台上进行自我展示和竞争。这也是引介本译丛的另一个初衷：通过不同法系的比较，取法各家，吸其所长。也希望借助于本译丛的出版，展示近二十年来中国留学海外的法学人才梯队的更新，并借助于新生力量，在既有译丛积累的丰富经验基础上，逐步实现对外国法专有术语译法的相对统一。

本译丛的开启和推动离不开诸多青年法律人的共同努力，在这个翻译难以纳入学术评价体系的时代，没有诸多富有热情的年轻译者的加入和投入，译丛自然无法顺利完成。在此，要特别感谢积极参与本译丛策划的诸位年轻学友和才俊，他们是：留德的季红明、查云飞、蒋毅、陈大创、黄河、葛平亮、杜如益、王剑一、申柳华、薛启明、曾见、姜龙、朱军、汤葆青、刘志阳、杜志浩、金健、胡强芝、孙文、唐志威，留日的王冷然、张挺、班天可、章程、徐文海、王融擎，留意的翟远见、李俊、肖俊、张晓勇，留法的李世刚、金伏海、刘骏，留荷的张静，等等。还要特别感谢德国奥格斯堡大学法学院的托马斯·M. J. 默勒斯（Thomas M. J. Möllers）教授慨然应允并资助其著作的出版。

本译丛的出版还要感谢北京大学出版社副总编辑蒋浩先生和策划编辑陆建华先生，没有他们的大力支持和努力，本译丛众多选题的通过和版权的取得将无法达成。同时，本译丛部分图书得到中南财经政法大学法学院徐涤宇院长大力资助。

回顾日本的法治发展路径，在系统引介西方法律的法典化进程之后，将是一个立足于本土化、将理论与实务相结合的新时代。在这个时代中，中国法律人不仅需要怀抱法治理想，还需要具备专业化的法律实践能力，能够直面本土问题，发挥专业素养，推动中国的法治实践。这也是中国未来的"法律人共同体"面临的历史重任。本译丛能预此大流，当幸甚焉。

李　昊
2018 年 12 月

让完全法律人的梦想照进现实
（代"案例研习"译者序）

（一）

改革开放之后，伴随着法制（治）的重建，我国法学开始复兴。由于传统的缘故，这种重建和复兴更多是通过借鉴与继受大陆法系国家的法典和法学理论来完成的。然进入21世纪，我国的法学仍被指幼稚，2006年"中国法学向何处去"成为法（理）学热门讨论主题。（玄思倾向严重的）法理学与（脱离实践的）部门法学、部门法学与部门法学之间区隔严重，不但沟通严重不足，而且缺乏相对一致的思维方式，实在难谓存在"法律人共同体"。大学没有（也无力）提供实践指向的法律适用系统训练，而实习也无实质能力训练，其对法律人之能力要求、培养路径亦未真正明悉；法科毕业生多有无一技傍身之空虚感。

在法律体系与法律知识体系尚不健全的法制重建与恢复期，由于缺乏完备的法律基础，如此状况尚可理解，但随着我国法律体系渐次完善，法学缺乏实践品格、法学教育脱离现实需求之问题愈发凸显，亟待我们解决。有鉴于此，部分部门法学者逐渐确立反思法学的实践指向，更多讨论法教义学（释义学）及其应用，法律适用更受重视。此外，法学教育不能满足实践之需的问题，更为学界与实务界所重视。关于国外法学教育模式的文章日益增多，认知亦趋深入，中外法学教育的交流也更深入。以中德法学教育交流为例，米健教授创立了中国政法大学中德法学院，提供了系统的中德法律比较教育，研二即由德国老师提供原汁原味的训练（部门法理论课+鉴定式案例研习），研三资助通过德福（TestDaF）者到德国高校攻读法律硕士学位（LL. M.），接受德国法学教育系统训练。不少人后续留德攻读博士学位，有机会更深入地体验德国法学教育的整体面貌。国家留学基金委提供了许多资助留学攻读博士学位的名额，留德攻读博士学位、联合培养在各高校法学研习者之间蔚然成风，在德攻读博士学位期间攻读法律硕士学位更为普遍。由中德比较的视角以观，德国的完全法律人培养模式，是解决中国法学、法律人教育诸多问题的一剂良方。由此，法学可以是具有实践品格的学问，法律人教育能够融合科学与实践，法律人应当具有相对统一的思维方式。

德国完全法律人教育的目标，就是通过双阶法律教育培养实务人才，以法官能力培养为核心，兼及律师业务能力的培养。第一阶段是通常学制为 4 年半的大学法律学习（相当于我国的本科加硕士），以通过第一次国家考试为结业条件（实际通过多需要 5 年至 6 年的时间）；第二阶段为实务见习期，为期 2 年，第二次国家考试通过者，为完全法律人，有资格从事各种法律职业，任法官、检察官、律师、公证人等职。

第一阶段的教育是科学教育；第二阶段则是（在法院、检察院、律所）见习期教育，是成为真正法律人的实务历练阶段。与见习期教育以实体法与诉讼法知识的综合运用解决实际案件的模式不同，第一阶段法学教育更多是分学科、渐进地融合法律知识、训练运用能力，虽是科学教育，但同样以实践为导向。大学的课程形式主要有讲授课（Vorlesung）、案例研习（Arbeitsgemeinschaft/Übung）、专题研讨（Seminar）和国考备考课程。讲授课重在阐明法律规范、制度以及不同的规范与制度之间的关联等，使学习者理解与掌握相关的法律规定以及学说与判例对这些法律规定的解释；

而核心课程必备的案例研习课程则重在通过与讲授课相对一致的进度,以案例演练检查、巩固学习者对于法律的理解,同时培养和训练学习者的法律思维方法,使其通过相对一致的思维方式掌握抽象的法规范与具体案例之间的沟通,循序渐进地掌握法律适用的方法。加上笔试(Klausur)的考查,这种一体设计使得习法者的法律适用能力能够得到良好提升,实现预期效果。由于包括第一次国家考试在内的绝大部分考试均以案例研习的形式出现,案例研习课程在德国法学训练中的重要地位不言自明,而其中所贯穿的是自始就予以讲解、操练的法律人核心装备——鉴定式案例研习方法。

通过第一次国家考试,即视为充分掌握了所考查的基本部门法的理论知识及其法律适用,此后方可进入第二阶段。在第二阶段,则侧重程序法的训练、培养实务能力,见习为期24个月,在法院、检察院、行政机关、律所以及自选实习地点经历相应的训练,到见习期结束时,见习文官将有能力适应并逐步熟悉法律工作。实务训练阶段着重练习法庭报告技术(Relationstechnik),即依据案卷材料,运用证据法、实体法的知识,认定案件事实并在此基础上做出鉴定与起草法律文件(裁判文书)。

凡通过两次国家考试者,都经过艰苦的锤炼(十几门大学必修课程各以一道案例解析题进行考查)和惨烈的淘汰,成为完全法律人,具有比较一致的法律思维模式,纵使其职业角色各异,亦能在共同的思维平台上进行沟通、讨论,形成良性互动与高效合作。

基于我国法与德国法的历史与现实的深刻关联,集德国完全法律人模式之优点、德国法人才基础和普及趋势为一体,取法于德国以改进我国法律人教育实为一条有效路径。

德国法案例研习教程属于我们拟订的中国法律人教育改善计划的第一篇章。该计划旨在以德国法为镜鉴,以推动中国法学的科学化为目标,以法学教育的改善为着眼点,通过建立法律人共同体,明确法学研究的实践定位,提升中国法学研究的质量,最终落实于司法技术的改进以实现对社会生活的合理调整。通过研习德国案例，我们可以透视德国法，统观立法、司法、法学、完全法律人培养的互动协作运转的体系，发现并掌握其运行规律。研习德国案例，旨在掌握其核心方法，将其活用于中国法的土壤，以更新的观念，培养新人——中国的完全法律人。

实际上，完全法律人的培养模式早已扎根于我国的土壤，成为我们法律人培养的现实。中国国家法官学院与德国国际合作机构已合作二十余年，以鉴定式和法庭报告技术解答中国法问题，培训法官。接受培训的众多法官中，就有受此启发写成名作《要件审判九步法》的邹碧华法官。国家法官学院教师刘汉富翻译的《德国民事诉讼法律与实务》2000年由法律出版社出版，作为国家法官学院高级法官培训指定教材，而该教材实际是德国完全法律人培养第二阶段用书（Dieter Knöringer, Die Assessorklausur im Zivilprozeβ, 7. Aufl. 1998.）。该书在我国湮没无闻的命运，多因我们的大学教育尚未开展鉴定式案例研习，请求权基础训练仅属耳闻，遑论法庭报告技术。如今，中国法的鉴定式案例分析在诸多高校展开，完全法律人观念也得到推广。新型法律人正在出现，贯通民法、民诉的学者（如中国人民大学法学院的金印老师）已成为我们身边可见的榜样。深刻的变革正在发生。

（二）

翻译德国案例研习教程以改进我国法律人教育之设想，正是基于丛书策划者们与德国法邂逅的切身体悟。我们在大学教育和实习经历中与德国法相识，在我国台湾地区法学著作（尤其是王泽鉴教授的法学教科书）、德国法学著作中真切感受到德式法学方法论的魅力。与时代的急剧转型相应，我们也必须深入地思考中国法学的实践转向、法学方法论与部门法的结合问题。

进入中国政法大学中德法学院学习，与本科就读于中国政法大学、西南政法大学等不同院校的同学交流，对于我们共同观念的形成和认识的提升至为重要。我 2008 级的同学中，有中国政法大学毕业的夏昊晗（曾从事法务工作多年）、林佳业、蒋毅，有来自西南政法大学的查云飞。我是自北京化工大学毕业、在法院工作两年后重新回到校园的；李浩然毕业于西南政法大学，是我在中德法学院的 2009 级同门。在中德法学院学习初期，我们的法学思维并没有表现出大的不同。在分析德国法的禁止双方代理案件时，我们还更多依从感觉（价值）判断，对法律概念的解释、扩张或续造并无清晰的意识。真正的变化开始于研二期间中德法学院提供的德国法系统训练，法律思维能力在随后攻读德国法律硕士期间也有了显著提升。德国高校法律硕士的选课也特别注重基础学科，注重对不同部门学科的总体了解。这就为我们从不同学科的视角看待学科发展提供了宝贵的知识基础。

我们时常交流学术想法，对教义学的观念、方法存有共识，对中德交流的形式、对学术与实务的沟通也常有思考，对未来抱有很多设想，读法律硕士时就讨论过以后组建民法、刑法、公法的团队教学等。及至在德国攻读博士学位之后，我们仍以不同的方式加深了对德国法教育的认识。除了攻读法律硕士期间所选修的科目——法律史、法理学、法学方法论、民事诉讼法、强制执行法外，我们后续又选修德国宪法史、罗马法史、罗马私法史，听过欧洲近代法律史等课程。2013 年上半年，林佳业、蒋毅和我对中德司法考试进行了初步的比较研究。同时，对教义学、方法论文献的系统研读和利益法学的翻译也加深了我们对学术与实践关系的认识，推进我们对于中国问题的反思，形成更清晰的系统解决方案。

基于此，我于 2013 年下半年提出翻译德国案例研习教程以改进我国法律人教育之设想，当即获得在弗莱堡大学攻读博士学位的蒋毅（刑法方向）和李浩然（公法方向）的支持，我们并就具体书目达成了初步共识。但是，困难在于需要获得国内出版社的支持。2014年年初,幸得华中科技大学张定军老师的关心,就联系国内出版社之事宜,指点我们求教于李昊老师。这才给最初的设想打开了实现的大门!不仅我们的想法立获认可,李昊老师还以自己策划出版的丰富经验解答了我们关于费用的问题。2014年3月中旬我与蒋毅、李浩然在弗莱堡起草具体策划案,刑法由蒋毅负责,公法由李浩然负责,民法由我负责。因案例书需配合简明的教科书,策划选题时对此也需加以考虑,并由查云飞补充公法方面的设想,我们共同就未来推动的事项予以体系化整理,如新媒体时代中德交流平台的建立、中国法课程的系统改造和组建民法、刑法、公法的教学团队等。

2014年还不是一个可以清楚地看到案例研习教程前景的年份,策划案由李昊老师接手后一度未获出版社立项。之后我补充策划了3个预期会很畅销的德国法选题(《如何高效学习法律》《如何解答法律题》和《法律职业成长与文官候补期》),与4本民法案例研习教程一起再次申请立项,经北京大学出版社蒋浩副总编辑、陆建华编辑和李昊老师大力举荐才得以通过。

之后,因为商法书目拓展的缘故,邀请陈大创(时于科隆大学攻读信托法方向博士学位)加入策划团队。基于我们的共识和彼此信赖,邀其推进商法方面的教程。至此,形成6人的策划团队。

策划过程中,我们决定把民法书目定为硕士期间所用过的教材,夏昊晗、林佳业提供了宝贵的借鉴意见。特别关键的是华东政法大学张传奇老师,不但对民法书目进行了认真的核查,而且还主动提出承担近350页的《德国民法总则案例研习》的翻译,很快就为《德国意定之债案例研习》《德国法定之债案例研习》《德国物权法案例研习》三本书找到了可以信赖的译者,分别为赵文杰老师(现任教于华东政法大学)、薛启明老师(现任教于山东师范大学)和吴香香老师(现任教于中国政法大学)。在策划选题之初,出版前景尚不明朗,张传奇老师却如此热切地承担此项费时费力的翻译工作，在此特别感谢他为案例研习教程所做的巨大贡献，若没有他的参与，这些书或许就难觅合适的译者。当然，非常感谢香香师姐、文杰、启明师兄，也感谢曾影响他们与德国法结缘的老师。

在首批选题通过后，我们又扩展了翻译计划，《德国劳动法案例研习》由中国政法大学中德法学院的博士丁皖婧（现任教于中国劳动关系学院）承担翻译，沈建峰师兄（现任教于中央财经大学法学院）承担校对；《德国商法案例研习》由科隆大学博士李金镂（现任教于中南财经政法大学法学院）翻译。江西理工大学的马龙老师（武汉大学民事诉讼法博士）主动提出承担《德国民事诉讼法案例研习》的翻译，解决了一直困扰我们的难题。在此谨致谢意！

刑法的选题，因为 Beulke 教授刑法案例教科书的授权问题，蒋毅翻译好的近百页文字只能沉寂于其电脑中。否则，刑法选题可以更早出版，发挥其对刑法学习的积极影响。后经北京大学法学院江溯老师引荐，幸得希尔根多夫教授的《德国大学刑法案例辅导》三卷本弥补了这一缺憾。

2014 年，葛云松、田士永两位老师关于法学教育、案例教学的雄文面世（葛文《法学教育的理想》，田文《"民法学案例研习"的教学目的》），推动了国人对此的深入认知。2014 年，我们组建了团队，创建并运营"中德法教义学苑"公众号和相关 QQ、微信群，也致力于深化国内对德国法和鉴定式案例研习的认知。我们所推动的其他翻译书目，也在各出版社立项通过，陆续出版。2015 年，中国政法大学中德法学院的鉴定式案例研习暑期班开创了德国教授面对本科生亲授鉴定式案例研习方法的先河。在 2016 年和 2019 年西南政法大学民商法学院举办的"请求权基础案例分析法暑期培训班"中，还有 2017 年至 2019 年的中南财经政法大学法学院"案例分析暑期班"、广东财经大学法学院"案例研习班"、2018 年浙江理工大学法政学院"案例研习班"……我们都以不同的形式参与其中。中南财经政法大学 2016 级的法学实验班是参考德国法科教育经验优化的培养方案开设的,现今第一届学生即将毕业。在他们身上,镌刻的是不同于以往的教育模式,不管他们知或不知,其中已留下了我们的印迹。走过的这些年月,我们和德国法难舍难分,受师友激励前行,与更年轻的同行相遇,分享他乡所学,也目送年轻一代去往他乡。梦想当初似乎遥不可及,今日却已渐次照进现实。

  观念为行动的先导,而行动塑造着现实。我们所做的,仅仅是一场探险之旅的邀请。真诚邀请我们见过或素未谋面的学友,与我们一起探索未知,描绘通向未来的地图。或许这些书才是我们能够提供给大家的与德国法更好相会的最好的辅助,通过它们可以更好地接近德国法(教科书、专著、评注……)和完全法律人的教育理念以及路径。或许它们也是引领我们通向更好的中国法的一些路标,也许它们能够锻炼我们传授识图、绘图、铺就未来道路的能力。

  人们因为德国法而相遇,真是奇妙的缘分!所有的一切,缘起于情谊,成长于共识。通过分享我们所学所见的美好,我们结识了更多同行学友,得到师长、同学和朋友们热心无私的支持。尤为难忘的是时为中德法学院德方负责人的汉马可(Marco Haase)教授,是他以无比的热忱投入到我们研二的4门德国法案例研习课(民法2门,刑法、行政法各1门)的教学之中,在精神上和思维上引领我们前行。赴德留学的圣诞,我们齐聚柏林访问,因为他在,我们才有宾至如归的心安。Haase老师对中国挚诚热爱,奉献于中德交流十数载,是我们的"马可·波罗",是激励我们前行的榜样。这一路的启明星,是情谊与温情。希望它照亮我们法律人未来的探索之行。披星戴月,日夜兼程。

(三)

  预知未来的最好路径即是当下的践行。完全法律人的养成,与人格的发展密不可分。我们所期待的法律人应是独立自主的个体,有独立思考的能力和行为习惯。身处社会中的法律人应在互动中塑造现实，不论是在学习小组中，在班级活动中，还是在更多维、广泛的生活世界的行动中。

对于使用本译丛的读者贤达而言，为达到好的效果，自主学习的学生可以组成学习小组（《如何高效学习法律》有相关介绍），小组的基本单元为5人左右，以理论课程的学习为前提，鉴定式案例研习作为辅助。解答案例时，先独立自行作答，使用法条汇编、教科书（有可能的情况下也应使用评注、重要文章）等文献，再进行小组讨论。讨论依据鉴定式的分析框架和思考次序进行，相关写作体例可以参考《如何解答法律题》和《法律研习的方法》。"案例研习"教程的使用也应遵循循序渐进的规律，比如民法可由民法总则开始，债法总则、债法各论、物权法依次进行，再到亲属法、继承法、民事诉讼法等；公法由基本权开始，再到行政法与行政诉讼法。以民法总则为例，建议先仔细阅读布洛克斯等的《德国民法总论》，再结合民法总则案例研习教科书进行研习；因鉴定式案例研习涉及法律解释，可配合旺克的《法律解释》一书，通过实例来掌握基本的解释方法。若想依据中国法解答德国案例，则可配以朱庆育的《民法总论》、李宇的《民法总则要义》、朱庆育主编的《合同法评注选》以及《法学家》《中德私法研究》等刊物上刊发的相关评注文章以及其他重要学术文献。对小组的讨论过程，建议形成讨论记录（纪要），记录口头讨论进程和问题总结。借此所训练的能力，为日常所需。自主学习和小组讨论学习，也是应对未来法律职业生涯的日常演练。就具体效用而言，经此系统训练的同学，既可轻松应对法考（主观题难度低于鉴定式案例研习），又能在深造之路上获得明显的优势。

借助鉴定式案例研习，可磨砺提升心智。在解决具体案例问题的过程中，需要综合运用法条，这就涉及文义的探寻，对体系的更深入的理解，对规范生成历史、目的的理解，对整个法律制度的理解，乃至对于社会的历史和社会学视角的横向观察。其实，对个案的分析解答，就是不断地建立起个人对法律、共同体、**历史与当下**的不断往复沟通的紧密联系的过程，调适规范与事实契合**的过程**，也是设身处地感受、参与、**塑造观念与生活的过程。妥当的解答**，除了要求对法律学科进行系统的学习思考，对法律的社会、历史时空的维度进行更深更广的认知，也要求环顾四周的世界，**培养健全的判断力**，展望、预测未来的能力，长远思考的能力。

小组讨论中可辨析多样的观念，启迪思考。借此，将个人的成长史和习惯纳入共同经验中予以打量、检验和对话，形**成新的话语**及同情式理解的经验。这是法学的深入学习之旅，**人格的塑造之旅**；这是由具体案例而展开的对话，是互动中激荡的**思想**、疑惑、追问，与跨越时空的不同的智慧心灵的相遇。

鉴定式案例研习是一个基础，由此而往，由肩负**责任的成长**中的独立个体赋予规范以具体的生活意义，赋予自身以**意义**，面向未来负其担当。真正的完全法律人，当由**此而生**！

季红明
2020 年春于南京

前 言

我们大多数人在大学阶段学习私法，入学第一学期就要面对《德国民法典》总则。《德国民法典》总则内容高度抽象，这些内容对之后学习的其他科目，以及国家考试都具有重要意义。本书向初学者以及处于中间学期的学生展现，如何将"合同的订立""不生效事由（Unwirksamkeitsgründe）""代理"以及民法总则部分规定的其他法律问题导入请求权鉴定（Anspruchsgutachten）。

为此，本书第一编一般性地引介"私法案例研习技术"。随后的第二编是关于《德国民法典》总则的42个案例，每个案例依次设置了："案件事实""前期思考""提纲"和"解答"四个栏目。"案件事实"（Sachverhalt）后紧接着给出了简短的"前期思考"（Vorüberlegung）。这些"前期思考"一方面能使读者处理相关案件变得简单，另一方面又不至于过分预先提示案件的"解答"。"前期思考"大多仅限于对结构（Aufbau）、检验次序（Prüfungsreihenfolge）进行技术性的提示，或者就案件中"明显"不应忽略的一般内容进行提示。本书列出了解答提纲（Gliederung），但读者最好不要先看解答提纲。本书可以为自行练习解答案件提供帮助。

本书不仅包括有关基础法律适用的初阶案例，还包括有关法律行为理论的重要基本问题。我们在法学学习初期就应部分掌握将法律行为理论运用转化进案例中的能力，并在进一步学习中牢固掌握它。通过本书案例，我们可以重温《德国民法典》总则的内容，甚至能够深化对有些内容的认知，所以本书对处于中间学期的学生也适用。如果某则案例在研习过程中超出了初学者的水平，本书大多会给出提示。如果读者要查找某一具体主题范围的案例，一般可在目录及关键词索引（Index）中找到案例具体争点提示。本书案例的篇幅不等，需要提请留意的是：读者不要将本书想象成是笔试选集（Klausurensammlung），本书主要是在案例研习的过程中对《德国民法典》总则的内容进行说明。

为便于后续整理和深化研究，笔者在脚注中列出了文献和判决提示。这些文献和判决提示同时也可以作为家庭作业（Hausarbeit）或研讨课论文（Seminararbeit）引注范本。如此，读者便不需要一一查阅出处。写家庭作业需注意的因素，参见本书第三编。

本书第5版考虑到新近的判决、文献和法律修订，吸收了"计算错误""向未成年人赠与不动产"作为新内容。仰赖我的助手亚历娜·慕格斯（Janina Möges）、吉姆·洪特根（Kim Röntgen）、秘书贾布里勒·施密特（Gabriele Schmitt）以及广大读者的助力，笔者在此谨致谢意。但凡读者之建议和提示与本书之目标——作为一本面向基础学习（Grundstudium）和入门主干课程学习（Hauptstudium）的图书——相契合者，笔者均乐意考虑接受。笔者自然继续期待诸位任何改进性的意见，您的意见可发送至 fritzsche. lehrstuhl@ur. de。

尤科·弗里茨舍
雷根斯堡
2014年6月

目 录

第一编　私法案例研习技术和示例 ……………………………… 001

一、法律适用技术之习得 …………………………………………… 003
二、本书的结构和用法 ……………………………………………… 004
三、法律请求权鉴定 ………………………………………………… 005
　（一）鉴定和判决 ………………………………………………… 006
　（二）请求权与请求权方法 ……………………………………… 009
　（三）鉴定中的请求权检验（Anspruchsprüfung）……………… 011
四、具体案件的处理 ………………………………………………… 017
　（一）解题步骤和时间分配概述 ………………………………… 017
　（二）把握案件事实和法律问题 ………………………………… 018
　（三）弄清案件问题并遵照案件问题 …………………………… 020
　（四）构建解答框架 ……………………………………………… 022
　（五）根据"法律"书写和作业 ………………………………… 023
五、案例 ……………………………………………………………… 025
　（一）案件事实（Sachverhalt）………………………………… 026
　（二）提纲（Gliederung）……………………………………… 026
　（三）解答（Lösung）…………………………………………… 027
六、其他提示 ………………………………………………………… 035
　（一）考虑评分人的理解力（Prüferhorizont）………………… 035
　（二）对问题争议的考量 ………………………………………… 037

第二编　案例 ·· 041

案例 1　变更的要约 ··· 043
非对话的和对话的意思表示因到达而生效——意思表示的及时撤回

案例 2　朋友间的帮忙 ··· 052
区分法律行为和情谊行为——需受领意思表示的客观解释——区分法律行为上的情谊关系和单纯的情谊关系——情谊关系中的责任

案例 3　错误的保证 ··· 066
意思表示的事实构成，尤其是表示意识——将行为解释为意思表示——撤销

案例 4　错发的表示 ··· 081
脱离的意思表示——意思表示的表见发出

案例 5　邮件未收取 ··· 092
在挂号情形下的到达——到达阻碍和到达拟制

案例 6　获得敞篷车 ··· 101
在引入辅助人时意思表示的到达——受领使者、受领代理人、表示使者——可知悉的、迟延传达的承诺表示

案例 7　健康饮食 I ··· 113
合同订立；变更的要约——承诺期限和承诺的及时性——对话意思表示的到达和非对话意思表示的到达

案例 8 未订购的书 ·· 118
寄送未订购的商品——合同订立——沉默作为意思表示

案例 9 没有拘束力的冰箱 ·· 125
要约邀请和附撤回保留之要约的区分——要约和承诺的合致——给付行为地和给付效果地的约定——寄送买卖中的运输费用

案例 10 自动售货机 ·· 134
在自动售货机上订立合同——向不特定人的要约（ad incertas personas）——"附条件"的合同要约和条件

案例 11 优惠机会 ·· 140
在自选商店中订立合同和在自助加油站订立合同

案例 12 网络销售时睁开眼睛 ···································· 150
"网络拍卖"时订立合同；拍卖的概念——预期承诺——向不特定人的要约和要约邀请——网络拍卖作为远程销售行为时的撤回权

案例 13 便宜的旅行 ·· 167
通过使用提供的公共服务而订立合同——事实合同理论和社会典型行为理论——内心保留，第116条——和实际行为相矛盾的主张（protestatio facto contraria）学说

案例 14 弄糟的合同 ·· 176
合同订立；在当事人意思一致的情形客观表示内容不重要（falsa demonstratio non nocet）——庭外和解的补充解释——和行为基础丧失的区分，第313条

案例 15　矛盾的施工图 ·· 186
　　　合意、不合意、内容自相矛盾——意思表示和合同
　　　的解释——将表示解释为撤销——计算错误的法律
　　　效果

案例 16　我的一般交易条件、你的一般交易条件 ············ 198
　　　尽管不合意仍订立合同——一般交易条件的订入
　　　——一般交易条件中有效的防御条款——抵销和抵
　　　销禁止

案例 17　健康饮食 II ·· 206
　　　解释和不合意——规范合意——因内容错误和性质
　　　错误而撤销——信赖损害赔偿

案例 18　结果完全不同 ··· 216
　　　区分表示错误和内容错误——关于未阅读文件的错
　　　误——关于交易上重要性质的错误——根据第 122
　　　条赔偿信赖损害——根据第 280 条第 1 款、第 311
　　　条第 2 款的损害赔偿——后悔权

案例 19　优惠的法律汇编书 ·· 231
　　　自助交易行为中的合同订立——区分表示错误和内
　　　容错误——动机错误——违反法律和无效——性质
　　　错误和交易上重要性的概念

案例 20　不可信的传达 ··· 242
　　　引入表示使者——误传和向错误受领人传达——撤
　　　销——合同类型的归类

案例 21　特价优惠商品 ··· 254
　　　恶意欺诈；撤销；合同订立和变更合同

案例 22　购买汽车时睁大眼睛 ······ 269
　　恶意欺诈——撤销——抽象原则、瑕疵同一性——
　　返还清算和撤销后的返还

案例 23　不去复习培训师那儿 ······ 285
　　有意识的意思瑕疵——内心保留——戏谑表示
　　——意思表示的生效——意思表示的电子传达——撤回
　　——远程销售中的消费者保护——转换

案例 24　节省费用 ······ 293
　　虚伪行为——要式——形式规范的强行法属性——
　　形式瑕疵的补正——违法和悖俗——部分无效

案例 25　购买不动产时睁大眼睛 ······ 299
　　要式行为中的误述——要式行为的解释

案例 26　为我购买一块土地 ······ 305
　　不动产所有权取得义务中的要式——约定的取得义
　　务和法定的取得义务——形式无效和诚实信用原则

案例 27　迷醉的午后 ······ 313
　　无行为能力——在醉酒状态下发出意思表示——返
　　还清算

案例 28　对轮滑鞋的不同看法 ······ 317
　　限制行为能力——纯获法律上利益——对追认的
　　拒绝

案例 29　悬而未决的轮滑车 ······ 324
　　相对人对法定代理人催告作出关于追认之表示——
　　授予追认证书和第 108 条第 2 款第 1 句第 1 半句
　　——相对人的撤回

案例 30　对零用钱的不同使用 ········· 331
　　　　允许和"零用钱条款"——通过交付使用零用钱对允许加以限制——第110条和关于替代物的合同

案例 31　逃票乘车 ············· 339
　　　　在旅客运输中由限制行为能力人订立合同——限制的概括允许的范围——条件和阻碍条件成就——一般交易条件的订入——内容控制

案例 32　善良风俗、不良风俗 ········· 353
　　　　暴利行为——在类暴利行为中的悖俗——委托保护约定——竞业禁止——合同上的不作为请求权——因限制经济活动自由而悖俗

案例 33　天生的女销售员 ··········· 362
　　　　代理的要件——限制行为能力的代理人——内部授权和对代理权限的限制——授权行为的抽象性——授权行为和基础关系

案例 34　为我买一栋别墅 ··········· 370
　　　　授权行为的形式自由——对第167条第2款的目的性限缩——追认的形式自由——对不动产所有权取得的不可撤回的代理权

案例 35　总是对员工不满 ··········· 378
　　　　代理——以他人名义行为——为相关人的行为——外部授权和内部授权——基于框架协议的授权——法定代理权

案例 36　暗藏的授权 ············· 389
　　　　代理——一般交易条件的订入——总承包人合同中的出人意料条款——无权代理

案例 37	Josefa 的沐浴之乐 …………………………………	397

代理——外部授权——公开的内部授权——对权利外观的善意——代理行为中的意思瑕疵——同一性错误——信赖损害赔偿

案例 38	东弗利西亚貂皮 I …………………………………	405

代理——内部授权——代理行为中的意思瑕疵——在明知被代理人情形排除撤销权——类推的前提

案例 39	东弗利西亚貂皮 II …………………………………	418

代理——超越内部授权——权利表见授权——无权代理人责任范围——不履行合同之抗辩权

案例 40	被骗的女继承人 ……………………………………	433

代理——死因授权——无表示意识时代理权的撤回——生前赠与和在死亡情形的赠与——故意串通

案例 41	圣诞节法律问题 ……………………………………	450

自己缔约之禁止——第181条的目的性限缩和目的性扩张——限制行为能力人纯获法律上利益的行为

案例 42	太迟了？……………………………………………	465

消灭时效——一般消灭时效期限——期限起始和期限计算——金钱借贷和消费者金钱借贷——经营者性质——催告通知

第三编 家庭作业写作指引 ………………………………… 475

一、引言 ……………………………………………………… 477
二、家庭作业的形式 ………………………………………… 477

（一）概述 …………………………………… 478
　（二）封皮 …………………………………… 478
　（三）目录（所谓的提纲） ………………… 479
　（四）文献索引 ……………………………… 479
　（五）脚注中对引用的出处说明 …………… 482
三、鉴定的技术和内容 ………………………… 485
　（一）概要 …………………………………… 485
　（二）鉴定结构、鉴定风格和涵摄 ………… 486
　（三）语法和表达 …………………………… 488
　（四）案件难题（争议） …………………… 489
　（五）文中引用和出处说明 ………………… 490
四、文献检索 …………………………………… 492
五、一些额外建议 ……………………………… 493

缩略语 …………………………………………… 495
缩略征引文献名录 ……………………………… 499
关键词索引 ……………………………………… 503
译后记 …………………………………………… 529

第一编

私法案例研习技术和示例

一、法律适用技术之习得

我们借助于教科书和讲授大课(Vorlesungen),学到的主要是某一部门法(Rechtsgebietes)的内容,故获取的知识侧重理论性,更为强调不同部门法之间、不同内容之间的关联。即便定期参加讲授大课,并借助于教科书预习或至少复习之后,我们也"只不过"对某一部门法有所认知,通常并未掌握法律适用,或者至多稍知法律适用,更确切地说,只是在理论上掌握了法律适用。由此,大学中特设名目不一的课程[初步练习课(propädeutische Übungen)、交互练习课(Konversationsübungen)、案例研习(Fallbearbeitungen)等]。在这些课上,诸位会习得解答案件之技术,由此也就学会了适用法律的技术。本书应可作为上述课程之补充,帮助且不限于帮助处于第一学期的本科学生,获得自行习练解答案件之技术。因为笔试(Klausur)和家庭作业(Hausarbeit)之写作是德国法律人教育中非常重要的组成部分;我们通常从一开始就不是在测验中以理论的方式来考核认知情况,而是结合实际案件来考核。案件的专业研习已经属于日后法律职业活动的前期准备;抛开其他方面不论,适用实体法从来都是法律职业活动之组成部分。

法律适用的核心是其训练;尤其是大学新生,首先必须适应其通常不了解的处理方式(Herangehensweise)和论证技术(Argumentationstechnik)。如果诸位仅仅选上大学中相应的讲授课程(Lehrveranstaltungen），即便在课堂上积极参与，也存在被灌输的危险。根据经验，如果在无他人帮助的情形下自行草拟并撰写案件解答（Falllösung），则情形会大不一样。本书应有助于解决自行解答案件的困难。

二、本书的结构和用法

3 　　诸位要在"案件解答技术"（Falllösungstechnik）上取得真正的学习成就，只有在通读解答建议（Lösungsvorschlag）之前，首先切实尝试自行撰写书内案件的解答。由于书中案件篇幅长短不一，难度各异，对于自己解答（die eigene Lösung）而言，所费时间也多少不一。起初，诸位耗时甚久，乃尚未完全习练之故。一段时间之后，诸位至少可较快地掌握前期思维准备（die gedankliche Vorarbeit），并终有一日于表述成文上（Ausformulieren）——最后的关键步骤，这一步骤宜妥为准备——亦收获些许门径。如果诸位仅将本书用作同步阅读材料（Begleitlektüre），则可能会收获甚微。

4 　　本书在具体案件的解答这一部分之前，一律设有"前期思考"（Vorüberlegung）这一部分以提示该案件内容和形式上的难点，并为撰述自己的解答（eigenen Lösung）提供帮助。"前期思考"在本书前部论述甚详，因为我们在起初处理时尤其困难。随着时间一长，诸位当可逐渐总结出一套具体的门径。是以"前期思考"随后将越来越限于提示案件的少数特异之处。通过这种方式，大家应当能够对《德国民法典》总则的专题笔试进行充分准备。同时，对于案件解答本身来说，随着时间的推移，诸位对案件不太疑难的情况的处理较之于起初也变得更为轻快。由于对于初学者而言，很难确切地判断在何时对何种情况作何种程度的处理，所以在具体的案件解答中对此问题均有提示。如准备民法"初学者练习课"（Anfängerübung）和"中期考试"（Zwischenprüfung），另外推荐同一丛书中的《债法案例 I》,该书涵盖了"中期考试"的其他论题重点(Themenschwerpunkte)。

在接下来的本书导论部分,首先抽象地引介法律案例研习技术的基本构造,然后述及非常简单的案例的案件事实(Sachverhalt),这将有助于读者了解私法中案件解答技术的其他细节。我们不会马上解答这一案例,而是先给出若干说明,例如如何着手解答案件以及此间应加注意的事项。这些理论性的说明将——通过案例加以实践验证,进而逐步得出答案。所有的说明,我均有意极尽详细,因为当我们理解了这些规则的意义和目的时,自然就会更好地遵循它们。所以,某些小贴士(Hinweise)将在多处重复出现。

三、法律请求权鉴定

大学本科法律教育期间,在练习课(Übungsarbeiten)和考试(Examen)中,我们的任务通常就是书写**"法律鉴定"(Rechtsgutachten)**。法律鉴定写作以及法律案例研习,都遵循着确切的既定规则。如果要对一起案件加以研习时,或换言之,当描述了某一生活事实而被问及请求权时,大家在笔试中必须严格遵循这些规则。这在私法中通常涉及所谓的**"请求权"**(Ansprüche)(《德国民法典》第 194 条第 1 款):诸位应当探究,在给定的案件事实中,(至少)一人可否向另一人,或向其他数人请求为特定行为或不作为。也可能存在不同的提问,诸如问及物的所有权。但这于处理方式上并无不同,因为这类提问也同样应通过"法律鉴定"进行说明。在法律本科阶段,除了应学会法律部门的基本知识外,诸位首先应当学会法律适用。

即便诸位不写"请求权鉴定"(Anspruchsgutachten),而是写法律评论(eine rechtliche Erörterung)甚或文章(Aufsatz)时,倘若没有做上述所要求的作业(Aufgabe),通常都不会成功,也绝不会在开始时获得高分。我们只有在国家大考中所谓的专题笔试(Themenklausur)或者在初学者作业(Anfängerarbeit)中的(明确的)知识型简答题(Wissensfrage)情形,方可极其例外地做出抽象说明。

(一)鉴定和判决

8 　　原则上,人们区分两种类型的法律文作,即鉴定(Gutachten)和判决(Urteil)[或更一般地说,裁判(Entscheidung)]。然而这两者并非对立,而是在不同场合或程序不同的阶段(Verfahrensstadien)扮演各自的角色。

　　1. 鉴定与判决系不同的任务类型

9 　　法官通过判决(或一项"决定",这取决于程序类型和其他类似事项)终局裁决法律争议(Rechtsstreit)。根据诉讼主张(Klageantrag),法官在判决中或准予原告所请(Klageforderung),或驳回其所请。判决宣告(Urteilsausspruch),即所谓的判决主文(Tenor),位于裁判文书开篇;该判决主文主要是宣告:被告是否被判作出给付,抑或诉讼是否被驳回。在法官随即于(判决书中所谓的)事实构成部分(Tatbestand)描述实际发生情形之后,他在判决理由部分阐释:为何他全部或部分同意了该起诉,抑或他为何全部或部分驳回了该诉讼。因此,结论在前而论证在后。如果法官同意了该起诉,可仅限于说明如此处理的法律理由。他并不需要讨论,基于其他理由或许还可得出同一结论。

10 　　诸位在大学里应当一直撰写的鉴定,在结构上与判决有所不同。但是,鉴定并非判决的对立物,而是其前一阶段(Vorstufe):法官在法律争议之初通常也不知道,他将如何决断该案;因而他通常得进行鉴定式的思考(gutachtliche Erwägungen);他必须思考,这起诉讼提出了哪些法律问题。虽然在大多数情况下,他在起诉书(Klageschrift)中能发现一定的线索,然起诉书中的陈述原本就建立在特定程序当事人的视角基础之上,因此客观上未必尽属实情。

因此,为厘清法律状况(Rechtslage),无论是法官还是本科初学者,最初都会制作法律鉴定。"鉴定"的目的在于广泛地澄清案件所提出的全部"法律问题",但也只会限定于讨论相关的"法律问题";这些"法律问题"是由当事人特定的"法律保护诉请"(Rechtsschutzbegehren)所预先给定的。在民法中,我们因此要检验的是,当事人相互之间是否存在请求权。为此,我们需要根据特定的请求,从所有可能的法律角度——这些角度关乎具体的提问,来检视给定的生活事实(Lebenssachverhalt)。由于这一原因,"法律鉴定"其结构和判决不同:结论部分非在篇首,而是位于篇尾。我们不是证立(begründet)结论,而是推衍(hergeleitet)结论。为此,我们连续不断地提出问题,随后一个接着一个地解决和回答问题。和判决不同,**"鉴定"**需要探讨所有可能支持诉讼请求(das klägerische Begehren)的**请求权基础(sämtliche Anspruchsgrundlagen)**。因此针对同一主题,"鉴定"的范围通常较之于判决更广。在一份"鉴定"中,原则上应在作业要求(Arbeitsauftrag)的范围内探究对案件解决有意义的**所有法律内容(alle rechtlichen Aspekte)**。(这句话具体所指何意,参见后文)

小贴士:
即便法官将诉讼全部驳回,原则上他也应探究所有法律内容。在这种情形下,他当然也可以重新证立该结论,而不必推衍出该结论。

2. 鉴定风格和判决(裁判)风格,法律人德语

长期以来,依照各自不同的目的,鉴定、判决和其他裁判文书已形成不同的表述风格(Formulierungsstile);诸位在受法律教育期间同样需学会并习练这些表述风格。人们分别称之为**鉴定风格(Gutachtenstil)**和**裁判风格(Urteilsstil)**。

判决是通过表述情况如何和为何(wie etwas ist und warum),而获

得证立的。判决以直陈式(Indikativ)表述,并体现在运用因果关系连词[诸如因为(weil)、由于(da)、是因为(denn)]上。以买卖价金之诉为例,判决开头如下:"所准许之诉请获得证立。根据《德国民法典》第433条第2款,原告得请求被告支付约定买卖价金。因为(双方)当事人所签订之买卖合同有效,且并未因2001年4月1日被告之撤销表示而被消灭……"

15 与此不同的是,鉴定探究的是:属于何种情况(ob etwas irgendwie ist)。因此,鉴定连续提出问题,并接下来对这些问题加以考察。为此,鉴定通常用到虚拟式、条件和目的连词。在学习之初,这常常令人畏惧万状。然而,一方面,大家会逐渐习惯这么做;另一方面,当诸位最终习惯后,仍可重新弃用虚拟式,因为虚拟式并非撰写正式鉴定的唯一语态选择。但在学习之初,诸位应强迫自己使用虚拟式,来真正撰写一份鉴定,而非随意拟出一份判决。因此,出卖人对买受人买卖价金请求权的鉴定,或许可开篇如下:"V根据《德国民法典》第433条第2款可能(könnte)享有对K的买卖价金支付请求权。这需要双方已经签订一份买卖合同……"

16 最后,还要在这里说一下"**法律人德语**"(Juristendeutsch)的问题。[1] 和其他专业人士一样,法律人也使用术语(Fachsprache);诸位须习惯这些术语。有一些专业表达(Fachausdrücke)很容易被辨识,但另外一些专业表达也属于日常用语(Alltagssprache),却(在法律上)具有不同的意义。尤其是法律经常使用极其一般性的概念,以便囊括尽可能多的实际情形(tatsächliche Vorgänge)。[2] 在特定法律关联下,便出现自然理解(natürliches Verständnis)和法律理解(juristisches Verständnis)之间的紧张关系;诸如我们以物的"重要成分"(wesentlicher Bestandteil)之概念为例,尝试来想象(其意义)。接下

---

[1] 对此,Schapp, JZ 2004, 473ff. 另有说明。
[2] 参见 Schapp, JZ 2004, 473, 479 关于盗窃中的"拿走"(Wegnahme)概念。

来,我们将目光转至《德国民法典》第93条,如若查读了评注[3]中该词的意义,便更为讶异。在此背景下,我们自始至终都要力求法律上极尽精确的表达,当然,我们所作之表述在自然的意义上也要能被理解。[4]

(二)请求权与请求权方法

在私法中通常问及所谓的请求权;在"鉴定"中,人们应探究其存在与否。为此,我们需要提前记住如下基本概念。

1. 请求权

《德国民法典》第194条第1款定义了何谓请求权。据此,请求权是"请求他人作为或不作为的权利"。在具体个案中,在哪些地方存在作为或不作为,具有随意性。在给定的案件中,谁可向谁主张什么,是从提问中得出(参见下文边码44以下)。

2. 请求权基础、事实构成、法律效果

人们将产生请求权的规范称为"**请求权基础**"(Anspruchsgrundlagen)。并非任一法律规定(gesetzliche Vorschrift)都是请求权基础。另有定义规范(Definitonsnormen)、归责规范(Zurechnungsnormen)和其他的辅助规范(Hilfsnormen)。在本科学习之初,大家肯定会一直发问:某一规定是否可能系请求权基础,以及我们可从何而知。这其实相当容易。请求权基础通常表述为:在一定条件下某人可向他人请求某事,或者反面(表述为)——某人对他人负有某义务。如果我们记住此点并稍加练习,识辨请求权基础是相当容易的。为培养识辨请求权基础的感觉,诸位可读诸如(《德国民法典》)第2、90、433、434、812、985条,并根据字面所示来判断:这些规定中哪3个条文包

---

[3] 如 Bamberger/Roth/Fritzsche, § 93 Rn. 8 或 Palandt/Ellenberger, § 93 Rn. 3.
[4] 参照 Schapp 的反例, Schapp, JZ 2004, 473, 479f.、480f.。

含了请求权基础,哪 3 个没有包含。

20 在说明某一规定是否为请求权基础[或更一般的意义上:法律效果规范(Rechtsfolgenorm)]时,厘清所涉法律规范的基本构造颇有助益。**法律效果规范由事实构成(Tatbestand)和法律后果(Rechtsfolge)**所构成。事实构成——非常抽象地——描述一特定案件事实(Sachverhalt)、事件(Geschehen)或其他前提。只有当出现案件事实时,法律条文才引发其规定的法律效果。这在《德国民法典》第 823 条第 1 款尤其清楚——虽然该规范与《德国民法典》总则编无关:"故意或过失不法侵害他人生命、身体、健康、自由、所有权或其他权利者,负有向该他人赔偿由此所生损害的义务。"逗号之前的该句前部包含了事实构成,即抽象描述的事件;这一事件须在具体的生活事实中实现,才会导致该句后部标表的法律效果——损害赔偿义务——的出现。

3. 请求权方法——历史的方法

21 由于请求权类型支配着私法思维,所以,所谓的**"请求权方法"**(Anspruchsmethode)在案例研习中占据主导地位;对这一方法还需进一步认知。这里涉及案件解答的一套特定的(逻辑)处理方式。理论上言之,人们对任一案件亦可进行历史性的(historisch)探究,即按照具体事件发生的先后顺序来对事件经过(Geschehensablauf)实施法律上的评价。顺便说一下,初学者倾向如此。然而我们仅能在例外情形下——诸如问及物的所有权人是谁或他人的继承人是谁时——方可运用**"历史方法"**(historische Methode)。当追问具体**请求权**时,历史的考察方式反而无甚作为。历史的考察方式可能会导致:人们对与探究请求权全然无关的案件事实的情境(Umstände des Sachverhalts)进行法律上的评价(如案件含有琐屑润饰之处;或如案件中出现多人,但问题限定在对其中个别人之请求权)。因此,大家普遍适用请求权方法。请求权方法和如下问题相关:案件关涉何种具体请求(Begehren)(请求权目的);哪个(或哪些)法律或合同约定将该具体请求规定为法律后果,从而为案件之探究提供了确定的**规则**(Regeln)(参见边码 25 以下)。我们看一则小案例即当自明:买受人 K 进入一家面包店要买一个松仁面包(Pinienkernbrot),女性出卖人在说出价格之时将面包交付给他。应加以探究的是:K 是否应支付买卖价金并受领面包? 在此,我们首先必须找到一条规定该法律效果的规范。我们须认识到这涉及(买卖)合同,并且还须在《德国民法典》中找出针对这一合同类型的相应规范。具体而言,买卖价金支付义务规定在第 433 条第 2 款*。这是此处真正的请求权基础。现在,问题显而易见:第 433 条第 2 款中引发"有义务支付买卖价金"这一法律效果的事实构成究竟是什么。这一事实构成限定在:须存在一个买卖合同;或者换言之,买受人和出卖人(当事人)须已经订立一个买卖合同。因此,我们主要应探究这一情形,以便弄清现在是否存在请求权。由于,所有类型合同的缔结是一个如此基本而一般的(grundlegend-allgemeine)法律问题,是以它被规定在《德国民法典》总则编第 145 条及以下诸条。

(三) 鉴定中的请求权检验(Anspruchsprüfung)

请求权结构(Anspruchsaufbau)存在特定的**规则**(Regeln);这些规则对于初学者来说显得十分混乱和/或过于形式化。这些规则建立在实践经验基础之上,和法律内容也相互关联;随着学习的深入,我们才逐渐学会这些规则;由于其复杂性,我们一开始很难理解它们。这(一过程/现象)虽然不可避免,但亦非如此糟糕:因为我们在作业命题(Übungsaufgabe)中仅要求初学者做那些在大课和案例研习课(Fallübungen)中已经讨论过的内容。因此,初学者应通读下文并同时思考:法律学习近似于玩一场巨型的拼图游戏(Puzzle);在游戏中人们起初组装一些东西,但剩余部分仍需随着时间的推移才会

---

* 未经特别注明,在本书中均指《德国民法典》的条文,下文同。——译者注

显现。如果我们不想处理失当,应当注意下述内容:

1. 各个请求权基础之检验

学习伊始,我们大多仅会遇到简单作业要求,其作业要求中只有一个请求权基础。探究请求权基础通常存在严格的**检验次序**(Prüfungsreihenfolge),这一检验次序是从**各个事实构成特征在逻辑上的相互作用**(aus dem logischen Zusammenspiel der einzelnen Tatbestandsmerkmale)中得出的。我们必须铭记该次序,因为它并不必然和法条文义上各个要件特征的顺序保持一致。上文已述及的《德国民法典》第 823 条第 1 款即属适例;虽然该款句首是"谁故意或过失……",但是我们绝不可将过错这一要件放在第一顺位考察。

原则上,下文所论适用于各个请求权基础的检验结构(Prüfungsaufbau):首先,我们须形成一个所谓的"**上位句/大前提**"(**Obersatz**),表述假设性的请求权目标(Anspruchsziel),诸如:根据《德国民法典》第 433 条第 2 款,X 可能享有对 K 的买卖价金支付请求权。随后,我们叙述"**下位句/小前提**"(Untersatz),该句列出相关前提。涵摄(Subsumtion)紧随其后,它形成结论(Ergebnis),导出**结论句**(Schlusssatz)。但在实践中,表述大大简化:通常我们必须在每个请求权基础中检验多个前提,并针对每一项事实构成前提(Tatbestandsvoraussetzung)均表述出一个"上位句",以便在"下位句"中先一般性地对各个前提加以阐明,再涵摄案件事实。很有可能的是,一项事实构成要件再度取决于其他要件:上述买卖价金请求权预设了当事人已经签订了买卖合同;而合同的缔结又取决于多个要件。原则上,在整个鉴定中,这一过程在每个可能的请求权基础中,在每个请求权基础的所有的事实构成要件中,以及在事实构成要件的要件中,不断重复。因此大家总是说:为了之后检验案件事实是否相合,处理案件需要遵循一定的方式。只有当涵摄导出的结论是上位句的前提已经满足时,我们才会转入下一问题;假如这下一上位句的成立并非毫无问题的话,整个流程在此将重复(参见下文边码31)。

2. 涵摄

具体的生活事实是否满足法律效果规范或者请求权规范的事实构成,对于每个具体案件的解答都具有决定性。这一问题通过所谓的**涵摄**(Subsumtion)来解决——即将生活事实的各个要素归入(Unterordnung)法律事实构成的特定要素中。

在边码21所述案例中,具有决定性的是:存在"买卖合同"这一前提。对此,我们须将这一前提表述为上位句,并随后在下位句中陈述:合同如何成立——即通过双方合致之意思表示,要约(《德国民法典》第145条)和承诺成立。此时,我们还不能开始涵摄,而是必须首先进一步考察这两项子前提(Untervoraussetzungen)。因此,我们每次都要再形成一个上位句:首先是必须存在要约,然后是必须存在承诺。我们将逐一在下位句中说明其要求(Anforderungen),直到此时才实际进入涵摄;即在该案中,我们首先当检验:通过向面包店店主要松仁面包,K是否已经发出了第145条意义上缔结买卖合同的要约。然后,我们将合同要约要求(Anforderungen)(对此参见边码65以及案例2边码3以下)表述成文,并随即将实际事件(Geschehen)和要约的法律定义相比较。这样我们最后得出小结:K的表达是否真正合乎合同要约之要求(Anforderungen)。这一结论虽然在本则简单案例中颇为明显,但我们在初学时即便对于简易之事,仍须细细探究。之后关于出卖人针对K的合同要约之承诺,亦重复上述涵摄过程。如果我们也能确定存在承诺,那么合同已经缔结,请求权产生。

所以,**涵摄**具有基础性的意义(elementare Bedeutung),因为它带来具体案件的**真正解答**(eigentliche Lösung)。因此我们必须习练,重在迫使自己践行它。虽然(不只是)初学者通常倾向于记住鉴定风格之要求,即形成上位句;但是他们之后常常忘记了涵摄。如果我们只

25

26

27

是读到了"K 想必已经通过其表示作出了第 145 条意义上的要约",论述就立马转到要约之承诺,那么已提出的问题仍未被回答。这样的"解答"并不是解答。

3. 多个请求权基础及多个请求权内容情形下的结构

28 正如前述,针对同一请求权内容、同一"法律保护诉请"(Rechtsschutzbegehren)亦可存在不同的法律规范基础(rechtliche Grundlage)。**在鉴定中,我们原则上(grundsätzlich)必须于具体任务之范围内,检验所有可能的请求权基础(alle in Betracht kommenden Anspruchsgrundlagen prüfen)**。我们假设:某顾客在餐馆内碰翻一只玻璃杯,该玻璃杯掉落地上而碎裂。这里,可能根据第 280 条第 1 款要承担基于合同义务违反的损害赔偿责任,还可能根据第 823 条第 1 款——该款不以合同为前提——要承担基于侵害所有权的损害赔偿责任。这两个不同的请求权基础不会相互排斥,这种现象仅属例外情形。在(出现)多个竞合的请求权基础时,不可避免地产生如下问题:我们应以何种次序来考察各个请求权规范。对此,存在下列基本规则,这一规则虽非完全强行性,但初学者最好遵循之:

(1) 合同请求权(如第 433 条第 1 款第 1 句、第 433 条第 2 款、第 535 条第 1 款);

(2) 类合同请求权(第 280 条第 1 款结合第 311 条第 2 款、第 241 条第 2 款,所谓的缔约过失)以及基于另外法定特别关系而形成的请求权(尤其是无因管理,第 677 条及以下诸条);

(3) 物权请求权(如第 985 条、第 1004 条第 1 款第 1 句、第 862 条第 1 款);

(4) 得利请求权(第 812 条及以下诸条);

(5) 侵权请求权(第 823 条及以下诸条或如《道路交通法》第 7 条、第 18 条)。

抛开请求权基础竞合(Anspruchsgrundlagenkonkurrenz)的可能性不论,由于一人对另一人会提出**内容不同的多个请求权**(Ansprüche mit unterschiedlichen Inhalten),因此也可能需要检验多个规范。例如A向B请求:对其已提供的给付支付报酬(Vergütung einer erbrachten Leistung),因物之损坏而请求损害赔偿,以及返还他物。在此类情形中,我们首先应根据(不同的)**请求目标**(Anspruchszielen)来划分鉴定:即A对B的(1)履行请求权、(2)损害赔偿请求权、(3)物的返还请求权等。如果对于同一请求目标存在多个请求权基础,那么我们必须再次依照上述次序来考察这些请求权基础。

4. 多个参与人

自然也存在两个以上参与人(Beteiligte)的案件,在这类案件中,我们必须考察各参与人对案件中其他人(andere Figuren)的请求权。**如果命题要求未作特别标注,且从案件事实(当事)人之请求权中亦得不出不同要求,(那么)我们必须检验所有可能存在于案件(当事)人之间的请求权**(Wenn in der Aufgabe nichts anderes vermerkt ist und sich auch aus den Forderungen der Personen im Sachverhalt nichts anderes ergibt, muss man alle Ansprüche prüfen, die zwischen den Personen des Falles bestehen können)!在本科学习之初,上面这句话大多只在家庭作业中发挥作用,最后在国家考试中,甚至在笔试中发挥作用。于是,在大多数情形中按照参与人来划分鉴定:A的请求权、B的请求权、C的请求权。如果一位参与人对其他数人提出了多个请求权,则应当进一步划分:A对B的请求权、A对D的请求权、A对F的请求权。在对某一人的请求权中,或许又要按照请求权内容(Anspruchsinhalt)和请求权基础(Anspruchsgrundlage)加以划分。如果命题要求明显存在不同的(请求权规范检验)次序,这也是可能的。诸如在一则有5位参与人的案例中其问题是:"A可向何人请求返还其怀表(Taschenuhr)?B可请求赔偿其损害吗?"在本则案例中,我们须按照 A 的返还请求权和 B 的损害赔偿请求权对鉴定加以划分，再逐一检验针对每一位可能的请求权相对人之请求权。

5. 区分重要的内容和不重要的内容——进行衡量

31 　　如前所述，**鉴定**（Gutachten）应当**全面考虑案件的法律问题**（die rechtlichen Probleme des Falles umfassend erörtern）。因而我们原则上必须考察案件中各个当事人之间所有可能的请求权。通常题目要求会作限定，因此我们还是会知道什么不该检验。然而就题目要求所涵盖的内容，我们必须全面地在法律上考察。尽管如此，在鉴定中我们只要**详细探究那些**在某种程度上对于作业之解答**相关**（relevant）的或者**存在疑问的**（problematisch）**内容**（nur auf solche Aspekte näher eingehen）。至于其他内容，或者简短论及，或者干脆完全略去。

32 　　诸位必须始终完整地彻底检验那些**请求权前提**（Anspruchsvoraussetzungen）——即请求权规范之事实构成，直至发现某一要件缺失，抑或所有要件均具备。反之，在**抗辩**（Einwendungen）的情形下，即请求权相对人之反对权（Gegenrechte des Anspruchsgegners）（对此参见下文边码 76 以下），诸位只需探究如下事实构成即可：案件事实或多或少提及了这些涉及抗辩的事实构成；或者根据案件事实陈述，请求权相对人明确地提出了这些涉及抗辩的事实构成。一般来说，由于并非规范的每一前提在具体案件中都必定是有问题的，并需被进一步论及，所以我们须相对谨慎地践行**结构模式**（Aufbauschemata）。因此，例如我们通常可以毫不费力地确定：根据第 104 条第 1 项、第 106 条之规定，某人是否完全具备行为能力。如果案件事实未包括年龄说明（Altersangaben）或类似的提示，那么我们决不要深入探讨行为能力的问题。反之，如果案件事实中出现年龄说明，那么很快亦能确定：某人是否属于第 104 条第 1 项，抑或第 106 条之情形。针对此类并无疑问的法律问题——但确实仅限于此——我们可运用**判决风格**（Urteilsstil）。如果某事是显而易见的，则鉴定风格就显得过于费事了。这一论断在下列案件中同样适用:某案件事实告诉我们,V 卖给 K 一物——我们在此无需进一步探究合同是否缔结。再如,某案件事实提及:A 向 B 发出订购(Bestellung)之表示,并随后收到 B 之订单确认(Auftragsbestätigung)——在这里,我们原则上无需根据第 130 条第 1 款第 1 句之规定,提出 A 的表示是否到达的问题:因为鉴于 B 的回应,A 之表示必定已成功到达 B。

类似处理方式也适用于存在数个请求权基础的情形。因此,尤其在不法行为请求权的场合——这虽非本书议题,通常人们首先深入检验第 823 条第 1 款,并得出肯定结论。由于该规范中提及的权利亦多是犯罪行为(Straftat)之连接点,故同一内容之请求权亦可结合犯罪事实构成,以第 823 条第 2 款为依据;兴许还可以其他规范为依据。这些其他的(第 823 条第 1 款之外的)请求权基础通常并不如此重要,我们简要提及即可,而无须实际检验之。有时我们对第 823 条第 1 款简要论及亦可:如果因违反第 241 条第 1 款*规定之义务,我们此前肯定了第 280 条第 1 款规定的损害赔偿请求权,那么这里已经提及第 823 条中决定性的特征。

33

然而,在本科学习之初(之后亦然),诸位将会自问:在当前案件中什么是重要的,什么是不重要的,什么是有问题的,什么是不存在问题的——我究竟要怎样辨识。对此问题,很遗憾只有一个差强人意的答案:时间长了你就能学会(如果学不会,那么你最好学别的专业)。

34

四、具体案件的处理

(一)解题步骤和时间分配概述

解答案件时,不宜立即寻找法律问题(rechtliche Probleme)并写

35

---

* 此处原文为"第 1 款",但疑应为"第 2 款"。——译者注

出解答。因为我们很可能只认识到部分问题,甚或步入全然错误的解答进路(Lösungsschiene)。因而,诸位应铭记**如下步骤**(die folgenden Schritte)并重在**谨守**(einhalten)之。

36 　　案件研习始于细致把握案件事实,然后在头脑中明确案件的法律问题,并尽可能同步记录下来(参见边码第39以下)。接着,我们应当思考解答的过程,并将全部"前期思考"的结果列入一份关键词式的解答大纲。直到对结论再一次批判性地加以评价之后,我们才能开始书写(案件)解答。

37 　　(案例研习中)好的**时间分配**(Zeiteinteilung)永远是重要的,我们必须在长时间的训练中掌握好(时间分配),因为(案例研习)时间通常被有意设定得不足。对于国家考试而言,在一份鉴定中,我们要铭记如下简便规则(Faustregel):解答的前期准备和书写大约应各占**作业时间的一半**(die Hälfte der Arbeitszeit)。在篇幅很大的案件中,这一比例宜向书写倾斜。于本科学习之初亦然,因为我们这时尚未很好地掌握法律表达,所以形成表达需时较长。因此大学新生在两个小时的笔试中应尽量于约50分钟之后完成"前期思考"(Vorüberlegungen),以便在余下70分钟内能从容表达,并在最后能再次通读全文。尽管如此,我们也不可早早动笔,因为这会产生下列危险:(案件)解答未经充分统筹,直至形成表达才发现缺漏或被忽略的问题。这可能导致业已写就的(内容)部分不可使用。

38 　　诸位应始终牢记时间分配;为谨慎起见,应将钟表放在桌上面向自己。如果在拟定解答大纲时于某处受阻,那么应首先考虑解答和该问题无关的其他部分。通常,这一思维暂停(diese gedankliche Zäsur)有助于稍后解答此前无法解决的那个问题。

(二)把握案件事实和法律问题

39 　　司空见惯但也是比较重要的事项,构成了(案例研习的)开始。由于诸位要解答案件,所以必须知悉案件的具体细节,在一开始至少

通读两遍(mindestens zweimal durchlesen)(所谓的)案件事实。只有了解清楚了事实层面所涉内容基本架构,我们方可开始集中思考案件解答。如果案件事实并不是太复杂和/或太长,我们在第二次通读时就可以考虑"**考生提示**"(Bearbeitervermerk)——即题目要求(Aufgabenstellung),并阅读案件陈述以便提出问题(Fragestellung)。题目要求较多时(bei längeren Aufgaben),我们或许可以稍后为之。

此外,非常重要的是,我们应如同命题人(Aufgabensteller)编写案件事实一般,根据对法律问题的把握来接收案件事实信息。在案件事实中不能直接得出的信息,不要附会进来。然恰恰初学者起初易于作出某些"显而易得"的假想("nahe liegende" Annahmen)。所谓的"**案件事实加塞**"(Sachverhaltsquetsche)乃属要不得的蠢行(Todsünde)。如果某事不能从案件事实中得出,那么实际情形也就不是这样子的。

小贴士:

可惜有时虽尽全力也会遇到案件事实不甚明晰的情形。此时,在奉守原则上不得附会的诫命下,我们应努力对案件事实作贴近生活(lebensnah)之解释。但在此过程中也应始终考虑到:即便在贴近生活的观察中,也可能存在多个可能性。因此,在个别案件中,偶尔给出了有关这一问题范围(Problemfeld)的提示。

在有多个参与者的复杂案件中,以图形方式描绘所涉人员及其相互法律关系的**案件框架图**(Fallskizze)是很有用的,有时甚至是绝对必要的。因为通常在不同人之间存在完全不同的法律关系(Rechtsverhältnisse),我们不能相互混淆或者混为一谈。如果在一个案件事实中出现了多个时间和/或事件,那么特别推荐使用**时刻表**(Zeittabelle)。

如果诸位已经充分了解了案件事实,(那么)可以开始对题目要求进行**法律思考**(rechtliche Überlegungen)。此时应对案件事实进行持续审视,以便确定具体案件中所考虑的法律问题是否真正具有意义。只有在法律思考和对案件事实的理解之间不断地往返比照(ein ständiges Hin und Her zwischen rechtlichen Überlegungen und Sachverhaltserfassung),才能做好案件解答。诸位应将所有在把握案件事实时认识到的或以为认识到的问题,**作为关键词即时记录下来**(als Stichworte sofort notieren),以免在后续的思考中以及在注意力集中于其他内容时又忘记那些问题,以至于在解答时最终疏忽了该问题。由于每一个请求权的检验(均)以**请求权基础**(Anspruchsgrundlage)开始,因此**尽早**(frühzeitig)考虑这些法条,并思考与之相关的可能问题,亦属重要。由于每个请求权基础均有不同的前提,并且针对这些不同的前提,可能还适用不同的辅助规范。有可能我们在阅读案件材料时考虑过的问题,事实上并未出现。举例说明,譬如当双方当事人未提及一方就另一方所提供之给付应支付价金时,可能合同订立在合意上存在问题。但是,如果涉及第611条意义上的雇佣合同时,通常第612条有助于摆脱上述价金合意困境(第632、653条于其适用范围同样如此);然而我们在买卖合同中则须另寻他途。

(三)弄清案件问题并遵照案件问题

44　　如下情况并不鲜见:只有先弄清楚具体的案件问题(Fallfrage),才能获得待写鉴定的作业要求(Arbeitsauftrag)。此时,应始终考虑在民法中占据主导地位的请求权思维(Anspruchsdenken)。如果题目要求(Aufgabenstellung)并未预先作其他规定,一如前述,在民法中始终应探查请求权。如下4"W"的锦句(Merksatz)可用于明确待探查之请求权:"谁想向谁基于什么主张什么(Wer will was von wem woraus?)。"

45　　在这一背景下,仍存在不同类型的案件问题。在我们的案例中,将列出具体的案件问题;这些案件问题中已经包含了"谁想向谁主张什么"。这样,诸位便获得确定的作业要求,从而仅须解析"基于什么"的问题,易言之,即明确可能的请求权基础。在本科学习之初常常会这么操作,但不总是如此。

(案件问题)还有可能是,追问案件中一位参与人所享有的请求 46
权。此时便应检验针对所有可能之人的全部请求权。对此,需要我们进行更充分的想象。(案件)问题甚至还可更抽象地被表述出来,甚至在极端情形表述为:"法律状况如何?"此时,诸位首先须借助于"4 W问题"来弄清当事人之间所有可能的法律关系(Rechtsbeziehungen),以便自己把握住相应的案件问题(Fallfragen),并解答它们。因而,诸位先应探究"谁想向谁主张什么",并按照(当事)人之间的关系(Personenbeziehungen)而作成相应的大提纲(Grobgliederung)。(由于)在案件事实陈述中,一些当事人已经向另一些当事人提出请求,从中便可产生一定程度的限定。于是,在大多数情形中,事实上仅涉及对相应请求权的探究。

如果我们已经说明了"谁想向谁主张什么",在有些情形,诸如 47
当主张什么这一点(在案件中)并不怎么明确地被提及,我们还要进一步说明:该提出请求权之人(Anspruchsteller)向(其)相对人主张什么。例如,他可能要求相对人提出合同约定之给付,返还标的物,或者进行损害赔偿。此时,我们还必须根据这些不同的请求权内容(Anspruchsinhalten)加以区分。对于每一种请求权内容,很可能存在多个请求权基础;(我们)在鉴定中应对所有的请求权基础一一加以探究。

最后,即便身处巨大的考试压力之中,我们必须迫使自己注意题 48
目要求和提出的问题(Aufgabenstellung und Fragestellung)。(但)可惜的是,经常发生学生们在解答中论及的那些内容,是根据题目要求根本不应被探究的。这些(无关的)阐述,就像不存在一样并不会计入评分。虽然这一点或许看似并不那么糟糕,但是考试时间(Zeit für die Bearbeitung)通常有限,诸位将因徒劳无益地浪费时间而最后不能做完(试题)。

(四)构建解答框架

49 如果我们已经弄清案件事实,甚至列明了案件问题,我们就开始解答的第二阶段,即制作**解答框架**(Lösungsskizze)。我们并不是立即开始对解答表述成文,而是首先勾勒其框架。对此,首先我们**记录**(notiert)那些我们在初步思考后认为可能相关的**请求权基础**(Anspruchsgrundlagen)。在这一阶段还需要将案件的其他**问题**(Probleme)或者**抗辩事实构成**(Einwendungstatbestände)——简言之,所有可能的相关点——作为关键词记录下来,以便我们在后续思考中不会因为考虑其他内容而再度忘记业已获得的东西。

50 针对我们遇到的每一项请求权基础,(都)要分别构建解答框架。在所有的请求权基础中,我们应把**每个事实构成特征**(jedes Tatbestandsmerkmal)一律作为关键词记录下来:这样便为稍后形诸文字的解答(die später niederzuschreibende Lösung)自动生成一种**提纲**(Gliederung),而且同时也避免忘记前提。我们应将业已辨识出来的真正的或假想的**问题**(Probleme)归入(zuordnen)相应的事实构成特征。因为在正确的位置并依正确的顺序来探究所有(问题),(实属)重要。此时,重要的是:并不只是单纯记录事实构成特征,而是要在考虑案件事实的(同时)**思考**(überlegen),该事实构成特征满足与否或者是否需要进一步的考察。因而现在我们还必须(加以)**涵摄**(subsumieren),以便确定该当请求权基础最后介入与否。此间,我们或许会遇到案件的其他问题;这些问题(在一开始)非当时所能预见,并不那么明显;或者我们发现,起初估计的"问题"实际上并非问题。细致检验所有前提和**正确结构的极其重要的功能**(ganz wichtige Funktion des korrekten Aufbaus)正在于此——因此和很多学生开始的感觉不同,这并不是单纯的形式或者甚至刁难。在涵摄和问题研习(Problembearbeitung)之后,我们若能得出"具体案件中的单个事实构成特征与否"的结论,便可在解答框架中用"-"和"+"标注这一结论。在(标注)"-"的情形,(进一步)产生如下问题:是否存在替代性的事实构成特征;如果答案为否——大多数情形如此,那么对这一请求权基础的检验到此为止,我们同样可以标注"-",作为该检验的结论。在(标注)"+"的情形,检验继续,直至我们最后能对该请求权基础整个确定为"+"。随后,我们兴许要检验同一愿求(das gleiche Begehren)——诸如损害赔偿(也许还包括物的返还的全部请求权基础等)的下一个请求权基础。

即便我们已经在上述意义上从头至尾地作出了整个案件的解答,我们始终还要考虑:我们有没有在某处忽略了请求权基础或者仅仅忽略一个问题,或者有可能对某事作出了不正确的判断。稍稍延后开始下笔表述解答,这比在书写解答过程中突然发现忽略了重要内容要更好。嗣后修改解答非常困难,因为通常人们想不到修改的所有后果。因此,我们在书写解答之前还要再一次注意:我们在构建解答框架时是否始于对案件事实的正确理解。有时候,我们在"考试压力"下会对一些东西记忆错误。

(五)根据"法律"书写和作业

最后,但对结论最重要的作业步骤(Arbeitsschritt)是**鉴定的落笔成文**(die ausformulierte Niederschrift des Gutachtens)。仍需强调的是:开始时,**成文表述**(Formulierungen)通常会给初学者造成很大的**困难**(Schwierigkeiten)。因此,他们在笔试中无论如何都要将书写(所需)的大量时间(Zeit)考虑进来。在对鉴定表述成文(Ausformulieren)过程中,须注意如下事项:(1)我们必须将**解答框架完全**(Lösungsskizze vollständig)转化成文,而不应在此过程中有所遗漏。(2)在表述成文之时,我们尤其要考虑**鉴定风格**(Gutachtenstil)。它不仅体现在鉴定引导句(Einleitungssatz)中对请求权基础的指称,而且原则上必须在每一项事实构成前提

(Tatbestandsvoraussetzung)中重复出现。(3)我们必须在每一项事实构成前提中作必要的**涵摄**(Subsumtion),通常该涵摄在解答框架的关键词上初步有所体现。因此,以对缔约时(是否)存在承诺表示的检验为例,仅指出 B 必定已接受要约是不够的。而是要根据 B 的表示来探明,他是否接受了要约。为此,在解答中复述 B 的表示是不够的,而应具体说明为何从中可以得出(或不能得出)承诺,并将(是否)完成承诺作为小结确定下来。(4)对于我们考查的每一项事实构成前提,均须作出小结,在最后自然会得出**结论**(Endergebnis)。初学者经常忘记这一点,特别是在他们考查各项具体事实构成前提时。

53   在最后定稿的鉴定中,通常要充分地援引制定法,以便读者清楚这些法律思考以哪些规范为据。本科学习初期,大家常常会太过注重法律适用和鉴定风格中的表述,而忘记了制定法的引注(Gesetzeszitate)。因此,我们从一开始(还)要强迫自己每次都要引注适用的规范条文且最好将这些规范也置于解答框架中。书写完毕之后,尽可能再检查一遍是否已经充分引注制定法。引注的缺漏将会影响最后的成绩。此外,为减少条文引注的书写时间,通常在鉴定开篇给出如下提示(如以脚注形式):"如未说明制定法名称,所有条文均来自《德国民法典》(Alle Paragrafen ohne Gesetzesangabe sind solche aus dem BGB.)。"

54   阅读和引注制定法也很重要,不仅在本科的初期是如此,因为人们经常认为已掌握法条"内容",而不再查看制定法。查阅制定法会更容易发现(Rechtsfindung)法——这句古语说得很有道理。通常制定法不仅包括了大家记忆中的表述,还包括了如下规则:从这些规则中,我们可以得出具体案件的结果。因此,即便涉及的是基础知识,为谨慎起见,仍旧要查阅制定法,看看该处是否的确(只)存在那些自以为知道的内容,此乃基本规则之一。但是在练习作业和笔试作业中,经常出现:学生所引述条文的第 1 款第 1 句可以找到,但是找不到其所引述的后面的第 2 款,或者只找到第 2 句。

此外，诸位还须尽可能精准地引注（so genau wie möglich zitieren）所涉规范。诸如当我们检验买卖合同请求权时，我们不能只提及"第433条"。这条规范在其两款中包含了针对不同人的不同请求权基础。再如，探究因第三人恶意欺诈所致的撤销时，我们不仅要考察"第123条第2款"，因为该规范有两句话，分别规定了不同的情形。所以我们或许应首先引述和检验第123条第2款第1句，尔后或许引述和检验第123条第2款第2句。在因意思表示错误而撤销的情形中，我们不可以只写"第119条"；甚至"第119条第1款"的表述也太过模糊，因为第1款包括了两种基于不同事由的撤销情形（Alternativen）。所以，我们还须增加"情形1"或"情形2"的条文引注；诸如《德国民法典》第812条的一些条文在此方面达到极致。乍看来这显得吹毛求疵，即便如此，我们仍需固守之。精准的条文引注是必要的，其目的在于表明：我们知道在此存在多个规则（Regelungen）；且我们确实在检验该事实构成，并辨识出了真正的相关事实。不精准的引注同样也不利于最后的成绩。

55

五、案例

在作出上文一应说明之后，现在我们应尝试将所有这些制作请求权法律鉴定（eines juristischen Anspruchsgutachtens）的规则，运用到第一份案件解答中。为使尚未具备法律知识的初学者能聚焦于鉴定技术（Gutachtentechnik）和风格，特意向各位极其简单地演示下列案件。因此，论证负担（Begründungsaufwand）无论在一开始还是在大多数情形下均保持在一定限度，在如下引导性案件（Einführungsfall）中也是如此。是故，现在就需要指出的是：当我们之后更好地掌握了内容和法律适用技术之时，对此类案件之探究无需如此详尽，在对解答表述成文时要力求更加简明扼要。我们用来解决真正法律问题所需的论证技术，在日后补充说明。

56

(一)案件事实(Sachverhalt)

在经过一个学期的本科法律学习之后,Victor 认识到,他将不能适应鉴定技术(Gutachtentechnik),于是转入化学专业。为减少经济损失,他决定出售其《德国民法典总论》教科书。碰巧他遇见本科法律系女生 Karolin,并向她陈述其意。Karolin 表达了其购书兴趣。随后,Victor 要价 5 欧元,Karolin 应允。双方达成合意:第二天上午 10 时,在法律图书馆前,在 K 支付买卖价金的前提下,V 应交付该书。

Karolin(K)可以请求 Victor(V)交付该书吗?

案件变型:

1. Karolin 是精神病人;

2. Victor 的女朋友在和他吵架之后,将那本书付之一炬;

3. Karolin 当即就支付了该书价款。但 Victor 背约,在第二天并没有拿着书出现,而是消失得无影无踪。正好满 3 年之后,他在路上偶然遇到 Karolin。Victor 认为,经过这么长时间,他无需再向 Karolin 交付该书了。

(二)提纲(Gliederung)

1. 把握案件事实和提问、案件变型
2. 寻找请求权基础
3. 以请求权基础和引导句作为行文开头
4. 请求权前提之检验
5. 请求权检验中的抗辩(Einwendungen)
    (1)抗辩的概念
    (2)权利阻却之抗辩(Rechtshindernde Einwendungen)
    (3)权利消灭之抗辩(Rechtsvernichtende Einwendungen)
    (4)权利障碍之抗辩(Rechtshemmende Einwendungen)

(三) 解答(Lösung)

1. 把握案件事实和提问、案件变型

首先应把握上文预先给定的案件事实,然后应把握题目要求(Aufgabenstellung)。本案非常简单,很快就可从事实上加以把握。(案件)所提出的问题是具体的:在每种情形下,Karolin(K)都能够向Victor(V)要书吗?值得注意的是,这里给出了一则**初始案件(Ausgangsfall)**,并同时给出了三则**案件变型(Abwandlungen)**。在练习题(Übungsaufgaben)中,通常用到这些案件变型(Fallvarianten)。我们应首先解答初始案件(Ausgangsfall),随后再解答案件事实变型,而不应统统掺混一起。虽然在案件变型的情形,容易得出如下推断:案件事实的变化也造成了法律裁判结果上的变化——但这却非必然。在案件解答中,应研究案件事实之间的差异。至于初始案件和案件变型之间的相同之处,我们无须在案件变型的解答中重新再写一遍。因此,我们大多可**参引前文(nach oben verweisen)**,然后再探究案件事实中的差异(der Unterschied im Geschehen)如何影响法律裁判。

2. 寻找请求权基础

找出对解答上述案例来说唯一可能的请求权基础,这即便对于初学者而言也显得简单:所描述的事件很显然得出了一个买卖合同。对"Karolin(K)可向Victor(V)要书吗?"这一表述得不太技术化的问题,我们需要进行法律上的转化解释:此处的问题是,买受人K基于买卖合同对出卖人V的(主给付)请求权;而这一请求权见之于《德国民法典》第433条第1款第1句。这就是请求权基础,请求权之检验以此开始。如前所述,我们始终应当思考:请求权之提出者想要什么,其诉请(Begehren)是否建立在合同基础之上,可能涉及何种合同,或者是否涉及其他类型的事实(sonstigem Geschehen)。

3. 以请求权基础和引导句作为行文开头

59　　已如前述,在大学教育中,一般应撰写法律鉴定。在一份鉴定中,待处理之问题(不仅)被前置于某一请求权检验之开篇,而且还被当作假定的结论(hypothetisches Ergebnis)前置于每一项事实构成前提之中。这里用到的鉴定风格系通过虚拟式的一般运用而体现出来的。我们以这种方式来逐个检看事实构成特征(Tatbestandmerkmal):在逐个检看事实构成特征的过程中,我们一律以是否存在(某一事实构成特征)的问题作为开始,随后检验该问题,并最后得出结论。所以,通常"所以"(daher)、"因此"(deshalb)、"所以说"(also)、"由此"(infolgedessen)、"据此"(somit)等词的出现也标志着鉴定风格。

60　　据此,我们得出我们这则案件鉴定的引导句:"K 或许可以根据《德国民法典》第 433 条第 1 款第 1 句对 V 享有交付书并移转书的所有权的请求权。"在这一表述中,不仅包含了《德国民法典》第 433 条第 1 款第 1 句这一抽象的法规范(Rechtssatz),而且已经具体到我们这一案件和请求权提出者的身份。基于表达所必需的精确性,一如方才所示,我们应在引导句中尽量采用制定法的确切表述(Formulierung aus dem Gesetz übernehmen)。大家自始至终应避免(konsequent vermeiden)使用"我们需要检验,K 可否根据《德国民法典》第 433 条请求那本书"这类外行的表述(laienhafte Formulierung)。这句话中,不但确切的请求权基础不清楚,而且请求权相对人和请求权的内容(交付书并移转书的所有权,这和单纯交付不同)也不清晰。

4. 请求权前提之检验

61　　伴随着上述引导句,鉴定便开始了。现在需考察的是,该请求权是否成立。其前提是:V 和 K 之间形成了一份买卖合同。所以,依鉴定风格,我们继续写出下面这句话:"对此,在 K 和 V 之间或许存在一份有效的买卖合同。"

62　　现在接下来应检测,在我们具体的生活事实中,是否存在第 433

条第1款第1句这一抽象法规范(Rechtssatzes)的各项事实构成特征。这一检测,人们称之为涵摄(Subsumtion)(参见上文边码25以下)。这里,人们尝试将案件事实之每一部分归入(zuzuorden)于一项事实构成特征。这一事实构成特征在初始案件中指的是:第433条第1款第1句的事实构成写道"基于买卖合同,物之出卖人向买受人负有……义务"。在(上述)案件事实中,"碰巧他遇见……"直到"Karolin 应允"的这段表述(Passus)应归作买卖合同(及其订立)。这段表述适合被理解为合同订立,所以存在一份买卖合同;我们在结尾可以得出如下结论:"因此,V根据第433条第1款第1句,有向K交付该书并移转该书所有权的义务。"

为得出这一结论,我们现在必须详尽地检验买卖合同的订立。何时产生了一份合同,第433条第1款第1句对此未置一词。但这可从第145条及以下诸条规定中得出。这些规范本身并非请求权基础,是因为它们仅规定合同订立。我们将此类法律规定(Vorschriften)称为辅助规范(Hilfsnormen),我们须结合请求权基础将这类法律规定作为补充援引进来。为成立一个买卖合同,根据第145条及以下诸条规定,须存在一项要约和一项无限制之承诺(eine uneingeschränkte Annahme)。根据《德国民法典》的理想图景(Idealbild),要约(Antrag=Angebot)必须如此地确定(bestimmt),以至于受领人以单纯的"同意"即可承诺之。为此,作为合同重要组成部分("合同要素",essentialia negotii)的双方主给付义务至少应确定或基于情境可得确定。无论是V告诉(K)想要售书,还是K的第一反应,从中均看不出有关买卖价金之依据;因此这些(V的告诉和K的反应)并不满足上述内容确定性的要求。这里,唯有V关于"想以该书赚取5欧元"之表示,可视为第145条意义上的要约。K当即便表示其同意,K因此表示了承诺(第147条第1款)。买卖合同已经订立。

据此,初始案件中关于请求权成立的前期思考(Vorüberlegungen)就已完成。关于交付书并移转书的所有权之请求权,也就有效成立了。

所以，经过检验的只是请求权事实构成（Anspruchstatbestand）本身，而非某些生效障碍（Wirksamkeitshindernisse）（对此参见边码68以下），因为看不出存在生效障碍。由于通常的买卖合同无形式要求（Formerfordernis），人们可不去探究这一问题，譬如此例。我们只探究案件中需要检验的内容，但是随着学习的深入，这些要求会有所放宽。通常我们要求初学者提交非常详细的作业：一方面是因为可用于判断案例研习作业方式（Arbeitsweise）是否大体已经被理解；另一方面是因为初学者自然只具备我们能够检验的少许知识。

65　　上述初始案件的解答可表述成文如下："K或许可以根据第433条第1款第1句享有对V的交付书并移转书的所有权的请求权。为此，在K和V之间应存在一份有效的买卖合同。当存在合致之意思表示时，就属于存在有效买卖合同的情形。为此，首先需要有一个第145条意义上的足够确定的要约：为订立有关一本书的买卖合同，V要向K发出内容如此具体的要约，以至于买受人仅需同意即可。实际上，V想要售书之表示仍然过于不确定，因为价款并未确定。仅当他表示想以该书赚取5欧元时，才存在一份要约。K或许已经接受了这一要约。事实上，她通过同意价格这一无保留的表示，就已经接受了要约。所以，存在一项有效的买卖合同。因而，K可向V请求交付书并移转书的所有权。"

66　　**小贴士：**

在上述案件事实中，关于合同磋商的过程描述得比较详细。这便赋予了进一步探查合同订立过程的契机。假设在案件中只是简单地说"V以15欧元将书卖给K"，那么探查合同订立则不妥当。一是因为合同订立这一点确定无疑，二是因为无从辨别何人发出何种表示。

5. 请求权检验中的抗辩

67　　在大多数情形，仅仅检验单一的请求权事实构成是不够的；我们还需处理其他问题,即是否存在抗辩的问题。我们通过下列三种变型(Fallvarianten)可以厘清这一问题。

(1)抗辩的概念

我们如何理解**抗辩**(Einwendungen)？这一概念源自《民事程序法》,指的是,被告提出并用以反驳诉请(Klageforderung)的所有情况。但抗辩这一概念也被用于实体民法中,实体民法规定了法官据以裁判法律争议(Rechtsstreit)的规则。[5]   68

在实体法上存在**三种**(drei Arten)具有不同效力的抗辩。抗辩有可能妨碍请求权的成立,也有可能使得有效成立的请求权消灭,还有可能只是阻碍请求权以强制方式实现。我们相应地将抗辩进一步划分为权利阻却之抗辩、权利消灭之抗辩以及权利障碍之抗辩。在案件研习中,我们也以这一(逻辑)顺序来检验抗辩。在某些抗辩的情形,发生抗辩的法律效果(以及在程序中考虑抗辩),都需要请求权相对人提出抗辩。我们将这些抗辩称之为抗辩权(Einreden)。   69

对于抗辩的检验同样有必要形成上位句(Obersätze)。上位句均应包括实质的抗辩事实构成(Einwendungstatbestand)以及产生该抗辩法律效果的规范。   70

(2)权利阻却之抗辩(Rechtshindernde Einwendungen)

在对请求权前提(Anspruchsvoraussetzungen)加以检验之后,对请求权的检验通常接续如下问题:请求权是否有效成立,或者换言之,是否存在权利阻却之抗辩。在合同中,此类抗辩使得整个合同不生效,因此也导致不存在合同请求权。当待检验之合同需满足特定形式,而又未遵循该形式时,即属此例,《德国民法典》第125条第1句。其他权利阻却之抗辩可从第105条第1款(无行为能力)、第117条第1款和第118条(意思瑕疵)、违法或悖俗(第134条和第138条第1款;以及暴利,第138条第2款)以及基于第142条第1款的撤销   71

---

[5] 就抗辩(和抗辩权)的概念,详细说明,Ulrici/Purrmann, JuS 2011, 104。

中获得。

72 **小贴士：**

将撤销归为权利阻却的抗辩还是权利消灭的抗辩是有争议的（对此参见案例 3 边码 22）。这于案件结构（Fallaufbau）无关紧要，因为人们通常不会根据抗辩类型列出标题、作为提纲，而仅会通过检验次序（Prüfungsreihenfolge）来考虑这些不同的抗辩分类。归类问题主要在返还清算时产生影响。

73 在案件变型 1 中，K 是精神病人。现在，这一事实要放在案件解答什么位置呢？根据第 104 条第 2 项，精神病人无行为能力。根据第 105 条第 1 款，其意思表示无效。因此，并不存在合同请求权。所以，这涉及权利阻却之抗辩，它在本来的请求权事实构成（eigentlichen Anspruchstatbestand）之后被检验。所以，对案件变型 1 的检验开始一如在初始案件中那般进行，但随后还应检验第 105 条第 1 款的权利阻却之抗辩。由于存有该抗辩，基于第 433 条第 1 款第 1 句的请求权没有有效成立，所以 K 不能请求该书。

74 在对案件解答表述成文时，对于案件内容重叠的部分，我们可参引上文，因而只需表述新增的内容。由于我们现在还必须进一步考查合同是否生效，所以在这里就不能采用边码 65 关于生效的表述。我们或许可以表述如下：

75 如上文检验所示，当事人原则上已经订立一份买卖合同。然而 K 的意思表示可能根据第 105 条第 1 款无效。为此，K 须是无行为能力人。根据第 104 条第 2 项，某人处于非仅一时的排除自由意思决定的导致精神活动存在病态障碍状态的，是无行为能力人。由于 K 是精神病人，且因病理性障碍持续地不能形成自由的意思，根据第 104 条第 2 项，她是无行为能力人。根据第 105 条第 1 款，她的意思表示因此无效。由于她的承诺未生效，也就没有形成有效的买卖合同。K 对 V 并不享有基于第

433条第1款之请求权。

(3)权利消灭之抗辩(Rechtsvernichtende Einwendungen)

案件变型2涉及另一种抗辩类型,即权利消灭之抗辩。和初始案件一样,请求权最初已有效成立,但是可能嗣后丧失。我们以如下引入性的问题(Eingangsfrage)为例来检验权利消灭之抗辩,即请求权是否已经不存在或被消灭。权利消灭之抗辩见第275条第1款(不能)、第362条第1款(履行)、第378条以下诸条(提存)、第389条(抵销)、第397条(免除)、第346条(解除)等。(自2002年开始,《德国民法典》)还例外地在第275条第2、3款(给付之不可期待性)规定了权利消灭之抗辩权(rechtsvernichtende Einreden)。

在案件变型2中,可能出现给付嗣后不能的情形(注意鉴定风格)。根据是每个人抑或仅债务人不能提出给付这一标准,人们区分客观不能和主观不能(第275条第1款)。由于该书已被损毁,所以存在客观不能。根据第275条第1款,在这种情形下,V的基于第433条第1款第1句之义务消灭了。至于他是否替代地承担损害赔偿义务,案件变型2暂时没有问及。所以,在初始案件之后,对案件变型2的解答可以继续如下:

> 根据第275条第1款,K的请求权或许已被排除。对此,须该给付对于该债务人,或对于任何人而言均属不能。由于该书在合同订立之后被损毁,(因而)任何人均无从交付并移转其所有权。据此,V免于其给付义务,第275条第1款。结论:K对V不享有请求权。

(4)权利障碍之抗辩(Rechtshemmende Einwendungen)

在案件变型3中,涉及第三种抗辩类型,即权利障碍之抗辩。在这种抗辩类型中,请求权有效成立,且之后也未消灭。尽管如此,在债务人提出这项抗辩时,该请求权将不可实现(nicht durchsetzbar)。这一抗辩类型,我们也称之为抗辩权(Einreden),因为它以债务人主张它为前提。在诉讼程序中,所有不同于抗辩权的抗辩,法院须依职权考虑,也就是说即使债务人没有提出这些抗辩主张时也要考虑。至于抗辩权,法院只有在确定债务人提出它们之时才会考虑抗辩权。

80　　抗辩权总被表述为给付拒绝权(Leistungsverweigerungsrechte),借此我们可将抗辩权和(其他)抗辩区分开来。这比如说就体现在第214条第1款规定的消灭时效抗辩权上:消灭时效是一种权利排除的抗辩权(eine rechtsausschließende Einrede)(或永久抗辩权),它持续阻碍着请求权的实现。此外还存在延缓抗辩权(aufschiebende Einrede)(或一时抗辩权),如延期(Stundung);以及权利限制的抗辩权(rechtsbeschränkende Einrede),如第320条第1款规定的不履行合同的抗辩权。该条为买卖合同等双务合同确定了如下规则:通常任何一方当事人均不负有先给付义务,而只有在直接交换的同时(Zug-um-Zug)才可要求给付。

81　　在案件变型3中,K已经提出其根据买卖合同所负担的给付。直到3年之后,她遇见V,后者基于买卖合同始终负有给付并移转该书所有权的义务。虽然由于时间流逝人们一般可能认为,她的请求权已经罹于时效;但是根据第214条第1款,消灭时效并不使请求权消灭。如前所述,消灭时效仅赋予义务人以拒绝给付之权利。请求权自何时罹于时效,应由《德国民法典》的规定得出。第195条包含了基本规定(Grundvorschrift),该条适用于所有民事请求权。根据该条规定,经过3年后,才罹于时效。就期限何时起算,第199条第1款和该条其余几款进行了规定,但其余几款规定在此不适用。然而我们还是要检验:是否不适用特殊的,尤其是较短的消灭时效规定(Verjährungsvorschriften),诸如第438条第1款第3项;是否也不适用较长的消灭时效规定,诸如第196条以下诸条。针对买受人的上述请求权,我们找不出此类规范。根据第199条第1款,第195条规定的3年期限直到年底才起算,所以K的请求权尚未罹于时效。因此,V的异议落空。

小贴士：

仅当存在罹于时效之可能时，我们才应在案件解答中论及。属于这一情形的有：当一方当事人主张消灭时效时——如在我们这一案件中；或者当具体案件中应认真考虑消灭时效之时——在我们的案件中非属这一情形。

所以，解答可表述如下："V 或许能够根据第 214 条第 1 款之规定，可以拒绝给付。为此，K 基于第 433 条第 1 款第 1 句之请求权应当罹于时效。这一请求权经过第 195 条规定的一般消灭时效期限（Regelverjährungsfrist）后罹于时效；根据第 199 条第 1 款，该一般消灭时效期限自年底起算，该款第 1、2 项还规定了该规范的其他要件。由于案件变型 3 中自合同订立之时起刚过 3 年，在 K 再次遇到 V 的那天，移转所有权之请求权（Übereignungsanspruch）尚未罹于时效。因此，V 不能依照第 214 条第 1 款享有拒绝给付（Leistungsverweigerung）之权利。所以，K 得根据第 433 条第 1 款第 1 句请求 V 交付该书并移转该书的所有权。"

六、其他提示

当然，我们在一开始很难记住关于案件解答的所有理论性说明，因为无论是作业技术（Arbeitstechnik），还是案例本身所涉及的全部材料内容，对我们来说都非常陌生。因此，现在在下文还列出一些提示，各位不一定要立即阅读这些提示，但是至少在第一次真正考试之前应该知道。关于**家庭作业写作**（Anfertigung von Hausarbeiten）的额外提示见本书第 3 编。

（一）考虑评分人的理解力（Prüferhorizont）

在我们做练习题或考试题（Übungs- oder Examensaufgabe）时，除

了考虑专业内容之外,还应考虑到:和外界对评分人的主流看法不同的是,评分人也是一个人,他/她一般并无恶意,也没有兴趣让人不通过。他/她的任务是根据其个人水平(individuellen Qualität)去评价每份作业。为了不过于加重改卷人评价作业的负担,并避免其出现负面情绪,诸位在考试中要尽力做到如下事宜:

1. 修改边栏(Korrekturrand)

改卷人必须为其评分作一定程度上可理解的说理。为此,需要卷面留有修改边栏,一般是页面右侧三分之一。

2. 结构(Aufbau)、提纲(Gliederung)、页码编号(Seitennummerierung)

即使一开始这可能很困难,尤其是在考试中,我们也应该尽量让读者觉得我们已将有条理的想法形诸纸面。为此,除了遵守上述**结构(Aufbau)**之外,还需通过一定程度的**可辨识的提纲(erkennbarer Gliederung)**将结构呈现出来。经过前期思考(Vorüberlegungen),形成了解答框架(Lösungsskizze),而后我们要给各个提纲要点(Gliederungspunkte)标上上位编号(Obernummerierung)和下位编号(Unternummerierung),即以罗马数字(标识)不同的请求权基础,以阿拉伯数字标识请求权的要件和抗辩,以字母连续编号(durchnummerieren)来标识下一级内容点(Unterpunkte);另外,还要附上简要的标题。

我 们 笔 试(Klausur)书 写 的 纸 张 应 该 **连 续 编 号 (durchnummerieren)**,因为它们容易弄错顺序。在笔试中较大的停顿(Zäsuren)处,例如新的请求权基础、新的人与人之间关系(Personenbeziehung)等,我们还要考虑从新的一页纸开始书写,以便于此后还有可能通过加页添加某些内容。

3. 字迹(Schriftbild)

我们应该尝试**书写(schreiben)**得尽可能**清晰易读(leserlich)**。看不清的书写通常对评分不利。法律作业的评分并不是完全遵循明晰和客观的规则。比如说,正确的结构和证明非常重要,这二者就避免用于转化为看似客观的绩点模式(Punkteschema)。当整体印象很重要时,整体印象在嗣后会因为字迹不清导致每个字都需要逐一辨认而受到影响。根据经验,在特别长的案件中,即便在看过数页材料之后,也还是不能适应那些个"鬼画符"(Sauklaue)。如果每个字均需一一辨认,那么无法清楚地了解作业的整体质量。

4. 语言(Sprache)、文风(Stil)、论证(Argumentation)

由于法律人的武器现在就是语词,我们不仅应书写清楚,而且在鉴定风格可能的范围内,应注重可行的风格和正确的语法。经验表明,这两点是正确论证(eine ordentliche Argumentation)的先决条件。因此,我们不应构建读者难以理解的过于复杂的句子。我们要尽可能清晰明确地表达。

最后,在对鉴定加以表述时,我们应注意以专业人员可理解的方式(für einen Fachmann verständlich)进行表达。所以,我们不能假定改卷人已知道答案,而是必须以虽已受过专业教育,但尚未对案件进行深入解答的专业人员为读者对象书写鉴定。鉴定的说明一定要可信且可理解。

另外,尤其在论证时、在涵摄过程中,以及在解答必要的问题时,都需要注意说明的可信性和可理解性。原则上,我们不可以直接主张某一内容,而是须借助案件事实和法律来论证为何如此,除非那是"显而易见的"(offensichtlich)。即便在这种情况下,我们还是应该谨慎使用"显而易见的"这一概念和类似的语词,因为只有很少的内容是真正显而易见的。此外,我们必须注意,要以可理解的、遵循逻辑律的思考来获得结论。

(二)对问题争议的考量

法律案件的解答,是无法通过近乎数学精确性的方法来获得的。毕竟法律适用经常和利益衡量(Interessenabwägung)的必要性相关。

比如说,有时因为法律作这样的规定——民法中诸如第 313 条第 1 款;有时是因为其他理由,需要进行利益考量。另外,某一特定的案件事实是否应涵摄到某一规范的事实构成之下,通常也不是轻易就能看清楚的。也许人们对法律的文义(Wortlaut des Gesetzes)有疑义,也许疑义来自结果(Ergebnis)。这时,我们必须要采用普遍认可的法律解释方法;当裁判最终取决于法律的意义和目的时,通常依照案件事实会再度进行利益衡量。

94　　这些因素导致了,就某规范是否涵盖某一案件事实以及案件应如何解决的问题,裁判和法律学说中(或者两者之间)常常存在争议。我们在案件解答过程中经常会遇到这些法律争议。这时,我们在鉴定中(或者不只在鉴定中)就要对该问题进行说明,并对文献和裁判中就该问题之解答所持的观点加以阐述,明确针对具体案件事实的不同观点产生了哪些结果。如果所有的观点得出同一结果,我们可以止步于这一结论,因此可对争议不作取舍决定。但是,如果结果存在差异,我们就必须就案件解答发表自己的看法。此时,我们应评价不同观点的论证,并采信我们认为论证具有说服力的那种观点。由此也就形成了我们"自己"对案件的解答。我们具体要怎么做?本书会在下文很多案例中进一步述及,诸如案例 3 和案例 4。

95　　对争议观点状况进行说明的要求(Anforderungen),理所当然地取决于我们正在书写作业的类型。借助于图书馆和数据库,对不同的观点进行组织,并且通过列明出处逐一加以佐证,属于家庭作业中的要求(详见本书第 3 编)。由于各位有很多时间来写家庭作业,所以对争议观点状况的说明也要更为仔细。在笔试中,这些要求必然较低,因为此时各位不能利用文献。所以,扼要说明观点即可,当然前提是我们知道、大体记住了这些观点。此时,无需陈述不同观点的代表人物(且这也不计入评分)。

96　　在本案例书中对大多数争议问题说明得很详细,就如同在家庭作业中一样;有时对争议问题的说明甚是简短,和在笔试中一样。诸位在阅读过程中,从讨论的范围、列有文献出处的脚注数量上,就能很容易注意到这一差异,因此对这一点不再做进一步说明。本书一律给出文献指引(Literaturhinweise),以便有兴趣的学生能够进一步研习材料,而又无须耗费过多时间。当然,这在笔试中不作要求(至于家庭作业,详见本书第三编)。

第二编

案 例

案例1 变更的要约

一、案件事实

K想要举办一场怀旧夏威夷吐司聚会(Toast-Hawaii-Party)。于是,他在5月30日向多个批发商写信,请求供应500罐菠萝片。V在6月2日回信:他可以每罐0.40欧元的价格向K供货。该回信于6月3日10时被投入K商店信箱之中。K当时还在路上忙于业务,直到11时才返回店中。11:05,在K清空信箱之前,V给K打来电话。他向K表示:他不会信守其书信要约,只会以高达0.55欧元每罐的价格出售罐装品。K断然反对:他坚持要以原先(V)提供的条件供货。之后,他从信箱中取出了0.40欧元价格要约的书信。

K可向V请求以每罐0.40欧元的价格供货吗?

案件变型:

V在早上8时,就给K打来电话。由于K当时正要打喷嚏,他在电话中错将每罐"0.55欧元"听成每罐"0.45欧元"。这导致他说:"好的。"V可向K请求支付275欧元吗?

二、前期思考

这则案件很简单:我们首先应检验合同的订立,并需进一步探究承诺表示(Annahmeerklärung)的到达。我们按时间顺序来检验合同订立,如果案件事实的陈述使之有此可能的话。我们从第一个旨在订立合同的表示(Erklärung)着手来探究:该表示是否第 145 条意义上的要约(Antrag)。通常,第一个"表示"只是对发出要约的邀请(invitatio ad offerendum),它一般还不够确定,且缺乏客观的法律拘束意思(objektiven Willen zur Rechtsbindung)。

在本案中,合同的订立主要取决于要约撤回(Widerruf)(第 130 条第 1 款第 2 句)的及时性,而这又取决于要约表示(Angebotserklärung)本身何时到达。我们对此应检验清楚,这在初始案件中并不难。

在案件变型中,撤回明显提前作出了。但是 K 现在对 V 的新要约表示同意,因为他在电话中误解 V 的意思了。这并不影响这样一个(als solche)撤回表示。但问题是:现在合同是否已经成立。这就取决于:口头表示在何种条件下发生效力。《德国民法典》在第 130 条对此并没有规定,因为该规范明确针对非对话的意思表示(Willenserklärungen unter Abwesenden);此类在场电话的意思表示,应按照第 147 条第 1 款第 2 句中所蕴含的一般法思想(allgemeinen Rechtsgedanken)来处理。[1]

三、提纲

(一)K 向 V 请求以每罐 0.40 欧元供货的权利,第 433 条第 1 款
  第 1 句 ………………………………………………… 1*
  1. 要约 ……………………………………………… 3
   (1)经由到达,要约生效,第 130 条第 1 款第 1 句 …… 5
    [难题:非对话的意思表示何时到达?]

---

[1] 全部内容参见 Palandt/Ellenberger,§ 130 Rn. 14; Köhler,§ 6 Rn. 19。
  * 此数字为本案例"解答"部分的页边码,下同。——译者注

(2) 要约的撤回,第 130 条第 1 款第 2 句,结合(该款)
第 1 句 ·· 7
　　［难题:撤回及时作出了吗?］
(3) 小结 ·· 12
2. 承诺 ··· 13
3. 结论 ··· 17
(二)案件变型:V 向 K 请求支付 275 欧元的权利,第 433 条
第 1 款第 1 句 ··· 18
1. V 的合同要约 ··· 19
　　［难题:(V 的)表示到达 K 了吗,尽管他误解了它?］
2. 由 K(发出的)要约? ································· 25
3. 结论 ·· 26

四、解答

(一) K 向 V 请求以每罐 0.40 欧元供货的权利,第 433 条第 1 款第 1 句

　　K 或许具有一项针对 V 的、基于第 433 条第 1 款第 1 句的请求以书信中每罐 0.4 欧元的价格交付 500 罐菠萝片的权利。　　1

　　其前提首先是:在 V 和 K 之间形成了包含上述内容的、有效的买卖合同。一项买卖合同是通过合致之意思表示,即要约(第 145 条)和承诺(第 147 条第 1 款第 1 句)而订立的。　　2

1. 要约

　　一项要约(Antrag,第 145 条)首先可能存于 5 月 30 日 K 写给 V 的书信中。对此,它需要包含订立合同的所有重要内容［合同要素 (essentialia negotii)］,且具有法律拘束意思 (Rechtsbindung-　　3 swillen）。[2] 5月30日书信中没有确定价格，所以该书信只是一个发出要约的邀请［要约邀请（invitatio ad offerendum）］[3]。此外，K也不愿意受拘束，这对于受领人是可知的，因而也欠缺法律拘束意思。

4 　　然而，V或许已经通过其6月2日的书信发出了一份要约。由于该书信确定了买卖合同所有重要的组成成分——买卖价格、买卖标的、数量，所以它满足了有效要约的内容要件（die inhaltlichen Voraussetzungen）。

　　（1）经由到达，要约生效，第130条第1款第1句

5 　　该要约必须根据第130条第1款第1句生效。V已将该要约寄给K，所以要约已经发出。根据第130条第1款第1句，需受领的意思表示到达表示受领人处后才生效，要约因此才具有拘束力，参见第145条规定。[4] 依照绝对的通说，当一个意思表示进入受领人的控制范围（Machtbereich），使得该人依据常理（unter normalen Verhältnissen）具有获知表示内容可能之时，意思表示即已到达。[5] 根据第130条第1款第1句之文义，单纯的投寄（Absendung）尚属不足；另外，也不取决于受领人实际知道表示内容，否则的话，受理人就可能阻止到达。当一封邮件被投入受领人的信箱时，正如本案，如果根据交易观念（Verkehrsanschauung）应预估受领人已清空信箱，则应认定到达。在本案中，信件被寄到K的营业地址（Geschäftsadresse）。在投递进营业店面（Geschäftslokal）时，通常在营业时间内收到的邮件即使不是在收到后立即阅读，也会很快被阅读。[6] 因此，根据正确的观点，在此类情形，当信件被放置于营业信箱时，到达的事实构成（Zugangstatbestand）已经完成；在本案中即在10点时，因为在营业

〔2〕　Palandt/Ellenberger, § 145 Rn. 1f.
〔3〕　关于要约邀请这一法制度（Rechtsfigur），参见Köhler, § 8 Rn. 9。
〔4〕　Köhler, § 6 Rn. 13; HK/Dörner, § 130 Rn. 1.
〔5〕　BGHZ 137, 205, 208; BGH NJW 2004, 1320; Palandt/Ellenberger, § 130 Rn. 5.
〔6〕　Köhler, § 6 Rn. 13.

时间(Geschäftszeit)范围内,所以,该要约已经于10点到达K,且根据第130条第1款第1句原则上已经生效。

小贴士:

在这里,我们并不一定要写明精确的到达时间,或许可以在论述要约撤回时再这样做。但是因为在本案中到达时间很容易确定,所以在此也可立刻进行确定。

(2)要约的撤回,第130条第1款第2句,结合(该款)第1句

但是,根据第130条第1款第2句并结合第1句,如果V已经有效地撤回了该要约,该要约将不会生效。这需要向表示受领人K作出及时的撤回表示。

根据第133、157条,V对K的电话通知——即他不会遵守其关于每罐0.40欧元的书面要约,应被解释为默示的撤回表示(konkludente Widerufserklärung)。由于涉及(远程)口头表示,所以此处的问题是:该表示是否生效。依照第147条第1款第2句的法理念(Rechtsgedanken),在远程口头表示中涉及对话的表示(unter Anwesenden)。

第130条第1款第1句涉及意思表示的到达,但根据该条明确的文义,该条仅适用于非对话的意思表示(Erklärungen unter Abwesenden)。但是,现在一般认为:第130条第1款第1句的基本理念也适用于对话的意思表示(Erklärungen unter Anwesenden),因此到达具有决定作用。[7]但是,在对话的情形中,通常不存在知悉可能性(Kenntinsnahmemöglichkeit)的问题。由于这里涉及(远程)口头表示,故适用所谓的了解主义(Vernehmungstheorie):即当受领人(正确地)了解了意思表示时,该意思表示即到达。[8]本案中,在6月3日11∶05到达;在这一时刻撤回表示到达了K。

---

[7] BGH NJW 1989, 1723; Palandt/Ellenberger, § 130 Rn. 14.
[8] BGH NJW 1989, 1723; Palandt/Ellenberger, § 130 Rn. 14.

10　　　　有疑问的是:于11:05,撤回表示是否已在第130条第1款第2句的意义上及时作出了。对此,撤回表示须同时或先于要约到达。由于要约因10:00投送信箱,业已到达,故撤回作出过迟;因此该撤回并不能阻碍要约的生效。

11　　　　**小贴士:**
　　　　　　如果V于6:00自行将要约书信投入K的信箱,后于6:30又自行将撤回要约的书信投入,则该两项意思表示于K通常开门营业的同一时刻到达。因此,撤回及时作出,要约不会生效。

　　　　（3）小结

12　　　　V的书面要约已于10时生效,并根据第145条对V产生拘束力,因为他并不具有撤回之可能。

　　　　2. 承诺

13　　　　承诺要求无保留地同意要约的合同订立 (ein uneingeschränktes Einverständnis mit dem angebotenen Vertragsschluss)。K在电话中向V表示:他坚持要求以最初的条件供货。因此,他已经毫无保留地(ohne jede Einschränkung)接受了V的要约。该表示已到达对话的V(依据:第147条第1款第2句),从而类推适用第130条生效。

14　　　　但是,仅当承诺同样及时作出时,它才导致合同订立,参见第146条、第150条第1款。因此应当检验的是:在K表示承诺时,V的要约是否尚未根据第146条而消灭。由于V作出了非对话的要约,且并没有根据第148条在要约中设定承诺期限(Annahmefrist),所以,承诺期限由第147条第2款得出。依此,在要约人通常可期待作出承诺这一时刻之前,应作出承诺。由于K在V电话打来的当天(参见第147条第1款第2句、第2款)旋即接受要约,所以承诺已及时作出。

15　　　　所以,K的承诺使当事人之间合同订立,因此V有义务以总价200欧元交付罐头。

小贴士:

虽然 V 打的电话或许可以被视为合同变更之要约(参见第311条第1款),但是 K 并没有接受该要约。由于在案件事实中并未隐含:V 的主意的改变(Sinnswandel)可能基于计算错误,所以,也就不需要考虑或许存在撤销可能性(eine eventuelle Anfechtungsmöglichkeit)。应按照实际情况来把握案件事实,我们不可"添枝加叶"(hinzudichten)。

3. 结论

K 可根据第 433 条第 1 款第 1 句向 V 请求,以每罐 0.40 欧元的价格交付 500 罐菠萝片。

(二)案件变型:V 向 K 请求支付 275 欧元的权利,第 433 条第 1 款第 1 句

当双方订立了相应内容的买卖合同时,V 依据第 433 条第 2 款第 1 种情形,对 K 享有支付 275 欧元的请求权。

1. V 的合同要约

一开始,V 向 K 发出了以总价 200 欧元(每罐 0.40 欧元)订立合同的要约(参见上文边码 3)。该合同要约于 10 时到达 K,如 V 并未根据第 130 条第 1 款第 2 句及时撤回它,该要约生效。

在 8 时,V 在电话里向 K 表示:他不会信守其最初的要约,而只会以较高的价格出售罐装菠萝片。因此,他已经明确地表达了:最初的要约不应再有效。就这点而言,K 也正确地理解了(vernommen)该表示,该表示因到达而生效。至于 K 错误理解了新的价格,这改变不了任何事情。撤回表示在真正的合同要约之前已到达 K。据此,第 130 条第 1 款第 2 句的前提已经满足;每罐 0.40 欧元的要约不再生效。

然而 V 在撤回表示的同时向 K 发出了以单价 0.55 欧元供应罐

装菠萝片的要约。问题是:这一要约是否有效。由于是在电话中作出的表示,根据第 147 条第 1 款第 2 句蕴涵的一般化的法理念,该表示系对话作出。

22　　根据明确的文义,第 130 条不适用于对话的意思表示。尽管如此,一般认为,到达原则(das Zugangsprinzip)也适用于对话的意思表示。以无形的特别是口头方式作出表示时,因为易逝(Flüchtigkeit),意思表示的到达还要求受领人正确理解该表示[所谓"严格的了解主义"(sog. strenge Vernehmungstheorie)]。[9] 因为表意人可以检视表示是否正确地到达,而受领人——嗣后任何时候——都没可能复核意思表示的内容。由于 K 误解了该表示,因此表示并未生效。

23　　然而,如果在相对人对受领人可能没有理解或错误理解了其表示这一情况不可知时,"严格的了解主义"是否仍适用存在争议。一种有力的学界观点(eine starke Literaturmeinung)认为:在交易保护利益(Verkehrsschutz)中,不应由表意人承担受领人听障(hörbehindert)或纯粹不仔细(oder einfach unaufmerksam)(聆听)的风险[所谓"限缩的了解主义"(sog. eingeschränkte Vernehmungstheorie)]。[10] 但是,在本案中,V 不能认为 K 正确理解了他,因为 K 当时正好要打喷嚏。所以,这里不需对上述学说争议进行选择,因为两个学说的结论一致:V 的新要约,因缺乏 K 的了解而同样没有生效。

24　　**小贴士**:
　　　　如果没有打喷嚏,根据限缩的了解主义,新的要约会生效。由于 K 已经表示承诺,他还可根据第 119 条第 1 款第 1 种情形

---

〔9〕 BGH WM 1989, 650, 652 aE; HK/Dörner, § 130 Rn. 12, 20; Staudinger/Singer, § 130 Rn. 112ff. 附其他参考文献。至于对身体障碍者(Behinderten)的到达,参见 Neuner, NJW 2000, 1822, 1825f. 。

〔10〕 如是者,诸如 Köhler, § 13 Rn. 19; Bork, Rn. 631 附其他参考文献; Larenz/Wolf, § 26 Rn. 32; Soergel/Hefermehl, § 122 Rn. 21.

撤销其表示(内容错误),但附带结果是必须根据第 122 条第 1 款进行损害赔偿。当时,V 不应认为 K 犯了错误,所以,《德国民法典》第 122 条第 2 款阻碍了其赔偿请求权。

2. 由 K(发出的)要约?

还存在一个可能性,即 K 通过其误解的承诺表示(vermeintliche Annahmeerklärung)已经向 V 发出了一份合同要约。但是,从客观受领人视角(objektiven Empfängerhorizonts)来看,其表示并不表明如此。

3. 结论

由于缺乏合意(Einigung),K 和 V 之间的合同并未成立;所以,V 也没有根据第 433 条第 2 款可享有的买卖价金请求权。

案例 2　朋友间的帮忙

（参照 BGHZ 21,102）

一、案件事实

A 经营夹心面包（belegte Brötchen）和其他自制小食品（kleinere Mahlzeiten）的送货业务；也使用冷藏车（Kühlfahrzeuge）向没有自己食堂的企业供货。一天早上，司机 F 没来上班，这让 A 陷入无法向顾客送货的窘境。因此，A 恳请他的朋友 B 尽快来他这里救急（aushelfen），并提到 B 还欠他一份人情。B 此前曾受雇于 A，现正在休假。起初，B 说他没有兴趣在假期工作。当 A 恳切地向 B 说明了他正处困境，可能会失去顾客，而且真不知道能从何处获得帮助之后，B 最终才表示：他愿意帮助 A，因为 A 此前也帮过他一次。

如果 B 半小时之后还没到，A 要问的是，他能否请求 B 到送货服务部救急。

案件变型：

B 最终来到 A 处救急。由于他很久没开过冷藏车了，因而在行车期间，他因疏忽（versehentlich）关闭了冷藏车的冷冻装置。时值盛夏的高温导致食品从 11 时起就已开始变质。顾客不愿意购买这些惨不忍睹的东西。A 因此损失了 100 欧元的利润；此外，他还要丢掉那些价值 200 欧元的食品。

A 现在问：他是否可向 B 请求损害赔偿。B 认为，在不支付报酬的情况下进行工作的人，无需因这么小的疏忽而承担责任。

二、前期思考

本案参照自一起已经讨论了几十年的著名的典型案件(Standardfall)。该案涉及的主要问题是:能否因为(仅仅是侵权法上或者准合同上的责任)存在严重后果,而可以将情谊关系(Gefälligkeitsverhältnis)视为(现在)第311条第2款意义上的债务关系。这一问题已经超出了民法总则中的初学者内容(Anfängerstoff),所以本案由两部分组成:在初始案件中仅涉及给付请求权是否存在这一问题。如果诸位迄今为止仅学过民法总则内容,那么可限于探究这一问题。

初始案件隐含的问题可在合同履行请求权的框架内讨论,对于这一请求权,我们首先要查明适当的合同履行请求权基础。所幸《德国民法典》并不承认太多的无偿合同,因而从关于意思表示的授课和意思表示的事实构成中,应当能够知道相应的无偿合同。此外,我们应使用无偿合同这一概念,避免使用文献中[1]出现的"情谊合同"(Gefälligkeitsverträge)一词:我们通常在合同中受到法律拘束,但在情谊行为(Gefälligkeit)中不受拘束。对于一份规整的案件解答(eine ordentliche Lösung)来说,我们必须要知道二者之间决定性的区分标准,德国联邦法院在上引判决中已经列出这些标准;我们还要知道(或者推导出),何种视角决定法律行为意义上的行为(rechtsgeschäftlichem Handeln)和不具有法律意义的社会约定(außerrechtlich-gesellschaftlichen Abreden)之间的区分。我们要能辨别,应在何种请求权要件(Anspruchsvoraussetzung)或何种事实构成特征(Tatbestandsmerkmal)中考虑这一问题。

在案件变型中,要根据债法规范来检验情谊关系中的责任。根

---

[1] 参见 Staudinger/Martinek, § 662 Rn. 6ff.。

据德国联邦法院的原始案件事实(Originalsachverhalt),该案不适用侵权责任;因为在该案中,是 B 派出的雇员犯了该错误(Fehler),而在有疑问时适用第 831 条第 1 款第 2 句使得 B 无需承担责任。因此,该判决考查了准合同责任(die vertragsähnliche Haftung),根据目前的法律状况(Rechtslage),论证存在这一责任比 2002 年债法改革之前更为容易。我们要利用这段必要的时间间隔,来诠释债法改革之前德国联邦法院判决中的论述。

三、提纲

(一) A 根据第 662 条,向 B 请求在送货服务处帮忙的权利 ⋯ 1
   1. 合同订立 ⋯⋯⋯⋯⋯⋯⋯⋯⋯⋯⋯⋯⋯⋯⋯⋯ 2
      [难题:尽管 B 只是 A 的朋友,他愿意在法律上拘束自己吗?]
   2. 小结 ⋯⋯⋯⋯⋯⋯⋯⋯⋯⋯⋯⋯⋯⋯⋯⋯⋯⋯ 5
   3. 结论 ⋯⋯⋯⋯⋯⋯⋯⋯⋯⋯⋯⋯⋯⋯⋯⋯⋯⋯ 6
(二) 案件变型 ⋯⋯⋯⋯⋯⋯⋯⋯⋯⋯⋯⋯⋯⋯⋯⋯⋯ 7
   1. A 根据第 280 条第 1 款,向 B 请求损害赔偿的权利 ⋯⋯⋯⋯⋯⋯⋯⋯⋯⋯⋯⋯⋯⋯⋯⋯⋯⋯⋯ 7
     (1) 债务关系(Schuldverhältnis) ⋯⋯⋯⋯⋯⋯⋯ 9
       ①委任,第 662 条 ⋯⋯⋯⋯⋯⋯⋯⋯⋯⋯⋯ 10
       ②情谊关系 ⋯⋯⋯⋯⋯⋯⋯⋯⋯⋯⋯⋯⋯ 11
         [难题:A 和 B 之间的约定设立了一个情谊关系,该情谊关系系第 280 条第 1 款意义上的债务关系吗?]
       ③小结 ⋯⋯⋯⋯⋯⋯⋯⋯⋯⋯⋯⋯⋯⋯⋯ 16
     (2) 义务违反(Pflichtverletzung) ⋯⋯⋯⋯⋯⋯ 17
     (3) 违法性(Rechtswidrigkeit) ⋯⋯⋯⋯⋯⋯⋯ 18

(4)可归责(Vertretenmüssen) ······················· 19
　　　　①一般责任标准(Allgemeiner Haftungsmaßstab) ··· 20
　　　　②特别责任标准(spezieller Haftungsmaßstab) ··· 21
　　　　［难题:可否类推适用第521、599、690条的责
　　　　任减轻（Haftungsmilderung），使得 B 从中
　　　　获益？］
　　　　③关于责任限定的约定？ ························ 24
　　　(5)法律效果:损害赔偿································ 28
　　　(6)结论 ·· 31
　　2. A 根据第823条第1款,向 B 请求损害赔偿的权利······ 32
　　　(1)前提 ·· 33
　　　(2)情谊行为中侵权责任的限制 ······················· 34
　　　(3)损害和赔偿 ··· 35
　　　(4)结论 ·· 36

四、解答

(一)A 根据第662条,向 B 请求在送货服务处帮忙的权利

　　A 或许基于第662条规定的委任合同,对 B 享有一个请求在送   1
货服务处帮忙的权利。

　　1. 合同订立

　　为此,在 A 和 B 之间必须存在一个通过要约和承诺(第145条及   2
以下诸条)订立的相应合同。一般而言,本案或许可能属于这一情
形:A 请求 B 无偿帮忙,从客观受领人视角(第133、157 条)来看,这
可能意味着第145条意义上的合同要约,这一要约旨在订立委任合
同。B 已经对此表示同意,所以或许已对该要约作出了承诺。

　　但是,合同履行请求权以法律拘束力(rechtliche Bindung)为前   3

提,这在本案中由于争议行为的无偿性而需要进一步考察。虽然无偿性和法律拘束力并不对立,例如第 662 条及以下诸条证明了无偿行为的法律拘束力。但是,还是要考察:在这里 B 是否真的想要受到法律拘束,还是只涉及一个社会类型的单纯情谊行为,而并不产生法律义务。支持后者的事实有:B 基于他们的私人关系愿意向 A 提供帮助,且 B 还欠 A 一份人情。B 事实上是否只想表达一个不具法律意义的情谊行为,应根据第 133、157 条,通过对其表示的解释来得出;解释不仅可以明晰一项法律行为的内容,而且也可以厘清究竟是否存在这一法律行为的问题。[2] 由于 B 的表示可能导致合同订立,因而对它的解释,需悖离第 133 条的文义,不应仅仅追求 B 的真实意思,而是要首先力求客观、理性观察者对它的理解,因为只有这样才能考虑到受领人 A 值得保护的利益。[3] 当受领人正确地认识到表意人内心意欲的内容,或者在运用对他来说可期待的注意时本来都应该认识到表意人的内心意思,受领人因此不值得保护时,另当别论。

4　　根据诚实信用原则,在熟人之间的帮忙许诺(Hilfszusagen)情形中,通常很容易认为:帮忙会自愿进行,助人者不想承担帮助给付(Hilfeleistung)之义务。但是,对于本案来说,还要探究是否存在一项拘束意思(Bindungswillen)之连接点(Anhaltspunkte)。在司法实践(Rechtsprechung)中,已经形成了特定的客观标准;基于这些标准,我们可以推导存在一项法律拘束意思(Rechtsbindungswillens)。这些标准主要包括:情谊行为的类型(die Art der Gefälligkeit)、缘由和目的,对受领人(Empfänger)的经济和法律意义,当事人的利益状况,所托之物的价值,受益人的可知利益(das erkennbare Interesse des Begünstigten)以及给付者可知的受领人因瑕疵给付(fehlerhafte Leis-

---

〔2〕　BGHZ 21, 102, 106f.
〔3〕　Larenz/Wolf, § 28 Rn. 11ff.

tung)而可能陷入的风险。[4] 如果我们适用这些标准,则得出如下结论:A 的商品供应和 B 的帮助,对 A 而言具有经济意义,因为他不愿激怒他的顾客。这对于 B 来说也是很容易可以知道的;B 同样很容易知道如果 B 不履行他的许诺,那么 A(将)面临损失。另一方面,A 提及 B 曾欠他一份人情,以此来恳求 B 的帮助;B 在作出帮忙许诺时同样提到该内容。根据第 133、157 条,这不能认定 B 存在负义务意思(Verpflichtungswillen),而认定存在一项不具有拘束力的友情帮助(Freundschaftsdienstes)的许诺(亦可持不同观点,需附上相应论证)。

2. 小结

不存在一个合同。 5

3. 结论

因此,A 对 B 的基于第 662 条的请求(送货)工作的权利被排除。 6

(二)案件变型

1. A 根据第 280 条第 1 款,向 B 请求损害赔偿的权利

因商品灭失及利润丧失,A 或许能享有一项针对 B 的根据第 280 条第 1 款的损害赔偿请求权。对此,B 必须过错地(schuldhaft)违反了基于债务关系所产生的义务(eine Pflicht aus einem Schuldverhältnis)。 7

小贴士: 8

为清楚起见,建议读者(尤其初学者):开始案件检验之前,在引导句中(用"红线")简短标出请求权基础其所有待检验的事实构成特征。

---

[4] BGHZ 21, 102, 106f. ; BGHZ 56, 204, 210.

(1) 债务关系(Schuldverhältnis)

9 对此,在 A 和 B 之间必须存在一个有效的债务关系。根据第 311 条第 1 款,一个法律行为的债务关系原则上要通过合同形成。

①委任,第 662 条

10 如果 B 想对 A 负有一项义务,即无偿为 A 照管他所委托的事务,则在 A 和 B 之间或许可能形成了一项第 662 条规定的委任合同。但是,正如上述(边码 1 以下),从客观受领人的视角,B 并不想负担(第 241 条第 1 款规定的真正给付承诺意义上的)帮助给付(Hilfeleistung)的义务。

②情谊关系

11 一个有效的债务关系或许能够基于法律行为的情谊关系(aufgrund eines rechtsgeschäftlichen Gefälligkeitsverhältnisses)而成立。这一情谊关系虽然不能设立实施情谊行为的给付义务(Leistungspflichten bezüglich der Ausführung der Gefälligkeit)。但是,即便不存在给付义务,法律行为的因素(可能)体现在:助人者认识到其实际提供给付(tatsächlichen Leistungserbringung)的法律重要性(rechtliche Relevanz)。那么,当助人者在实施情谊行为时,应当遵守特定的注意义务(Sorgfaltspflichten)。[5] 这应和日常生活中单纯的事实情谊行为相区别,在单纯的事实情谊行为中,当事人之间不存在债法关系(schuldrechtliche Beziehungen)。[6]

12 **小贴士:**

因此,我们必须区分所谓的(法律行为意义上的)情谊合同(Gefälligkeitsverträgen)(诸如委任)、附带法律行为属性的情谊关系(Gefälligkeitsverhältnissen mit rechtsgeschäftlichem Charakter)(可被

---

〔5〕 BGHZ 21, 102, 106, 108; Larenz, Lehrbuch des Schuldrechts, Bd. 2, Teilbd. 1, 13. Aufl., 1986, S. 412.

〔6〕 Palandt/Grüneberg, Einl. v. § 241 Rn. 7.

视为第311条第2款意义上的债务关系,无原给付义务)以及单纯的情谊关系(reinen Gefälligkeitsverhältnissen)。无论如何,德国联邦法院在其经典判决中接受并试图证明它们之间的区别。但是,至少现在来看,德国联邦法院的论证未能令人信服,因为首先法院否定存在合同订立意义上的法律拘束意思(Wille zur rechtlichen Bindung),但是随后又接受了一个法律行为意义上的,或者更确切地说一个准法律行为意义上的债务关系。该案中,法院运用了上述标准;之后,这些标准被用于区分合同和情谊行为。所以,今天我们可能应将这个在以前判决中的阐释(Ausführungen)纳入第311条第2款第3项;基于这一条文设立债务关系相对容易,而该条在当时还付之阙如。

在具体案件中,是否存在一个准法律行为意义上的情谊关系,即第311条第2款第3项意义上的类似交易上的接触(ein ähnlicher geschäftlicher Kontakts),或者是否存在一个纯粹的真正的情谊行为,判断这些再度有赖于根据第133、157条对助人者行为进行解释。这里的决定性因素不是助人者的内心意思,而是从谨慎的第三人(eines sorgfältigen Dritten)的角度,在考虑具体案件的所有情况的基础上,对助人者行为的意义。[7] 在这一过程中,如事务之经济和法律意义、所托之物的价值以及助人者的责任风险(das Haftungsrisiko des Gefälligen)等情况均应纳入考量。[8]

13

在本案中,B的责任风险(Haftungsrisiko)不支持认定法律拘束意思之存在。但是,运输车辆的价值和一个缺乏经验的驾驶员可能给A带来的风险(die Gefahren),即所运输货物的风险(die Risiken)以及A对其客户所负的合同义务适当履行的风险,这两点支持认定存在类似交易上的接触(第311条第2款第3项)。因此,承担帮助给付

14

---

[7] BGHZ 21, 106f.
[8] BGHZ 56, 210.

(Übernahme der Hilfeleistung)应被看作成一个体现了第311条第2款第3项意义上的类似交易上的接触的情谊关系(Gefälligkeitsverhältnis)。[9]

15 **小贴士:**

然而,在联邦法院以前的判决中被检验的是:是否存在事实层面的、抑或法律层面的情谊关系,并从后者推导出一个法定债务关系(ein gesetzliches Schuldverhältnis)根据当时的法律状况,这并非无可争议的。[10] 如上文所述,我们今天不必尝试这一拟制效果的区分(diese gekünstelt wirkende Abgrenzung)。

③小结

16 A和B之间存在债务关系。

(2)义务违反(Pflichtverletzung)

17 此外,B还须客观上违反了一项基于债务关系所产生的义务。由于不存在主给付义务(Hauptleistungspflicht),所以在此只能考虑违反从给付义务(Nebenleistungspflicht)。根据第241条第2款,双方当事人在债务关系中有顾及另一方利益的义务。由此可得出:B在此须如此履行其基于情谊而承担的在A处救急的事务,以使A的法益不受损(Schädigungen von Rechtsgütern)(在本案中是指冷藏车的所有权、运输商品的所有权),A的利益(Interessen)(在本案中是指和客户的合同关系),被侵害。B在驾驶期间因疏忽而关停了冷冻装置,因此而违反了这一义务。

(3)违法性(Rechtswidrigkeit)

18 违法性因存在义务违反而被间接推定。

(4)可归责(Vertretenmüssen)

19 根据第280条第1款第2句,B应可归责地导致义务违反。

---

[9] 明确表述,参见 BGHZ 27, 102, 110。
[10] Willoweit, JuS 1986, 96 附其他参考文献。反对的,如 Eisenhardt, Allgemeiner Teil des BGB, 5. Aufl., 2004, Rn. 78。

①一般责任标准(Allgemeiner Haftungsmaßstab)

依据第276条第1款第1句,债务人原则上应对其故意和过失承担责任(Vorsatz und Fahrlässigkeit zu vertreten)。在本案中,可能存在过失,即B可能没有考虑到交易中必要的注意。B在驾驶之前本应熟悉冷冻车的技术,或者在启动驾驶之前,应再次回忆起(先前工作中的)这一技术。由于他未为此事,所以他也就未曾考虑到交易中必要的注意。因此,应认定存在第276条第2款意义上的轻过失(einfache Fahrlässigkeit)。

②特别责任标准(spezieller Haftungsmaßstab)

应加以检验的是:本案是否适用一项有利于B的责任减轻(Haftungsmilderung)。虽然在第276条及以下诸条和《德国民法典》的其他条款中,都没有针对无偿行事的或者为帮忙行事的债务人设此类规定。但是,我们或许可以通过类推适用(einer analogen Anwendung)第521、599、690条,排除轻过失责任(Haftung für einfache Fahrlässigkeit)。[11] 支持类推(Analogie)的(依据)是:上述这些条文针对无偿合同类型规定了责任减轻,而本案中的B同样是无偿行事的。在单纯的情谊关系中欠缺责任减轻的规定可能意味着评价矛盾(Wertungswiderspruch):因为B本可借助法律拘束意思而订立"情谊合同"(Gefälligkeitsvertrag),在第521、599、690条规定的情形中,其责任仅限于存在重大过失(grobe Fahrlässigkeit)。我们是否可以让一个不愿进入合同拘束的债务人承受比受合同关系约束的人更严苛的责任,这看起来是有疑问的。[12] 这支持了如下结论:此处或许可能存在一个作为任何类推前提的——违反计划的规则漏洞(eine planwidrige Regelungslücke)。我们或许可通过类推适用前述条文中蕴涵的一般法理念来填补这一漏洞,因为此处涉及的是存在类似利益状态

20

21

[11] Hoffmann, AcP 167 (1967), 394, 395f.
[12] Medicus/Petersen, § 16 Rn. 369; HK/Schulze, § 241 Rn. 21.

(mit vergleichbarer Interessenlage)的无偿行为(eine unentgeltliche Tätigkeit)。

22　　然而,也存在反对类推的理由:其一,前述条文的规定不统一,虽然第521、599条仅就重大过失规定了责任,但是第690条规定了尽自己事务中注意的责任(第277条),所以我们从中不能得出一般的法理念。其二,尤其是无论对作为广义"情谊合同"的委任,还是对无因管理(Geschäftsführung ohne Auftrag)都没规定责任减轻。[13] 这表明不存在规则漏洞,因此不能类推。所以,在本案中不应考虑对第521、599条和第690条的类推适用。

23　　**小贴士:**

　　如果第276条第1款第2句的交易中必要的**客观**(objektive)注意被特别严重地违反了,亦即当未进行至为简单且极其易得的思考时,当在给定案件中对于每个人而言本应明晓之事都未获遵行时,则存在重大过失(grobe Fahrlässigkeit)。[14] 但是,在对自己通常注意之责任(Haftung für die eigenübliche Sorgfalt)的情形适用**主观**(subjektive)标准:行事特别细致之人,对轻过失也要承担责任;然较为粗疏之人,根据第277条,仅对故意和重大过失承担责任。

③关于责任限定的约定?

24　　还应考察的是:是否基于默示的当事人约定(konkludente Parteiabrede)或补充解释,而将B的责任限定为故意或重大过失责任。

25　　B纯粹出于情谊(reiner Gefälligkeit)而无偿提供帮助这一单纯的事实,尚不足以认定存在一个默示约定的责任限制(konkludent vere-

---

[13] Staudinger/Martinek, § 662 Rn. 41ff.;详细讨论情谊行为的合同责任, Gehrlein, VerR 2000, 415ff. 。

[14] Palandt/Grüneberg, § 277 Rn. 5.

inbarte Haftungsbeschränkung)。[15] 即使 A 和 B 之间存在友谊,也不会导致与上述结论不同的裁判。[16] 但是,在司法实践中的具体个案中,如果该情谊行为一方面对受损人(der Geschädigte)而言具有特别重大的利益,另一方面对于损害人(den Schädiger)而言意味着很高的责任风险,以至于在无责任排除(Haftungsausschluss)以及保险保护(Versicherungsschutz)的前提下实施该情谊行为肯定显得不理性时,轻过失行为的责任排除(Haftungsausschluss für leicht fährlässiges Verhalten)是可能的。在此类案件中,受损人不能无视损害人关于责任限制的诉求(Bitte des Schädigers nach Haftungsbeschränkung)。无论如何,鉴于典型发生的风险,此时可能会认为,就轻过失责任排除已经形成合意。[17] 也有不同的观点认为:主张存在默示的责任排除涉及单纯的拟制(eine bloße Fiktion)[18],而单纯的拟制源于纯粹的"衡平裁判"(Billigkeitsjudiz),所以只会导致法的不确定性(Rechtsunsicherheiten)。[19]

可否在一定情形下将责任限制(Haftungsbeschränkung)解释进情谊关系中,对于这一问题,我们无须判断,因为本案中不存在责任限制:虽然 B 的加入自始至终都体现了 A 的特别利益,因为 A 由于其雇员患病而面临不能履行其对客户所承担的合同义务的风险,致使他寻求 B 的帮助。但是,B 可通过细致的行为来限制损害风险(Schadensrisiko)。除此之外,缺乏操作冷藏车的实践经验,对 B 而言,并不是情谊行为通常固有的、不可预估的风险(unkalkulierbares Risiko)。如果 B 提出了他欠缺实践操作经验这一点,那么当事人之

---

[15] BGH VersR 1978, 625.
[16] 就家庭内部情谊行为(innerfamiliären Gefälligkeiten),参见 BGHZ 43, 72, 76 附其他参考文献;BGH NJW 1966, 41; VersR 1967, 157。
[17] BGH VerR 1980, 384, 385; LG Aachen NJW-RR 1987, 800; LG Bonn NJW-RR 1994, 797, 798.
[18] Staudinger/Schiemann, § 254 Rn. 65.
[19] BGH JZ 1964, 60, 61; 赞同的,Stoll, JZ 1964, 61f.。

间很可能理性地不会达成关于责任排除的合意,而是会对 B 进行冷藏车的操作指导。因此,不可通过对合同的补充解释,将责任限制解释进情谊行为之中;因为这里根本未曾订立过责任排除合同,即便订立这一合同是可能的。所以,根据第 276 条第 1 款第 1 句,B 也要就其轻过失承担责任(可持不同观点)。

27 **小贴士**:

在情谊驾驶(Gefälligkeitsfahrt)的情形,由于驾驶员醉酒,同乘人(Mitfahrer)必须接过方向盘,但因同乘人缺乏驾驶经验,从而肇致事故时,德国联邦法院认为存在一个加害人责任仅限定于故意和重大过失情形的默示约定。德国联邦法院在这里不仅肯定了缺少保险保护的同乘人其不可承受的风险,而且肯定了醉酒驾驶员的特别利益,即他在继续驾驶过程中已经犯罪。[20] 德国联邦法院作出这一判决的主要理由可能是同乘人缺少保险保护。

(5)法律效果:损害赔偿

28 最后,因 B 违反义务而使 A 遭受了一项可赔偿的损害(ein ersatzfähiger Schaden)。损害是指任何非自愿的财产减少(unfreiwillige Vermögensverlust)。在本案中,B 因疏忽大意而关停了制冷设备,导致 A 享有所有权的商品变质并遭受了损害。所以,B 因义务违反而相当因果地(adäquat-kausal)对 A 造成了一项损害。

29 根据第 249 条第 1 款,这一损害原则上应通过恢复原状进行赔偿。因此,A 要被置于一如导致损害赔偿之事件未发生时 A 所处之状态。如果没有该义务违反,则商品不会变质,A 也可从商品的出售中获得利润。由于人们不可能使变质饭菜再度变得可食用,恢复原状并无可能,因此 B 应根据第 251 条第 1 款代之以价值补偿(Wertersatz leisten)。变质商品的价值达 200 欧元。另外,还应根据第 249 条

---

[20] BGH VersR 1980, 384, 385.

第 1 款,并结合第 252 条,赔偿 100 欧元的所失利润(den entgangenen Gewinn)。

小贴士:
如果第 91 条意义上的可替代物被毁损了,则通过获得同一类型和同一价值的替代物进行恢复原状也属可能。那么,A 只应运输他自己从供货人处购置的饭菜,他可以根据第 249 条第 1 款请求替代交付(Ersatzlieferung)或者根据第 249 条第 2 款第 1 句请求为此所需的金钱数额(erforderlichen Geldbetrag)。

(6)结论

A 可根据第 280 条第 1 款,向 B 请求赔偿总价 300 欧的变质商品的价值和所失利润。

2. A 根据第 823 条第 1 款,向 B 请求损害赔偿的权利

因变质商品和所失利润,A 或许还可根据第 823 条第 1 款对 B 享有一项损害赔偿请求权。

(1)前提

在这些食品到达受领人之前,B 关停冷冻装置导致运输食品的变质。B 因此已经不法地(widerrechtlich)侵害了 A 的所有权。这是过失发生的(见上文边码 26)。

(2)情谊行为中侵权责任的限制

由于 B 只是因为情谊而同意为 A 驾驶,所以,针对侵权责任也应检验是否存在责任限制。但我们在上文已经确定(参见上文边码 19 以下),在此不应认为存在此类责任限定(Begrenzung)。

(3)损害和赔偿

根据第 251 条第 1 款、第 252 条可赔偿的损害共计 300 欧元(参见上文边码 29)。

(4)结论

A 还可根据第 823 条第 1 款,请求 B 支付 300 欧元的损害赔偿。

案例 3　错误的保证

（参照 BGHZ 91, 324 = NJW 1984, 2279 附 Canaris 的评议）

一、案件事实

　　Grandauer(G)和 Schmid(S)有业务关系。随着时间的推移,S 拖欠了大量款项。因此,G 于 9 月 8 日要求 S 提供担保(Beibringung von Sicherheiten),后者随后应允。S 很快就给他的银行金主 B 打电话,言词甚是恳切。B 向其承诺会处理此事。银行家 B 在查阅材料后发现,他已经向 G 作出过保证。然而该保证实际上涉及的是另一位姓 Schmid 的顾客的债务,但银行家却未能注意到这一点。顺理成章地,G 收到一封来自 Schmid 的银行家于 9 月 8 日写的书信,上书:"……为住所地为慕尼黑 B 大街的 Schmid 公司利益计,我已向贵公司承担了额度 15 万欧元的自居债务人保证(die selbstschuldnerische Bürgschaft)。如您简要告知 Schmid 公司此时在贵处的债务额度,我将对此感激不尽。"G 通过 9 月 17 日的书信函告银行家,他对 S 享有高达 10 万欧元的债权。9 月 24 日,G 又收到银行家的一封邮件,在信中银行家对 G 表示:他对 Schmid 的债务没有作出过保证。10 月 6 日,在另一封邮件中,银行家解释道,其 9 月 8 日的邮件建立在错误(Irrtum)基础之上。为了预防对自己不利,他在 11 月 17 日表示,撤销可能存在的保证表示(Bürgschaftserklärung)。由于 S 在此期间彻底破产,G 基于保证要求银行家偿还欠款。G 能成功吗?

二、前期思考

这则经典的联邦法院判决处理的是著名的"特里尔葡萄酒拍卖案"中的难题:意思表示的事实构成在构造上以(所谓的)表示意识为前提吗?某人作出一项行为,该行为在中立的第三人看来是一项意思表示,该人必须受该意思表示拘束吗,即使他根本不想发出一项意思表示且因此没有意识到对第三人的效力?

因此,我们在本笔试中要检验意思表示的客观和主观事实构成——只在极少情形才有必要这么做:首先,我们应说明,从客观受领人的视角(第133、157条),该有争议的行为(das fragliche Verhalten)在外观上是否如同一项意思表示发生效力。其次,我们要在主观事实构成中,即在三种"意思类型"(Willensarten)中,深入分析这一根本性的问题。无论是采通说还是采相反的观点,通常对于笔试分数来说是无关紧要的。大家必须要了解判决和文献中所持观点的基本特征,并阐述这些观点对案件解答的影响(参见本书第一编边码93以下)。如果这些观点导致不同的结果,那么,我们须对观点论争进行选择。

我们首先需要找出和本案相契合的请求权基础,并在该请求权基础的要件下考虑问题。因为可以确定的是案件涉保证索赔的问题,所以我们可以借助于法律汇编中的关键词索引找到相应的规范,作为初学者,从该规范中可知保证是一种合同,这与外行人的看法不同。因此,不应忘记合同缔结需要要约和承诺(Antrag und Annahme)。

关于保证合同的其他一些检验要点(Prüfungspunkte)则超出了初学者的知识范围;这些检验要点和保证债权(Bürgschaftsforderung)相关,规定在第765条及以下。

三、提纲

G 基于第 765 条第 1 款请求 B 支付 10 万欧元的权利 ·········· 1
1. 基于第 765 条第 1 款的请求权已成立 ················ 2
  （1）G 和 B 之间订立了一个有效的保证合同 ············ 2
    ①B 的要约，第 145 条 ·················· 3
      A. 意思表示的客观事实构成 ············ 5
      B. 意思表示的主观事实构成 ············ 8
      [难题:B 欠缺表示意识对于意思表示的生效具有何种效果？]
        a. 意思主义 ·················· 10
        b. 表示主义 ·················· 11
        c. 主流观点 ·················· 12
        d. 个人见解 ·················· 13
    ②G 对保证表示的承诺 ················ 15
    ③不存在第 125 条第 1 句的形式无效 ············ 16
    ④小结 ·························· 18
  （2）存在主债权 ···················· 19
  （3）小结 ························· 20
2. 依据第 142 条第 1 款的请求权消灭？ ············· 21
  （1）撤销事由（Anfechtungsgrund） ·············· 23
    [难题:欠缺表示意识可类推第 119 条第 1 款撤销吗？]
  （2）撤销表示 ······················ 26
    ①9 月 24 日 B 的书信 ················ 27
    ②10 月 6 日和 11 月 17 日的书信 ············ 28
  （3）撤销期限 ······················ 29

(4) 小结 ·· 30
　3. 请求权可实现 ··· 31
　4. 结论 ·· 32

四、解答

G 基于第 765 条第 1 款请求 B 支付 10 万欧元的权利

当 B 为 S 的利益对 G 提供了至少 10 万欧元额度的保证,G 对 S 实际上享有这一额度的债权,且对于这一保证债权不存在抗辩权时,G 可能根据第 765 条第 1 款,对 B 享有请求支付 10 万欧元的权利。 1

1. 基于第 765 条第 1 款的请求权已成立

(1) G 和 B 之间订立了一个有效的保证合同

仅当根据第 765 条,在双方之间成立了一个有效的保证合同,依照该合同 B 为 G 对 S 所享有的债权提供了保证,则 G 方可要求 B 偿还债务。保证合同以两个达成一致的意思表示为前提,即要约和承诺。 2

①B 的要约,第 145 条

9 月 8 日 B 向 G 寄发的书信可能是缔结保证合同的要约。为此,该书信应当包含一项具有相应内容的有效意思表示。意思表示是旨在引发法律效果的意思表达(Willensäußerung)。[1] B 表示了:他为 S 的利益向 G 承担了额度 15 万欧元的自居债务人保证。对于这一表示须以——为 G 客观可知的——旨在订立保证合同的相应的(主观)意思为基础。[2] 3

---

[1] BGH NJW 2001, 289, 290; Palandt/Ellenberger, Einf. v. § 116 Rn. 1; MünchKomm/Armbrüster, Vor § 116 Rn. 3; Erman/Arnold, Vor § 116 Rn. 1.

[2] BGHZ 97, 372, 377f.; Musielak, § 2 Rn. 56; Köhler, § 6 Rn. 2.

4　　**小贴士：**

极其例外（nur ganz ausnahmsweise）地因为命题者（Aufgabensteller）明显针对的是表示意识欠缺的问题，所以下面对意思表示主客观事实构成进行考察。**通常**（normalerweise）我们**不**（nicht）考察这些细微之处（Feinheiten），因为一般在行为意思和表示意思领域不会存在问题，对表意人效果意思不一致的情形存在根据第 119 条第 1 款进行错误撤销之可能。下面的阐述非**常详细**（ausführlich），在笔试（Klausur）中可以不如此详细，但在**家庭作业**（Hausarbeit）中可以这样详细。

A. 意思表示的客观事实构成

5　　该书信是否应被解释为意思表示，根据第 133、157 条的规定，应依照如下标准加以决定：基于应加以考虑的整个情境，一个客观的受领人（ein objektiver Empfänger）是否可认为 B 通过该书信意在表达一项法律行为意思。[3] 原则上，B 的书信满足了一项旨在订立保证合同的意思表示的所有客观要求：债权人和债务人被详细说明；应负担之债务按照额度被确定；责任意思（Haftungswille）充分清晰地表达出来。然而，"我已承担了……"这一表述可能引发疑问。更仔细观察时，这一语词选用（Wortwahl）可能会轻易得出结论认为：B 于 9 月 8 日没有发出保证表示，而仅仅是想告知 G 已经有一项保证了。G 在细致分析书信时可能识出这一点，并因此不将其作为保证允诺（Bürgschaftsversprechen）来理解，而是仅作为事实通知（Tatsachenmitteilung）来理解。

6　　然而，在解释时应根据第 133、157 条之规定，从受领人视角（Empfängerhorizont）出发，考虑表示被发出时之情境。G 请求 S 提供担保，并紧接着收到了银行的书信，在这封信中谈到为 S 的债务承担

---

[3] Musielak/Hau, Rn. 135ff.；深入论及意思表示解释，Sosintza, JA 2000, 708, 714ff.；Brox/Walker, § 6 Rn. 124ff.；Erman/Arnold, Vor § 116 Rn. 6.

保证。由于他显非法律人,故所涉表述应不必然激起 G 之注意。因为外行人将保证之承担作为单方行为来理解并不鲜见,而且银行和行政部门一样,经常使用倾向特别过度的措辞(eine eher sonderbar anmutende Diktion)。因此,G 可根据第 133、157 条之规定,将 9 月 8 日 B 的书信解释为订立保证合同之要约。意思表示的客观事实构成因此得以具备。

小贴士:

在欠缺表示意识的案件中,不要过早涉入(臆想的)意思表示的主观事实构成。首先,从客观的受领人视角需存在一项意思表示。如无有效意思表示之外观,则既不会出现表示意识之欠缺,也不会出现表示意识欠缺之法律后果。[4]

B.意思表示的主观事实构成

应加检验的是:客观的表示内容是否承载 B 相应的意思。如果 B 在发出表示时具有享有的行为意思(Handlungswille)、表示意思(Erklärungswille)和效果意思(Geschäftswille),那么就属于这一情形。[5] 由于 B 有意识地写好书信并寄出,所以具有行为意思。

但是,B 的表示意思,即发出一份法律行为的表示并以此达致法律后果之意思(Wille)或意识(Bewusstsein)[6],却显得有疑问。B 在撰写信件时认为,早前已经对 G 承担了一份额度为 15 万欧元的保证。他通过书信,只是想向 G 告知此事或询问 S 的债务状况。B 并不想发出一项合同要约,即一个意思表示。问题是,表示意识之欠缺

---

[4] 对此,参照 Ahrens, JZ 1984, 986, 987, 在对杜塞尔多夫州高等法院判决(OLGZ 1982, 240)的批评性评议中。在该案中,州高等法院首先因欠缺权利外观否定意思表示的客观存在,并进而推定表示意识的欠缺!

[5] Leipold, § 10 Rn. 17ff.; Köhler, § 6 Rn. 3; Erman/Arnold, Vor § 116 Rn. 2; MünchKomm/Armbrüster, Vor § 116 Rn. 22ff.

[6] Soergel/Hefermehl, Vor § 116 Rn. 12; Musielak, § 2 Rn. 76ff.

对于意思表示的生效具有何种效果。[7]

a. 意思主义

10　　所谓意思主义(Willenstheorie)[8]的支持者将表示意识看作是意思表示不可或缺的前提。他们认为,如果表意人未意识到进入法交易(Rechtsverkehr)之中,那么就不存在私法自治之构造(privatautonome Gestaltung)。所以,它悖违了个体的自我决定(Selbstbestimmung des Individuums);尽管如此,人们想要使个体拘束于客观表示(objektiv Erklärten)。类推适用第122条可能确保善意受领人之保护,该受领人信赖意思表示有效并支出了费用(Aufwendungen)。这一观点借助于当然推论(Erst-Recht-Schluss)从第118条中得到证明:根据这一规范,如果表意人意识到该表示产生法律上的效果,且在该表示中他希望其相对人能够看出该表示并非出于真意,所以其表示无效。既然这样的表示已属无效,那么这一规范必定更(erst recht)适用于这种表示,即在该表示中表意人没有意识到它可能产生法律上的效果。根据这一观点,B的书信并不是订立保证合同的要约。可能的信赖损害要类推适用第122条来获得赔偿。

b. 表示主义

11　　相反,根据所谓的表示主义(Erklärungstheorie)[9],欠缺表示意识的意思表示基于如下考量是有效的:在表示错误(Erklärungsirrtum)中,如在说错的情况下。意思和表示不一致,表意人没有意识到其表示的具体法律效果。至于表意人是仅就其表示的

---

[7] Soergel/Hefermehl, Vor § 116 Rn. 12 附其他参考文献。

[8] Canaris, NJW 1984, 2279, 2281f.; Fabricius, JuS 1966, 1; Singer, Selbstbestimmung und Verkehrsschutz im Recht der Willenserklärungen, 1995, S. 169ff.; Wieacker, JZ 1967, 385, 389; Thiele, JZ 1969, 405, 407; 其他说明, Hirsch, Rn. 718。

[9] Bydlinski, JZ 1975, 1ff.; Gudian, AcP 169 (1969), 232ff.; 可能还有 Brehmer, JuS 1986, 440, 444, 他明确地拒绝联邦法院主张的"表示过失"(Erklärungsfahrlässigkeit),理由是:这将有利于过失行为者,因为只有过失行为者被赋予了这一选择权。

具体法律效果发生错误,抑或是就该表示能否产生法律效果发生错误,对于表意人和表示受领人的利益状态并无真正差异。因此,表意人应通过类推适用第119条第1款获得选择可能性(Wahlmöglichkeit),使客观表示生效,或者撤销该表示。[10] 在上一案例中,他自然负有赔偿信赖损害的义务。因此,9月8日B的书信堪为订立保证合同的要约。

c. 主流观点

联邦法院[11]以及追随它的主流学说[12]也以受领人视角(Empfängerhorizont)为准:对于表示受领人而言,是否存在意思表示错误抑或欠缺表示意识,并无不同——二者于他而言通常均不可知。[13] 然而这一观点也要求归责(Zurechnung):即仅当"表意人"本可知道其行为被理解为意思表示并且其行为事实上被如是理解时(所谓的表示过失,Erklärungsfahrlässigkeit)[14],才可认为存在意思表示。否则,就是说在欠缺表示过失以及受领人一方欠缺保护需要时(诸如:知道),表示意识仍属意思表示的客观事实构成要素。这一观点最后还以如下理由加以佐证:法律规范赋予个体以恣意的行为方式发出意思表示的可能。但是如果其行为可被客观理性的第三人理解为意思表示 [表示风险(Erklärungsrisiko)] [15],则在法交易(Rechtsverkehr)利益中相应存在行为人责任。但是,要求具有表示过失

---

[10] 如此,Bydlinski, JZ 1975, 1, 5; ders., Privatautonomie und objektive Grundlagen des verpflichtenden Rechtsgeschäfts, 1967, S. 162ff., 176ff.

[11] 奠基性的,BGHZ 91, 324, 329ff.;同ել,BGHZ 109, 171, 177; BGH NJW 1995, 953; BGHZ 149, 129; BGH 204, 43, Rn. 9.

[12] Emmerich, JuS 1984, 971; Brox/Walker, § 6 Rn. 135; Medicus, BR, Rn. 130; Ahrens, JZ 1984, 986f.; Hirsch, Rn. 719f. 附其他参考文献; Jahr, JuS 1989, 249; Köhler, § 7 Rn. 5。

[13] Brox/Walker, § 6 Rn. 135.

[14] BGHZ 91, 324, 329,对于裁判扩张至无表示意识的推定行为情形(Fälle schlüssigen Verhaltens ohne Erklärungsbewusstsein),参照BGHZ 109, 171, 177ff. 以及 BGH NJW 1995, 953。

[15] 参照,诸如Medicus/Petersen Rn. 130。

是有问题的,这和意思表示的事实构成不相符。弗卢梅(Flume)[16]、布雷默(Brehmer)[17]以及梅迪库斯(Medicus)[18]均认为民法典不承认表示过失,进而主张在表示意识欠缺的情形始终存在一个(初始)有效的意思表示。但即使根据主流观点,该书信也是一个订立保证合同的有效要约。B 如果能稍加必要的注意就能意识到:在不存在其他合理解释的情况下,G 只可能将该书信视作承诺适格之保证允诺(annmefähiges Bürgschaftsversprechen),因此存在表示过失。鉴于 G 因该书信而形成对 B 保证意思的信赖,因此他是值得保护的。B 必须受意思表示权利外观规则的约束。所以,存在一项订立保证合同的要约。

d. 个人见解

13　　由于上述各学说的结论不同,所以学说论争至少需要部分决断(teilweise Entscheidung)。意思主义认为,欠缺表示意识作出的意思表示应无效。基于第 118 条的当然推论并不具有说服力,因此,应排除意思主义。因为首先第 118 条的评价在今天看来是存疑的,该评价认为在需受领的意思表示中,表意人的真实意思优先于交易保护。这与一般公认的从相对人视角进行解释的理论并不相合。其次,欠缺表示意识的情形,与戏谑行为(Scherzgeschäft)存在重大区别:在后者表意人意识到表达某种法律上本身重要的东西,但是表意人事实上内心并不愿意使之具有法律意义。与此相反的是,欠缺表示意识的人并无关于法律行为意思的想法。因此,自然要赋予他一个选择可能性(Wahlmöglichkeit),或者让客观表示生效,或者撤销该表示。由此,意思主义所强调的他对于其事务进行私法自治构造的利益就充分被考虑了,而完全没有忽略交易保护。由于本案始终存在一个

---

[16] Flume, § 20/3;23/1.
[17] Brehmer, JuS 1986, 440, 444.
[18] Medicus, BR, Rn. 130.

"表示过失",关于通说中表示过失必要性的进一步争论在这里无需决断;B 的要约成立。

> **小贴士:**
>
> 如果我们奉行意思主义,那么此处对第 765 条第 1 款的检验将随着对如下事项之确定而终结:不存在意思表示,就不存在保证允诺/要约,也就不存在保证合同。随之应探究 G 对 B 的损害赔偿请求权,类推适用第 122 条;持意思主义者便如此认为。据此,可赔偿的仅为信赖损害,我们从本案的案件事实中难以确定信赖损害:如果没有 B 在 9 月 8 日的表示,G 可能已经立时回收了对 S 的债权且也会这么做,那么我们可以肯定的是存在一项损害,其额度是 S 对 G 所负债务的名义价值(Nominalwert)和 G 在 S 破产情形下所获得份额之间的差额。

②G 对保证表示的承诺

G 在其 9 月 17 日的书信中同意了订立保证合同的要约,该书信明确表示:他愿意接受保证。

③不存在第 125 条第 1 句的形式无效

这里不考虑根据第 125 条第 1 句,保证表示的形式无效(Formnichtigkeit),因为 B 遵循了第 766 条第 1 句中所规定的书面形式(Schriftform)。由于 B 是《德国商法典》第 1 条意义上的商人(Kaufmann),根据《德国商法典》第 350 条的规定,这一形式要求并非必要。

> **小贴士:**
>
> 在这里,保证其形式有效(Formgültigkeit)是显而易见的,因此不需讨论。故此,我们可以在判决风格(Urteilstil)中确定它。但是我们总需简要提及对法定形式的遵守。对于初学者而言,确定遵守形式要求即可。进阶者还必须知道《德国商法典》第 350 条这一例外规则(Ausnahmeregelung),并能以上述的简要

方式向考官稳妥地(gefahrlos)展示他们的知识。对于初学者的其他提示:第766条的形式要求以及《德国商法典》第350条的例外规则仅针对保证人的表示!

④小结

18　所以,在 B 和 G 之间已经成立了保证合同。

(2)存在主债权

19　预设 G 对 S 有额度10万欧元的主债权。

(3)小结

20　因此,基于第765条第1款,G 对 B 支付10万欧元的债权成立。

2. 依据第142条第1款的请求权消灭?

21　然而根据第142条第1款,当存在一项撤销事由,且 B 在期限(fristgerecht)内向适格的撤销相对人撤销该法律行为时,G 的请求权可能消灭。

22　小贴士:

有争议的是:法律行为的撤销是阻却请求权的产生[权利阻却的抗辩(rechtshindernde Einwendung)][19],还是使之嗣后消灭[权利消灭的抗辩(rechtsvernichtende Einwendung)]。[20] 有观点援引第142条第1款所规定的撤销自始效力(Ex-tunc-Wirkung)("……自始无效……"):一个自始无效的法律行为并未有效成立。另有观点则指出,第142条第1款包含一项法律拟制(gesetzliche Fiktion)("……它应被视为自始无效……")。因此,该法律行为一开始是有效的,仅当撤销权人根据第143条第1款实际作出撤销表示时,这一法律行为才被消灭。如果涉及请求权,该请求权(作为合同订立的一部分),建立在意思表示

[19] HK/Schulze, §812 Rn. 7; Larenz/Canaris, §68 I 1.
[20] 参见 Palandt/Sprau, §812 Rn. 26; RGRK/Heimann-Trosien, §812 Rn. 82。

基础之上,上述争议并无意义;我们或者将上位句(Obersatz)写为请求权未产生或将上位句写为请求权已消灭。就此而言,提及上述争议既不普遍也非必要。但是对上位句的表述须符合所选定的检验结构(Prüfungsaufbau)。但在撤销后已提出给付返还清算的情况下,这一争议具有意义。如果撤销系权利阻却的抗辩,则返还清算依照第812条第1款第1句第1种情形(condictio indebiti)进行;如果撤销系权利消灭的抗辩,则根据第812条第1款第2句第1种情形(condictio ob causam finitam)返还。我们须选取相应的请求权基础,且(只有)在欠缺或丧失法律原因中须探究合同的撤销。但是即便在这种情形,我们通常也无需讨论上述争议,而是只需要论证该法律原因是自始欠缺还是嗣后丧失。

(1)撤销事由(Anfechtungsgrund)

对B而言,撤销事由可能产生于第119条第1款。为此,在发出保证承诺时,他存在表示错误(Erklärungsirrtum)或内容错误(Inhaltsirrtum)。B无瑕疵地表示了他想要表示的内容,因此,不存在第119条第1款第2种情形的表示错误;不论这一事实构成之文意,这非指表示意识欠缺的情形。但可考虑第119条第1款第1种情形意义上的内容错误,如果B对其表示的内容或意义发生错误。这一看法获得部分文献认同,其考虑是:关于意思表示存在的错误(Irrtum über das Vorliegen einer Willenserklärung)或者关于意思表示其表象存在的错误(Irrtum über das Vorliegen des Scheins einer Willenserklärung)具有内容属性(inhaltlicher Natur)。[21]

但是,《德国民法典》的立法者并没有规制表示意识欠缺这一问题。因此,正如第119条第1款的文义所示,第119条第1款假定:行为人实际上愿意发出一项意思表示。因此,本条不可直接适用。

---

[21] 诸如 Larenz/Wolf, § 36 Rn. 25f. 。

25 然而，正如前述（上文边码 12），依照通说[22]，无论是对表意人的利益还是对表示受领人的利益而言，表意人是否就其表示的内容或其意义发生错误，抑或就完全作出法律行为意义上的行为发生错误，并无差异。在所有这些情形中，他都处于错误想法（Fehlvorstellung），并引发了非其意欲的法律效果（eine nicht gewollte Rechtsfolge）。欠缺表示意识这一需规制的变体情形未见进入《德国民法典》之中，这一情况导致非意欲的规范漏洞（einer ungewollten Regelungslücke）的出现，以致在欠缺表示意识的情形类推适用第 119 条第 1 款显得正当。[23] 因此，类推第 119 条第 1 款，存在一项撤销事由。

（2）撤销表示

26 B 须根据第 143 条第 1、2 款，已向其合同相对人 G 作出撤销表示。

①9 月 24 日 B 的书信

27 应探究的是：我们可否将 9 月 24 日 B 向 G 发出的书信——其内容为他根本没有承担过保证，解释为第 143 条第 1 款意义上的撤销表示（Anfechtungserklärung）。撤销表示是一项需受领的意思表示，它清楚地表明：该已实施的法律行为应被溯及消灭。但并非必须明确使用"撤销"这一语词。[24] 对于撤销表示的解释而言，否认依照表示内容承担义务也是可以解释的。[25] 然从这一撤销表示中须无歧义地（unzweideutig）得出：该意思表示因意思瑕疵（Willensmangels）而被

---

[22] BGH NJW 2002, 363, 365; BGHZ 91, 324ff.; 109, 171, 177; BGH NJW 1995, 953; Emmerich, JuS 1984, 971; Brox/Walker, § 6 Rn. 135; Medicus/Petersen, Rn. 130; Ahrens, JZ 1984, 986f.; Hirsch, Rn. 719ff. 附其他参考文献; Jahr, JuS 1989, 249, 256; Köhler, § 7 Rn. 5。

[23] Köhler, § 7 Rn. 5.

[24] BGHZ 88, 240, 245; 91, 324, 331 = NJW 1984, 2279, 2280 附其他参考文献; Staudinger/Roth, § 143 Rn. 3ff. 附其他参考文献。

[25] BGHZ 91, 324, 331 = NJW 1984, 2279, 2280; BGH NJW-RR 1988, 566; 1995, 859.

撤销。[26] 即使无须提及准确的撤销事由[27],至少还是要说明撤销所根据的现实理由(die tatsächlichen Gründe)。[28] 但9月24日B的书信只包括这一表示:未曾承担保证。对于本声明所依据的理由,B却并未提及。因此,9月24日的书信不是撤销表示。

②10月6日和11月17日的书信

在10月6日的书信中,B表示,其9月8日的书信建立在一项错误之上。结合其9月24日的书信,B因疏失(versehenlich)而表示了保证承诺,故此他想要该保证承诺被溯及消灭的意思更加明晰。撤销表示的内容前提因此得以满足。除此之外,B在11月17日第二次作出了撤销的表示。

(3)撤销期限

根据第121条第1款第1句,在知悉错误之后,必须不迟延地(unverzüglich)向G作出撤销表示,即不存在没有过错的迟延(ohne schuldhaftes Zögern)地作出。由于G在9月17日的书信中告知了被保证债务的额度,B应可认识到,G当可将其9月8日的书信作保证表示理解,且已作如是理解。[29] 问题是,其10月6日第一个撤销表示是否应被视为不迟延地作出。这一问题取决于,我们是否将9月17日至10月6日这一时间段,理解为合理的考虑期限(angemessene Überlegungsfrist)。B在9月24日已经清楚,他不欲受其保证表示的拘束;鉴于这一事实,另外两周的期限诚非必要。B的延宕(Zögern)亦属第276条第2款意义上的过失。是以,10月6日的撤销表示逾期了。这同样适用于在11月17日作出的撤销表示。

---

[26] BGH NJW 1984, 2279, 2280;反对者,Canaris, NJW 1984, 2281f.,他考虑的是:一项意思表示通常从不需要是"无歧义的"。(在他看来,)在这些情形,应根据第133、157条,解释该意思表示。

[27] Palandt/Ellenberger, § 143 Rn. 3.

[28] Staudinger/Roth, § 143 Rn. 11; Soergel/Hefermehl, § 143 Rn. 2.

[29] 这里我们也可持其他观点。9月17日G的书信也可能使B认为:G就存在保证(一事)处于错误之中。

(4)小结

30　　G根据第765条第1款,向B请求支付10万欧元的权利并未消灭。

3. 请求权可实现

31　　针对G的请求权,B有可能根据第77条提出先诉抗辩权(Einrede der Vorausklage)。B据此可能拒绝向G支付,直到G已经对S提出强制执行尝试(Zwangsvollstreckungsversuch)。然如B——在这里——作为自己债务人(自居债务人的保证)而负有义务时,则根据第773第1款第1项,这一抗辩权被排除。因此,G对B的请求权亦是可实现的。

4. 结论

32　　G可根据第765条第1款向B请求支付10万欧元。

案例4　错发的表示

一、案件事实

Ferdinand Feuileton（F）经营一家专业书店。Parzial Pandekt（P）教授收到一项来自F的,以100欧元的价格(出售)一本1900年版《德国民法典》的买卖要约。他(P)立即写了一封回信并在回信中接受了该要约。之后,他产生了疑虑,遂决定将此事搁置至第二日再决定。因此,他没有将这封写好且已签字的书信寄出,而是将它放在书桌上,就在发件箱(Postausgang)旁边。第二天上午,他的女秘书Soraya Sorgsam（S）在那里发现该书信时,以为这封书信是因疏失从发件箱中落下来的。她立马尽责地将该信件直接带至位于大学旁边的专业书店,并将信件交给F。而P隔了一夜又忘了此事。当F向他送来书和账单时,P告诉F,他并未接受这一要约。他的女秘书擅自（eigenmächtig）传递该信件——这现已查明,不能使之负有任何义务。

P必须受领该书并支付价款吗?

二、前期思考

从第130条第1款中可以看出,仅当意思表示通过发出和到达生效后,才具有法律效力。由于这里存在这样一个表示,并且该表示也到达了F处,因此不同于一般情形,问题在于意思表示的发出(Abgabe);我们应当知道发出的定义。P自己寄出这一书信,且亦未委托S传递。至少从意思表示受领人的视角,不应否定本案情形和案件3中涉及欠缺表示意识的情形具有一定的相似性。所以本案的解答存在争议也就不足为奇了。

在解答的结尾,我们在结论部分还可额外写上提示:F可类推适用《德国民法典》第122条第1款,向P请求损害赔偿。我们或者追随多数说(der überwiegenden Auffassung),或者在少数说(Mindermeinung)(参见下文边码9)的框架内赞同适用第122条第1款请求权损害赔偿。但是,这一提示并非必要,因为此处问题(Fragestellung)仅限于履行请求权。尽管如此,如此一个近乎显而易见的提示将不会导致减分。但是,原则上附加这一"本身多余的"提示要小心;因此下文不给出这一提示。

三、提纲

根据第433条第2款,F向P请求受领并支付100欧元
的权利 ……………………………………………………… 1
1. 依照通说的解答 ………………………………………… 1
  (1)请求权成立 ………………………………………… 1
    ①要约,第145条 …………………………………… 2
    ②P的承诺表示 ……………………………………… 3
    ③承诺的生效 ………………………………………… 5
      A.意思表示的发出 ………………………………… 6
      [难题:尽管P由于对购买存有疑虑而将书信
      放在发件箱旁边,但S将该信件转交给F,那
      么,P的意思表示发出了吗?]
      a.脱离的意思表示无拘束力 …………………… 7
      b.仅在过失的情况下具有拘束力 ……………… 9

c.个人见解	10
B.小结	12
（2）结论	13
2.依照反对说,继续解答	14
c.个人见解*	15
B.承诺表示到达 F 处	16
④小结	17
（2）请求权消灭	18
①撤销事由	20
②有效的撤销表示	22
A.撤销表示,第 143 条第 1 款	23
B.向正确的表示相对人发出,第 143 条第 2 款	24
C.遵守撤销期限,第 121 条第 1 款	25
③小结	26
（3）结论	27

四、解答

根据第 433 条第 2 款,F 向 P 请求受领并支付 100 欧元的权利

1.依照通说的解答

（1）请求权成立

当 F 与 P 之间成立相应的买卖合同时,F 或许可以根据第 433 条第 2 款,对 P 享有一项请求受领《德国民法典》旧版书并支付 100 欧元买卖价金的权利。买卖合同经由两个达成一致的、相互关涉的

1

---

* 因依照反对说的解答,c 点之前均与依照通说的解答相同,故本书该部分自 c 点起开始撰写。——译者注

意思表示,即要约和承诺(第 145、147 条),而成立。[1]

①要约,第 145 条

2　　首先需要存在第 145 条意义上的合同要约,它要包含有待缔结合同的所有要素(alle wesentlichen Bestandteile)。F 向 P 发出了以 100 欧元的价格购买 1900 年版《德国民法典》的要约。

②P 的承诺表示

3　　问题是,P 是否接受了该要约。为此,P 的书信必须系一项承诺表示(Annahmeerklärung),且根据第 130 条第 1 款第 1 句已经到达 F。

4　　承诺是一个单方且需受领的意思表示,其内容在于对要约的无保留的同意(vorbehaltlosen Bejahung des Angebots)[2](参见第 150 条第 2 款以及第 151 条第 1 句)。由于 P 的书信包含向 F 发出的通知(Mitteilung),即他同意所述条件之要约,存在承诺表示的客观事实构成。意思表示的事实构成在主观上还要求具备行为意思、表示意思和效果意思。[3] 由于 P 已经在信件上署名,并愿意接受 F 关于缔结买卖旧版《德国民法典》的要约,对此并无疑问。所以,存在一项意思表示。

③承诺的生效

5　　然而仅当该承诺亦被 P 发出且到达 F 时[4],这一需受领的意思表示才具有法律拘束力(bindende Rechtswirkungen)。

A. 意思表示的发出

6　　意思表示的发出(Abgabe einer Willenserklärung),人们理解为向受领人的方向,有意识地将意思表示放入(willentliche Entäußerung)法交易中。[5] 表意人须已为一切之事,以便使该意思

---

[1] Palandt/Ellenberger, Einf. v. § 145 Rn. 1; Köhler, § 5 Rn. 9.
[2] Köhler, § 8 Rn. 21; Staudinger/Bork, § 146 Rn. 1; Palandt/Ellenberger, § 147 Rn. 1.
[3] Köhler, § 6 Rn. 3; MünchKomm/Armbrüster, Vor § 116 Rn. 22ff.
[4] Köhler, § 6 Rn. 9; MünchKomm/Einsele, § 130 Rn. 13ff.
[5] BGH NJW 1979, 2032, 2033; Köhler § 6 Rn. 11f.

表示旨在到达受领人。[6] 在非对话者之间的书面意思表示情形,由表意人寄发书信(Absendung)或交付表示传达人(Erklärungsboten)是属必要。[7] 由于P在写完承诺书信之后决定暂且不寄发该书信,再考虑一下这笔买卖,所以,不存在上述意义的发出(Abgabe)。准确地说,由其女秘书完成承诺表示的寄发并非P的意思。如何在法律上评价这样一个"脱离的"意思表示(abhanden gekommene Willenserklärung),是有争议的。

a. 脱离的意思表示无拘束力

一种观点认为,在没有表意人意思的情况下进入交易的意思表示不具有拘束力(bindende Wirkung),即使因表意人的过失行为,使得书面记载的意思表示或文件被取走时[8],亦同。对客观表示的拘束系对假定"表意人"(vermeintlich „Erklärenden")其私法自治决定自由之过度的、即便在考虑交易安全情形下仍无法提供正当性的干涉。和欠缺表示意识的情形不同,这里不存在任何可使表意人受拘束之向外行为(Handeln nach außen)。对善意第三人的保护可通过消极利益上的信赖责任获得保障。所以根据这一观点,P不受其"表示"拘束。

小贴士:

此外,在这种观点下,信赖表示的受领人是否仅在表意人有过错时抑或不论是否有过错,均可获得信赖损害赔偿是有争议的。这取决于损害赔偿请求权是基于第280条第1款[9],还是

---

[6] BGH NJW 1979, 2032, 2033; OLG Hamm NJW-RR 1987, 260, 262; Bamberger/Roth/Wendtland, § 130 Rn. 6.

[7] MünchKomm/Eisele, § 130 Rn. 13.

[8] BGHZ 65, 13, 15 附肯定评议, Canaris, JZ 1976, 134; OLG Hamm NJW-RR 1987, 160, 262 附其他参考文献; Bork, Rn. 615; Köhler, § 6 Rn. 12.

[9] 如是主张, Köhler, § 6 Rn. 12; Bork, Rn. 615. 在早期文献中,这一(损害赔偿)请求权还以缔约过失学说为依据。

类推适用不要求存在过失的第122条第1款。[10] 由于P直接将信件放在发件箱的旁边,因此他未尽交易中必要的注意(参见第276条第2款);致使P依照两种子学说(Unteransichten)均负有信赖损害赔偿义务。

b. 仅在过失的情况下具有拘束力

9 另一种观点认为,脱离的意思表示应和无表示意识发出的意思表示作同样处理。[11] 相应地,如果表意人对因疏失而进入交易(das versehentliche Inverkehrbringen)可归责,欠缺表意人发出意思而进入法交易之意思表示(eine ohne seinen Willen in den Rechtsverkehr gelangte Willenserklärung)被视为已发出。如果进入交易系由"表意人"其组织体范围(Organisationsbereich)中的某人所造成的,则在这一情形下可认为已存在可归责。[12] 由于"表意人"并不想发出该意思表示,所以他被赋予一项撤销权。然而在撤销的情形,信赖损害赔偿应类推适用第122条第1款不以存在过错(verschuldensunabhängig)为前提。[13] P将该信件置于发件箱旁边。由此形成了这一可想而知的危险:女秘书以为这封信确需寄发,而将它带给受领人。因此,P存在过失,所以对进入交易可归责。该意思表示视为已发出,从而P须将客观表示归责(zurechnen)自身。

---

〔10〕 Canaris, JZ 1976, 134.

〔11〕 Larenz/Wolf, §26 I 2 Rn. 5; MünchKomm/Einsele, §130 Rn. 14; Bamberger/Roth/Wendtland, §130 Rn. 6; Palandt/Ellenberger, §130 Rn. 4.

〔12〕 MünchKomm/Einsele, §130 Rn. 4.

〔13〕 Wolf/Neuner §32 Rn. 18; MünchKomm/Einsele, §130 Rn. 14; Bamberger/Roth/Wendtland, §130 Rn. 6; Palandt/Ellenberger, §130 Rn. 4. 但是有争议的是,即便当表意人不存在过失时,比如由于信件从他那里被盗从而被带进交易之中,信赖损害是否也应被赔偿。根据一种观点(Wolf/Neurer §32 Rn. 58; Bamberger/Roth/Wendtland, §130 Rn. 6),在这一情形中,应类推适用第122条,赋予一项依照额度减至受领人(应承担)风险份额(Risikoanteil)(第254条)的损害赔偿请求权。不同意见,MünchKomm/Oetker, §254 Rn. 18.

c. 个人见解

乍一看,第二种观点似乎更具有利益正当性(interessengerechter),因为它通过对因表意人过失行为而形成之意思表示进行归责,保护了受领人的正当信赖(das berechtigte Vertrauen),且没有严重限制表意人的私法自治。这一观点可能还具有如下优点:"表意人"嗣后亦可决定使对其有利的表示生效,抑或借助于撤销权摆脱其约束。尽管如此,仍应奉行第一种观点,因为在这种情形里并不存在表意人向外(nach außen)的行为,而这一向外的行为是我们能够接连信赖责任的连接点。这里欠缺一个对发出的权利表象进行归责的连接点(Anknüpfungspunkt)。这是相对于欠缺表示意识情形的决定性差异。此外,如果表意人意欲产生拘束力的话,他可通过发出表示而产生这一拘束(Bindung)。

10

小贴士:

大家可能要问:为何这种情形不属于欠缺表示意识(Erklärungsbewusstsein),或者欠缺表示意思(Erklärungswillen),又或者将其认定为一种特殊情形:P 虽然有意作成(willentlich … angefertigt)一项表示(Erklärung),但是最终没有想要发出该表示。某人虽作出了一项意思表示,但没有想要发出该表示,那么对他来说就不存在表示意思(Erklärungswillen),因为他尚未就法律上重要的表达(eine rechtserhebliche Äußerung)作过决定。[14] 由于意思表示的事实构成在其发出的时点必须具备(亦参见第 130 条第 2 款)[15],P 在表见发出(Scheinabgabe)其表示的(关键)时点上还欠缺表示意思。所以我们本应首先考察表示意识欠缺的问题(对此,参考案例

11

---

[14] 对此,亦可参见 Bork, Rn. 607, 615。
[15] Bork, Rn. 610f.; HK/Dörner, § 130 Rn. 2, 9; Wolf/Neuner § 32 Rn. 17., § 24 Rn. 26ff.

3)——但在文献中并非如此[16],然后才探究我们可否将意思表示的表见发出归责于 P。我们之所以没有这样做,是因为:在书面表示的作成和发出之间存在时间间隔,所以我们可能在表见发出(Scheinabgabe)的情形中,不太精准地表面上肯定了行为意思、表示意思和效果意思。由此造成的印象是存在一个"完整的"、合乎事实构成的意思表示,但是基于上述理由这是非常有疑问的。当表示和发出同时发生时——诸如在网络订购中通过鼠标点击,仍然存在上述问题。上网者因疏失点击了"订购键",则出现一个"欠缺表示意识而形成的、脱离的意思表示"。[17] 区分这两种法制度(Rechtsfigur)是困难的。但是不论我们将脱离的意思表示看作欠缺表示意识发出的意思表示的子类型(Unterfall),还是将其理解为一项独立的法制度,两种法制度在法律上应被同等对待。[18]

B. 小结

12 由于该意思表示进入交易环节不应被归责于 P,所以不存在第 130 条第 1 款第 1 句意义上的意思表示的发出。

(2)结论

13 该表示没有生效,合同未能缔结。所以 F 对 P 并不享有第 433 条第 2 款规定的支付请求权。

2. 依照反对说,继续解答

14 依照反对说的解答,直到内容点(1)、③、A 之后才和通说有所不同,自 c 点起为如下内容:

c. 个人见解

15 第二种观点更具有利益正当性(interessengerechter)。如果我们

---

[16] 诸如参见 Bork, Rn. 615,附其他参考文献。
[17] 对此,参见 Köhler, § 6 Rn. 12,他在这类情形甚至否认(存在)行为意思。
[18] 不同意见,Köhler, § 6 Rn. 12。

因其过失行为而将该意思表示归责于"表意人",那么受领人的正当利益将因表示的有效性而获得保护,且表意人的私法自治也未受到严重限制。"表意人"事后可就撤销权进行决定:他是否想使得一个对其有利的意思表示生效,抑或借助于撤销权摆脱这一拘束。恰恰在对其有利的表示情形,较之于表示的不生效(Ungültigkeit),很明显这一选择更合乎其利益。由于这里 P 过失导致意思表示进入交易,这一表示视为已发出。

B. 承诺表示到达 F 处

P 的书信已到达 F,因此根据第 130 条第 1 款第 1 句,该承诺生效。到达要求意思表示进入受领人的控制范围,从而在正常情况下可以知悉该意思表示。[19] S 亲自到书店将信件交给 F。因此,到达通过直接交付完成。

④小结

P 对 F 的要约进行了有效的承诺。是以,P 和 F 之间关于《德国民法典》旧版书的买卖合同业已成立,F 对 P 的受领及支付买卖价金请求权已成立。

(2)请求权消灭

如果 P 已撤销这一买卖合同,根据第 142 条第 2 款的效力,则 F 对 P 的受领及支付买卖价金请求权或许已消灭。

记忆小贴士:

请您注意书写高质量的上位句(Obersätze)——即便在抗辩的情形! 它们是一条指导红线,服务于您和改卷者。关于撤销的引导句,参考案例 3 边码 22。

①撤销事由

当存在撤销事由时,法律行为是可撤销的。撤销事由或许可能

---

[19] Köhler, § 6 Rn. 13; BGHZ 137, 205, 208; BGH NJW 1983, 929, 930; Bamberger/Roth/Wendtlandt, § 130 Rn. 9; Palandt/Ellenberger, § 130 Rn. 5; Wolf/Neuner, § 32 Rn. 12.

是第 119 条第 1 款。对此，P 必须在发出承诺表示时对其内容（表示错误，第 119 条第 1 款第 2 种情形）或对其意义（内容错误，第 119 条第 1 款第 1 种情形）发生了错误。实际上，P 在发出承诺表示时，既未发生内容错误，也未发生表示错误。毋宁说在欠缺其意思的情形下，其承诺表示的发出业已实现，从而第 119 条第 1 款第 2 种情形的前提并不满足。

21 　　但是可考虑类推适用第 119 条第 1 款，因为立法者没有就此情形加以规制。这一利益状态（Interessenlage）和第 119 条第 1 款规定的错误情形是具有可比性的，因为在表见发出（Scheinabgabe）的情形中意思和表示也相互离分。第 119 条第 1 款所规定的撤销权的法律效果对表见发出而言也显得适切，从而在此类情形——亦如欠缺表示意识时（参考案例 3），应类推第 119 条第 1 款，赋予表意人以撤销权。[20] 所以，P 和 F 之间的买卖合同是可撤销的。

　　②有效的撤销表示

22 　　根据第 143 条第 1 款，P 必须有效表示了撤销。为此，他须已向适格的撤销相对人合乎期限地（fristgerecht）表示：因意思瑕疵他要溯及（rückwirkend）消灭该买卖合同。

　　A. 撤销表示，第 143 条第 1 款

23 　　P 必须发出了撤销表示。通过拒绝受领该《德国民法典》以及支付，P 表明了其不愿使承诺表示生效的意思。他通过指出其女秘书擅自（eigenmächtig）将书面承诺表示送达，表达了其拒绝支付是基于表示不合乎其意思。[21] 因此存在一项撤销表示。

　　B. 向正确的表示相对人发出，第 143 条第 2 款

24 　　P 亦向其合同相对人 F，这一适格的表示相对人，发出了撤销表

---

[20] Wolf/Neuner, § 32 Rn. 18; MünchKomm/Einsele, § 130 Rn. 14; Bamberger/Roth/Wendtland, § 130 Rn. 6; Palandt/Ellenberger, § 130 Rn. 4; 不同意见，Köhler, § 6 Rn. 12。

[21] MünchKomm/Busche, § 143 Rn. 2; Köhler, § 7 Rn. 76; BGHZ 88, 240, 245.

示(第143条第2款)。

C. 遵守撤销期限,第121条第1款

P必须不迟疑地,即类推适用第121条第1款,不存在过咎延宕（ohne schuldhaftes Zögern）地表示撤销。这是指:一旦撤销人在知悉其错误之后超出一个时间期限,在该期限内他本能够适当评测权利状态和各项应考虑的利益,则撤销罹于期限。[22] 在P因F的请求而获悉其错误之后,他直接向F表示撤销。因此遵守了撤销期限。

③小结

根据第142条第1款,这一买卖合同因有效的撤销行为而溯及既往地归于无效。所以,F关于受领和支付买卖价金的请求权消灭。

3. 结论

F不可以根据第433条第2款向P请求受领《德国民法典》并支付其买卖价金。

---

[22] Köhler, § 7 Rn. 30; MünchKomm/Armbrüster, § 121 Rn. 7.

案例 5　邮件未收取

（参照 BGHZ 137, 205）

一、案件事实

Knödelseder(K)刊登广告出售其大众露营车(VW-Campingbus)。9月8日,Barnersoi(B)向他书面提出以1万欧元购买该车。此外,书信中还写道:"我在10日内受此要约拘束。如果您在此期限内书面确认承诺或者进行交付,则买卖合同订立。"9月10日,Knödelseder向 Barnersoi 寄发挂号信(Übergabebrief, Einschreibebrief),在信中他表示接受9月8日的要约。然而在9月11日,女投递员没有见到 Barnersoi,因此便在他信箱内留下书面告知:他有一封挂号信放在邮局网点 P。Barnersoi 没有去取邮件,嗣后也没有解释他为何不取邮件。后来,Knödelseder 收到被退回的挂号信,邮戳为9月19日并标注"已通知收件人,因收件人未收取信件,存放期限届满退回"。

Barnersoi 既没有提车,也没有付款。Knödelseder 在11月24日作出的有关提取露营车并支付买卖价金的书面催告,连同他在书信中对要约表示承诺(Angebotsannahme)的提示,都没起作用。

Knödelseder 请求 Barnersoi 支付买卖价金。

案件变型:

如 Knödelseder 在9月20日晚上在其信箱中发现了被退回的挂号信后,他在21时左右亲自将承诺表示投入 Barnersoi 安装在墙上的信箱之中。Barnersoi 在第二天早上发现那封书信,并阅读了该信。

这会导致裁判结果发生变化吗?

余问:

律师应当向其委托人推荐何种形式的传达(Übermittlung),从而避免出现本案中的问题?

二、前期思考

本案及其案件变型的问题,显然在于第130条第1款第1句规定的承诺表示的到达。在本案中,为使合同被订立,K的承诺表示必须已"如此这般"进入B的控制范围,以至于后者在采取措施之后于通常情形下可知悉承诺表示的内容。如果我们将案件事实涵摄到这一定义下,那么,在本案中到达并未实现,因为该表示没有进入B的控制范围。至少他并不知悉这一表示的内容。

然而,在本案中,到达是否真的没有实现是存在争议的。一些文献想通过修改挂号信的到达定义——即所谓的交付挂号(Übergabe-Einschreiben),来肯定到达已实现。受领人在一定程度上可以阻碍到达这一点恰可支持这一观点。这些考虑在这件基础判决中并没有被德国联邦法院采纳。然而,通说原则上亦可借助于阻碍到达(Zugangsvereitelung)的法制度(Rechtsfigur)来克制受领人的控制企图(Manipulationsversuche)。

三、提纲

(一)K基于第433条第2款对B之买卖价金支付请求权······ 1
    1. B的要约 ·································· 2
    2. K的(及时)承诺 ······················ 3
       (1)及时到达,第130条第1款第1句、第148条 ······ 4
          [难题:对于表示之到达而言,告知书(Benach-

richtigungsschein)是否已足？]

  (2)根据第 242 条进行到达拟制(Zugangsfiktion)？ ⋯ 8
  [难题:B 是否因为没有领取该挂号信而被视为
  K 的表示已到达？]

 3. 结论 ⋯⋯⋯⋯⋯⋯⋯⋯⋯⋯⋯⋯⋯⋯⋯⋯⋯ 14

(二)案件变型 ⋯⋯⋯⋯⋯⋯⋯⋯⋯⋯⋯⋯⋯⋯⋯⋯ 15

 1. K 的(及时)承诺 ⋯⋯⋯⋯⋯⋯⋯⋯⋯⋯⋯⋯ 16

 2. 结论 ⋯⋯⋯⋯⋯⋯⋯⋯⋯⋯⋯⋯⋯⋯⋯⋯⋯ 20

(三)余问 ⋯⋯⋯⋯⋯⋯⋯⋯⋯⋯⋯⋯⋯⋯⋯⋯⋯⋯ 21

 1. 可能的传达形式 ⋯⋯⋯⋯⋯⋯⋯⋯⋯⋯⋯⋯ 21

 2. 到达证明的问题 ⋯⋯⋯⋯⋯⋯⋯⋯⋯⋯⋯⋯ 22

四、解答

(一)K 基于第 433 条第 2 款对 B 的买卖价金支付请求权

1 K 或许能够根据第 433 条第 2 款,对 B 享有一项买卖价金支付请求权(Anspruch auf Kaufpreiszahlung)。为此,在双方当事人之间须已成立一份有效的买卖合同。

  1. B 的要约

2 根据案件事实,B 通过 9 月 8 日的书信,向 K 作出了第 145 条意义上的合同要约,且该合同要约也到达后者,并设定期限为 10 天。

  2. K 的(及时)承诺

3 为使合同成立,K 须合乎期限地(第 146、148 条)接受 B 的要约。通过 9 月 10 日的书信,K 表示了承诺,且也通过寄发挂号信(Absendung)发出这一表示。

(1)及时到达,第130条第1款第1句、第148条

然而,问题是:该表示是否在第130条第1款第1句的意义上到达了 B。为此,该表示须"如此这般"进入 B 的控制范围,以至于他在采取措施之后在正常情况下可以知悉该表示的内容。[1]   4

在此有疑问的是,承诺表示是否完全进入了 B 的控制范围。因为被投入信箱的是一封告知书而非书信本身,且嗣后也没有将书信交付给 B。这点并不支持认定到达;因为从这种告知书中既无从获知书信内容,也无从获知寄件人,而仅仅是通知他有一封信待收。[2]   5

然而,大部分著作认为到达是可能的[3],因为立法者未对意思表示的到达进行定义。根据一致的观点(nach einhelliger Meinung),到达的要求(Zugangserfordernis)应该合理地分配表意人和受领人之间的传达风险。[4] 所以,本案中该信件没有被投入信箱并因此没有进入受领人的"控制范围"这(一事实)应不重要,因为受领人至少在第二个邮局营业日具有知悉信件内容的期待可能性(die zumutbare Möglichkeit der Kenntnisnahme)。[5] 应该可以期待,受领人尽快地取走信件。比较(《民事程序法》中的)送达规定(Zustellungsvorschriften),尤其在留置替代送达(《民事程序法》第181条)的情形,亦可支持这一论断;就此而言,我们应该可以类推适用送达规定,或者至少应该依照其法理念适用送达规定。总之,受领人是不值得保护的。   6

---

〔1〕 BGHZ 67, 271, 275; BGH NJW 1998, 976, 977.

〔2〕 BGH NJW 1998, 976, 977 附其他参考文献; OLG Brandenburg NJW 2005, 1585, 1586f. 附其他参考文献; Köhler, § 6 Rn. 14; MünchKomm/Einsele, § 130 Rn. 21 附其他参考文献; Palandt/Ellenberger, § 130 Rn. 7; Medicus, Rn. 280。

〔3〕 Larenz, § 21 II b Fn. 48; Wolf/Neuner § 33 Rn. 16; Flume, § 14/3 c; Behn, AcP 178 (1978), 505, 531; Richardi, Anm. zu BAG AP Nr. 4 zu § 130.

〔4〕 参照 MünchKomm/Einsele, § 130 Rn. 16; Schwarz, NJW 1994, 891, 892 附其他参考文献; Singer, Anm. zu LM H. 5/1998 § 130 BGB Nr. 27。

〔5〕 深入(论及),Behn, AcP 178 (1978), 505, 529; Larenz, § 21 II b Fn. 48; Wolf/Neuner § 33 Rn. 16。

7 但是,对于德国联邦法院[6]而言,不应接受这些考量。《民事程序法》的送达规定在这里既不可直接适用(anwendbar),也不可类推适用(analogiefähig)。到达的一般定义(Zugangsdefinition)在表意人和受领人之间适当地分配了风险。表意人拥有选择能够确保到达的传达表示方式的自由,诸如根据第132条进行送达(Zustellung)或者投递挂号信(Einwurfeinschreiben)。至于受领人可能是不"值得保护的",我们可以在别的地方再行考虑。因此,承诺书信在结果上没有到达。

(2)根据第242条进行到达拟制(Zugangsfiktion)?

8 但是,根据第242条有可能视为承诺表示已经及时到达B。在B拒绝受领书信或者背信地(treuwidrig)阻碍其到达时,可考虑这一做法。由于这里不存在真正的受领拒绝(Annahmeverweigerung),仅可考虑如下的情形。

9 B通过发出合同要约,就和K之间的合同上的关系(vertragliche Beziehungen)已有准备(angebahnt),因此也应考虑到法律上重要表示(rechtserheblicher Erklärungen)的到达可能性。这使他负有采取适当措施的义务,以使得这种表示的到达变得可能。[7] 如果他违反这一注意义务,那么他就违反了合同准备关系(Vertragsanbahnungsverhältnis)。

10 然而,单纯违犯(Sorgfaltsverstoß)这一前合同关系(vorvertraglichen Beziehung)中的注意义务,原则上还不足以依照诚信原则对B作如此这般处理,使得因其注意违反(Sorgfaltsverletzung)而未到达之意思表示好像已经到达他一般。(在单纯注意违反的情形下拟制到达)不符合第130条第1款第1句的到达要求。只有当确定受领人

---

[6] BGHZ 61, 271, 277 = LM § 132 BGB Nr. 3 m. Anm. Treier; 深入(论及), Kim/Dübbers, NJ 2001, 65ff.。

[7] RGZ 110, 34, 36; BGH NJW 1983, 929, 930; NJW 1998, 976, 977; BAG DB 1986, 2336f.

无论如何都将不接受该意思表示时,即在无理由的受领拒绝[8]或恶意阻碍到达(arglistigen Zugangsvereitelung)的情形,才另当别论。本案中不存在这两种情形。虽然可能很容易想到,B或许想要阻碍承诺表示的及时到达,但是这并未被案件事实所确定。B可能丢了取件单(Abholungszettel)或者忘记了取件,总之并没有通过挂号信而完成受领(Annahme)。

小贴士:

我们也只能停留在确定:没有发现存在阻碍到达(Zugangsvereitelung)。我们不能将案件事实中得不出的内容解释进案件事实,本案提供了适例。我认为,我们只能从案件事实中想象出一种情况:当天信箱塞满了广告报纸(Werbezeitungen)和宣传册,告知书被夹在其中一份信件里面。

因此,到达拟制也取决于表意人K的行为。仅当他为使其意思表示能够到达收信人而做出了所有必要且对他而言可期待之事(alles Erforderliche und ihm Zumutbare),根据诚实信用原则,他才能基于其未到达的意思表示获得一个有利的法律效果。在本案中,在信件退回给他且他获知未到达(Nicht-Zugang)之后,他本应不迟延地作出一次新的尝试,将该表示带入B的控制范围,以便B可轻易地知悉其内容。[9]表意人其新尝试须为何种类型,这取决于已发出表示的意义以及具体情形,诸如地理关系、收信人此前的行为、表意人其具体实施可能。无论如何,这样的第二次送达尝试,我们在K于11月24日的书信中是看不出的;11月24日的书信并不构成第121条第1款第1句意义上的不迟延,因为K从9月20日起就已经意识

---

[8] BGH NJW 1983, 929, 930f. 不同于正当的受领拒绝的情形,诸如因为未足额支付信件邮资。

[9] RGZ 110, 34, 37 提及《德国民法典》第132条;BGH NJW 1952, 1169;VerR 1971, 262, 263。

到第一次尝试的失败。

13　　　　因此不能推定承诺表示已经(及时)到达 B。由于欠缺有效的承诺，所以合同未订立。

　　　　3. 结论

14　　　　K 对 B 并不享有基于第 433 条第 2 款的支付请求权。

(二) 案件变型

15　　　　应再次检验 K 基于第 433 条第 2 款对 B 的买卖价金请求权，与初始案件(Ausgangsfall)的不同之处仅在于承诺。

　　　　1. K 的(及时)承诺

16　　　　应检验承诺表示的到达。这一承诺表示虽然并未经由挂号信而到达(见上文边码 4 以下)，但是可能通过投入 B 的家庭信箱(Hausbriefkasten)而到达。

17　　　　该承诺是否及时值得商榷。由于 B 根据第 148 条为 K 设定了 10 天的承诺期限，所以只有当承诺在这一期限内到达时，该承诺才导致合同缔结。根据第 187 条第 1 款、第 188 条第 2 款，这一期限截止于 9 月 18 日 24 时；该期限届满，B 的要约消灭。但是该承诺表示直到 9 月 20 日 21 时才进入 B 的控制范围，且直到 9 月 21 日上午才存在知悉可能性(Kenntnisnahmemöglichkeit)。故此，该承诺迟延到达；根据第 150 条第 1 款它被视作一个新的要约。

18　　　　但是需要检验的是：是否必须将 B 视为已根据第 242 条处理，好像承诺表示在承诺期限内到达了一般。而实际情况就是：K 在获知挂号信未能到达后，不迟延地进行了第二次送达尝试。因为不迟延地二次送达尝试之可能性，应该正好向表意人提供了按期限遵守(Fristwahrung)之可能性。[10]

---

　　　　[10]　RGZ 110, 34, 37; BGH NJW 1952, 1169; BGH NJW 1998, 976, 977.

小贴士:

如果 B 当时卸下其信箱,或者在上面标有错误姓名,或者一开始告知了错误的地址[11]等,我们就可以认为存在恶意的阻碍到达。尽管如此,我们应承认对法院判决的如下批评是正确的:从法律外行的角度,在类似本案的情形中,二次送达尝试很少具有意义。[12]

2. 结论

K 对 B 享有一项基于第 433 条第 2 款的支付请求权。

(三) 余问

1. 可能的传达形式

案件变型表明有一种可能的传达形式:可以亲自将书信递交过去。但是人们可能想到:在实践中仅仅到达是不够的,还需要证明到达。这支持了带上证人或者通过证人进行传达。如果因为受领人不住在附近而排除了亲自递交(Überbringen)这种方式,仍然存在本案中提及的第 132 条所规定的通过法院执行人员(Gerichtsvollzieher)进行送达的可能;然而这种送达可能花费甚多且在紧急情形并不总是及时成功。因此,我们还是建议采用所谓的投递挂号信(Einwurfeinschreiben)的方式;它自 1997 年出现,在投递挂号信这一情形,投递员(Postzusteller)将信件投入受领人信箱中[13],这避免了上文所涉问题。

2. 到达证明的问题

如果通过挂号件完成了到达,证明虽然并不很容易,但毕竟是可

---

[11] 如在 BAG NZA 2006, 204 Rn. 17f. 。
[12] Singer, Anm. LM § 130 BGB Nr. 27 (5/1998).
[13] Dübbers, NJW 1997, 2503f.

能的。因为根据持续的判决（nach ständiger Rechtsprechung），我们在发出每份挂号件时所收到的注明日期的交寄证明（Einlieferungsnachweis），并不能推定挂号信到达的事实。[14] 只有在交付挂号信（Übergabeeinschreiben）时额外付钱从邮局获得一份送交证明（Auslieferungsbelegs）的复印件——但这仅在3年内是可行的，才能有效进行证明。由此可见，**附有回执的挂号信（Einschreiben mit Rückschein）**是较为简单且值得推荐的选择，因为挂号信回执说明存在交付（Übergabe）。如果受领人是非对话的，会产生本案中上文所述的问题。但是只要邮使（Postbote）合规地记录了他将该挂号信投入信箱或邮政专门信箱（Postfach），就有可能在投递挂号信的情形成功证明到达。[15] 提出送交证明（Auslieferungsbelegs）至少形成了关于意思表示到达的有力间接证据（Indiz）。[16] 即便如此，如果受领人能够证明，投递员在投递之后没有即时签发证明，而是因为时间原因提前签发，或者在其他方面欠缺足够的送达记录，那么这·投递挂号信情形中的间接证据也会受到质疑。

---

[14] BGHZ 24, 308, 312; OLG Köln MDR 1987, 405; OLG München OLGR München 1995, 238.

[15] 关于瑕疵，参照 AG Kempen NJW 2007, 1215 附其他参考文献；对此批评，Putz, NJW 2007, 2450ff.。

[16] AG Paderborn NJW 2000, 3722；对此，Dübbers, TranspR 2000, 477。

案例 6 获得敞篷车

(参照 BGH NJW 1994, 2631 以及 BAG NJW 2011, 2604)

一、案件事实

V 于 11 月 13 日向 K 提出以 2 万欧元的价格出售其绿色高尔夫敞篷车(Golf-Cabrio)的要约,并要求 K 最迟于 11 月 20 日回复。颇有些粗心大意的 K 想在 11 月 20 日作出承诺表示,他起草了一份相应内容的书信;他想要亲自递交(überbringen)该书信,或者将它投入 V 的信箱。他在 V 的住宅前碰巧遇到 V 妻 E;K 从前就认识 E。K 将该书信交给 E,并恳请她将该书信交给 V。但是,直到 11 月 22 日,E 方才为之。V 马上将迟延(Verspätung)的事实告知了 K,并拒绝履行合同(Vertragserfüllung)。K 可以请求 V 移转该敞篷车的所有权吗?

案件变型 1:

K 在 11 月 20 日将该书信交给 V 的邻居 N,N 直到 11 月 22 日才将该书信交于 V。V 马上将迟延的事实告知了 K,并拒绝履行合同。

案件变型 2:

K 在 11 月 20 日将该书信交给零售商(Einzelhändlers)V 的经理人(Prokuristen)P,但是 P 直到 11 月 22 日才交于 V。V 马上将迟延的事实告知了 K,并拒绝履行合同。

案件变型 3：

K 在 11 月 16 日将盖有当天日期的书信投入邮政信箱（Postbriefkasten），但是由于不明原因，该书信直到 11 月 23 日才达到 V，V 紧接着就将书信扔到纸篓中了。两周之后，K 请求 V 交付高尔夫敞篷车并转让其所有权。V 拒绝履行合同，其理由是：承诺到达他时太迟了。此外，对他而言，现在履行也不可能，因为他已经在 11 月 21 日将该敞篷车另售于 X，因而现在必须把敞篷车给 X。

二、前期思考

本案的特别之处在于，每次都有第三人，即所谓的辅助人（Hilfspersonen），参与了意思表示的传达。在本案中，对于到达以及其时点的判断，取决于第三人实际上是何种类型的辅助人。

受领使者（Empfangsbote）和受领代理人（Empfangsvertreter）均站在表示受领人一侧（Lager）。这两者之间的区别主要在各自权限（Rechtsmacht）上：代理人可以代替被代理人实施行为，在受领意思表示（Entgegennahme von Willenserklärungen）时也是如此（参见第 164 条第 3 款），所以，意思表示到达代理人，才是唯一决定性的；代理人就是受领人，即使意思表示的法律效果不涉及代理人（参见第 164 条第 1 款）。反之，正如我们通常所说的，受领使者仅仅是一种"活人信箱"（menschlicher Briefkasten）。表示在受领使者处虽然已经处于受领人的控制范围（Machtbereich），但是我们还要考察在通常情形下受领人的知悉可能性。

如果辅助人不是受领使者（或者受领代理人），那么他一定是表示使者（Erklärungsbote），应归责于表意人一侧。表意人将书信交给表示使者，意味着表示也就发出了。到达的前提是：表示使者将意思表示送入受领人的控制范围，以至于受领人在通常情形下具有知悉的可能。

三、提纲

(一) K 根据第 433 条第 1 款第 1 句,请求 V 交付敞篷车并转让其所有权的权利 ····················· 1
  1. V 的要约 ······································· 2
  2. K 的有效承诺 ································· 3
    (1) 承诺表示 ································· 4
    (2) 及时到达 V 处 ··························· 5
      A. 传达人的参与 ··························· 6
      [难题:由于 K 将该书信交给 V 的受领使者 E,K 向 V 作出的承诺表示已经在 11 月 22 日之前到达了?]
      B. E 作为受领使者 ························· 7
      [难题:当该表示被交给作为受领使者的 E 时,意思表示何时到达 V?]
  3. 结论 ·· 9
(二) 案件变型 1:K 根据第 433 条第 1 款第 1 句对 V 的请求权 ··· 10
  1. 要约和承诺,第 145、147 条 ················· 11
  2. 承诺表示的及时到达 ························ 13
    (1) N 作为受领代理人 ······················· 14
    (2) N 作为受领使者 ························· 15
      [难题:根据交易观念(Verkehrsauffassung),作为 V 邻居的 N 应被视作受领使者吗?]
    (3) N 作为表示使者 ························· 16
  3. 结论 ··· 18
(三) 案件变型 2:K 根据第 433 条第 1 款第 1 句对 V 的请

　　　　求权 ·· 19
　　　　1. 有效的买卖合同 ··· 19
　　　　2. 结论 ·· 21
　　(四)案件变型3:K根据第433条第1款第1句对V的请
　　　　求权 ·· 22
　　　　1. 请求权已成立 ··· 22
　　　　　[难题:由于V没有将归因于邮局的迟延告知K,K
　　　　　的承诺可依照第149条第2句被视作及时到达吗?]
　　　　2. 请求权已消灭 ··· 26
　　　　3. 结论 ·· 30

四、解答

(一) K根据第433条第1款第1句,请求V交付敞篷车并转让其所有权的权利

1　　　如果在双方之间已成立一项买卖合同,K根据第433条第1款第1句,或许享有一项对V的交付敞篷车并转让其所有权的请求权。为此,双方当事人须就两个内容相互关涉且达成一致的意思表示(übereinstimmende, aufeinander bezogene Willenserklärungen)[1],即要约和承诺(参见第151条第1句)进行了交换。

1. V的要约

2　　　V或许可以通过其11月13日之书信,向K作出了一份以2万欧元的买卖价金、缔结敞篷车买卖合同之要约。要约是一项具有法律拘束力的表示,其中具有确定的未来合同的要素(essentialia negotii),以至于单单一个"是"字,对于承诺而言即为已足。[2] 由于

---

[1] Palandt/Ellenberger, Einf. v. § 145 Rn. 1; Köhler, § 5 Rn. 9.
[2] Wolf/Neuner § 37 Rn. 4; Köhler, § 8 Rn. 8; Palandt/Ellenberger, § 145 Rn. 1.

V 在其书信中不仅提及买卖标的,也提及了买卖价金,且可见其愿意受拘束,存在一项要约。因 V 有意令要约进入交易且要约到达于 K,该要约生效。

2. K 的有效承诺

问题是,K 是否有效地对这一要约进行了承诺。为此,K 必须发出了一份承诺表示,该承诺表示根据第 130 条第 1 款、第 148 条及时到达了 V。

(1)承诺表示

通过承诺,该合同当事人(Vertragspartner)向要约人(Antragsteller)表示了无保留的、具有法律拘束力的同意,即以要约中所列条件订立合同。[3] 在其 11 月 20 日的书信中,K 表示同意以 V 所列条件订立合同。因此,存在 K 的承诺表示。K 将书信交付给 E 后,有意(willentlich)将这一表示带入交易之中,故发出了该表示。

(2)及时到达 V 处

根据第 130 条第 1 款,需受领的承诺表示须及时到达 V。根据第 147 条第 2 款,向非对话者表示的要约原则上应在要约人可期待收到承诺(Eingang der Annahme)的时间点之前被承诺。在本案中,V 根据第 148 条对 K 设定了一个截至 11 月 20 日的承诺期限。因此,及时到达的前提是:承诺表示在这一时段(Zeitraums)内进入了受领人的控制范围,以致在正常情形下,可以预期承诺表示被知悉。[4] 实际上,在 11 月 22 日,V 才获知 K 的承诺表示。

A. 传达人的参与

然而有疑问的是,由于 K 将书面承诺表示交给 V 妻 E,那么到达是否在早于 11 月 22 日的时点就已发生。在意思表示向中间人(Mit-

---

[3] Köhler, § 8 Rn. 21; Staudinger/Bork, § 146 Rn. 1; Palandt/Ellenberger, § 147 Rn. 1.

[4] BGHZ 137, 205, 208; Köhler, § 6 Rn. 13.

telsperson）发出的情形，意思表示何时到达受领人，取决于该中间人是否应被看作表示使者（Erklärungsbote）、受领使者（Empfangsbote）抑或受领代理人（Empfangsvertreter）。[5] 就对 E 进行第 167 条意义上的受领意思表示[6]的授权（Bevollmächtigung），在这里不存在任何相关的连接点（Anhaltspunkte），所以 E 仅可能是使者。

B. E 作为受领使者

7   如果 E 是 V 的受领使者的话，该意思表示或许随着对 E 的交付，至少进入了 V 的控制范围。为此，E 必须已被其丈夫 V 指定为表示受领使者。[7] V 未曾明示指定 E 为其受领使者。但是依照交易观念，基于法的续造（Rechtsfortbildung）[8]，可推定下列人员具有一个受领授权（Empfangsermächtigung）：他们处于受领人的控制范围（Machtbereich）内，且他们的精神成熟和能力，使他们能够胜任转交意思表示。[9] 这尤其适用于配偶（Ehegatten）。[10] 所以，E 被视为已被 V 指定受领表示，因此而应被视为其受领使者。

8   在将有形的意思表示（verkörperten Willenserklärung）交付给受领使者时，意思表示何时到达受领人，仍待说明。由于受领使者应被视为"人化受领装置"（personifizierte Empfangseinrichtung），所以随着 11 月 20 日对 E 的书信交付，该承诺表示进入了 V 的控制范围。[11] 和受领代理人的情形不同（第 164 条第 3 款），此时意思表示并不是随着交付受领使者而到达，而是直到当依照通常情形应可预计该表示

---

[5] Wolf/Neuner § 26 Rn. 40ff.; MünchKOmm/Einsele, § 130 Rn. 25ff.; Köhler, § 6 Rn. 15ff.

[6] 对此参照 Bamberger/Roth/Wendtland, § 130 Rn. 16。

[7] MünchKomm/Einsele, § 130 Rn. 25; Wolf/Neuner § 26 Rn. 40ff.

[8] 如此，BAG NJW 2011, 2604 Rn. 12 附其他参考文献。

[9] BGH NJW 1994, 2613, 2614; LG Leipzig 1999, 2975, 2976; Bamberger/Roth/Wendtland, § 130 Rn. 17; Köhler, § 6 Rn. 16; Palandt/Ellenberger, § 130 Rn. 9.

[10] BGHZ 67, 271, 275; BGH NJW 1994, 2613, 2614（但是如果另一方配偶在公海且通常联系不上时，则存在疑问）。

[11] BGH NJW 1994, 2613, 2614；人们也会说"活信箱"（lebender Briefkasten）。

被转交受领人时才视为到达。[12] 基于正常情形,K 可以认为:E 作为 V 的妻子,会在当天晚上将该表示转递给其丈夫。[13] 因此,11 月 20 日到达实现。至于 V 实际直到 11 月 22 日才获悉该表示这一情况,并不重要。

3. 结论

K 的承诺表示于 11 月 20 日到达 V,因此属及时到达(第 148 条)。所以 V 和 K 之间成立了一份有效的、以 2 万欧元购买敞篷车的买卖合同。根据第 433 条第 1 款第 1 句,K 可请求 V 交付敞篷车并转让其所有权,同时(Zug um Zug)支付 2 万欧元(第 320 条第 1 款、第 322 条第 1 款)。

(二)案件变型 1:K 根据第 433 条第 1 款第 1 句对 V 的请求权

如果 K 和 V 之间已成立一份买卖合同,K 或许能够根据第 433 条第 1 款第 1 句,对 V 享有一项交付高尔夫敞篷车并转让其所有权的请求权。

1. 要约和承诺,第 145、147 条

作为对 V 所发出要约(以 2 万欧元的价格向 K 出售高尔夫敞篷车)之回复,K 撰写了一份对应的承诺表示。11 月 20 日,K 通过请求 V 的邻居 N 将该表示转交于 V,发出了其表示。

小贴士:

这一案件变型的问题仅在于承诺表示的到达。因此再以初始案件中同样细致的方式检验要约和承诺,是错误和费时的。尽管如此,由于这里还应检验基于第 433 条第 1 款的请求权,至

---

[12] BGH NJW 1994, 2613, 2614.
[13] 同样非常类似的案件事实,BAG NJW 2011, 2604 Rn. 17ff.

少在裁判风格(Urteilsstil)中,基于完整性考虑,应对存在要约以及相应承诺表示的发出这两项内容进行简要说明。

2. 承诺表示的及时到达

13 　　K 的承诺表示要使合同订立,根据第 146 条第 2 种情形以及第 150 条第 1 款,该承诺表示必须在承诺期限内(第 148 条),即最迟于 11 月 20 日到达了 V,第 130 条第 1 款第 1 句。实际上,V 在 11 月 22 日才收到该书信。尽管如此,仍应检验到达是否及时完成,因为该表示此前已经进入了 V 的控制范围,以至于在正常情形下于 11 月 20 日已可预计其知悉之。[14]

(1) N 作为受领代理人

14 　　根据第 164 条第 3 款、第 1 款规定,如果 N 是 V 的受领代理人,该表示或许已经在交付的时点到达了 N。但是,V 实际上并没有对 N 进行过授权。[15]

(2) N 作为受领使者

15 　　如果 N 是 V 的受领使者,那么承诺书信经交付 N 已经进入了 V 的控制范围。[16] N 未曾被 V 明示指定为意思表示的受领使者。应加考查的是,根据交易观念,他是否应被视为受领使者。为此,N 必须居处于受领人(Empfängers)的控制范围(Machtbereich),且根据其成熟度和能力,能够胜任转交表示。[17] 虽然 N 有能力转交表示,但是使者和受领人(Adressaten)之间欠缺足够直接的、空间上的密切关联(einer hinreichenden unmittelbaren räumlichen Nähebeziehung)。只有处于受领人的家庭或其营利事业中的人,诸如亲属(Angehörige)或

---

[14] BGHZ 137, 205, 208.
[15] 参照 MünchKomm/Einsele, § 130 Rn. 27; Bamberger/Roth/Wendtland, § 130 Rn. 16。
[16] Wolf/Neuner, § 33 Rn. 45.
[17] MünchKomm/Einsele, § 130 Rn. 25.

职员(Angestellte)[18],此时才应被视为受领使者。然而,邻居并不属于这一情形。因此,N 只可能是表示使者,而非受领使者。通过对 N 的交付,承诺书信尚未进入 V 的控制范围,而是仅仅进入了法交易(Rechtsverkehr)之中。[19]

(3) N 作为表示使者

将一封书信交付于表示传达人以便其转交,只有在该书信进入受领人的控制范围,且在通常情形下应可预期知悉它时,该书信才到达受领人。在此,当 N 于 11 月 22 日将该书信交给 V 时,方才满足这一要件。

承诺因此迟延到达,该承诺未能使合同订立(第 146 条第 2 种情形、第 150 条第 1 款)。V 没有接受该迟延承诺中所含的新要约。

3. 结论

K 对 V 并不享有一项交付高尔夫敞篷车并转让其所有权的请求权。

(三)案件变型 2:K 根据第 433 条第 1 款第 1 句对 V 的请求权

1. 有效的买卖合同

根据第 433 条第 1 款第 1 句,K 对 V 的交付高尔夫敞篷车并转让其所有权的请求权,以对要约的及时承诺为前提。

问题是,K 的承诺书信何时到达 V。虽然 V 直到 11 月 22 日才收到 K 的承诺表示,但是如果 P 系受领代理人,那么根据第 164 条第 3 款,随着交付给 V 的经理人 P,承诺表示到达已经实现。V 作为经商者(Händler),是商人(Kaufmann)(《德国商法典》第 1 条第 1 款),且可能根据《德国商法典》第 48 条第 1 款授予 P 经理权(Prokura)。根

---

[18] Köhler, § 6 Rn. 16.
[19] 和被看作是"人化受领装置"的受领使者不同,表示使者仅表明是"人化传达工具"(personifiziertes Transportmittel)。Wolf/Neuner, § 33 Rn. 42。

据《德国商法典》第49条第1款,V由此赋予P一项广泛的代理权限(Vertretungsbefugnis)。P因此是第164条第1款意义上的V的代理人,因此,根据第164条第3款,意思表示的到达应以到达P的时间为准。因此,该承诺表示在交付P之时,即11月20日,即已到达V。

2. 结论

21　　根据第433条第1款第1句,K可请求V交付高尔夫敞篷车并转让其所有权,同时支付2万欧元(第320条第1款)。

(四)案件变型3:K根据第433条第1款第1句对V的请求权

1. 请求权已成立

22　　根据第433条第1款第1句,K对V的请求权,以K承诺表示的及时到达为前提。

23　　K在11月16日通过将该书信投入邮箱,发出了其承诺书信。然而由于该书信直到11月23日才到达V的控制范围,因此承诺表示过于迟延地到达。[20]

24　　尽管如此,如果迟延到达应归因于邮局的运送迟延(Beförderungsverzögerungen)且V未将迟延到达这件事告知于K,则该承诺可能不应被视为迟延。在邮局正常运送的情形,该书信在11月17日,最迟在11月20日到达V。这仍在承诺期限之内。如果V本可发现这件事,那么仅当V不迟延地(unverzüglich)通知迟延时,即通知K迟延(Verzögerung)不存在过错延宕的情形(参见第121条第1款第1句),K的承诺方应被视为迟延(verspätet)(第149条第1句)。根据信件的日期,V当时本应认为,K的承诺被及时发出了。V因此负有向K发出第149条第1句意义上迟延通知(Verspätungsanzeige)的不真正义务。根据通说,这一迟延通知是一个单方的、无需受领的准法律

---

[20] 鉴于表意人选用送达方式的可能性,他亦应承担迟延到达的风险。Köhler, §6 Rn. 14。

行为。是以,对 V 而言,发出(abzusenden)迟延通知即可。[21] V 只是将 K 的信件丢弃,单从这一事实,我们不能发现存在一个第 149 条意义上的通知(Anzeige)。由于不存在 V 的迟延通知,K 的承诺应被视作未迟延(第 149 条第 2 句)。因此,存在一个有效的买卖合同。

K 根据第 433 条第 1 款,对 V 之交付高尔夫敞篷车并转让其所有权的请求权成立。

2. 请求权消灭

但是,根据第 275 条第 1 款,如果汽车所有权转让构成给付不能(Unmöglichkeit),K 根据第 433 条第 1 款享有的转让所有权的请求权消灭。当给付无法被任何人或仅仅无法被债务人提出时,则存在第 275 条第 1 款意义上的给付不能。

11 月 21 日,V 将高尔夫敞篷车出售给了 X。然而和 X 签订的买卖合同,仅使 V 负有转让汽车所有权于 X 的义务。由于 V 尚未履行和 X 之间的买卖合同,即还没有交付该车并转让其所有权(第 929 条第 1 句),所以 V 没有丧失其处分权(Verfügungsmacht)。因此,向 K 转让所有权仍属给付可能。[22]

小贴士:

在这里我们遵循了抽象原则(Abstraktionsprinzip)!买卖合同作为单纯的负担行为(Verpflichtungsgeschäft)并不导致所有权移转(Eigentumsübergang),而是仅使出卖人负有使买受人获得所有权的义务。只有通过处分行为(Verfügungsgeschäft),买受人才取得所有权。如果在实施处分行为之后发现买卖合同无效,则买受人仍为所有权人。该出卖人并不享有第 985 条规定

---

[21] Bamberger/Roth/Eckert, § 149 Rn. 10.
[22] 仅当从 X(那里)回复取得(Rückerwerb)完全被排除时,(诸如)因为 X 无论如何不愿(为)之(即便以高额金钱支付为条件),向 X 的所有权转让(Eigentumsübertragung)才使得 V 给付不能。参照 Fritzsche, Fälle zum Schuldrecht I, 4. Aufl., 2010, Fall 6。

的请求权。然而,K 不正当地得利了,因为他获得该所有权缺乏法律原因(Rechtsgrund)。所以,V 可根据第 812 条第 1 款第 1 句向 K 请求该所有权的回复转让(Rückübertragung)。

29 K 的请求权并没有依照第 275 条第 1 款而消灭。

3. 结论

30 K 可根据第 433 条第 1 款,请求 V 交付高尔夫敞篷车并转让其所有权,同时支付 2 万欧元。

案例 7　健康饮食 I

一、案件事实

农场主 Dagobert Dung（D）自行出售其生态产品。某天，教师 Mustafa Müsli（M）电话 D 问询两袋有机燕麦的价格；M 需要将它们磨粉。对两袋有机燕麦，Dung 总共要价 250 欧元。Müsli 随后还出 180 欧元的价格。Dung 认为，180 欧元太少了，两袋有机燕麦至少需 225 欧元。Müsli 答复道："截至今天晚上，我能考虑一下吗？"在 Müsli 明确告知 18 点之前时，Dung 同意了。在 17 点，Müsli 在 Dung 的电话留言机（Anrufbeantworter）上留言：他将于第二天上午来取燕麦。Dung 在 17 点听了电话留言机。

Müsli 能向 Dung 请求这两袋有机燕麦吗？

二、前期思考

本案涉及依照第 145 条及以下缔结合同的简单问题。合同基于两个合致的意思表示，即要约（第 145 条）和承诺（第 147 条）而成立。要约须内容确定或可确定，以至于通过简单的"是"字就可承诺之。为此，要约必须包含合同重要的组成部分（essentialia negotii），在买卖合同中（第 433 条）即为合同当事人、买卖标的和价格。如果这些前提被满足了，且当从受领人的角度来看，表示具有法律拘束意思而被发出时（参见案例 2 边码 9 以下），那么要约人（Antragsteller）就受其要约之拘束。

根据第 147 条第 1 款第 2 句,D 的回复作为电话传达的意思表示,等同于对话者之间的意思表示(Willenserklärung unter Anwesenden),所以我们必须简要论及作为对话意思表示生效要件的了解(Vernehmung als Wirksamkeitserfordernis)(参见案例 1 边码 9 以下),即便本案就此并不存在问题。

通过承诺缔结合同的前提是,对要约条件的无保留的同意(ein uneingeschränktes Einverständnis)。根据第 150 条第 2 款,扩张、限缩或以其他方式变更要约的承诺视为对要约的拒绝,并视为发出一项新要约。这应在评价嗣后的通话经过时予以考虑。此外,还应考虑的是:当该要约根据第 147 至 149 条的规定,未被及时承诺时,则依照第 146 条该要约消灭。

三、提纲

M 根据第 433 条第 1 款第 1 句对 D 的请求权 ·················· 1
 1. M 的要约,第 145 条 ································· 2
  [难题:M 的询问是第 145 条意义上的要约,还是单纯的要约邀请(invitatio ad offerendum)?]
 2. D 的要约 ··· 3
 3. M 的承诺? ······································· 5
 4. D 的承诺? ······································· 6
 5. M 的承诺 ·· 7
  [难题:储存在 D 电话留言机上的 M 的意思表示是对话者之间的意思表示(第 147 条第 1 款第 2 句),还是非对话者之间的意思表示(第 130 条第 1 款第 1 句)?]
 6. 承诺的及时性,第 146 条、第 150 条第 1 款 ·············· 9
 7. 结论 ·· 11

四、解答

M 根据第 433 条第 1 款第 1 句对 D 的请求权

M 或许可以根据第 433 条第 1 款第 1 句,对 D 享有一项交付两袋有机燕麦并转让其所有权的请求权。为此,他们必须通过内容相互关涉且达成一致的意思表示(要约和承诺)缔结了一个有效的买卖合同。   1

1. M 的要约,第 145 条

第 145 条意义上的要约首先有可能存在于 M 的询问之中。除了法律上受拘束的意思以外,一项要约的构成条件还包括:待订立合同的内容是确定的,以至于受领人通过单纯的表示同意就可以使合同成立。所以在买卖合同中,要约至少须使得当事人、买卖标的以及买卖价格确定或可确定。由于 M 的表示并未确定数量和价格,从而未包括所有的合同要素(essentia negetii),不可能对它表示承诺,因此也就不存在要约。此外,根据第 133 条、第 157 条,M 尚不愿意在第 145 条意义上受拘束,对 D 而言也是可知的(erkennbar)。因此,M 的询问只是一个要约邀请(invitatio ad offerendum)[1],请求 D 作出要约。   2

2. D 的要约

在 D 以 250 欧元价格出售 2 袋有机燕麦的表示中,包含了重要的合同组成部分(die wesentlichen Vertragsbestandteile)。这是一项要约,它因内容之正确了解而到达对话的 M(理由:第 147 条第 1 款第 2 句),且根据第 130 条第 1 款第 1 句的基本理念而生效。   3

---

[1] Köhler, § 8 Rn. 9; Brox/Walker, Rn. 170.

4　　**小贴士：**

　　我们可以更加详细地对要约的生效进行说明(参见案例1边码9)。

　　3. M 的承诺？

5　　M 或许已接受了这一要约。但是，实际上 M 并没有无保留地(vorbehaltlos)同意该要约。他发出了一项 180 欧元价格的反要约(Gegenangebot)。所以，根据第 150 条第 2 款，他拒绝了 D 的要约并自行发出了一项新要约。

　　4. D 的承诺？

6　　现在，D 必须在此接受 M 的反要约，但是他通过提出 225 欧元的新要约也拒绝了(第 150 条第 2 款)。

　　5. M 的承诺

7　　应加检验的是，M 是否接受了这一要约。M 在电话留言机上对 D 说，他将在第二日上午来取燕麦。由此，推定(konkludent)他表达了对 225 欧元要约的承诺。

8　　该承诺表示仍需生效。根据第 130 条第 1 款第 1 句，这取决于 M 何时表达了非对话者之间的承诺。虽然按照第 147 条第 1 款第 2 句，电话承诺(telefonische Annahme)是对话者之间的承诺。然而 M 仅仅在电话留言机上进行了留言，而没有和 D 亲自说，所以属于非对话者之间的承诺。因此，依照第 130 条第 1 款第 1 句，当该承诺到达 D 时，承诺生效。当该意思表示进入受领人的控制范围，以至于按照通常情形可知悉该意思表示时[2]，则存在到达；原则上到达并不取决于实际知悉。通过在电话留言机上留言，该表示进入了受领人的控制范围；且当留言(Aufsprechen)系在白天或在通常的营业时间(tagsüber bzw. zu den üblichen Geschäftszeiten)作成时，无论如何都具

---

[2] 持续的判决，BGHZ 137, 205, 208; Köhler, § 6 Rn. 13; Brox/Walker, § 7 Rn. 149.

有马上知悉的可能(Möglichkeit der alsbaldigen Kenntnisnahme)。由于M是在这样一个时间打的电话,所以该表示随着留言在17:00到达了D。

6.承诺的及时性,第146条、第150条第1款

承诺必须及时作成,否则根据第146条,D的要约就消灭了,且根据第150条第1款,迟延承诺是新要约。原则上,M本应根据第147条第1款第1句马上对D的要约予以承诺。但是,D应M之所请,同意给予他一个承诺期限,根据第148条,这在嗣后亦为可能。当事人已经约定,承诺可在18点之前作成。所以,在17点的承诺是及时作成的。

因此在M和D之间成立了一份有效的买卖合同。

7.结论

M可根据第433条第1款第1句,向D请求交付两袋有机燕麦并转让其所有权。

小贴士:

像在案例6边码9中一样,我们考虑在说明双务合同主给付义务时如下补充说明:根据第320条第1款,给付仅应在同时实现对待给付(Bewirkung der Gegenleistung)时提出。但是由于这里不存在具体的给定事由,故本案不必如此。在案例6中,一开始请求的就是同时给付(Leistung Zug-um-Zug)。

案例 8　未订购的书

一、案件事实

独立律师 Randolf Rathgeber(R)收到一家他不认识的出版社 Versanddruck(V)寄来的两本薄膜塑封的图书:一本《远东家庭法》(Fernöstliches Familienrecht)实务手册(Praxishandbuch)和一本《南极野营指南》(Campingführer Antarktis)。在随附信件中写道:"我们特此向您提供我们的新产品。如果您未在两周之内将书寄回,您将以(每本)89 欧元的推广价(Einführungspreis)购买它。"R 既不愿意购买该书,也不愿意支付回寄邮资(Rückporto),因此将它们未开封放在抽屉中。当 4 周之后收到一份账单时,R 通知该出版社:他不会支付该账单,而是保留这 2 本书 4 周以备来取。当 V 在 5 周之后向 R 寄发了一份催告(Mahnung)时,R 回答道,这些书前些天他已经丢弃了。V 可以请求 R 按照每本 89 欧元的价格支付吗?

二、前期思考

由于 V 主张支付买卖价金(第 433 条第 2 款)的合同履行请求权,所以要重新检验缔结合同的问题。这里涉及两个买卖合同。买卖法以买卖一物为出发点(参见第 433 条及以下);尽管数物亦可作为集合物而被出卖,但是鉴于此处随附信件的措辞,此处不存在这种情况。

显然,要约每次均由 V 发出。但是 R 并未明示表示承诺,而是之后明示拒绝了要约。尽管如此,我们必须检验:在早先时候,R 是否默示或者可能通过他的沉默表达了承诺(收到寄送物品、保管图书或者对缔结合同不加反驳)。另外,对于 V 要约中的期限设定(Fristsetzung),我们要简要论及,并考虑沉默并不构成意思表示这一原则。

现在关于寄送未订购的商品通常援引第 241a 条。根据该条第 1 款,企业经营者(第 14 条)向消费者(第 13 条)寄送未订购的商品,并不因此而产生一项对消费者的请求权。这一规范在本案的解决上仅会稍作说明:第 241a 条的出现要归诸欧盟为实现有效的(且欧盟范围内统一的)消费者保护而作出的持续努力,确切而言归诸《远程交易指令》第 9 条;欧盟成员国对此负有在本国法中设定相应规则的义务。但是,由于根据法律行为学说的一般原则,合同并不因寄送未订购的商品而成立,因此第 241a 条对于合同履行请求权并无意义,也很少被置于法律请求权鉴定书中。所以,我们本可不论述该条,但是"谨慎规则"反对这样做:也许命题人希望在解答中看到第 241a 条。所以我们或许应提及该条,但简短表述即可。

小贴士:

为资说明,应提及的是:(1)尽管存在第 241a 条第 1 款的规定,消费者仍可取得寄送的未预定商品。当消费者明示表达对合同要约的承诺,或者支付买卖价金,则虽有第 241a 条规定,仍成立含有相应义务的合同。[1] 在(其他)推定行为的情形(诸如使用、消费),我们应该慎重认定存在一项承诺意思,因为依照第 241a 条的目的,消费者可以无偿地实施这些行为。[2] (2)对于丢弃诸如书之类的未预定商品而产生的那些请求权,第 241a 条第 1 款具有意义。这些请求权主要产生自(物权法中)第 985 条及以下

---

〔1〕 通说,Bamberger/Roth/Sutschet, § 241a Rn. 9;MünchKomm/Kramer, § 241a Rn. 8 附大量参考文献;Palandt/Grüneberg, § 241a Rn. 6;Schwarz, NJW 2001, 1449, 1451。

〔2〕 正确,Lorenz, JuS 2000, 833, 841;Sosnitza, BB 2000, 2317, 2323。

的"所有人—占有人"关系中,在这里因本书主题所限不作处理,且这些请求权也没有被问到。这些请求权因第241a条第1款规定应被排除,因此,消费者不必因第990条第1款以及第989条规定的客观价值(参见第251条第1款)之损害赔偿而最终实际支付买卖价款。就此而论,德国法的这一规定可能超出了欧盟法的要求。

三、提纲

(一)V对R享有支付额度为89欧元的《远东家庭法》实务手册买卖价款的请求权 …………………………………………… 1
  1. 要约,第145条 ……………………………………… 2
  2. 承诺……………………………………………………… 3
   (1)送达时接收商品作为承诺 ……………………… 4
   (2)保有图书作为承诺 ……………………………… 5
   (3)沉默作为承诺 …………………………………… 8
    [难题:在何种条件下,R的沉默被赋予法交易中的表示价值(Erklärwert)?]
   (4)丢弃作为承诺? ………………………………… 12
  3. 结论 …………………………………………………… 13
(二)V对R享有支付额度为89欧元的《南极野营指南》买卖价款的请求权 ……………………………………………………… 14

四、解答

(一)V对R享有支付额度为89欧元的《远东家庭法》实务手册买卖价款的请求权

1 V或许能够对R享有一个基于第433条第1款上半句之请求支

付额度为 89 欧元的《远东家庭法》实务手册的权利。为此,V 必须通过合致的意思表示,和 R 订立了一项有效的买卖合同。

1. 要约,第 145 条

首先必须存在一个第 145 条意义上的要约。由于 V 的信件包含了买卖合同的所有要素,所以构成一项要约;该信件也在第 130 条第 1 款第 1 句的意义上到达 R,因此生效了。

2. 承诺

问题是,R 是否接受了这一要约。R 在收到账单后表达了其拒绝的意思,这虽然否定了承诺。但如果 R 通过其行为在之前已经接受了向他作出的要约的话,那么这一拒绝就无关紧要。

(1) 送达时接收商品作为承诺

在邮递员送达时单纯地接收商品可能蕴含着一个承诺表示。但是,应考虑的是:受领人,尤其是在他不期待寄送时,并不能知悉被寄送的是何物,也不知道他是否因承诺而受拘束于一项义务。因此,他必须能够确信邮包内容,从而不会因此订立一个非所希望的合同(einen unerwünschten Vertrag)。从受领人视角(Empfängerhorizont)来看,接收(Entgegennahme)并非承诺。

(2) 保有图书作为承诺

R 或许因将图书插入书架而默示地接受了 V 的要约。为此,该行为必须客观上具有这一表示内容:R 愿意接受 V 的要约。由于 R 并没有开封图书,因此插入书架或许可以视为"先占",或者单纯的安全保管,并不存在明确的表示内容和承诺。

此外,承诺或许还可能是:R 未将书寄回。为此,从受领人的视角,不寄回还必须具有承诺的表示内容。但是,由于欠缺法律基础(Rechtsgrundlage),R 并无义务自负费用将未订购的商品回寄给发件人。毋宁是 V 必须取回该书(第 985 条并结合第 269 条第 1 款)。R 无需答应回寄该书,从而对 V 享有一个不确定的关于回寄邮资的偿还请求权。否则，V 和其他经营者便掌握着在短时间内使 R 崩溃的手段。无论如何，R 为(在某一适当时间)取走该书做好准备并通知了 V 这一情况即可，尽管他根本无须这么做，因为并不存在针对这一义务的法律基础。所以，R 并未通过默示行为对 V 的要约进行承诺。

7 **小贴士**：

但是，当 R 在书上写了其姓名并放入其书架中时，或者当 R 阅读该书时，可能存在一项默示的承诺表示。根据第 151 条第 1 句，这一承诺表示的到达并非必需，因为 V 在其信件中明示放弃了承诺表示的到达。[3]

(3) 沉默作为承诺

8 然而，R 并没有一开始将拒绝要约通知 V。有疑问的是：我们是否能够将没有(及时)明示拒绝要约视为承诺。在法律交易中，沉默(或完全的不作为)原则上既不是同意，也不是拒绝，根本上就不是一项意思表示。[4] 仅当法律为沉默预设一个表示价值时，诸如在所谓的"商量好的沉默"(beredten Schweigen)情形[5]，才存在例外。此处并不存在这一情形。

9 **小贴士**：

沉默被视为拒绝，规定在第 108 条第 2 款第 2 句、第 177 条第 2 款第 2 句、第 415 条第 2 款第 2 句。沉默被视为同意，规定在第 416 条第 1 款第 2 句、第 496 条第 2 款第 2 句、第 516 条第 2 款第 2 句、第 1943 条后半句、《德国商法典》第 362 条。

---

[3] Palandt/Ellenberger, § 151 Rn. 3 列有其他事例。

[4] Palandt/Ellenberger, Einf. v. § 116 Rn. 7; MünchKomm/Armbrüster, Vor § 116 Rn. 8ff.

[5] MünchKomm/Armbrüster, Vor 116 Rn. 12; Palandt/Ellenberger, Einf. v. § 116 Rn. 9ff.

从第 151 条第 1 句亦不会得出不同结论。虽然该信件的表述容易得出,V 放弃了向他进行承诺。但是,从第 151 条第 1 句不能得出:无需 R 的承诺表示,也可缔结合同。该规范表达了:必需的承诺表示仅在不需要受领表示的条件下亦可实现。承诺意思必须在外在可确定的意思实现(Willensbetätigung)中表达出来。[6] 对此,仅仅是 R 未回寄仍为不足。

小贴士:
即便我们想将商法上有关沉默表示内容的原则类推适用于诸如 R 这样的自由职业者,结果亦无不同。因为(类推适用)《德国商法典》第 362 条的要件在本案中并未满足。关于对商人确认书沉默的原则也不适用,因为这里并不存在前期的合同磋商。

(4)丢弃作为承诺?
最后,我们或许可以将丢弃该书解释为默示的承诺。但是,由于 R 此前明确表示了对要约的拒绝(第 146 条),且过了一段时间才丢弃了该书,所以应排除这一解释。因此,R 没有对 V 的买卖合同要约作出过承诺。

3. 结论
V 没有根据第 433 条第 1 款支付图书价款的请求权。

(二)V 对 R 享有支付额度为 89 欧元的《南极野营指南》买卖价款的请求权

V 或许能够根据第 433 条第 2 款前半句,就支付所寄送的《南极野营指南》一书,对 R 享有额度为 89 欧元的价款请求权;但是合同订立也因欠缺 R 的承诺而失败(参见上文边码 7 以下)。因此,V 仍旧

---

[6] Bork, Rn. 749; Palandt/Ellenberger, § 151 Rn. 2. 不同观点,Flume, § 35 II 3。

不能要求 R 根据第 433 条第 2 款前半句支付该书价款。

15　　关于《南极野营指南》的这一结论也为第 241a 条所确认。根据第 241a 条,在经营者向消费者寄送未订购物品时,并不产生请求权。在 R 未预先订购的情形下,V 寄送了《南极野营指南》。V 是第 14 条第 1 款中的经营者,因为寄送属于其营业行为;R 是第 13 条中的消费者,因为购买《南极野营指南》并不属于律师的独立执业行为。因此,第 241a 条第 1 款的要件得以满足,请求权被排除。然而一如边码 6 所述,从法律行为学说的一般原则中已可得出这一结论,所以第 241a 条第 1 款本身是多余的。

16　　**小贴士:**

　　尤其是第 241a 条第 1 款还确认了:仅仅是作为先占行为来使用、消费所寄送之物或者抛弃,不应被解释为默示的承诺表示;易言之,即便是受领人和 R 不同,没有明示表达不接受,结果也是一样的。因为根据第 241a 条第 1 款和第 2 款,法定请求权——诸如超出本书专题范围的损害赔偿请求权,原则上也被排除,这才使得第 241a 条第 1 款并不显得完全多余。[7]

---

[7] Palandt/Ellenberger, § 147 Rn. 2 结尾处。

案例 9　没有拘束力的冰箱

一、案件事实

5月中旬,汉诺威的家用电器大型销售商 G 收到一封来自艾森(Essen)的家用电器零售商 E 有关不同家用电器的供货问询函。G 在 5月 20 日回复道:

> 我目前可以向您从汉诺威供应如下电器,此要约不具有拘束力(freibleibend):90 台制冷型 180 的台式冰箱,每台价格 140 欧元……

随后,E 在 5 月 31 日的回信中向 G 订购了"按照 5 月 20 日要约的 90 台台式冰箱",并同时请求送货。G 在 6 月 1 日收到 E 的书信,他向 E 确认了此项订购,并告知下周由承运人运送冰箱,费用由 E 负担。E 回信道:G 必须承担送货费用。

G 可以请求 E 受领和支付冰箱的价款,并承担运输费用吗?

二、前期思考

本案的解答需要重新按照时间顺序进行细致的检验,看要约和承诺存在于多个表示中的哪个表示中。就拘束力的排除,存在不同的可能表述方式和合同条款:如"欠缺约束"(ohne Verbindlichkeit)、"无债务束缚"(sine obligo)、"没有拘束力的"(freibleibend)、"一旦库存充盈"(solange Vorrat reicht)、"保留中间转卖"(Zwischenverkauf vorbehalten)、"自行供货保留"(Selbstbelieferung vorbehalten)、"价格无拘束力"(Preis freibleibend)。但法律评价并非总是相同的;以自行供货保留为例,可能涉及解除条件(第 158 条第 2 款),或者可能涉及责任排除。[1] 总的来说,这十分依赖于整个背景,诸如不具有拘束力的要约是否是应要约受领人要求发出的。与此无关的是"没有拘束力的"要约的归类;其归类存在争议(关于归类的可能情形,参见解答部分)。

由于 G 和 E 就运输费用的承担并未达成合意,我们也须就这一问题加以说明。何人应承担这项费用,取决于合同中给付行为地和给付结果地的确定。对此,大一新生可参考第 269 条以及买卖法中的相关条文。

三、提纲

(一)G 对 E 的受领并支付冰箱的价款的请求权··············· 1
  1. 有效买卖合同的订立 ······························· 2
    (1)E 的供货问询函作为要约 ······················· 4
    (2)G 的书信作为要约 ····························· 5
      [难题:在法律上应如何处理 G 的书信中的"没有拘束力"的条款?]
      ①观点 1:要约邀请 ························· 10
      ②观点 2:第 145 条意义上的要约 ············· 11
      ③个人见解 ······························· 13
    (3)E 的承诺 ··································· 15
      [难题:E 在同一书信中请求 G 运输货物,这是

---

[1] 参见 MünchKomm/Busche,§ 145 Rn. 8 附其他文献;Staudinger/Bork,§ 145 Rn. 32。

否阻碍了 E 的承诺的成立(参见第 150 条第 2 款)?]

  (4) G 对 E 反要约之承诺 ·················· 19
  (5) 小结 ······························ 21
 2. 变更合同 ···························· 22
 3. 抗辩 ······························· 23
 4. 结论 ······························· 25
(二) G 对 E 的支付运输费用的请求权 ············ 26

四、解答

(一) G 对 E 的受领并支付冰箱的价款的请求权

  G 或许可以对 E 享有一项基于第 433 条第 2 款请求受领并支付 90 台冰箱的价款的权利。 1

 1. 有效买卖合同的订立

  为此,G 和 E 之间必须订立了一份有效的买卖合同。买卖合同因两个合致的意思表示,即要约(第 145 条)和承诺(第 147 条第 1 款第 1 句)而成立。 2

 小贴士: 3

  如果案件需要,请务必记住要按时间顺序根据当事人的表述来检验合同的订立。您应从要约的要求开始,对第 145 条意义上要约内容上的要求进行说明。之后,您应尝试将一方当事人在时间上最早的表述涵摄进这些内容要求(inhaltlichen Anforderungen)之下。如果该表述不构成要约,您再考察下一个表述,依次进行。

(1) E 的供货问询函作为要约

4   一项第 145 条意义上有效拘束的要约,首先或许可能存在于 E 的供货问询函中。通过第 145 条意义上的要约,一方当事人向另一方当事人提出了拘束自己的、以特定内容缔结合同(之要约);因此,要约原则上必须包含要素(essentialia negotii),且从受领人视角须承载了法律拘束意思(Rechtsbindungswillen)。和供货问询函的内容无涉,人们并不想通过供货问询函使得自己受拘束,相对人对此可得而知(第 133、157 条),所以 E 的问询并不包含合同要约。这只是涉及一项发出要约的邀请(invitatio ad offerendum)。

(2) G 的书信作为要约

5   一项有效的要约或许可能存在于 G 在 5 月 31 日给 E 的书信中。这一书信首先必须要涵盖所有合同要素,且须被如是表达,以至于经过单纯的回答"是"即可被承诺。在 G 的书信中,合同相对人和买卖价金现在足够确定;买卖标的物和数量也同样确定:合同标的应为 90 台制冷型 180 的台式冰箱。因此,G 的要约或许可能通过单纯的回答"是"即被承诺。

6   **小贴士:**

    根据通说[2],当要约人将具体合同点的确定交由合同相对人决定(亦参见第 315 条)或者通过其他方式可以确定的,那么就已经存在足够的可确定性。

7   然而,只存在确定性是不够的,因为 G 的行为还必须具有法律拘束意思,否则便不存在要约,而只存在要约邀请,即向相对人请求由该相对人发出要约。就此而言,这里决定性的是:G 的表示从客观的受领人视角应如何理解(第 133、157 条)。"我能……向您提供……"的表述以及 G 的书信是对 E 明示问询的回复这一事实,支持存在

---

[2] Palandt/Ellenberger, § 145 Rn. 1.

一项法律拘束意思,否定了要约邀请的存在。

小贴士:

在要约邀请的一般情形——广告传单(Anzeige)、报纸广告(Inserat)、产品目录表(Katalog)等(参见案例11),应以类似的理据来说明为何不存在第145条意义上的要约。仅仅宣称系要约邀请是不够的,我们必须通过欠缺法律拘束意思来论证要约邀请的存在,且如若必要,还必须根据第133、157条对该具体表示作出解释。有时我们也可以借助于欠缺内容上的确定性来论证不存在要约特征,比如说在数量、衣服尺寸或其他性质必须被确定的情形。

G毕竟只是"目前"(zurzeit)且"不受拘束地"(freibleibend)作出要约,因此拘束力被排除,第145条结尾但书表明这是可能的。法律上对"不受拘束的要约"的处理,是有争议的。但是存在共识的是,在具体情形下需要对含有排除拘束力条款的要约进行解释。[3] 因此,对于此类条款,判决并不完全统一。[4]

①观点1:要约邀请

有一种观点认为,"不受拘束的要约"通常仅仅是要约邀请[5],但在一点上超出了要约邀请[6]:如果受领人遵从了要约邀请,对不受拘束要约加以"承诺",相当于受领人自身发出了一项要约。不受拘束的要约人便负有对该要约不迟延地表达的义务。如果他不这么做,他的沉默可能按照第151条第1句规定使得合同订

---

[3] 参见 Köhler, § 8 Rn. 13; MünchKomm/Busche, § 145 Rn. 8附大量参考文献; Staudinger/Bork, § 145 Rn. 30。

[4] 一方面参见 BGH NJW 1984, 1885f. 中基本倾向;另一方面参见 NJW 1996, 919, 920 中基本倾向。

[5] BGH NJW 1996, 919, 920附大量参考文献。

[6] 如是,Flume, § 35 I 3c; MünchKomm/Busche, § 145 Rn. 9附大量参考文献。

立[7],或者至少依照诚信原则(第 242 条)应作如下处理,即如同他接受了他方当事人的要约一般。[8] 因此,根据这一观点,G 的"不受拘束的要约"只是一个要约邀请;需要检验的是 E 随后的要约,对于该要约,G 可能因沉默或以其他方式作出了承诺。[9]

②观点 2:第 145 条意义上的要约

11　　相反,依照文献中主流观点,在不受拘束的要约中通常涉及第 145 条意义上的要约,在该要约中最终意义的拘束力被以可允许的方式排除了(参见第 145 条结尾);这尤其发生在不受拘束的要约仅仅向特定受领人发出的情形。[10] 因此,要约人仍可撤回(Widerrufen)其要约。有争议的是,截至何时能够成功撤回,即仅截至承诺表示到达之时[11],还是在承诺表示到达之后仍可不迟延地(第 121 条第 1 款第 1 句)撤回。[12]

12　　所以,本案存在一项 G 的要约,从而可能通过 E 对不受拘束要约的承诺订立合同;对于该要约,G 无论如何仍可在某一特定时点之前撤回。本案中,撤回的最后可能时点并非关键,因为 G 未曾撤回其要约。

③个人见解

13　　应采用哪一种建议的解决方案,正确的做法不是泛泛而谈,而需根据特定案件的情境加以决定。在本案中,G 并非主动,而是针对 E 的供货问询作出了该"不受拘束的"要约。对于导入合同谈判的这份要约邀请,E 可期待的远非一项完全不具有拘束力的、对发出要约的

---

[7] 如是,Köhler,§ 8 Rn. 13。
[8] RGZ 102, 227, 229f.；亦参见 BGH NJW 1984, 1885 附大量参考文献；Staudinger/Bork,§ 145 Rn. 30。
[9] 亦参见 BGH NJW 1996, 919, 920,(在该案中)因对"不受拘束要约"之"承诺"偏离,不存在承诺。
[10] Staudinger/Bork,§ 145 Rn. 31。
[11] 参见 RG JW 1911, 643, 644。
[12] Faust,§ 3 Rn. 9；更进一步,Köhler,§ 8 Rn. 13。

反邀请(Gegenaufforderung zur Angebotsabgabe)。由于 G 的表示就其内容而言已足够确定而可被承诺,且仅针对作为特定受领人的 E,所以"不受拘束地"这一条款在此处应被理解为附撤回保留(Widerrufsvorbehalt)的要约,而不应仅仅作为要约邀请来理解(其他观点亦说得通)。[13] 该要约到达了 E,所以根据第 130 条第 1 款第 1 句生效。

小贴士:
但是,如下文旋即所示,在不同的解决方案中,结果也无不同,因为 E 并没有接受 G 的不受拘束的要约。

(3)E 的承诺

因此,首先应检验的是:E 是否对 G 的附撤回保留的要约作出了承诺。为此,需要存在一个对要约的无保留的同意。这一同意或许可能含在 5 月 31 日的书信之中。在信中,E"按照 5 月 20 日要约"订购了冰箱,这貌似支持了无限制承诺的存在。

但是,因为 E"请求了"对冰箱的供货(Lieferung der Kühlschränke),故 E 在其承诺中偏离了 G 的要约,根据第 150 条第 2 款,这可能否定存在一项承诺。如果我们从客观表示受领人视角(第 133、157 条)对 E 的这一请求(Bitte)加以解释,那么他至少要这些冰箱被送到艾森。因此,这涉及的不只是一个单纯的不受拘束的请求。最起码,就根据第 433 条第 1 款第 1 句所负担之移转所有权义务,给付结果地应位于艾森,而非汉诺威。这就产生了一个寄送之债(Schickschuld)的合意。虽然我们或许还可以考虑构成送交之债(Bringschuld);送交之债的情形和第 269 条第 1 款的规定不同,给付行为地和给付结果地均位于债权人的住所。然而根据第 269 条第 3 款的解释规则,仅凭供货约定(Liefervereinbarung)或寄送约定(Versendungsvereinbarung)尚无法证成系送交之债,即便债务人(出

---

[13] BGH NJW 1984, 1885f.

卖人)承担了寄送费用。由于不存在其他可以支持送交之债的依据,且关于承运人(Spedition)这种第三方运输人的提示,符合寄送买卖的实施特点,所以就给付行为地仍停留在第 269 条第 1 款的规则之中。换言之,E 的表示应理解成:双方应该约定了一个寄送之债(寄送买卖,第 447 条第 1 款)。

17   基于供货请求,E 的表示包含着对 G 的(不受拘束)要约的拒绝,这关系到一份新的要约(第 150 条第 2 款);根据第 130 条第 1 款第 1 句,该要约因在 6 月 1 日到达 G 而生效。

18   **小贴士:**

就后续的解答来说,到达——和上文边码 13 的内容一样,是显而易见的。因此,即便初学者没有提及该要约因到达而生效也不是严重的问题。在某一表示引发答复这类性质的案件中,原则上只要提及到达要求(Zugangserfordernis)就够了,以便于体现答题者考虑到了到达。因此,在下文(4)处将不会再次提及到达要求。

(4) G 对 E 反要约之承诺

19   现在,G 必须再次就 E 的这一反要约(Gegenangebot)毫无限制地作出承诺。由于 G 向 E 提及后者必须承担运输费用,(因而)在他而言,他可能表示出了一个修改的承诺,即通过附带一项新要约拒绝了 E 的要约(第 150 条第 2 款)。

20   为此,他关于费用承担的表示必须要和 E 的要约不一致。E 想和 G 约定一个寄送买卖(参见第 447 条),E 并未就费用问题作出过表示。根据第 448 条第 1 款,在寄送买卖中,运输的费用原则上应由买受人承担。因此,G 关于 E 必须承担运输费用的表示,并不含有和 E 要约不一致的内容,也未含有和第 448 条第 1 款不同的内容。因此,尽管貌似不一致,实际上 G 对 E 的要约毫无限制地进行了承诺。

(5) 小结

21   所以,G 和 E 以寄送买卖的形式,订立了一个买卖合同。因此,产生了 G 的根据第 433 条第 2 款的请求权。

2. 变更合同

E 针对费用承担的异议或许是重要的,如果我们将它视作一项变更已缔结合同之要约的话。因为根据第 311 条第 1 款,一个既存的合同可基于另外一个合同而被变更。但是案件事实中未能看出 G 接受了这项变更要约。所以,已缔结的合同未变通。

3. 抗辩

不存在效力障碍和其他的抗辩。

小贴士:

就抗辩本身而论,我们可以省却上述这一句话,因为只有在案件事实生成抗辩时,我们才要检验它。但是,借助于这句话,初学者能够向考官传递出:他们想过了抗辩的可能性。此后,我们一般不这么做。

4. 结论

G 对 E 享有一项受领并支付冰箱价款的请求权(第 433 条第 2 款)。

(二) G 对 E 的支付运输费用的请求权

正如上文所述,根据第 448 条第 1 款,G 还对 E 享有一项偿还运输费用的请求权。

案例 10　自动售货机

一、案件事实

女学生 Sandra(S)一整天在图书馆写家庭作业。大约 19:30,她感到腹内空空难受。为了采取一些措施对抗饥饿而又无需浪费太多时间,她寻找放置在大学中的自动售货机,自动售货机内有丰富的甜食供应。Sandra 决定买一种"齁甜"牌巧克力块。这种巧克力块的选择键上显示"齁甜,0.50 欧元"。Sandra 向自动售货机内投入了一枚等值的硬币并按了该按键。啪嗒一声,又哐当一声,但没任何东西出来。按了退币键亦无结果。碰巧这时自动售货机投放人 Amberger(A)朝这条路走来,目的是从自动售货机中收取每日营收并充填售货机。Sandra 向他说明了事实经过,并要求获得一个"齁甜"牌巧克力块。Amberger 手头没有这种巧克力块,且自动售货机内也没有了。因此,Amberger 想退还 0.50 欧元,然而 Sandra 坚持要求交付巧克力块。谁有道理?

二、前期思考

解答这一案件要求我们形成关于在自动售货机上缔结合同如何构造的想法。这是存在争议的。它主要涉及在商品短缺或售罄的情形下避免产生自动售货机营运者的损害赔偿义务。如果不知道当前的观点,可以通过在合同订立中常用的按时间顺序检验的方式来找出可能的解决方案(Lösungsmöglichkeiten)。这里首先可能表现为要约的是自动售货机的放置。那么,我们必须追问:它足以构成一项要约吗?自动售货机的放置人已然愿受拘束?根据第133、157条,潜在的顾客如何理解所放置的自动售货机呢?如果自动售货机只是要约邀请,那么要约在哪里呢?在这两种不同情形下,承诺如何完成,由何人完成?什么才合乎诚实当事人的利益?

按照合目的的方式:首先应检验的是 S 所主张的履行请求权;其次,如果可能的话,才应检验退款请求权。对于该请求权,A 提出了履行。如果合同未成立,退款请求权以不当得利法,此处即以第812条第1款第1句第1种情形为基础,即所谓的给付不当得利返还请求权(Leistungskondiktion)。我们大多在讲授《德国民法典》总论课的延伸内容中了解到给付不当得利返还请求权,因为当当事人错误地以为合同订立或未注意到合同不生效而提出给付时,我们都需要用到给付不当得利返还请求权。在诸如本案的类似案件中,这一不当得利法的基本事实构成应该不难检验。

三、提纲

(一)S 对 A 的巧克力块请求权,第433条第1款第1句 …… 1
  1. A 的要约,第145条 ………………………………… 2
    [难题:从客观受领人的视角(第133、157条),A 放置自动售货机应被看作要约吗?]
  2. 结论 ………………………………………………… 10
(二)S 基于第812条第1款第1句第1种情形对 A 的
    请求权 ……………………………………………… 11
  1. 获得利益 …………………………………………… 12
  2. 因给付 ……………………………………………… 13
  3. 无法律原因 ………………………………………… 14
  4. 结论 ………………………………………………… 15

四、解答

(一) S 对 A 的巧克力块请求权,第 433 条第 1 款第 1 句

1　　如果在二者之间通过要约和承诺而缔结了一项具有相应内容的买卖合同的话,根据第 433 条第 1 款第 1 项,S 对 A 享有一项交付并移转巧克力块所有权的请求权。

　　1. A 的要约,第 145 条

2　　A 的合同要约可能存在于放置装有巧克力块的自动售货机的这一行为中。为此,A 必须通过自动售货机的放置默示地向 S 发出了订立合同的要约,以至于 S 通过单纯的同意表示即可使得合同订立。

3　　自动售货机的放置是否这一意义上的要约,应该从客观观察者的视角(第 133、157 条)加以确定。虽然预先设定了可能的买卖标的物和买卖价格,但是一开始无论是作为合同标的的具体商品,还是合同当事人的身份都未确定。因此自动售货机可能还是应该仅被理解为要约邀请。一些学者采信这一观点,其结果是:要约由使用自动售货机的顾客发出。自动售货机吐出商品,自动售货机的营运者也借此默示地表达了承诺;营运者通过放置自动售货机已然预先发出了这一表示。[1] 由于本案这里并没有成功吐出商品,那么根据这一观点,合同没有缔结。

4　　**小贴士:**
　　　　有些现代的自动售货机在顾客操作后会通过语音或纸质方式表达:您要的商品已吐出。这里存在一个明示的营运人的承诺。自动售货机的这一"表达"建立在一个应归责于放置人的程

---

〔1〕 Bamberger/Roth/Eckert, § 145 Rn. 41 附其他文献; Faust, § 3 Rn. 4; Medicus, Rn. 362; Köhler, § 8 Rn. 10; Pawlowski, § 4 Rn. 368。

序基础之上,因此应当被视为他的意思表示。这就导致合同订立的时间较提前,其结果是:如果商品未如语言或纸质提示被吐出来,则营运人需承担损害赔偿义务。根据相反的观点(马上论及),这一"表达"并不重要。

根据相反的观点[2],放置自动售货机应被解释为合同要约,尤其满足了要约的确定性要求(Bestimmtheitsanforderungen)。实际上,自动售货机包含了关于不同商品的多个合同要约。因此,顾客要做的事就是,通过投币和选取商品来决定接受这些要约中的哪一个。根据第151条第1句,自动售货机营运人放弃了承诺表示的到达。虽然第145条的文义要求合同要约必须确定合同相对人的身份(Person des Vertragspartners);但是,存在的一致意见认为:也可向不特定身份范围的人发出合同要约。自动售货机体现了所谓的向不特定人的要约(Offerte ad incertas personas)。

5

向不特定人的要约的具体内容仍应从客观受领人的视角(第133、157条)加以说明。如果A实际上就是想受拘束于任何人,则他和S之间的合同成立,但是对于A来说同时产生如下一般风险:像在本案中,在自动售货机有故障或者多人承诺合同要约而超出了自动售货机所装商品的数量时,在合同缔结之后根据第280条以下承担损害赔偿义务。因此,一个通情达理的、客观的顾客应如此理解(解释)自动售货机营运人的要约:要约虽然针对不特定身份范围的人,但是仅限于存货,且是以正常运转和合规操作为条件的。[3] 对合同要约的此类限制原则上肯定是可能的,因为根据第145条,要约人甚至可以排除其要约拘束力。依照当然推理,那么他肯定也能限

6

---

[2] 可能是通说,参见 Bork, Rn. 717 附其他文献;Brox/Walker, § 8 Rn. 166; Erman/Armbrüster, § 145 Rn. 8; HK/Dörner, § 145 Rn. 6; Leipold, § 14 Rn. 64; MüchKomm/Busche, § 145 Rn. 12。

[3] HK/Dörner, § 145 Rn. 6(三重条件);Jauernig/Berger, § 929 Rn. 4; Brox/Walker, § 8 Rn. 167。

制拘束或对拘束附带保留。

7　　**小贴士：**

自动售货机营运人的这一"保留"通常也被称为"条件"（Bedingung）。法律意义上的条件（第158条）涉及法律行为的效力。合同要约本身并非法律行为，而只是法律行为的组成部分。[4] 因此，我们必须将原则上允许的[5]、合同要约的"条件"，作为限制要约拘束可能性的表述来理解，而非作为第158条意义上"真正的"条件来理解。此外，第158条意义上的条件仅仅是将来的、客观的、不确定的事件；当事人的认识状态与它无关。[6] 而在顾客使用自动售货机之时，客观上已经可以确定将要发生什么。

8　　由于S通过合规的投币和选定商品表达了承诺，那么在本案中合同订立还取决于：在该时点合同要约的"条件"是否被满足了，即自动售货机在相关时点是否被装填了商品，是否运转正常。由于这两点均不满足，并不具备有拘束力要约的条件，因而根据这一观点合同也没有成立。因此，在这里，无需对上述争议加以决定。

9　　**小贴士：**

如果S投入了一枚不流通的钱币，则情形就不同了。对于这种情形，只有第二种观点可使自动售货机的放置人免受合同订立。必要时，我们能够以此为由支持该观点。但当我们考虑进一步的后果时，我们可能再度怀疑合同未缔结这一观点。如果顾客有效地"欺骗"了自动售货机，那么他无法律原因地获得了巧克力块，则负有价值偿还义务（第812条、第818条第2款）和损害赔偿

---

　　[4]　Bamberger/Roth/Eckert, § 145 Rn. 30[但是边码33看法不同,（要约）附解除条件在那里被认为是可能的]。
　　[5]　Bamberger/Roth/Eckert, § 145 Rn. 33.
　　[6]　Bamberger/Roth/Eckert, § 158 Rn. 3.

义务(第823条)。如果我们采第一种观点,那么合同已订立,自动售货机放置人可以请求支付价款(第433条第2款),还可根据第280条要求赔偿损害,这可能对他更有利。根据交易观念,这大概要比可能的通说(wohl h. M.)的结果更合乎其内心意思;可能的通说的构造也许还不符合顾客的"感觉"(第133、157条)。

2. 结论

在S和自动售货机营运人之间并没有订立合同。因此,排除了S对A根据第433条第1款第1句移转"鼬甜"牌巧克力块所有权的请求权。

(二)S基于第812条第1款第1句第1种情形对A的请求权

S或许可以根据第812条第1款第1句第1种情形,享有一个返还已支付0.50欧元的请求权。

1. 获得利益

通过投币0.50欧元,S已使A取得直接占有,且根据第929条第1句获得该枚钱币的所有权。

2. 因给付

S想要以此履行她和A所订立买卖合同的义务。所以,A因S的给付而获得该枚钱币的占有和所有权。

3. 无法律原因

由于S所追求的买卖合同并未成立(参见上文边码10),A获得对0.50欧元硬币的占有和所有权没有法律上的原因。

4. 结论

S可向A请求返还0.50欧元硬币,即返还占有和返还所有权。S所投入的那枚硬币应该不能确定,返还该枚硬币对于A而言因此是不可能的,所以根据第818条第2款,他对S负有偿还0.50欧元价值的义务。

案例 11　优惠机会

一、案件事实

折扣店 Dali(D) 在邮局投发的广告单(Postwurfsendungen)上为"圣诞电脑"整机销售做广告,特别优惠价格每台 999 欧元,优惠期间涵盖基督降临节。电脑零售商 Constantin(C) 未能从其供货人处拿到同样价钱的同类电脑,于是便在活动日的第一天上午去了 Dali 的一家分店,同时让一名同事去了其他分店,以便尽可能多地购买这种电脑,一周之后再以 1099 欧元的价格出售。当 Constantin 拿着 5 台电脑来到收银台时,女收银员 Kassandra(K) 告诉他:他只能购买一台电脑,多了不行。C 想购买 5 台,或者干脆一台也不想买。

问题 1:Constantin 能够请求在支付买卖价款的条件下移转 5 台电脑的所有权吗?

问题 2:Dali 在张贴于店内的邮局投发的广告单中有没有提及每位顾客只能购买一台电脑,这有影响吗?

在回店铺途中,Constantin 在 Tanker(T) 的自助加油站给其货车加柴油;根据价目牌和加油柱上的显示,柴油每升 1.55 欧元。当加油结束之时,他看到 T 在价目牌和加油柱上将所有价格下调了 5 欧分。Constantin 在加油站说,他只需按照 1.50 欧元每升付款。Tanker 说,Constantin 从他那里购买的还是单价 1.55 欧元每升的燃料,所以必须按此价格支付价款。

问题 3:Tanker 可以请求 Constantin 按每升 1.55 欧元的价格付款吗?

二、前期思考

如果从案件事实中可以得知当事人的表示时——这些表示可能表达的是第 145 条意义上的要约、承诺、抑或要约邀请,就需要进一步检验合同订立的问题。

在今天完全司空见惯的自助商店或者自助加油站中,如何以及何时订立合同,长期以来一直存在争议。[1] 我们应该(再度)按照时间顺序探究,什么可能是合同要约或者仅是要约邀请,与此相关的承诺在哪里;对此我们应根据交易观念来决定,交易观念考虑到了具体情形下双方当事人值得保护的利益。我们在笔试中必须识别出是否存在要约承诺的问题;在我们研究可能的解答方案并论证自己的观点时,采用何种观点并不重要。在这里要指出的是:我们必须细致地思考,合同订立时点提前是否合乎当事人的利益,以及在何种情形合乎当事人的利益。

三、提纲

(一)问题 1:根据第 433 条第 1 款第 1 句,C 对 D 的
请求权 ························· 1
1. 邮局投发的广告传单作为 D 的要约? ·············· 2
2. 在分店中待售作为 D 的要约? ················ 3
[难题:以客观受领人视角(第 133、157 条),陈列商品已经具有 D 的法律拘束意思?]
3. 在收银台提交电脑作为 C 的要约 ·············· 6
4. 结论 ···························· 7

---

[1] 如,参见 Bork, Rn. 719; Köhler, § 8 Rn. 9ff.。

(二)问题2:提示的意义 ·· 8
　　1.阐明拘束意思 ·· 8
　　2.对提示的解释 ·· 9
(三)问题3:T请求C根据第433条第2款按每升1.55欧元付
　　款的权利 ·· 10
　　1.价目牌作为T的要约? ··································· 11
　　2.营运待机的加油柱作为T的要约? ······················· 12
　　　[难题:自助加油站中,合同如何订立?]
　　　(1)观点1:加油柱是向不特定人发出的要约 ············ 13
　　　(2)观点2和3:加油柱是要约邀请 ····················· 15
　　　(3)个人见解 ··· 17
　　　(4)小结 ··· 19
　　3.加油作为C的承诺以及小结 ····························· 20
　　4.合意的内容 ·· 22
　　5.结论 ·· 24

四、解答

(一)问题1:根据第433条第1款第1句,C对D的请求权

1　　　如果通过合致的意思表示(要约和承诺)成立了一个相应内容的合同,那么根据第433条第1款第1句,C对D享有一项交付并移转5台电脑所有权的请求权。

　　1.邮局投发的广告传单作为D的要约?

2　　　D可能通过邮局投发的广告传单发出了一个第145条意义上的要约。为此,从客理性第三人的视角(第133、157条),他必须通过该行为以某一方式有拘束力地提供了订立合同的要约,以致合同通过单纯的同意表示即可成立。虽然在广告传单中载有买卖标的和买

卖价格,然而数量难以确定,因为邮局投发的广告传单并不包括数量上的说明。这可能使 D 和任何一个向他发出承诺表示的人,在该人对有拘束力的要约进行承诺之时,订立一个以任意数量购买所提供商品的合同。这可能会导致 D 签订的电脑买卖合同中应交付的电脑数量超出库存数量,以致他面临着:多位客户主张基于第 280、286 条的给付迟延损害赔偿请求权,或主张基于第 280、281 条的替代给付损害赔偿请求权。由于这一点任何人都能知道(第 133、157 条),故根据规范解释不存在拘束意思,因此一如在橱窗陈列的情形[2],在邮局投发的广告传单中也不存在合同要约,而只是一项向受领人发出的、受领人在需要时要自行发出合同要约的邀请(要约邀请)。[3]

2. 在分店中待售作为 D 的要约?

合同要约可能存在于 D 在其店内放置商品和电脑的行为之中,从而顾客能够将它们放进购物车中。由于买卖的标的物和价格都可以再次确定,所以或许已经满足了一份承诺适格的 D 的要约所必需的确定性。除此之外,该商品陈列(Warenauslage)还必须从客观理性客户的视角(第 133、157 条),将 D 的法律拘束意思表示出来。有一种观点认为,自助商店中的商品陈列应属于这一情形,在此存在一项具有法律拘束力的要约。[4] 这一观点是基于这样的论点:超市所有人并不存在值得保护的利益,即就所陈列的商品不存在拘束意思。尤其是他们认为,并不存在通常认定要约邀请所提出的理由:作要约的解释隐含了这一危险,即可能有比现存商品更多的顾客来对要约进行承诺。该观点认为,和橱窗陈列的情形不同,该要约最后仅限于实际陈列的商品。因此他们认为,电脑处于待售状态(Bereith-

---

〔2〕 BGH NJW 1980, 1388.
〔3〕 对此,仅参见 MüchKomm/Busche, § 145 Rn. 10 附其他文献。
〔4〕 Bamberger/Roth/Eckert, § 145 Rn. 43; Bögner, JR 1953, 417ff.; Bork, Rn. 719; HK/Dörner, § 145 Rn. 6; Medicus, Rn. 363; Muscheler/Schewe, Jura 2000, 565, 567; Palandt/Ellenberger, § 145 Rn. 8; Soergel/Wolf, § 145 Rn. 8.

alten)体现了合同要约;需要说明的是,C 将电脑包装放进购物车中,是否意味着已经接受该要约。但是根据交易观念,顾客有权重新放回商品,不购买东西或另购他物,而店主(Ladeninhaber)可以将该商品轻易地卖给其他顾客。[5] 因此,将电脑包装放进购物车不应被认为构成承诺,而是将电脑在收银台出示,才形成承诺。

4 　　但是,仍处多数说的观点认为自助商店中带标价的商品陈列是单纯的要约邀请[6],因为,虽然在自助商店中并不存在负担多重义务(Mehrfachverpflichtung)的危险,但是对于顾客来说,店主欠缺法律拘束意应从其他事由中可得而知,即在因疏忽而错误标识商品价钱的情形,店主想要保有这一可能性——无需通过撤销合同并根据第 122 条赔偿失望顾客的可能的信赖损害来摆脱合同订立,这也为反对观点所接受。[7] 此外,在有些情形店主可能根本不想和某些顾客订立合同,诸如因顾客曾在商店内偷窃(Ladendiebstähle)或侮辱员工(Beleidigungen des Personals)而存在禁入令(Hausverbots)的情形。[8] 这同样适用于竞争者,他们想通过收购来阻止对手的特价商品,或为其自身目的而使用。虽然这属于例外情形,但是根据交易观念(第 157 条)可以知道,这些例外情形说明店主具有值得保护的利益:即不因陈列商品而使自己受法律行为上的拘束。

5 　　此外,反对观点最终会造成强制和成功进入店的人与店主缔约的结果。店主一定会因此实施进店控制,以赶走不受欢迎的顾客。这让店主徒增开销,也使顾客受到进店控制的不便干扰。因此,认为

---

〔5〕 在这一点上可能不存在争议,如 BGH NJW 2011, 2871 Rn. 15(和自助加油相反);Bork, Rn. 719 附其他文献;Faust, § 3 Rn. 4;Medicus, Rn. 363;MünchKomm/Busche, § 142 Rn. 10 附其他文献。

〔6〕 Erman/Armbrüster, § 145 Rn. 10 附其他文献;Faust, § 3 Rn. 4;Jauernig/Monsel, § 145 Rn. 3;Köhler, § 8 Rn. 11;Wolf/Neuner, § 37 Rn. 7;MünchKomm/Busche, § 145 Rn. 12;Pawlowski, § 4 Rn. 368;Schwab/Löhnig, Rn. 549;Recke, NJW 1953, 92。

〔7〕 HK/Dörner, § 145 Rn. 6.

〔8〕 Köhler, § 8 Rn. 11.

在自助商店中陈列商品仅是一个要约邀请的观点,应值得赞同。所以,并不存在 D 的要约(其他观点也说得通)。

3. 在收银台提交电脑作为 C 的要约

通过在收银台出示电脑,C 表达了其具有法律拘束力的购买意思,并发出了订立 5 台电脑合同的要约。然而 D 根据第 150 条第 2 款并没有接受这一要约,因为 C 只能购买 1 台电脑。C 拒绝了 D 的这一反要约。

4. 结论

C 和 D 之间并没有形成一个买卖合同。C 根据第 433 条第 1 款第 1 句,请求交付并移转 5 台电脑所有权的权利并不存在。

(二)问题 2:提示的意义

1. 阐明拘束意思

店主通过邮局投发的广告宣传单和对它的张贴来表明,他不愿意通过陈列商品——至少涉及向一个人出售两台或多台电脑的情形,而受到法律上的拘束;邮局投发的广告宣传单已提示顾客,每位顾客只能购买一台电脑。就此而论,上文争议并无相关性。即便是认为在商品陈列中原则上存在一项有拘束力的要约的观点,也认同店主通过提示其"要约"无拘束力而向顾客表明其欠缺拘束意思的可能。[9]

2. 对提示的解释

然而或许可以考虑:客观第三人是否能够将每位顾客仅得购买一台电脑的提示理解为关于电脑的具有法律拘束力的要约。但是从对该提示的文义和目的的解读来看,店主并非意在表达广泛的拘束

---

[9] Medicus, Rn. 363.

意思,而仅仅想避免误解。这一观点尤其得到以下事实的支持:在这种情况下,也存在标价错误的风险或者顾客没有足够的钱来购买一台电脑的可能。

(三)问题3:T请求C根据第433条第2款按每升1.55欧元付款的权利

10 　　如果在二者之间存在一个具有相应内容的燃油买卖合同,T就能够根据第433条第2款向C请求按每升1.55欧元付款。这就要求通过要约和承诺而在内容上达成一项合意。应需检验的是:从客观受领人的视角(第133、157条),本案中这一合意是何时形成的,是在C和T在加油站谈话时形成的还是在此之前就已经形成。

　　1. 价目牌作为T的要约?

11 　　假设T通过经营加油站并在价目牌上公示价格的方式发出了一项要约。但是,根据交易观念,这并不足以构成一项要约,因为有些加油站直到今天也不是24小时营业,因此可能面临顾客的损害赔偿请求权;他们为了加油开车到加油站场地,但是因不营业未能加油。因此,在布告牌上公示价格的行为显然欠缺客观的法律拘束意思,这至多可能被视为一项要约邀请。

　　2. 营运待机的加油柱作为T的要约?

12 　　根据第133、157条,营运待机的加油柱可能应被视为加油站营运人的默示要约[10],因为买卖标的和买卖价格是确定的。

　　(1)观点1:加油柱是向不特定人发出的要约

13 　　第145条的确定性要求可能不支持加油柱作为要约,因为加油站营运人既没有确定需加油的数量,也没有确定其合同相对人。但是这并非一定必需的,因为向不特定人发出要约(Angebot ad incertas

---

〔10〕 关于自助加油中合同订立的不同观点,参见BGH NJW 2011, 2871 Rn. 14f.,以及Borchert/Hellmann, NJW 1983, 2799, 2800ff.。

personas)(=向公众之要约)也是允许的。和自动售货机的情形类似,加油站营运人表示,他愿意在其燃料库存范围内和每位驶入加油站并通过自助加油表示承诺的顾客缔结合同。[11] 在这里,购买数量的决定必然留给顾客作出(参见第315条第1款),同时仅会受到加油柱上(可能)显示的最高出油量的限制。当顾客开始加油时,他完成了对要约的承诺。这符合双方当事人的利益,因为顾客想要获得燃料的所有权而加油站营运人只有在此前已经形成作为移转所有权法律原因的合同的情况下,考虑到加油这一过程不可逆转,才会愿意使顾客获得燃料所有权。[12]

所以,根据这一观点,T通过营运待机的加油柱向每位顾客发出缔结合同的要约,C通过操作加油柱接受了这一要约。加油站的工作人员代理加油站营运人这种可能情况不会影响合同订立这一结果。

(2)观点2和3:加油柱是要约邀请

另有一种观点认为,考虑到上文述及的要约的确定性问题以及所谓的交易观念,营运待机的加油柱仅应被评价为要约邀请。根据这种观点,要约由自助使用加油柱的顾客发出。加油站营运人通过营运待机的加油柱,以"**预期承诺**"(antizipierten Annahme)的方式表示了承诺,并不取决于加油站职工是否知道或允许加油过程。[13] 因此,承诺在要约发出之前已经通过放置营运待机的加油柱表示过了,这一承诺是和要约邀请联系在一起的。是以,就此而言,加油站营运人的任何员工以及对加油过程的知悉对于合同订立都无影响。

根据极少数说(Außenseitermeinung),要约仍由顾客发出,而仅当

---

[11] Köhler, § 8 Rn. 12; MünchKomm/Busche, § 145 Rn. 12; Palandt/Ellenberger, § 145 Rn. 8.
[12] BGH NJW 2011, 2871 Rn. 16, Rn. 14f. 附其他文献。
[13] 如此看法, Herberg, NJW 1984, 896, 897; BGH NJW 1983, 2827 搁置了这一问题。

加油站营运人接受付款并借此默示表达其承诺意思时,他才在收款室(Kassenraum)里表达了承诺。这一观点通过将自助加油和在自助商店中购物同等对待来进行论证,并通过如下情事来证明:承诺以要约的生效(即要约因加油站员工的知悉而到达)为前提。[14] 因此,根据这一观点,C发出了要约,承诺直到在收款室内才由T完成。

(3)个人见解

17 反对最后述及的那个观点的理由是:如果按照第三种观点,加油站营运人仍可在收款台拒绝顾客的要约,放弃成为合同权利人。[15] 另外,如果顾客选择不付款而离开加油站,那么合同没有订立。由于预期承诺的可能性被绝大多数人所认同,所以,第三种观点的论证并不具有说服力。是以,这一观点理应被拒绝。

18 由于在本案中第1、2两种观点获得同一结果,因此无需在二者之间进行取舍;尽管如此,鉴于事件在不同观点下的不同意义,我们仍须就同一事件作两项并行的检验(Parallelprüfung),这是合乎目的的。反驳观点2的理由是:和Ebay的案件[16]类似,将要约邀请和预期承诺相结合显得牵强。

(4)小结

19 因此,应根据观点1认为营运待机的加油柱系向不特定人发出的要约,即在燃料库存以及所显示最高出油量的范围内,并在喷枪装置可操作的前提下,买卖所欲数量燃料的要约。合同在顾客开始进行加油的时点已经成立,这合乎双方当事人的意思和利益。于向不特定人发出的要约相关联的条件*的范围内,赋予顾客决定具体合同内容的权利,对加油站营运人亦无风险。

---

〔14〕 Ranft, JA 1983, 1, 4f.;不同观点, BGH NJW 1983, 2827(但是针对刑法);NJW 2011, 2871。

〔15〕 参见 Borchert/Hellmann, NJW 1983, 2799, 2800。

〔16〕 BGHZ 149, 129, 133ff. = NJW 2002, 363; BGH NJW 2005, 53.

* 这里的"条件"即指前述加油柱燃料存量、加油枪可以使用等情形。——译者注

3. 加油作为 C 的承诺以及小结

通过使用 T 准备好的加油柱,C 接受了 T 的要约。由于 T 鉴于情况放弃了第 151 条第 1 句意义上的默示承诺表示的到达,因此,承诺已生效。 20

所以,在 T 和 C 之间因加油行为而订立了一份合同。 21

4. 合意的内容

所缔结合同的内容仍待说明。由于合意伴随着加油行为而实现,所以合同订立之后的降价不能影响到 C 和 T 之间所缔结合同的内容。重要的是在加油行为开始之时于加油柱上能被发现的价格标识,在这里是每升 1.55 欧元。因此,T 可向 C 请求按照此价格进行支付。 22

在这一背景下,我们虽然可以将 C 的仅应按每升 1.50 欧元支付燃料的请求理解为第 311 条第 1 款意义上的订立变更契约(Abänderungsvertrags)的默示要约,但是 T 明示拒绝了该要约。 23

5. 结论

T 可向 C 请求按每升柴油 1.55 欧元支付买卖价款。 24

案例 12 网络销售时睁开眼睛

（参照 BGHZ 149, 129 以及 BGH NJW 2005, 53）

一、案件事实

R 股份公司(R)经营一家网站,其用户可以在该网站上"拍卖"(Auktionen)一栏下以最高报价(Höchstgebot)出售自己的物品。人们只有在 R 网站上注册之后才能卖货(Anbieten)和竞买(Ersteigern);在注册时人们必须就 R 的一般交易条款的第 5 条表示同意。该条规定,售卖人对供货的激活(Freischaltung)以及随后发出的报价(Gebote)都具有法律拘束力。

独立汽车进口商 V 在这一网站平台上销售汽车。一天,他提交了一辆标价为 3.7 万欧元的、全新的大众帕萨特 Variant TDI 型号的汽车来拍卖。在网站登记产品信息时,他设定了拍卖期限并勾选了一个选项栏,在该选项栏中附有如下文字:您现在已然(schon jetzt)接受在期限届满之时的最高报价,并负有在期限届满之后将商品交付于最高报价人的义务。但是,由于疏忽,V 忘记填上 1 万欧元的最低售价。在最后提交表格之前,商品出现在拍卖列表中,并且屏幕上显示出了简单易懂的核实性提问(Rückfrage):"所有信息都正确吗?"由于时间原因,V 没有进行检查,并点击了按键"提交";尽管他并不确定是否正确地填写了所有内容。之后,该商品以 1 欧元的初始价格被激活。在商品信息页面上,除了关于该款大众帕萨特的描述以及最低售价 1 欧元之外,还有 V 勾选选项时附加的文字:现在已然接受在拍卖期限届满时出现的、超出最低售价的最高报价。截至拍卖期满,某教师 K 以 2.635 万欧元发出了最高报价。第二天,他收到了一封来自 R 的电子邮件;在该电子邮件中,R 恭喜 K 拍卖成交,并将 V 的地址告知了 K。

当 K 以支付 2.635 万欧元请求 V 交付轿车时,V 拒绝了。他认为,他并没有接受 K 为购买该大众车的过低的报价。为此,他撤销了其表示,因为他在输入初始价格时发生了错误,他原本想要从 1 万欧元开始。

对此,K 援引了供货人一方相应内容的文字表述,并援引了一般交易条款第 5 条(该条作为买卖合同的组成部分还特别提到了每个出售展示的拘束力),要求 V 交付并移转该帕萨特所有权。

案件变型:

由于 K 陷入竞价之争,他最后为该帕萨特提出 10 万欧元的报价。他必须向 V 支付这一价格吗?即便他在拍卖结束的四周之后仍未获得该车,并书面向 V 表示他将既不受领也不支付该轿车的价款。此时,我们要以 K 在合同缔结之后获得法律明确规定的撤回的教示(Belehrungen)为出发点。

二、前期思考

本则案例是从判例中摘取的,算是标准的难题。对于初学者而言,案件事实并不简单,但是我们在学习过程中必须习惯复杂的案件事实,正如复杂案件事实是对复杂生活的反映。本案的难题主要在于:我们如果不考虑 R 的网络交易平台,不考虑 R 和 V 以及 R 和 K 之间的附加关系,就无法对 V 和 K 之间的合同缔结问题作出正确判断。毕竟,我们应按照第 133、157 条对他们的表示进行解释。

《德国民法典》第 156 条是关于拍卖中合同订立的特别规定,但该条规范是为传统上由拍卖师进行的拍卖而设置的;拍卖师落槌,合同成立。即使这一点并非全然无争议,在本案中不存在类似情形。我们还是应按照时间顺序来考察要约和承诺,而不应受商业平台形式的迷惑。我们必须知道,这里存在一个所谓的"预期承诺"(antizipierte Annahme)——请求发出要约的人可能在要约到达(Angebotseingang)之前就表示接受该要约,而此时承诺的效力可能和特定的条件相关联。

然而 V 却并未成功地将其期望条件(Wunschbedingungen)付诸表达。因此就产生了错误撤销的问题,而错误撤销正如其名称所示,是以错误为前提的。并不是任何一个法律行为只要在嗣后提出存在所谓的错误时都可被撤销,错误是表意人的"内在事实"(innere Tatsache),人们通常既不能证明它,也不能反驳它;在表意人对其表示的内容并未特别注意时,正如本案中的 V,撤销就被排除了。

在案件变型中涉及的是《远程交易法》的问题,即消费者保护的问题。这对于大学第一学期的学生来说还有些难,超出了合同订立的范畴。因此,处于第一学期的同学或许可以将这些材料保留到日后学习。这里需要厘清的是如下争议问题:消费者的撤回权是否直接适用(或者类推适用)原《德国民法典》第 312d 条第 4 款第 5 项而被排除。这一争议问题随着 2014 年 6 月 13 日对 2011/83/EU 的消费者法指令的转化而过时。

三、提纲

(一)根据第 433 条第 1 款第 1 句,在支付 2.635 万欧元的条件下,K 对 V 的交付并移转大众帕萨特所有权的请求权······························ 1

    1. 根据第 156 条通过报价和落槌而缔结合同?············ 2

    2. 通过要约和承诺缔结合同·· 3

(1) V 通过激活网页发出的要约 ·············· 3
　　[难题:V 的行为已经具有法律拘束意思?]
(2) 通过发出报价发出的要约 ················ 10
(3) V 的预期承诺 ···························· 12
　　[难题:V 的表示从客观受领人视角(第 133、157 条)是否具有法律拘束意思? 一般交易条款第 5 条在这里有影响吗?]
(4) 结论 ······································ 15
3. 买卖合同的无效 ···························· 16
(1) 根据第 138 条第 1 款而无效 ············· 17
(2) 根据第 142 条第 1 款而无效 ············· 18
　　[难题:在意思表示发出之时还存在一项 V 的错误?]
(3) 根据第 134 条结合《经营条例》(GewO) 第 34b 条 ·································· 24
4. 根据第 762 条,无拘束力 ·················· 25
5. 结论 ·· 27

(二) 案件变型:V 对 K 的支付 10 万欧元的请求权,第 433 条第 2 款　28
1. 请求权成立 ································ 29
2. 请求权消灭 ································ 31
(1) K 的消费者属性 ························· 32
(2) 撤回权 ·································· 34
　　[难题:因为合同经由网络拍卖而被订立,K 基于第 312d 条第 1 款第 1 句的撤回权根据该条第 4 款第 5 项被排除了吗?]
(3) 合乎期限的撤回表示 ···················· 43
3. 结论 ·· 46

四、解答

(一)根据第 433 条第 1 款第 1 句,在支付 2.635 万欧元的条件下,K 对 V 的交付并移转大众帕萨特所有权的请求权

1　K 或许根据第 433 条第 1 款第 1 句,对 V 享有一项在支付 2.635 万欧元的条件下、请求交付并移转该辆帕萨特所有权的权利。为此,在双方当事人之间必须存在一个因合致的意思表示——要约和承诺(第 145、147 条)而形成的关于该价格的买卖合同。

　　1. 根据第 156 条通过报价和落槌而缔结合同?

2　首先应加检验的是,在本案中,合同是否通过要约和承诺而事实上成立了。由于案件事实中说到"拍卖"(Auktion),这可能涉及第 156 条规定的通过落槌而成立拍卖(Versteigerung)合同。认为构成拍卖(Versteigerung)的原因是:网络平台上的出售程序被称为"拍卖"(Auktion),该词非指其他含义。但是,拍卖(Versteigerung)是以特定的场合为前提。其特征是,感兴趣者(竞买人)相互抬价,合同订立取决于拍卖师的行为——落槌,落槌是一个法律行为。[1] 但是本案中情况并非如此,因为根据 V 在供货页面上的明确表示,合同订立并不取决于对最高报价的落槌。"拍卖"(Auktion)是因在供货中所确定期限的届满而自动结束,且"拍卖结束"(Auktionsende)即导致合同订立。由于不存在落槌,因此这一"网络拍卖"并非拍卖,而是在"拍卖结束"(Auktionsende)时以最高报价进行出售。[2] 第 156 条不适用。因此,应根据第 145、147 条对通过要约和承诺的合同订立进行检验。

---

[1] BGH NJW 2005, 53, 54; MünchKomm/Busche, § 156 Rn. 3; Palandt/Ellenberger, § 156 Rn. 1.

[2] BGHZ 149, 129, 133ff.; BGH NJW 2005, 53, 54.

2.通过要约和承诺缔结合同

(1)V通过激活网页发出的要约

有可能 V 通过激活网页发出了一份有效的合同要约。要约是需受领的、有拘束力的意思表示;这一意思表示旨在订立合同(参见第145条),且对合同要素中的合同标的确定得如此详细,以致通过单纯的"是"即可被承诺。V 通过激活页面表达了想将帕萨特出卖给在一周之内出价最高的人的意思。有疑问的是,V 是否实际上借此想发出一项意思表示,或者网络展示(Internetanzeige)是否应被归为单纯的要约邀请。这取决于从客观理性第三人的视角(第133、157条),供货激活是否表达了 V 对于出卖帕萨特而愿意受法律拘束的意思。 3

除了具有法律拘束意思外,只有在该展示内容足够确定时,展示才能被作为 V 发出的一项旨在订立合同的意思表示。为此它必须涵盖所有的合同要素,即合同标的、合同相对人以及对待给付,通过单纯的"是"即可完成承诺。对此,是有疑问的,因为在展示发布之时,合同相对人和应支付的买卖价款均不确定。 4

要约受领人的身份原则上属于要约的必要内容。[3] 如果出售展示针对不特定数量的人,通常这种表示在客观解释中欠缺法律拘束意思,否则多个合同可能通过承诺表示而被订立;而表意人不可能履行所有这些合同,以致他要负有损害赔偿义务。尽管如此,在个案中情形可能有所不同;在向不特定人发出要约的情形,原则上每个对要约作出承诺的人和要约人之间的合同都能成立。究竟是仅有一个合同被订立,还是像在自动售货机的情形(参见案例11边码5至6)有多个合同被订立,这取决于个案具体情况。在本案中,从激活的拍卖页面中可以得出:合同应和在期限内为帕萨特提出最高价格的人订立。 5

---

[3] Palandt/Ellenberger,§ 145 Rn. 1.

因此,无论如何在合同订立之时,要确保 V 的合同相对人具体确定。[4] 由于合同相对人自始可得确定,从而 V 的合同要约也就足够确定,这些情事也就不会不支持对法律拘束意思的承认。

6　**小贴士**:

"向不特定人的要约"应和"要约邀请"这一法制度(Rechtsfigur)相区分。要约人是否愿意受拘束,是具有决定意义的。就超市中的商品陈列,一般应否定存在法律拘束意思,因为超市店主完全享有拒绝和特定顾客(诸如商店小偷)订立合同的利益(参见案例 11)。与此相对,自动售货机的营运被视为要约;但要约仅在自动售货机运转正常且装有商品时才应生效(参见案例 10)。[5] 但是,如果供货人负有强制缔约义务(公共交通企业),则应解释为向不特定人的要约(参见案例 31)。

7　但是由于买卖价金在供货激活之时尚未确定,所以对于是否存在要约还有疑问。只有在规定期间内出价未被超过的人,即出价最高的人,才能成为合同相对人。由于"要约"必须被发出,这貌似不支持认定 V 存在第 145 条意义上的有拘束力的要约,反而支持认定买受人发出买卖要约。但是,根据网络拍卖中的常见条款(V 网页页面上的规定和这些条款内容一致),出卖人应受到激活后的"供货"的拘束,他不再保留和最高报价者订立合同的决定自由。如果要约人愿意的话,要约人可以将价格交由承诺人决定,所以这种以最高报价出卖的要约是可能的,和要约的确定原则并不矛盾。因此,原则上供货激活能含有第 145 条意义上有拘束力的要约。

8　但是,本案中 V 在激活之外,还在其供货页面上明确表示了对后来最高报价的接受,这当然也是允许的。但是将这一表示作为要

---

[4] Vgl. OLG Hamm NJW 2001, 1142, 1143; Soergel/Wolf, § 145 Rn. 4; Staudinger/Bork, § 145 Rn. 19.

[5] Wolf/Neuner, § 37 Rn. 11.

约,会和将拍卖激活作为一个有拘束力的合同要约的理解相矛盾。这一矛盾并无必要存在,因为对合同订立过程也可作不同的阐释:激活意味着一项要约邀请,此外还存在一个对最高报价的预期(即预先做出的)承诺;该最高报价符合拍卖(即要约邀请)的要件。[6] 虽然我们或许可以考虑 V 是在最后时点向提出最高报价之人发出了第148条意义上的出卖货物这一内容的附期限要约,而最高报价人作出了承诺,通过这种方式,出卖人才受其要约拘束;但是,在本案中,V 在其供货页面上所表述的文字不能作上述解释:在该页面上提到的是("现在已然")预先做出(预期)承诺表示。

小贴士:

9

我们或许还可搁置合同如何成立的问题,因为一旦拍卖期限届满,合同在两种进路之下均以同一内容缔结。但是我们应该在鉴定中仔细思考,我们是否要这样做:大多情形下搁置争议所消耗的时间更多,因为人们必须阐述不同的解答进路。因此通常更优的方案是:在鉴定中选择对争议解决来说短小而简洁的进路,尤其是当具体的案件事实使解答更容易时。[7] 在上述两则参考案件中较新的那起案件中(BGH NJW 2005,53),联邦法院认为供货激活属于一项为和最高报价人缔结合同的附期限要约,并认为最高报价系承诺。[8] 这一解答原则上具有优势,因为它较不复杂,尤其在 Ebay 拍卖的情形也合乎供货页面的内容。但是,再次强调,在此处**待决的案件**中,出卖人在供货页面上的表述却更支持上文提纲中的解答。所以,在极为类似的案件事实中,解答也可能完全不同。

---

[6] 至少在结果上如此,Lettl, JuS 2002, 220, 221f. ; Mehrings, BB 2002, 469, 472ff. 。
[7] 这在判决中可能不同,具体参见 BGH NJW 2002, 363, 364。
[8] BGH NJW 2005, 53, 54.

(2) 通过发出报价发出的要约

10　　据上所述,在拍卖激活之后被发出的报价均属于第 145 条意义上的合同要约。K 因此通过其最高报价而发出了合同要约,该要约经由 R 的传达也到达了 V。

11　**小贴士:**
　　如果在诸如 R 这类平台经营者的一般交易条款中规定,如报价被超越,则报价失效(大致类推第 156 条),这也不重要。由于本案案件事实并未提及这一点,我们不应讨论该问题,在进一步了解案件材料后也是如此。

(3) V 的预期承诺

12　　如上文边码 8 所述,V 通过供货激活已经表示了对在拍卖最后出现的最高报价的预期承诺,这或许还要满足其他要件。由于 V 否认发出了有拘束力的意思表示,所以还应当说明的是,V 是否发出了具有法律拘束意思的相应表示。如果当事人对于需受领表示的意义或者表示的法律行为属性意见不一致,则应从客观受领人的视角(第 133、157 条)来决定表示的内容。[9] 所以,V 也许并无意发出一个有拘束力的要约,但这并不具有决定性,具有决定性的是 K 是否可以将 V 的表示作有拘束力的来理解。本案可能就属于这种情形,因为 K 知道 V(一如 K 本人)在填写 R 的注册表格时已经接受了一般交易条款第 5 条所确定的拘束效力。[10] 就此而论,该一般交易条款至少可被看作"游戏规则",双方对这一游戏规则均肯认有效。然而一般交易条款第 5 条仅在 R 和 V 之间,以及 R 和 K 之间有效;因此,该条款不应对 V 和 K 之间的关系发生效力。

---

[9]　Wolf/Neuner, § 35 Rn. 7; Köhler, § 9 Rn. 12, 13.
[10]　如是, OLG Hamm NJW 2001, 1142, 1143.

小贴士：

　　一般交易条款第 5 条仅仅构成 R 和 V 之间存在的使用关系的内容，不会被引入 V 和 K 之间的合同中，因此不能形成 V 对于 K 的义务，这本是当然之理。但是，由于 K 已经明确援引到这一情事，我们还是必须论及该问题。此外，学术文献中的很多意见都认为，该一般交易条款或者和当事人的表示相重叠，或者构成当事人表示的基础，由此就需要进行内容控制。[11] 但是，我们要问的是，这样的内容控制会带来何种结果：即一般交易条款主要应当列出这种网络拍卖的统一而明晰的市场条件。出卖人掌握着为其供货自行确定所有条件的权利，并在随后拍卖期限届满时应受其供货之拘束，这或许很难构成不合理的不利益（unangemessene Benachteiligung，第 307 条）[12]，无论是和平台经营者之间，抑或是和买受人之间的关系中或许均不会构成不合理的不利益。

但是由于 V 在发出网络拍卖时明确地向所有报价者表示了其拘束意思，且这一意思在供货页面同样明示表达出来了*，因此内容控制这一问题仍有研究余地。V 通过供货激活已经接受了在拍卖最后时点出现的最高报价人的报价，即 K 的报价。就此而言，法律拘束意思并不存在疑问。根据《德国民法典》第 116 条第 1 句，V 无受法律拘束的意思并不重要。由于 K 的报价已然超出了 1 欧元的最低买卖价金，所以 V 通过激活业已接受了 K 的报价。

（4）结论

　　V 和 K 之间已经成立了一个以 2.635 万欧元、关于大众帕萨特

---

　　[11] 例如参见 Lettl, JuS 2002, 220, 221; Wenzel, NJW 2002, 1550. 可能不同意见，v. Westphalen, NJW 2003, 1981, 1984。

　　[12] 正确的见解，KG NJW 2002, 1583f. 。

　　* 和边码 13 的说明不同，V 的表示在这里可能直接构成 V 和 K 之间合同的内容。——译者注

的买卖合同。

3. 买卖合同的无效

16　　应加检验的是:V 和 K 之间的买卖合同是否无效。

(1)根据第 138 条第 1 款而无效

17　　如果该合同违反善良风俗,则该合同根据第 138 条第 1 款而无效。当给付和对待给付之间存在显著失衡(auffälliges Missverhältnis)且因此而获利的合同当事人应受可责难的意图(verwerfliche Gesinnung)之指责时[13],或许就属这一情形。如果不仅存在显著失衡,而且存在重大失衡(grobes Missverhältnis)时,则推定存在可责难的意图(所谓的准暴利行为,wucherähnliches Geschäft)。[14]但是当当事人准备查明确切的市场价格时[15],这一推定即被推翻。在本案中,买卖价格系由出卖人在运转的市场机制中自行确定的,这说明形成了竞争性价格。在市场运行中所形成的价格本身就是合理的,即使该价格并不符合出卖人的期望。关于可责难的意图这一推定由此就被推翻了。实际上,在本案中根本不会存在这一推定,因为该汽车的价值仅超出买卖价格的一半,所以仅存在显著失衡而不存在重大失衡。所以,K 的可责难的意图或许要专门加以确定,但这不会成功。因为出卖人在私法自治的框架内应承担市场经济的风险,这一风险是由于使用网络拍卖而产生的。[16] 所以,合同并不会根据第 138 条第 1 款而无效。

(2)根据第 142 条第 1 款而无效

18　　但是,如果 V 向 K 有效地撤销了合同,该合同或许根据第 142 条第 1 款而无效。

---

[13] Palandt/Ellenberger, § 138 Rn. 34; MünchKomm/Armbrüster, § 138 Rn. 113.
[14] BGHZ 104, 102, 105; BGH NJW-RR 1989, 1068; Palandt/Ellenberger, § 138 Rn. 34a.
[15] Vgl. BGH NJW 2002, 3165; 2003, 283.
[16] OLG Hamm NJW 2001, 1142, 1144;亦参见 Wiebe, MMR 2000, 284。

V向其合同相对人K表示了撤销,根据第143条第2款,V由此向适格的相对人表示了撤销。

然而同样有疑问的是,这一买卖合同是否可撤销?根据第119条第1款,如果K或者就外在的表示事实构成(äußeren Erklärungstatbestands)(表示错误,第2种情形)或者就其表示的意义(内容错误,第1种情形)陷入错误,且该错误对决定至关重要(entscheidungserheblich),方属于可撤销的情形。

V在填写出售展示时发生了错误,由于疏忽没有填入1万欧元的初始价格。在作出意思表示时误写或者误输入的人,一般就其表示的客观表示事实构成发生了错误。根据第119条第1款第2种情形,这一错误仅当在意思表示发出之时仍在持续并且是发出的原因时,该错误才使得撤销正当化。随着完成发送指令,V的意思表示才被发出。但是,当时V并不确切知道,他是否输入了最低价格。由于V对外在的表示事实构成不存在具体想法,不可能存在关于它的错误。所以,该意思表示的发出并不存在表示错误。V不能够根据第119条第1款第2种情形撤销其意思表示。

V在网上输入拍卖时肯定发出了一个意思表示,所以也不存在因欠缺表示意识类推适用第119条第1款撤销的可能。他或许就表示的拘束力发生了错误,但这是不重要的法律效果错误。

因此,买卖合同也没有根据第142条第1款而无效。

(3)根据第134条结合《经营条例》(GewO)第34b条

如果该合同违反了《经营条例》第34b条第1款,且该规范条文构成法律禁令的话(法律禁令的意义和目的使得V和K所订立的合同无效),那么合同可能根据第134条而无效。这一法条规范将合乎经营地出卖他人物品置于许可保留之下。但是本案中,V既没有出卖他人之物,也不是拍卖组织者[17],所以并不存在违反《经营条例》

---

[17] 如是,OLG Hamm NJW 2001, 1142, 1145;正确的看法,BGHZ 149, 129, 139。

第 34b 条的情况。

4. 根据第 762 条，无拘束力

25　　　最后，这样的拍卖可能属于第 762 条第 1 款第 1 句的法律上无拘束力的赌博(Spiel)[18]，这或许能够对抗 K 的请求权。为此必须涉及一个赌博合同，即涉及一个具有风险属性的给付允诺；对该给付允诺的履行主要取决于偶然事件，或者给付允诺中欠缺严肃的、经济上的交易目的，因为参与者多为消磨时间。[19]

26　　　但是，本案中当事人追求严肃的、经济上的目的，即出卖帕萨特。他们的给付义务也不取决于偶然事件。虽然就应予支付的价格而言，不可否认存在一定的偶然性，因为依照网络拍卖的特别价格形成机制，最后需支付的价格取决于需求。但是，V 仍旧掌握着，通过输入足够高的最低价格和适当长的拍卖时限来控制价格的形成。这一网络拍卖并不因他部分疏忽为之而变成赌博。所以第 762 条第 1 款不能用来反对这一请求权。[20]

5. 结论

27　　　K 基于第 433 条第 1 款的请求权得以证立。K 在支付 2.635 万欧元的前提下可以请求 V 同时履行交付和移转该汽车的所有权。

(二) 案件变型：V 对 K 的支付 10 万欧元的请求权，第 433 条第 2 款

28　　　如果第 433 条第 2 款的请求权成立且不存在权利消灭的抗辩的话，V 或许能向 K 请求支付 10 万欧元。

1. 请求权成立

29　　　基于第 433 条第 2 款的请求权成立的前提是存在一个有效的买卖合同。通过对网络平台上商品展示的激活，V 表示出了他现在已

---

[18]　Vgl. LG Münster MMR 2000, 280, 283.
[19]　HK/Saenger, § 762 Rn. 2; Palandt/Sprau, § 762 Rn. 2.
[20]　BGHZ 149, 129, 139.

然愿意接受在一周内提出的最高报价。K 表示出了他愿意以 10 万欧元的价格购买该汽车。由于这一数额构成最高报价,所以在 V 和 K 之间形成了一份以 10 万欧元的价格购买该汽车的买卖合同。V 根据第 433 条第 2 款对 K 的 10 万欧元的请求权成立了。

小贴士:

由于在初始案件中已作详细说明,在这里我们必须保持篇幅短小。冗长的阐释耗费时间,并导致扣分。

2. 请求权消灭

然而,如果 K 是消费者且合乎期限地撤回了其可撤回的报价的话,这一请求权或许根据第 355 条第 1 款第 1 句而消灭。

(1) K 的消费者属性

如果买卖汽车的目的既不能被归为营业活动,也不能被归为独立的职业行为时,根据第 13 条,K 或许是消费者。由于 K 的职业是老师,且案件事实未告诉其他情况,所以他购买该汽车并非服务于营业活动或独立职业行为的目的。因此,K 是第 13 条意义上的消费者。

小贴士:

某人是否消费者并不取决于其身份,而取决于相关购买行为的目的。因此,比尔·盖茨在买面包时是消费者,而经营店铺(Tante-Emma-Laden)并供应面包的老妇人则是经营者。如果购买的物品既用于经营也自用(所谓的双重用途情形),则按照目前的通说,使用的主要方面是决定性的。[21] 在转化了欧盟 2011/83/EU 指令后,现行《德国民法典》第 13 条明文规定了通

---

[21] OLG Celle NJW-RR 2004, 1645, 1646; OLG Naumburg WM 1998, 2158; Palandt/Ellenberger § 13 Rn. 4; Staudinger/Thüsing § 13 Rn. 16; 不同意见, Jauernig/Mansel § 13 Rn. 3.。

说内容。

(2) 撤回权

34 仅当法律对这一具体情形规定了第 355 条中的撤回权时，K 或许才能撤回其报价。

35 小贴士：
一份好的作业或答卷也体现在表述的精准上。第 355 条旨在保护消费者的撤回权（verbraucherschützendes Widerrufsrecht）。根据第 130 条第 1 款第 2 句，权利阻却之撤回可能性（rechtshindernde Widerrufsmöglichkeit）的效果是该意思表示没有发生效力，合同也因此没有成立。而保护消费者的撤回权则使得待定生效（schwebend wirksamen）合同能被解消（Lösung），因为根据第 355 条第 1 款第 1 句，撤回消除了消费者对于其旨在订立合同所发出意思表示的拘束力。

36 根据第 312g 条第 1 款，只有当汽车买卖系远程交易行为且撤回权并未根据第 312g 条第 2 款第 1 句第 10 项被排除时，K 才有权撤回。

37 小贴士：
需谨慎运用虚拟式。如果您在上位句列出一项事实构成的所有要件，那么法律效果的出现不是可能（möglich），而是确定（sicher）。在这种情形，虚拟式在语言上是不纯正的。

38 根据第 312c 条第 1 款，远程交易合同是指经营者，或者以经营者名义行为的人，或者受经营者委托的人和消费者仅使用远程通讯手段，进行合同磋商和缔结合同，且合同在远程交易系统成功订立的情形。

39 根据第 13 条，K 是消费者。V 在其营业活动范围内销售汽车，因此根据第 14 条第 1 款是经营者。通过 R 的网络门户，以及在只使用第 312c 条第 2 款意义上的远程通讯技术的前提下,商品供货合同成立了。由于 V 通常通过这种方式出售汽车,所以远程交易系统也被使用了。

但是根据第 312g 条第 2 款第 10 项,如果该远程交易行为系以第 156 条意义上拍卖的形式而缔结的,这一撤回权或许被排除。[22] 如果合同并非经由要约和承诺,而是经由报价和落槌而订立,则存在拍卖。由于不存在落槌,所以排除了拍卖。无论这一合同缔结的具体结构如何,在网络拍卖中合同最后总是通过发出最高报价以及随后的期间届满而成立。在网络拍卖中,合同订立无需落槌。[23] K 通过 R 的所谓"落槌"得知合同缔结;R 的所谓"落槌"并非意思表示,而是单纯的通知(Mitteilung)。[24]

此前有争议的是:2013 年 9 月 20 日前的《德国民法典》第 312d 条第 4 款第 5 项中的拍卖概念,是否因括号引用到第 156 条而应在第 156 条的意义上来严格理解,进而是否应类推适用原第 312d 条第 4 款第 5 项,排除本案中 K 的撤回权。[25] 伴随着对消费者指令的转化,立法者现在第 312g 条第 2 款第 1 句第 10 项直接定义了什么是对公众开放的拍卖(öffentliche Versteigerung),从而以成文法的形式确认了德国联邦法院的此前判决。因此,先前关于类推适用网络拍卖的讨论就纯属多余,类推适用网络拍卖甚至会作为违反法律的法律续造而不被允许。

40

41

因此,第 312g 条第 1 款规定的撤回权不能类推适用第 312g 条第 2 款第 1 句第 10 项而被排除。K 有权撤回。

42

---

[22] 在拍卖的情形,撤回之后的返还清算可能违背了典型的合同目的,并且不合理地妨碍拍卖。
[23] BGH NJW 2003, 363, 364.
[24] BGH NJW 2003, 363, 364.
[25] BGH NJW 2005, 53, 54f. 反对这一观点。反对观点想对原第 312d 条第 4 款第 5 项进行目的性扩张。例如可参见 Bamberger/Roth/Schmidt-Räntsch, 3. Aufl., § 312d Rn. 52f. 附其他文献。

(3) 合乎期限的撤回表示

43 应加以检验的是,K 是否合乎期限地表示了撤回。根据第 133、157 条以及第 355 条第 1 款第 4 句,当从该表示中得出这一消费者不愿受合同的拘束时,表示应被解释为撤回表示,因为该消费者无需为撤回提供理由。[26] K 向 V 表示了,他将既不受领该汽车,也不付款。因此存在一个撤回表示。

44 然而由于 K 在 4 周之后才表示撤回,所以有疑问的是:撤回期限是否得到了遵守。根据第 355 条第 2 款第 1 句,如无不同规定,撤回期限自合同订立之时起算共计 2 周。但是,如果像在本案所发生的情形一样,有关撤回权的教示(Belehrung über das Widerrufsrecht)直到合同缔结之后才作出的,那么根据第 356 条第 3 款撤回期限自撤回权教示之时起算。根据第 356 条第 3 款第 1 句,在这类情形撤回权最迟在一般撤回期限起算之后 12 个月零 14 天消灭。然而根据第 312g 条第 2 款第 1 项,在商品供货的情形,撤回期限在消费者收到货物或获得部分给付之前并不起算。由于 K 只购买了一件商品(汽车),并不存在部分给付,故在本案中应适用第 356 条第 2 款第 1 项第 a)目,据此撤回期限在消费者收到货物后才起算。由于 V 还没有向 K 交付该汽车,所以撤回期限尚未起算。[27] 因此,V 遵守了第 356 条第 3 款第 2 句,合乎期限地作出了撤回表示。

45 V 基于第 433 条第 2 款关于支付 10 万欧元的请求权,根据第 355 条第 1 款第 1 句,因在撤回期间内作出的撤回表示而消灭了。

3. 结论

46 V 不能向 K 请求受领大众帕萨特并付款。

---

[26] Palandt/Grüneberg, § 355 Rn. 6.
[27] 期间起算还要求出卖人履行第 312d 条第 1 款第 1 句,并结合《德国民法典施行法》第 246a 条第 1 款和第 4 款规定的告知义务,而且还要求根据《德国民法典施行法》第 246 条第 3 款对消费者合乎规定的撤回权进行教示。

案例 13　便宜的旅行

一、案件事实

Justus(J)在雷根斯堡学习法律,他想坐火车去位于哈勒的父母家。他努力在火车开动之前抵达站台并登上火车,而没来得及购票。由于 Justus 刚好在法律图书馆读过诸如强制缔约这些奇妙的内容,他想按照他的条件来购买车票。当火车乘务员过来并要求他支付 56.40 欧元时,Justus 认为他从一开始只愿意为乘车支付 20 欧元。该乘务员认为,J 只能在二手车票商那里讨价还价,在他这里不行。

德国铁路股份公司(B)可以向 J 请求支付 56.40 欧元的标准价格吗?

案件变型:

如果 J 在登上火车时对乘务员声称"我只愿意支付 20 欧元",则情况如何?

二、前期思考

问题是 J 的和其行为相矛盾的意思(他在初始案件中并没有表达出该意思),是否在一定程度上影响和铁路之间的合同订立。因此,我们必须思考本案中的合同究竟如何成立。如果我们常用著名的要约和承诺这一工具,按照时间顺序来检验合同订立的问题,并同时考虑到表达法律行为的意思不必须明示,就不会产生问题。尽管如此,人们以前在"事实契约"或者"社会典型行为"理论这些关键词之下进行复杂的思考;这一理论现今诚然只有法律史的价值。由于这一理论在教科书中仍会被附带提及,所以我们在笔试中或许也应当简要提及,在课外作业中应当详细阐明。

人们或许会产生疑问,在本案中合同订立和合同要素之间的关系如何。因为就合同订立的具体情况而言,本案中合同的具体内容在关键时点并未确定(不同于在火车旅程开启前购买车票的情形)。在本案中,这体现了合同订立中的其他问题,这些问题很少能够被讨论,因此原则上对学生也不作要求。然而我们理应知道,短途和长途旅客运输已为制定法规则所规范。根据《一般铁路法》(AEG)第10条,如果遵守了运输要求,铁路公司需承担运输义务。列车乘客至少在非专业领域的平行评价(Parallelwertung in der Laiensphäre)框架内知道这一点。

在案件变型中,J在登上火车时明示表达了他对乘车仅愿意支付较少价款的意思。如果我们认真对待这一点,则合同不成立,因为J拒绝了铁路公司的要约,而铁路公司也不同意他的反要约。为避免这一结果(我们也完全可以支持这一结果),存在两种解答建议。

小贴士:

  铁路公司是股份公司,但这不具有其他效果。我们或许应简短提及其法人属性以及其责任能力(《股份公司法》第1条第1款第1句)。但是,不可期待初学者如此。

三、提纲

(一)铁路股份公司根据第631条第1款对J的支付56.40欧元的请求权……………………………………………………1

1. 根据社会典型行为的事实契约关系? ·················· 2
　　　　[难题:通过对火车的实际使用,已经成立合同,因而 J 的相反的意思并不重要?]
　　2. 要约 ······································ 4
　　3. 承诺 ······································ 5
　　　　[难题:J 不愿意以 56.40 欧元的价格订立该合同,这对于意思表示的承诺而言有意义吗?]
　　4. 小结 ······································ 7
　　5. 结论 ······································ 8
(二)案件变型:B 根据第 631 条第 1 款对 J 的支付 56.40 欧元的请求权
　　1. 要约和承诺 ································ 10
　　2. 实际使用的效力 ···························· 11
　　　　[难题:J 尽管明确拒绝合同条件却要求 B 的给付,这具有何种后果?]
　　　　(1)基于社会典型行为的事实契约理论 ·········· 12
　　　　(2)Köhler 和 Larenz 的观点 ··················· 13
　　　　(3)关于和实际行为相矛盾的主张之通说 ········ 14
　　　　(4)个人观点 ······························· 15
　　3. 结论 ···································· 16

四、解答

(一)铁路股份公司根据第 631 条第 1 款对 J 的支付 56.40 欧元的请求权

　　如果在二者之间存在一个以这一报酬为条件的关于从雷根斯堡运输到哈勒的承揽合同的话,B 或许可以根据第 631 条第 1 款对 J 享　1

有一项支付56.40欧元的请求权。[1] 承揽合同原则上因两个合致的意思表示即要约和承诺而成立。

1. 根据社会典型行为的事实契约关系？

有疑问的是，在本案中，是否也通过这一方式来订立合同。以前有种观点认为，在人员运输和生活必需品供应这类大规模交易中，不存在参与者的法律行为上的意思。最起码，顾客的意思仅指向实际效果（tatsächlichen Erfolgs），而并不指向通过意思表示而形成的法律效果。即便在经营者的情形，法律行为上的意思形成也是有疑问的，因为基于强制缔约的现有规定，它必须和每一位具有使用意愿的消费者订立合同。因此，这样的合同通过所谓的事实行为（faktisches Verhalten）[2]而成立。还有部分观点认为，通过"社会典型行为"（sozialtypischen Verhaltens）[3]仅产生一个类合同关系（vertragsähnliches Verhältnis）。司法判决在很长一段时间内也采纳了这一观点。[4] 因此，B和J之间的合同（不依赖于参与者的法律行为上的意思）已经因J对火车的单纯事实上的使用而成立了，而J的与此不同的意思必定是不重要的。

---

[1] 参见第631条第2款：每个通过劳务给付而产生的成果。

[2] 奠基性的文献，Haupt, Über faktische Vertragsverhältnisse, 1941："基于社会接触的合同"（Verträge aus sozialem Kontakt）、"基于社会的给付义务"（kraft sozialer Leistungsverpflichtung）及"事实的共同关系和劳动关系"（faktische Gemeinschafts - bzw. Arbeitsverhältnisse）。

[3] 奠基性的文献，Larenz, NJW 1956, S. 1897ff.（亦见 Larenz, DRiZ 1958, 245, 246）在把 Haupt 的"基于社会的给付义务的合同"类型进一步发展成"基于社会典型行为的债务关系"中说：这里仅产生一个类合同关系，即一个"广义上的合同"，其适用范围并不限于供应给付（Versorgungsleistungen）；在供应给付的情形，经营者处于缔约强制之下。决定性的标准应该仅仅是对给付的实际使用。——Larenz 自己最后不再坚持这一学说（参见 Larenz, § 28 II）。就社会典型行为，最近 LG Frankfurt（Oder）NJW-RR 2002, 803（能源供应合同）。

[4] 尤其参见 BGHZ 21, 319, 333ff.；BGHZ 23, 175, 177ff.；BGHZ 23, 249, 261ff.。

然而,现今的完全通说[5]正确地拒绝了上述对合同订立的解释。在大规模交易行为中,我们可以根据第 133、157 条将当时给付的置备(Bereitstellen)解释为向不特定人的实物要约(Realofferte ad incertas personas),并且还可通过通常存在的法定的强制缔约即《一般铁路法》第 10 条来提供依据。从而,消费者对给付的利用,表达的是默示的(法律行为上的)承诺表示。因此,不需要事实契约理论和社会典型行为理论为合同的订立提供理由[6];这些理论在制定法中并无支撑[7],且未能充分考虑对未成年人的保护,因为这些理论仅要求行为人具备一般的对某一行为社会典型意义的判断能力(Einsichtsfähigkeit)。[8] 因此应拒斥这些学说,而代之以适用第 145 条及以下诸条。

3

2. 要约

有可能 B 向 J 发出了订立运输合同的要约。根据《股份公司法》第 1 条第 1 款第 1 句,B 是法人实体,因此可以通过其机构而自行承担义务。合同要约是单方需受领的、旨在订立具体合同的意思表示。[9] 这样一个要约或许可能存在于列车的发车准备和打开车门中,但这也可能被视作单纯的要约邀请。由于 B 负有强制缔约义务(《一般铁路法》第 10 条),所以它并不存在因打开车门而仍不受法律上拘束的、值得保护的利益。因此,根据交易观念(第 157 条),应认为其存在拘束意思。虽然 B 的合同相对人仍不明确,但是这一点并不有碍,因为 B 默示地表达了愿意和所有在该时点想要乘车旅行

4

---

[5] BGH NJW-RR 1991, 176, 177; BGHZ 95, 393, 399; OLG Frankfurt NJW-RR 1998, 1515f.; Bamberger/Roth/Eckert, § 145 Rn. 45, § 133 Rn. 9; Bork, Rn. 744f.; MünchKomm/Busche, § 147 Rn. 5.

[6] Bork, Rn. 744 附其他文献。

[7] Brox/Walker, § 8 Rn. 194.

[8] Brox/Walker, § 8 Rn. 194; Weth, JuS 1998, 795, 796.

[9] MünchKomm/Busche, § 145 Rn. 5.

的人,根据其一般运输条件以及运输报酬,缔结运输合同(向不特定人的实物要约)。[10] 这一点对 J 来说也是可知悉的,所以对 J 也存在一个 B 的要约。

3. 承诺

5　　J 必须接受了 B 的要约,即表示了愿意以要约中所列条件订立合同。从客观受领人的视角(第 133、157 条),通过登上火车,J 默示表示了愿意为运输(在使用可能的优惠的情形下)支付 56.40 欧元这一价目表上的报酬。此外,从第 632 条第 2 款中也能得出应支付价目表上(通常)的运输报酬。

6　　有疑问的是,J 与此不同的意思是否重要。当他质疑意思表示的存在时,或许便属于这种情况。但是,由于 J 有意识地(即具有行为意思)登上了火车,且清楚该行为的法律上的重要性(Rechtserheblichkeit,具有法律拘束意思),所以他仅欠缺具体的效果意思。[11] 但是,效果意思并不是意思表示的构成要素(konstitutives Tatbestandsmerkmal),对于意思表示的成立并无影响。这从第 116 条第 1 句中亦可得出;该句宣称表意人相对立的、未表示出来的内心意思并不重要;从第 119 条第 1 款中错误撤销的可能性中也可得出该结论。因此,存在一个由 J 发出的有效承诺。

4. 小结

7　　所以,B 和 J 订立了一份以 56.40 欧元票价、关于从雷根斯堡运输到哈勒的合同。

5. 结论

8　　B 对 J 享有一个根据第 631 条第 1 款的、额度为 56.40 欧元的支付请求权。

---

[10] Bamberger/Roth/Eckert, § 145 Rn. 34.
[11] Brox/Walker, § 4 Rn. 86; Köhler, § 7 Rn. 6.

(二)案件变型:B 根据第 631 条第 1 款对 J 的支付 56.40 欧元的请求权

B 或许可能对 J 享有一个根据第 631 条第 1 款的、额度为 56.40 欧元的支付请求权。

1. 要约和承诺

通过火车的发车准备,B 向所有在站台上的人发出了以 56.40 欧元(的价格)订立从雷根斯堡到哈勒的运输合同的要约(向不特定人的实物要约)。如果 J 毫无保留地同意以要约中所载明的条件订立合同,则 J 对 B 的要约进行了承诺。但是,在登上火车之时,他向作为 B 的受领代理人(第 164 条第 3 款)乘务员喊道:他仅愿意以 20 欧元的价格订立合同。借此他明确表达了,他不同意以 B 的通常报酬订立合同。根据第 150 条第 2 款,附限制的承诺被视为对旧要约的拒绝,同时视为发出新要约。按照这一规定,J 明示拒绝了 B 的要约,当然 B 也没有接受 J 的反要约。因此,合同或许没有成立。

2. 实际使用的效力

有疑问的是:尽管明示拒绝了 B 的合同要约,J 却实际上登上该火车并接受了 B 的给付,从中是否能得出和上文不同的结论。

(1)基于社会典型行为的事实契约理论

根据此前所主张的事实契约说和社会典型行为说[12],在现代大规模交易范围内,合同并不经由合致的意思,而是通过对给付的实际使用而成立。因此,J 对乘务员发出的仅愿支付 20 欧元的表示完全没有意义。B 和 J 之间的合同以 56.40 欧元的价格成立。

(2)Köhler 和 Larenz 的观点

与此相反,在当前部分文献中出现如下观点:法律行为意思(Rechtsgeschäftswillen)首先以表意人的明示表示为准。基于私法自

---

[12] BGHZ 21, 319, 333ff.; BGHZ 23, 175, 177ff.; BGHZ 23, 249, 261ff.; 更早亦见 Larenz, DRiZ 1958, 245, 246; Larenz, JZ 1956, 1897ff. 。

治,即便在相反默示行为的情形,我们也绝对不能忽视明示表达的意思。[13] 消极的合同自由也包含了不订立合同以及自行承担不法行为的风险的自由。[14] 通过合同外债权中的请求权[15],给付提出者的利益得到了充分的考虑。[16] 根据这一观点,B 和 J 之间并未成立运输合同。但是,基于第 812 条第 1 款第 1 句第 1 种情形、第 818 条第 2 款,B 对 J 享有一个额度为 56.40 欧元的不当得利请求权。

(3)关于和实际行为相矛盾的主张的通说

14 　根据通说[17],在大规模交易行为中,无需诉诸事实契约理论,合同在当事人间也可成立。对给付之使用可被解释为对实物要约的法律行为上的承诺表示。默示行为和明示表达的拒绝之间的可能冲突(protestatio facto contraria),应根据诚实信用原则(第 242 条)通过解释加以考虑。由于每个登上交通工具的人都清楚地知道,基于合同完成运输需支付固定的报酬;那些使用运输服务却明示拒绝订立合同的人,其行为自相矛盾。根据诚实信用原则(第 242 条),自相矛盾的行为并不重要,因为行为人的整体行为应被解释为承诺表示(和实际行为相矛盾的主张不生效,protestatio facto contraria non valet)。[18] 根据这一观点,J 只愿意支付 20 欧元的表示与此无关,因为基于对运输服务的实际使用,他接受 56.40 欧元运输报酬的承诺意思很清楚。

(4)个人观点

15 　我们应该采纳通说。因为事实契约理论既不能在制定法中找到

---

〔13〕　Köhler, § 8 Rn. 29; Larenz, § 28 II (S. 536).
〔14〕　Köhler, JZ 1981, 464, 467.
〔15〕　即基于不法行为(第 823 条及以下诸条)、不当得利(第 812 条及以下诸条)以及所有人占有人关系(第 987 条及以下诸条)。
〔16〕　Köhler, § 8 Rn. 29.
〔17〕　BGHZ 95, 393, 399; Bamberger/Roth/Eckert, § 145 Rn. 45; § 133 Rn. 9; Bork, Rn. 744f.; Faust, § 3 Rn. 2; MünchKomm/Busche, § 147 Rn. 5; 亦见,BGH NJW-RR 1991, 176, 177; OLG Frankfurt NJW-RR 1998, 1515f.。
〔18〕　Faust, § 3 Rn. 2; Wolf/Neuner § 37 Rn. 47 Weth JuS 1998, 795, 797.

支撑依据[19],对于合同订立的说理也非必需,因为我们可以将旅客的登车解释为默示的承诺表示。除此之外,该理论未能充分考虑对未成年人的保护。[20] 如果我们完全拒绝采纳合同订立的观点,这对于运输经营者来说会导致无解的实践难题,因为针对"逃票者"的支付"增加的运输报酬"的请求权,只能从承运人的一般交易条款中得出,为此,也需要合同订立。[21] 私法自治并不必然导致对合同订立的否定*,因为没有人能强制要求乘客使用运输给付。如果乘客使用了运输给付,那么就必须受此拘束。

3. 结论

在 B 和 J 之间存在一份以 56.40 欧元的票价、从雷根斯堡运输到哈勒的合同,从而 B 可以根据第 631 条第 1 款请求 J 支付这一金额。

---

[19] Brox/Walker, § 8 Rn. 194; Wolf/Neuner § 37 Rn. 44ff.
[20] Weth JuS 1998, 795, 796; Brox/Walker, § 8 Rn. 194.
[21] Weth JuS 1998, 795, 796; Brox/Walker, § 8 Rn. 194.
 * 作者在此批评 Köhler 和 Larenz 的观点。——译者注

案例 14　弄糟的合同

（参照 RGZ 99,147- Haakjöringsköd
以及 BGH NJW-RR 2003,1453）

一、案件事实

Berta（B）委托 Klara（K）对她此前出租给其熟人 Michel（M）的一套住房进行改造。改造后的房屋应该符合 M 的期望，可以直接入住。M 从现在起很长一段时间都将居住在国外。

在订立建筑合同之前，Berta 和 Klara 就很多装修细节进行协商，诸如安装由 Weilandt 制造的具有太阳能集热功能的供暖设备。在这一过程中，讨论长时间围绕如下问题：太阳能装置是否应仅可用于提供热水（SH 型号），还是也可用于供暖（SP 型号）。最后，Berta 决定采用带供暖功能的方案。由于双方认为，该型号名称是 SH，因此 Klara 将该型号记载在给付说明（Leistungsbeschreibung）中。两位嗣后在建筑合同上签字时，他们仍旧认为 Weilandt 的 SH 型号供暖设备具有太阳能供暖功能。

当供暖设备被运来安装时，Berta 突然来到建筑工地。在和安装工人的交谈中，她得知所运送的 SH 型号仅支持提供热水。Berta 找到 Klara，要她注意遵照他们协商的结果。Klara 认为，根据合同她只负有提供 SH 型号的义务。

问题 1：Berta 能够向 Klara 请求安装 SP 型号的供暖设备吗？

在合同中另外还规定，Berta 在房屋装修改造完毕之后，应支付余款5万欧元。如果 Klara 消除了可能的瑕疵,且为承租人 Michel 的利益向他出具一份瑕疵担保保证(Gewährleistungsbürgschaft),并且后者书面接受时,余款即届期。双方当事人都清楚作出这一规定的背后原因:即因为 Michel 本人就可能的瑕疵对 Klara 不享有任何请求权,承租人 Michel 只能向 Berta 提出主张,而 Berta 希望避免被 Michel 主张。

在约定的时间点,Klara 做好了一份有利于 Michel 的瑕疵担保保证。然而,在最后几个月里,他对 Michel 的精神状态产生了疑问。此外,Michel 并未如预期那样从国外返回国内,而且也无法联系上他。因此,在3个月之后还不清楚 Michel 是否能够有效地"接受"该保证,能够"接受"该保证的状态会在何时具备。

现在,Klara 请求 Berta 支付5万欧元。Berta 提到了有关 Klara 负有作出瑕疵担保保证负担的合同条文规定。Klara 认为,合同应根据新的情况加以调整(angepasst),因为没有人在合同订立时能预见到这一困难。因此,Klara 要将保证书交给 Berta,在 Klara 对上述困难加以说明之后,Berta 可以向 Michel 转交该保证书。

问题2:Berta 现在应该向 Klara 支付5万欧元吗?

二、前期思考

这则案例或许会在第一个学期的学生中引发不安:建筑物改造前的租赁合同、瑕疵担保保证等。但是,这些内容几乎都只是边角料。我们应该习惯,在考试中面对那些乍看之下涉及陌生事物的问题,并学会不因此而陷入错误之中。通常,命题人不会对考生提出其能力范围之外的要求。特别是《德国民法典》总则内容几乎可以被包装成任何一副"面孔"。因此,我们应该抱元守一,聚焦于案件问题并思考涉及何种请求权,可以援引哪个请求权基础。

问题1涉及所负担的义务是给付哪种供暖设备。当事人订立了一份关于建造可直接入住式住房的合同。这是一个第 631 条第 2 款意义上的、有关物之制造的合同,即承揽合同。在确定的书面合同书中虽然提到了特定的供暖类型,但是比照结合当事人之间的协商内容,该供暖类型实际上表述有误。对此,我们联系到过去帝国法院的经典案件;该案中挪威语"Haakjöringsköd"(鲨鱼肉,而非鲸鱼肉)的常见表述困境被祛除了。这涉及合同解释(和需受领意思表示的解释)的问题,原则上应根据第 133、157 条从客观受领人的视角加以解释。在笔试中,如果解释是必要的,我们应当阐明解释原则并适用之。此外,这些原则的基本例外情形也属于基础知识。

此外,法律行为的解释在考试中不重要,因为很多考生和命题人所考虑的不一样,对合同作不同的解释,并因此进入另一条解答进路。因此,至多在涉及当事人是否形成合意,以何种内容形成合意,以及一方当事人是否存在错误时,法律行为的解释才具有意义。如果我们可以从案件事实中明确得出要约和承诺,在这类案件中要约和承诺应该根据第 133、157 条(以及根据这两个条文的可能例外情形)进行解释。如何正确地对法律行为进行解释,在司法实践中我们有时参照联邦法院判决才能明悉。联邦法院作为上诉法院原则上不解释法律行为,但是它审查存在法律错误(Rechtsfehler)的上诉判决,而对解释原则的误判也属于法律错误。[1]

问题 2 说的是,K 能否向 B 请求付款。为此需要一个请求权基础,这一请求权基础体现在当事人订立的合同中。因此,和解这一法律行为本身就是请求权基础。所以我们或许只应该在括号内提到第 779 条。

在这里,当事人就和解规定的届期要件存在争议。人们将届期

---

[1] 持续的判决,如 BGH NJW 1992, 1967; NJW-RR 1990, 455; Bork, Rn. 557; MünchKomm/Busche, § 133 Rn. 70ff. 附大量参考文献。

理解为债务人负有给付义务之初始时点。[2] 遗憾的是,《德国民法典》对该概念并未加以定义,而是仅在第 271 条规定在有疑问时届期立即发生(同时请求权成立)。不难发现,此处和解中的届期要件并未完全满足,从而 Klara 还不能请求向她付款。但是我们却不能止步于此,因为案件问题在这里才刚刚开始:在案件事实中 Klara 和 Berta 相互交流说出的法律依据,是命题者给出的提示帮助,我们必须要研究这些法律依据。

正如 Klara 所说,由于在订立和解的协议时没有人预估到后来发生的情况,因此和解协议并未对此作出规定。鉴于 Klara 的提示,我们要考虑第 313 条第 1 款行为基础丧失情形下的合同调整请求权和合同补充解释。

小贴士:

  区分合同补充解释(第 157 条)和在第 313 条中明文规定的行为基础学说并不总是容易的。[3] 在两个法律制度中,所形成的合同都没有对特定情事中所发生的问题设定规则,因为当事人未曾考虑到该问题或者该问题是因嗣后的情事发展才出现的。补充解释为合同内容赋予了自始欠缺的规则内容,该规则内容合乎特定当事人的假定意思:即结合已经作出的合意,当事人如考虑到该问题大致会对已经作出的合意作进一步约定。[4] 相反,在第 313 条第 1 款的框架内,由于从合同中不能得出特定当事人的假定意思,所以基于其他情事合同需被调整。[5] 因此,应该追问的是:客观且理性的原合同相对人在变化的情事下本应作出具有何种内容的规则,来避免给一方当事人造成违反

---

[2] Palandt/Grüneberg, § 271 Rn. 1.
[3] 关于这一区分的详细(论述),Nicklisch, BB 1980, 949ff.。
[4] Faust, § 3 Rn. 26; Köhler, § 9 Rn. 19.
[5] MünchKomm/Roth, § 313 Rn. 130.

合同本意的不可期待的不利益。[6] 从体系角度来说,补充解释优先。(理论上)补充解释从特定当事人形成的实际合意出发,在假使当事人认识到合同漏洞的情形下,确定了他们逻辑一致地本会作出的那些规则内容。[7]

三、提纲

(一)问题1:根据第631条第1款,B对K的安装SP型供暖设备的请求权 ··· 1
 1. 承揽合同的合意和内容 ·· 2
  [难题:双方当事人作出的意思一致的,但和客观意义理解的不一致的意思表示,应如何解释?]
 2. 结论 ··· 6
(二)问题2:根据第631条第1款,K对B的余款支付请求权 ··· 7
 1. 合同订立/请求权成立 ·· 8
 2. 基于合同的请求权的届期 ·· 9
 3. 基于合同补充解释的届期 ······································ 10
  (1) 合同中的漏洞 ·· 11
  (2) 漏洞的规则需要性 ·· 12
   [难题:我们是止步于未满足届期,还是需要替代性规则?]
  (3) 补充解释 ·· 15
   [难题:根据假定的当事人意思,应该如何终结合同漏洞?]

---

[6] Nicklisch, BB 1980, 949, 952.
[7] BGHZ 90, 69, 75; BGH NJW 1997, 652.

|(4)小结 …………………………………………… 17
| 4.结论 ……………………………………………… 18

四、解答

(一)问题 1:根据第 631 条第 1 款,B 对 K 的安装 SP 型供暖设备的请求权

根据第 631 条第 1 款,B 可能享有一项对 K 的安装所约定的、由 Weilandt 生产的 SP 型供暖设备的请求权。这一结果是以当事人之间具有相应内容的合同为前提的。

1.承揽合同的合意和内容

根据案件事实,K 和 B 已经就安装由厂家 Weilandt 制造的太阳能供暖设备达成了合意,并将该供暖设备表述为型号 SH。紧接着,双方在载有相应内容的建筑合同上签了字。由此存在一个关于承揽合同的合意。但是,由于 SH 型号中的太阳能装置只能供应热水,不能用于想要的供暖,因此有疑问的是合同的标的是什么——是 SH 型号太阳能供暖设备,还是具有供暖系统的 SP 型号供暖设备?

合同的内容要通过解释来确定。解释的目的始终在于探明法律行为上的意思。[8] 根据第 133、157 条,在合同(以及需受领的意思表示)的情形,解释原则上取决于客观理性的第三人如何理解该内容。如果"SH 型号"供暖设备的意义应解释为负有的给付义务是能用于供暖的太阳能供暖设备,则给付仅能用于供应热水的太阳能供暖设备构成不履行。

基于客观受领人视角的解释旨在保护表示受领人,因此也受到表示受领人的保护需要性的限制。如果双方当事人以同一方式理解

---

[8] Wolf/Neuner,§ 35 Rn. 7.

特定的表示[9],或者受领人在合同订立时知悉了表意人对其表示意义的错误,但仍愿订立该合同的情形[10],表示受领人不需要保护。因为根据意思自治,只有作为"合同主人"[11]的当事人才能决定合同的内容,且因为合同其纯粹的当事人之间的效力(bloßen inter-partes-Wirkung),法律规范没有理由将当事人达成一致的意思弃置不顾(falsa demonstratio non nocet)。[12]

5　　由于本案中 B 和 K 一致认为,SH 型号是对能用于供暖的太阳能供暖设备的正确表述,所以——不依赖于该表示的客观字面意思,成立了关于用于供暖的太阳能供暖设备的合同。

2. 结论

6　　根据第 631 条第 1 款,B 可请求 K 安装 SP 型供暖设备。

(二)问题 2:根据第 631 条第 1 款,K 对 B 的余款支付请求权

7　　K 对 B 的支付余款 5 万欧元的请求权可能基于承揽合同而产生。

1. 合同订立/请求权成立

8　　当事人订立了承揽合同(参见上文边码 2),这一承揽合同也规定了 K 的这一付款请求权。因此,这一请求权原则上成立了。

2. 基于合同的请求权的届期

9　　有疑问的是:在合同中对支付余款所约定的届期要件是否满足。虽然 K 完成了建造并作出保证,但是还欠缺 M 对保证的接受。所以,届期要件实质上并未满足。

---

[9] RGZ 99, 147ff.; Wolf/Neuner, § 35 Rn. 31; Cordes Jura 1991, S. 352, 353; MünchKomm/Armbrüster, § 119 Rn. 59 (falsa demonstratio non nocet)。

[10] MünchKomm/Armbrüster, § 119 Rn. 62。

[11] Cordes Jura 1991, 352, 353。

[12] Larenz/Wolf, § 28 Rn. 29。

3. 基于合同补充解释的届期

有疑问的是：合同的补充解释可否得出届期满足。因为当事人在订立合同时并未预见到，M 可能变成无行为能力人且人在国外无法找到。所以，该合同可能是有漏洞的，并应通过补充解释来终结漏洞。[13]

（1）合同中的漏洞

合同中没有任何迹象表明：当事人会想到在提交保证之时无法联系上 M 且其行为能力在法律上可能存在疑问，并因此使得所约定的余下承揽报酬的届期长时间无法实现。所以，和解合同就替代性的届期实现存在漏洞。

（2）漏洞的规则需要性

合同补充解释还需以合同漏洞需加规制（Regelungsbedürftigkeit）为前提。[14] 因此，基于利益确定和利益衡量考虑需要弄清楚：是否已经处于迟延（Verzögerung），是否需要设定替代规则。

合同规则具有的意义和目的在于：确定 K 剩余承揽报酬请求权届期的明确条件，为 K 的利益而尽快导致届期。所以，届期实现的约定一方面在于保护 K 的利益，就其提出的承揽工作物，K 应完整地获得报酬。另一方面，由于 M 通过 K 的保证担保获得自己对 K 的瑕疵担保请求权，B 被其合同相对人 M 提出要求而获得救济之途径也应因此而被排除。基于建筑合同，M 无法获得对 K 之这一请求权。

如果不清楚 M 能否发出相关的意思表示，不清楚 M 何时能发出相关的意思表示，上述两个目的的实现便处于危险之中。甚至是（本就可考虑的）关于照顾人或补充保佐人的设置（第 1896 条第 1 款及第 1909 条第 1 款），就 M 而言可能因他无法寻获而耗费不可预计之

10

11

12

13

14

---

[13] 对合同补充解释的一般性说明，Larenz/Wolf, § 28 Rn. 108ff.; MünchKomm/Busche, § 157 Rn. 26ff.。

[14] Brox/Walker, § 6 Rn. 139; MünchKomm/Busche, § 157 Rn. 44.

时间。鉴于不确定期限的不确定状态,届期合意中的漏洞还是需要(补充)规则的。

(3)补充解释

15　　就届期这一合同漏洞的填补而言,假定的合同当事人意思至关重要。这应该取决于,当事人如果考虑到该未规定的情形时,作为善意合同当事人在合理考虑其利益时根据诚实信用本应约定的内容。[15]

16　　就此而言,还应考虑到双方当事人有关便捷、低成本解决争议的利益以及避免诉讼程序的利益。如果 K 已经消除了瑕疵,他应该获得 5 万欧元的剩余承揽报酬。承租人 M 获得了作为担保而设立的瑕疵担保保证,他必须接受该瑕疵担保保证,同时 B 应可借此避免被其承租人提出要求。因为无法联系到 M 且 M 可能缺乏行为能力这些事实和法律上的原因,承租人接受保证这一最后且决定性的步骤长期停滞,这些属于 B 的风险范围。承租人 M 不是 K 的合同当事人,而是其合同当事人 B 的合同当事人。根据这一背景,合乎双方当事人利益的规则是:如果 K 已消除瑕疵且愿意向 B 交付一份供其转交的、能够为权利人 M 接受的保证书时,则届期实现。因为 K 这时已经做了对于她来说所能做的一切,来促成其债权的届期。同时,由于存在将保证书嗣后转交给真正利益人的可能性,B 获得了足够的担保。

(4)小结

17　　由于 K 已经建好了房屋,并向 B 提供了为承租人所确定的保证书的交付,届期实现了。

4. 结论

18　　B 根据合同以及基于 K 向她提供交付对 M 的保证书,应该向 K

---

〔15〕Köhler, § 9 Rn. 19; MünchKomm/Busche, § 157 Rn. 47; Wolf/Neuner § 35 Rn. 113.

支付剩余承揽报酬5万欧元。

小贴士：

本案表明，并不是任何一个合同请求权都存在我们可以引述为请求权基础的法律规范。对此，我们应当学会习惯，并在必要时引述第311条第1款、第241条第1款作为辅助请求权基础(Hilfsanspruchsgrundlage)。因为从这两条规范中可以得出：人们可以通过合同形成任意内容的债务关系，债权人嗣后可向债务人请求所允诺的给付。实质上，法律行为上的请求权始终源于法律行为本身。因此，甚至偶有观点认为，在买卖合同等情形，常规地援引第433条第1款或第2款是多余的。原则上，我们的确可以这么认为。尽管如此，在整个(法学)教育阶段，主张法律条文是法律行为上请求权的请求权基础是不可放弃的。将请求权的内容归入法律条文也属于在笔试中所考评的知识。

案例 15　矛盾的施工图

（参照 BGH NJW 1998, 3192 和 BGH NJW 2003, 743）

一、案件事实

建造业主 Bert Bummel(B)想要实现自有住房之梦想。由于建筑企业 Ulrich Ungenauer(U)的报价比其他人便宜 1.5 万欧元,因此 B 和 U 签订了一份书面合同。在该合同中,U 负有以总价 58 万欧元为 B 建造一个可直接入住式房屋的义务。就 U 应提出的给付细节,合同书指引向两份附件;这两份附件和合同的其他部分装订在一起。第一份附件是详细的建造说明(Baubeschreibung),在该份建造说明中详细规定了所有 U 应给付的内容。第二份是一幅按照房屋比例成像的施工图。建造说明规定有"一个由混凝土预制件浇制台阶组成的带有侧面墙体的户外楼梯设施",这一户外楼梯设施使得从外面直接进入地下室成为可能。但是,这一户外楼梯并没有被画入施工图中。当房屋其余部分完工时,B 向 U 指出缺少户外楼梯,并要求补造。B 有道理吗?

案件变型 1:

当户外楼梯的问题出现后,U 书面通知 B,他的报价一开始计算错了。U 写道,他虽然将所有正确信息输入进了电脑,但是电脑在计算房屋建造价格时参照了以前的数据。由此导致向 B 发送的报价很低,所以这份建造合同不应该以目前订立的内容生效。如果 B 愿意支付正确计算后 65 万欧元的价款,U 愿意继续建造户外楼梯。B 拒绝了U的书面通知中内容,其理由是计算是U应承担的风险,并继续要求U在不增加费用的情况下建造户外楼梯。B有道理吗?

案件变型2:

B在合同订立之前,就看过建造说明和施工图。之后,他还另外想要建造一个能进入地下室的户外楼梯作为进入学生公寓的入口。U很快将户外楼梯画进施工图中,但是没有记录进建造说明中。第二天U表示,B必须放弃该户外楼梯,因为这一安装在技术上存在问题,且需要做很多额外工作。B回复道:对他而言,作为进入底层学生公寓的入口,户外楼梯是不可放弃的。随后双方没有再次讨论户外楼梯,最后就在建筑合同上签了字。建筑合同在施工图中规划有户外楼梯,但是在建造说明中无此规划。B能够请求U建造该建筑吗?

二、前期思考

在一开始我们都需要寻找正确的请求权基础。因为,我们必须在适当的位置处理在阅读案件事实材料后所认为存在的"问题"。本案中U应为B建造一栋房屋。当合同使得一方当事人负有广义上的制造义务,大多涉及第631条意义上的承揽合同。根据第631条第1款、第633条第1款,承揽人负有制造无物之瑕疵和权利瑕疵工作物的义务。如果允许,我们还应将第651条写在第631条条文内容的旁边。因为根据第651条,买卖法适用于给付尚待制造或生产的动产。只不过因为房屋并不是动产(参见第93条、第94条第1款),故本案实际上涉及承揽合同。所以,至少在发生第640条第1款意义上的受领之前,履行请求权的请求权基础是第631条第1款。

合同订立始终以当事人的合意为前提。例外出现的情况是不存在合意,即便当事人以为已经形成了合意:当事人相互发生误解,这时可能并没有成立一项合同;确切地说,或者是因为存在隐藏的不合意(参见第 155 条),或者是因为内容自相矛盾(Widersprüchlichkeit, Perplexität)。是否存在不合意,或者合同是否因内容自相矛盾而无效,我们只有通过合同解释才能确定。在经客观解释之后,当事人没有真正达成(完全)合意时,则存在不合意。此时我们就要考虑到,第 154 条、第 155 条中的规定仅适用于有关合同次要内容的不合意。如果当事人就合同要素未达成合意,则合同未成立。这对于1896 年《德国民法典》的立法者来说是不言自明的道理,因而无需明文规定。借助于这些知识,我们就能解答初始案件和案件变型 2。

在案件变型 1 中涉及一方当事人的意思形成存在瑕疵,因为该当事人计算错了(所谓的计算错误)。这里的问题是计算错误可能的法律效果有哪些。

如果双方当事人在一份合同书上签了字,而合同书的规则内容本身是矛盾的或者至少是欠缺明晰的内容时,这就涉及内容自相矛盾。即便在单一意思表示的情形,也可能存在这种内部自相矛盾。因此将内容自相矛盾理解为第 155 条意义上隐藏不合意(表见合意,Scheinkonsens)的子类型[1]并不完全正确。如果要约本身是自相矛盾的,则该要约作为意思表示因内容自相矛盾而无效,承诺因此落空(只要相关当事人并没有赋予要约以同一意义,参见案例 14)。此时我们不需要适用第 155 条。

三、提纲

(一)初始案件:B 对 U 的建造户外楼梯的请求权,第 631 条
  第 1 款·································· 1
  1. 请求权成立······························ 2
   (1)不合意或内容自相矛盾················ 3

---

[1] Banberger/Roth/Eckert, § 155 Rn. 3; OLG Hamburg ZMR 1997, 350, 351.

(2) 合同解释 ·· 4
　　[难题:对于根据第 133、157 条的合同解释来说,两个内容相互矛盾的文件,其中哪一个是决定性的?]
(3) 小结 ·· 5
2. 请求权因撤销而消灭,第 142 条第 1 款 ············ 6
3. 结论 ·· 10

(二) 案件变型 1:在不增加费用的情况下,B 对 U 的建造户外楼梯的请求权,第 631 条第 1 款 ············ 11
1. 合同订立 ·· 12
2. 撤销后无效,第 142 条第 1 款 ······················· 13
(1) 撤销表示 ··· 14
(2) 撤销事由 ··· 15
①表示错误,第 119 条第 1 款第 2 种情形 ······ 16
②内容错误,第 119 条第 1 款第 1 种情形 ······ 17
　　[难题:计算过程中的错误(计算错误)能被视为内容错误吗?]
(3) 小结 ··· 21
3. 权利滥用的抗辩 ·· 22
4. 结论 ·· 24

(三) 案件变型 2 ·· 25
1. B 对 U 的建造房屋的请求权,第 631 条第 1 款 ········ 25
　　[难题:B 和 U 根据自然解释(第 133 条)达成了合意?]
2. 结论 ·· 30

四、解答

(一)初始案件:B 对 U 的建造户外楼梯的请求权,第 631 条第 1 款

1　　B 可能根据第 631 条第 1 款,对 U 享有一项请求嗣后建造户外楼梯的权利。

　　1. 请求权成立

2　　该请求权成立的前提是,U 和 B 之间成立了一个承揽合同。承揽合同系由两个合致的意思表示,要约和承诺(第 145、147 条)组成。U 和 B 就以固定价格 58 万欧元建造一个可直接入住式的房屋形成合意。

　　(1)不合意或内容自相矛盾

3　　但是,有问题的是:建造说明和相配套的关于户外楼梯的施工图不符。在建造说明中对该楼梯作了详细描述,但在施工图中则没有该楼梯。由于承揽合同是基于两份相互矛盾的文件而形成的,因此可以考虑合同因内容自相矛盾而无效。如果(意思表示或者)合同含有两个相互不可调和的、矛盾的规则内容,且两个规则内容处于同一位阶,即使通过解释也不能获得单一意义的合同内容,此时存在内容自相矛盾。[2]

　　(2)合同解释

4　　因此,应该加以检验的是,根据第 133、157 条,基于客观的受领人视角,是否有可能对建筑合同作意义明确的解释。U 和 B 就承揽合同达成合意,其内容或者是通过施工图确定,或者是通过建造说明来确定;这两份文件就建造户外楼梯相互之间存在矛盾。如果合同赖以成立的两份文件在这一点上未能一致,根据第 133、157 条,基于

---

[2] OLG Hamburg ZMR 1997, 350, 351.

文件内容的细致翔实,原则上对受领人传达更多意义内容的文件是决定性的。[3] 这里建造说明就属于这一文件,它包含了所有 U 应提供给付的具体清单,因此可推定它更为重要和完整。相反,仅包含建筑物技术制图的施工图,对合同的意义退居其次。由于建造说明将地下室通道明确表示为"由混凝土预制件浇制台阶组成的、带有侧面墙体的户外楼梯设施",附加的施工图中不存在该楼梯即构成失误。我们由此得出的结论是:当事人实际上就建造户外楼梯达成了合意。[4]

(3)小结

因此,户外楼梯的建造是合同内容的组成部分。由于在这里确定明确意义的合同内容是可能的,所以不存在内容自相矛盾。承揽合同在当事人之间成立了,包含了户外楼梯的内容。所以,U 根据第 631 条第 1 款负有建造该楼梯的义务,B 的这一请求权成立了。

2. 请求权因撤销而消灭,第 142 条第 1 款

如果承揽合同是可撤销的,且 U 根据第 143 条第 1 款、第 2 款向适格的撤销相对人作出了撤销表示的话,B 的请求权可能根据第 142 条第 1 款而消灭。

U 拒绝建造户外楼梯,根据第 133、157 条,是否可以被解释成撤销表示,是很有疑问的。虽然撤销表示并不需要使用正确的法律术语,但是仍需表达出撤销人因错误而不愿意使得该法律行为对自己生效的意愿。[5] 不过,U 拒绝建造的基本出发点是:U 认为他并不负有建造户外楼梯的合同义务。U 并未提及错误。因此不存在撤销表示。

---

[3] BGH NJW 2003, 743.
[4] BGH NJW 2003, 743.
[5] Wolf/Neuner, § 41 Rn. 13.

8   **小贴士:**

仅当 U 马上主张关于户外楼梯的段落内容由于失误而没有从建造说明中删除时,才可以谨慎地认定存在撤销表示。U 虽然几乎提供了全部的给付,却没能获得对待给付。完全消灭合同并不符合 U 的利益。在有效撤销的情形下,返还清算应根据第 812 条第 1 款第 1 句第 1 种情形进行。由于所建造的房屋的返还因其性质而不可能(无论如何,如果 B 此前已是被建造土地的所有权人,返还还是不可能的),如果 B 根据第 818 条第 3 款因此而得利的话,B 应根据第 818 条第 1 款偿还其价值。

9   B 的这一请求权并未根据第 142 条第 1 款而消灭。

3. 结论

10   B 可向 U 请求嗣后建造楼梯。

(二)案件变型 1:在不增加费用的情况下,B 对 U 的建造户外楼梯的请求权,第 631 条第 1 款

11   B 可能根据第 631 条第 1 款,对 U 享有一项嗣后建造户外楼梯的请求权,而无需支付约定 58 万欧元之外的报酬。

1. 合同订立

12   如上文所述,双方当事人已经订立一份以 58 万欧元建造一个带有户外楼梯房屋的合同。为此,B 可以请求 U 以该价款履行合同,而无需支付额外费用。

2. 撤销后无效,第 142 条第 1 款

13   但是,该承揽合同可能根据第 142 条第 1 款,因 U 撤销合同要约而被视为自始无效。

(1)撤销表示

14   为此,U 需要向作为合同当事人的 B,这一适格的撤销相对人

(参见第143条第2款),毫无疑义地表达出他不再愿意固守(参见第143条第1款)这一份以58万欧元建造一个带有户外楼梯房屋的合同。这一意思可以从U给B的书信中解释出来(参见第133条、第157条),因为U给B的书信中提及合同不生效。

(2)撤销事由

撤销还需要具有撤销事由,这一撤销事由可能涉及U的错误计算。 15

①表示错误,第119条第1款第2种情形

首先,可以考虑存在第119条第1款第2种情形意义上的表示错误而将其作为撤销事由。为此,U在向B发出意思表示时需存在错误。U想要以电脑中计算的价款和B订立合同,就此而言,U在表示行为中并没有发生错误。尤其是U也没有输入错误,他表达了他内心想要表达的内容。所以,并不存在表示错误。 16

②内容错误,第119条第1款第1种情形

如果U就其表示的内容或者外延发生错误,还可考虑存在第119条第1款第1种情形意义上的内容错误。 17

在这里,U向B发出的要约是以建造价格的错误计算为基础,而建造价格的错误计算是由于U使用的计算机程序所致。U就其发出意思表示的内容并没有发生错误,而是就计算过程的正确性发生了错误。所提供的报价也不是基于对电脑的错误使用,诸如不是基于U的错误输入,而仅仅是因为使用了错误的数据材料。由于B作为合同相对人并不知道价款计算的细节,所以这里仅涉及动机错误,构造上称之为隐藏的或**内在的计算错误**(internen Kalkulationsirrtums)。[6] 18

根据通说,这种计算错误并不能导致撤销,因为基于实际上不正 19

---

[6] Vgl. BGH NJW-RR 1990, 116, 117; vgl. auch Palandt/Ellenberger § 119 Rn. 18.

确的计算基础而形成报价之人需要承担计算与正确情形不符的风险。[7] 即便在意思表示相对人因过失而未发现对方错误的情形,这一风险原则也同样适用。[8] 在这里,我们可以马上想到:B 收到了多个较高的同期报价,但是由于 U 的报价和其他报价之间的价差低于3%,因此 B 不会预见到存在计算问题,他也不能发现 U 的错误。

20　　**小贴士**:

　　　　如果存在所谓的公开的或外部计算错误(externer Kalkulationsirrtum),原则上还应考虑交易基础的丧失,第313 条第 1 款、第 2 款规定的法律效果是合同调整请求权。然而这种外部计算错误的前提是,B 知道 U 的计算依据[9];根据案件事实,电脑连接了过时的数据不属于外部的计算错误。

　　(3)小结

21　　由于不存在撤销事由,所以 B 关于建造带有户外楼梯房屋的请求权并未因撤销而根据第 142 条第 1 款消灭,这一请求权继续存在。

　　3. 权利滥用的抗辩

22　　但是,B 基于第 631 条第 1 款的这一请求权可能(持续地)不能实现,因为 B 对 U 主张履行这一份已经订立的合同可能构成权利滥用行为(参见第 242 条)。

23　　如果针对 U 所提供的建筑给付,通常的市场价格和 U 所提出的报价之间存在较大失衡,以致 B 必定会产生 U 弄错报价的怀疑时,这时 B 的主张可能就属于权利滥用。在本案中,如果 B 本应发现 U 以该价格履行合同是不可期待的,在未问询 U 价格的情形下,B 就接受报价可能有违诚信。进而,B 对合意的固守就应被视为对第 631 条

---

[7] 持续的判决,BGH NJW-RR 1986, 569, 570; NJW 2001, 2464, 2465; Jauernig/Mansel § 119 Rn. 10; MünchKomm/Armbrüster § 119 Rn. 122。

[8] BGH NJW-RR 1986, 569; BGH NJW-RR 1995, 1360。

[9] Vgl. BGH NJW 2002, 2312, 2313 附其他文献。

第 1 款权利的滥用(参见第 242 条),是不应被允许的。[10] 但是,正如上文所确定的是,U 的报价只不过比同期报价便宜 3%,所以 B 应不能预见到计算错误。

4.结论

B 对 U 享有一项基于第 631 条第 1 款的、以 58 万欧元建造约定的带有户外楼梯房屋的请求权成立了,未因撤销而被排除,且是可实现的。

(三)案件变型 2

1. B 对 U 的建造房屋的请求权,第 631 条第 1 款

B 基于第 631 条第 1 款对 U 的建造请求权也是以一个有效的、关于以支付额度 58 万欧元的承揽报酬为条件建造房屋的合意为前提的。

U 和 B 已经在有关建造住房的建筑合同上签字,这说明了相应内容合同的订立。但是,就进入底层的户外楼梯,合同表现出制造说明和施工图之间的矛盾。根据第 155 条,如果在至少一方当事人认为属需规定的要点上未取得合意,合同原则上不成立。在本案中,关于户外楼梯就可能属于这一情形。

由于当事人在合同书上签了字,所以首先应根据第 133、157 条的规则来确定合同书的客观内容。如前所述(参见上文边码 4),在两份文件相互矛盾的情形,原则上建造说明较之于施工图具有优先性,因为建造说明是更详细的文件,因此从双方当事人来看是更为重要的规定。但是,根据第 133 条,如果真实的意思存在客观可确定的表达,在合同以及需受领的意思表示中也不可不考虑当事人和表意

---

[10] Vgl. BGHZ 139=NJW 1998, 3192,该案肯定了权利滥用,其案情含有很长的承诺期限,和本案案件事实不同。

人真实的意思。当表示相对人明知表意人的真实意思或者在运用交易中必要的注意本可发现表意人的真实意思时，表示受领人就不值得保护。在合同内容形成一致理解的情形，合同当事人根本无须保护，因为当事人的一致理解优先于合同的客观表示内容。

28 因此，在具体案件中，书面文本对于合同解释以及所提出的合意问题而言，不具有唯一决定性，而是应当原则上考虑伴随合同订立中所有的情事。[11] B向U明确指出，他还需要一个可进入底层的引导楼梯。当U因技术困难拒绝B的这一要求时，后者对此并不满意，而是指出该设施建造的绝对必要性。因此，在这里所谓的自然解释（第133条）得出的结论是：当事人就户外楼梯的问题并没有取得合意。因为他们虽然嗣后在合同书上签了字，但是就楼梯的相对立看法并未祛除。鉴于户外楼梯对于B这一方的重要性以及U建造户外楼梯相关的困难，我们不可以认为：当事人在就这一内容未达成合意的情形下也愿意订立合同，或者一方当事人已经让步。所以，合同未成立。能否从第155条中得出这一结论——因为这仅涉及次要内容，抑或这里是否存在完全不合意——因为双方主给付中之一尚未被确定[12]，对于这一问题我们搁置不论。

29 **小贴士：**

和初始案例不同的是，在这里不仅合同内容是不明确的，而且当事人就不订立存在合意。肯定这里存在合同订立，难以说得通。虽然疑问情形的解释仍是衡量和价值问题；但是认为存在合同订立的前提是，我们能证明一方当事人作出了让步。而案件事实对此根本不含有任何说明，以致我们最后必须猜测。在案例变型中，双方当事人也没有一致开始履行合同（对此参见

---

[11] Köhler，§ 9 Rn. 11.
[12] Staudinger/Bork，§ 155 Rn. 15 附其他参考文献；Banberger/Roth/Eckert，§ 155 Rn. 11；Palandt/Ellenberger，§ 155 Rn. 5；MünchKomm/Busche，§ 155 Rn. 12；Soergel/Wolf，§ 155 Rn. 18.

案例16边码11以下)。这一案件变型表明,实际过程中的细小变化都可能引发不同的评判,这对于外行难以理解。对于练习作业来说,在解释的范围内唯一重要的是:说得通的观点被很好地论证。

2. 结论

由于欠缺合意,U 和 B 之间并未形成承揽合同。B 根据第631条第1款的履行请求权因此并不成立(其他观点亦说得通)。

案例16　我的一般交易条件、你的一般交易条件

（参照 BGH NJW-RR 2001, 484）

一、案件事实

应机床加工人 K 的咨询，机器制造商 V 向 K 提供一份每台机床价格 10 万欧元的要约，并援引了其多年一直使用的"机床供货条件"（以下称："供货条件"，Lieferbedingungen）。K 在订购该机器的时候援引了 V 的要约，并提出了他自己的"采购条件"（Einkaufsbedingungen）。该"采购条件"含有如下条款："其他表述不同的条件，如果未在本订购书中明确成文，不生效。"随后，V 向 K 寄送了一份订单确认书（Auftragsbestätigung），该确认书也被 V 附加了"供货条件"。V 和 K 紧密合作，并按照 K 的需求对机器进行改造，该机器 1 年后被交付给 K。V 的"供货条件"中含有禁止抵销的规定，但是 K 的"采购条件"中根本没有提及抵销。

当 V 向 K 请求付款时，后者表示通过他对 V 的一个到期的、无抗辩权的金钱债权，来抵销这一价款请求权。V 当时援引了其"供货条件"中抵销禁止的规定，而 K 随即援引他"采购条件"中的条款。K 认为，他们显然最终没有缔结合同。V 的付款之诉有成功的希望吗？

二、前期思考

对上述案件提问不要产生误会，该问只涉及诉讼是否具有理由

(Begründetheit),即付款请求权的成立。这一请求权基础是第433条第2款。然而,我们在援引第150条第2款时,就会得出如下结论:这里存在多个变更的承诺,而最后变更的承诺最终没有被接受。但是,这一结论看起来并不令人满意,因为当事人一致履行了合同,而最后也只是在次要内容上,即抵销禁止上存在争议;且该次要内容仅被规定在一般交易条件中。

从第306条第1款的法律效果规定中我们可以得出:原则上,一般交易条件的订入(Einbeziehung von AGB)并非合同订立的生效要件。此外,第305条第2款在一开始也区分了合同订立和一般交易条件的订入。即便如此,我们在适用第150条第2款以及第154条第1款时仍存在问题。在一致履行合同的情形(bei einvernehmlicher Vertragsdurchführung),第154条第1款关于合同未成立的推定,可因存在不同的当事人意思而被推翻。据此,我们在这里得出了合同订立的结论(关于说明,参见下文解答)。

还未学习债法总则知识的初学者自然会对案件事实中提到的"抵销"伤脑筋,因为通常还不知道这是什么。我们完全可以忽略有关抵销的内容,而专注于检验作为价款请求权前提条件的合同订立问题。但是,我们也可以尝试应对这一在笔试中可能一直会出现的情况:诸如出现我们由于某种原因还不知道的问题。如要在这里明确说明的话,我们应该记住一条适用于笔试的通行建议:由于使用关键词索引很简单,我们可以在法条汇编的关键词索引中查找不知道的法律概念。如果我们做了这些(请查阅!),我们就会发现抵销被规定在何处的提示。根据第389条,如果未有效约定抵销禁止的话(原则上允许约定抵销禁止),被抵销债权因抵销而消灭。

抵销禁止的约定是否有效,取决于目前还未说明的问题:即哪一个一般交易条件有效。当事人之间的相互矛盾的一般交易条件,在一开始可能因合意要求(参见第305条第2款后段)而根本不发生效力。我们要怎样才能获得合理的解答结果呢?

三、提纲

V 对 K 的价款支付请求权,第 433 条第 2 款 ……… 1
1. 基于第 433 条第 2 款的请求权成立 ……… 2
  (1) V 的要约 ……… 3
  (2) K 对要约内容变更后的承诺 ……… 4
  (3) V 对新要约变更后的承诺 ……… 5
  (4) K 对新要约的承诺 ……… 6
    ① 通过对订单确认书无异议的接受进行承诺 ……… 7
    [难题:根据有关商人确认书的原则,K 的沉默被赋予了表示价值吗?]
    ② 通过受领机器发出承诺表示 ……… 10
  (5) 通过一致履行合同来缔结合同 ……… 11
    [难题:这里是否适用第 154 条第 1 款的解释规则?]
  (6) 小结 ……… 13
2. 根据第 389 条,请求权消灭 ……… 14
  (1) 抵销表示和抵销适状 ……… 15
  (2) 通过 V 的一般交易条款排除抵销 ……… 17
    [难题:V"供货条件"中的抵销禁止规定构成合同内容了吗?]
  (3) 小结 ……… 21
3. 结论 ……… 22

四、解答

V 对 K 的价款支付请求权,第 433 条第 2 款

1   如果在双方之间存在一项买卖合同的话,V 可根据第 433 条第 2

款,向 K 请求支付额度为 10 万欧元的价款。

1. 基于第 433 条第 2 款的请求权成立

买卖合同经由两个合致的、互为关涉的意思表示(要约和承诺,参见第 145、147 条)而成立。

(1) V 的要约

V 援引价格 10 万欧元的"供货条件",向 K 发出了出售机器的要约。

(2) K 对要约内容变更后的承诺

接下来的订购可能构成对合同要约的承诺。K 虽然同意该要约的条件,但是他仍然提出了自己的"采购条件"。该条件包含一条所谓的防御条款(Abwehrklausel),根据该条款,与该条件条款不一致的合同条件不发生效力。所以 K 并没有毫无保留地接受 V 的要约,而是就一般交易条件附带变更地接受。根据第 150 条第 2 款,K 的这一对要约内容变更后的承诺被视为新要约。[1]

(3) V 对新要约变更后的承诺

V 并没有通过订单确认书接受该新要约,因为他再次提及其"供货条件"(一般交易条件)。因此,根据第 150 条第 2 款,委托确认书再次构成 V 的新要约。[2]

(4) K 对新要约的承诺

有疑问的是,K 对 V 的这一新要约是否进行了承诺。

①通过对订单确认书无异议的接受进行承诺

应加检验的是:是否可以根据第 133、157 条,而将 K 对订单确认书的无异议的接受解释为承诺表示。沉默原则上不具有表示价值(Erklärungswert)。[3] 但是,如果可以适用有关商人确认书的沉默原则,并进而获得相应结果,该沉默可能体现了承诺。由于作为机器制

---

〔1〕 BGH NJW-RR 2001, 484, 485.
〔2〕 BGH NJW-RR 2001, 484, 485.
〔3〕 MünchKomm/Armbrüster, Vor § 116 Rn. 8; BGHZ 61, 282, 287f.; BGH NJW 1995, 1671.

造商和机床加工人的当事人显然属于《德国商法典》第1条第1款意义上的商人，所以，有关商人确认书的沉默原则基本可以适用。

8　　然而，构成商人确认书的前提是，合同磋商已经开始。这些合同磋商已经使得合同订立，或者在合同磋商中所致力达成的合同至少是缔结就绪的(abschlussreif)。无论如何，商人确认书在内容上不能是单纯的订单确认书(Auftragsbestätigung)，订单确认书是一种承诺表示。由于V的订单确认书含有这样一个承诺意思表示，因此从K的角度不能同时包含一个商人确认书。由此，K对"订单确认书"的单纯沉默并不能使合同订立。

9　　**小贴士：**

联邦法院在其判决中并没有提及商人确认书，但得出了相同的结论："原则上，在无异议地接受修改后的订单确认书当中，并不存在默示的承诺表示(BGHZ 61, 282, 287 = NJW 1973, 2106 = LM Allg. Geschäftsbedingungen Nr. 50; BGH, NJW 1995, 1671 = LM H. 8/1995 § 150 Nr. 9 提及联邦法院自己的持续判决)。当订单确认书不仅作为合同承诺，而且作为已经达成合意的合同内容(Vertragsmodalitäten)的证据时，是否构成例外情况而适用不一样的规则，对这一问题存而不论。……本案中不存在这一情形。"但是，订单确认书也可作为证明合同内容的证据，和商人确认书相关。

②通过受领机器发出承诺表示

10　　K是否通过对机器的受领而对V在订单确认书中的要约进行了承诺，仍留待检验。原则上，接受对方变更的要约也可以体现为无异议的受领按约给付(vertragsgemäßen Leistung)。[4] 但是，一方面，K的一般交易条件中的防御条款，明明不支持认定存在K的承诺意思。

---

[4] Vgl. BGH NJW 1995, 1671, 1672.

另一方面,从 V 订单确认书的到达到给付机器之间存在很长的时间间隔,这一解释也和这一长时间间隔(1 年)不相符。[5] 因此,K 并没有因受领机器而接受 V 的变更后的要约。

(5)通过一致履行合同来缔结合同

应加以检验的是:当事人是否通过一致履行合同而缔结了合同。鉴于对 V 要约中价格条件存在一致看法,所以就合同要素存在合意。虽然欠缺对相互冲突的一般交易条件的合意,以致出现了第 154 条第 1 款意义上的公开的不合意;但是,第 154 条仅包含一条对合同订立的解释规则,如果当事人对于受合同拘束的一致意思能够以其他方式被确定,则该解释规则不适用。[6]

11

尽管存在未决的内容,但是从当事人开始一致履行合同这一事实中可知,当事人就缔结合同存在合致的意思。该机器在列入目录之后长达 2 年的时间,在 K 的协助下,在 V 处被建造并最终被交付。尽管就一般交易条款部分内容未达成合意,合同已经因此而订立。所以,任何一方当事人不得主张合同因第 150 条第 2 款而未订立。因为如此主张构成第 242 条意义上的背信(自相矛盾,venire contra factum proprium)。[7] 与第 154 条不同,基于一致的合同履行行为,合同被视为有效订立。[8]

12

(6)小结

根据第 433 条第 2 款,V 关于支付价款的请求权成立。

13

2. 根据第 389 条,请求权消灭

V 的价金请求权却可能根据第 389 条而消灭。

14

(1)抵销表示和抵销适状

为此需要存在根据第 388 条的抵销表示,以及第 387 条的抵销

15

---

[5] BGH NJW-RR 2001, 484, 485.
[6] Palandt/Ellenberger, § 154 Rn. 2; BGHZ 61, 282, 288.
[7] MünchKomm/Basedow, § 305 Rn. 101 附其他参考文献。
[8] Bamberger/Roth/Becker, § 305 Rn. 82.

适状(Aufrechnungslage)。由于 K 对 V 享有一项届期的、且无抗辩事由的金钱债权,而 V 同样对 K 拥有一项届期价款债权,且两个债权系同一种类债权(即金钱债权),所以原则上也存在抵销适状。

16 **小贴士:**

根据案件事实,K 对 V 享有一个届期且无抗辩事由的金钱债权。由此可以看出,命题人并不想就抵销适状的存在作过多说明。所以,相关说明要相应表达得简短,只要说明足以把握抵销的考核即可。

(2)通过 V 的一般交易条款排除抵销

17 然而有疑问的是,抵销是否因 V"供货条件"中的抵销禁止而被排除。合意排除抵销是可能的。在本案中合意排除的前提是:该条款构成合同内容。根据第 310 条第 1 款、第 305 条第 2 款规定的特殊的一般交易条件订入要件不适用于作为企业主的 K,所以该一般交易条件可能通过当事人的默示意思合致而成为合同内容。[9] 但是,就该一般交易条件恰恰欠缺这样一个意思合致,因为每一方当事人都援引了自己的一般交易条件,并借此表达了不同意对方的一般交易条件。因此,问题在于:一般交易条件是否有效,哪一方的一般交易条件有效。

18 通说早先采信所谓的"最后言词理论"(Theorie des letzten Wortes):哪方当事人的订入请求(Einbeziehungsverlangen)最后未被反驳,则该方当事人的一般交易条件发生效力。在本案中即为 V 的一般交易条件。但是,这一观点会产生不好的后果:在出卖人最后的委托确认书之后,接着交付所订购的无瑕疵的物品,买受人必须拒绝受领,才能阻止"供货条件"的自动订入。[10] 在其他情形中,哪个当事人的一般交易条件成为合同内容,取决于偶然事件。鉴于这一恣

---

[9] Palandt/Grüneberg, § 310 Rn. 4.
[10] Vgl. Ebel, NJW 1978, 1033; de Lousanoff, NJW 1982, 1727, 1729.

意性,法院放弃了"最后言词理论"[11],因为对于未注意到对方相冲突的一般交易条件而开始履行合同的一方当事人,不应被推定为同意相对方的一般交易条件。[12] 因此,根据今天的通说,在相互冲突的一般交易条件的情形,意思一致的条款成为合同内容,而相互冲突的条款并未被订入合同中,任意法取代其内容。[13]

因此关键的问题是,关于抵销禁止是否存在合意。就此而论,不排除存在默示的意思合致。因为只有V的一般交易条件含有抵销禁止,而K的一般交易条件对抵销并未作出规定。K是否因此默示地同意了抵销禁止,应根据第133、157条,通过解释来确定。[14] 在解释过程中,应考虑的是,K的一般交易条件单方面包含一个防御条款。这个条款完全排除了他人一般交易条件中相抵触的规定。根据K的防御条款"其他表述不同的条件,如果未在本订购书中明确成文"不应发生效力,K毫无疑义地表示出:对于补充的条款,虽未明确违背其一般交易条件,他也不同意。

19

因此,K的意思可以确定为:一律排除所有供货人的出卖条件。[15]所以,V的一般交易条件中的抵销禁止条款,并未成为合同内容。

20

(3)小结

由于K也已向V表示了基于第388条的抵销,V的买卖价款请求权根据第389条消灭。

21

3.结论

V对K并不享有一项基于第433条第2款的买卖价款支付请求权。

22

---

[11] BGHZ 18, 212; Bamberger/Roth/Becker, § 305 Rn. 82; Palandt/Grüneberg, § 305 Rn. 55; OLG Köln MDR 1971, 762.

[12] BGH NJW 1985, 1839.

[13] Bamberger/Roth/Becker, § 305 Rn. 82; OLG Köln BB 1980, 1237, 1238ff.

[14] 对此详细的说明,de Lousanoff, NJW 1982, 1727ff. 。

[15] BGH NJW 1985, 1838, 1840; NJW 1991, 2633, 2634f. ; NJW-RR 2001, 484, 485.

案例 17　健康饮食 II

一、案件事实

　　Mustafa Müsli（M）有时在生态农场主 Birte Birnauer（B）处购买农产品。他在 2001 年 12 月买了 1 千克生态猪肉，支付了 22 德国马克。在 2002 年 2 月 2 日，Müsli 打电话给 Birnauer，询问 1 千克生态猪肉的价格。Birnauer 回答道："您现在花 12 就能获得 1 千克生态猪肉。"Müsli 说道："同意，我想要 1 千克，在 12 点左右来取。"当 Müsli 出现时，他想支付 12 德国马克，但是 Birnauer 要求他支付 12 欧元。Müsli 如实地说道：这可能存在误解（Missverständnis），他以为是以德国马克计算的价格，12 欧元对他来说太贵了。Birnauer 认为，她不接受这一说法。一方面，欧元从 2002 年 1 月 1 日就开始投入使用；另一方面她因为 Müsli 的电话放弃了和另一位顾客缔约。该顾客急需 10 千克生态猪肉。如果没有 Müsli 的订购，她本可以 100 欧元的总价向该顾客卖出 10 千克猪肉。但是，由于 Müsli 订购在先，她现在只能向该顾客提供 9 千克猪肉，这对于该顾客来说太少了。由于当时是周六中午，不会再有顾客来，她必须将肉冷冻，以便在下周一能够继续出售。但是，届时她只能卖每千克 6 欧元的价格。

　　Birnauer 可以向 Müsli 请求什么？

二、前期思考

首先,这一案例问题需要具体化。B 起初请求 M 履行合同,即受领猪肉以及特别明确要求支付买卖价款。这一请求权应当进行检验。如果 B 不请求履行,则应考虑损害赔偿请求权。案件事实通过提及 B 可能无法另行出售,试图来说明损害赔偿的问题。(所以我们应该学会,将案件事实中的陈述,理解为命题人提供的帮助尝试!)

在履行请求权中,内容上涉及可能的合意瑕疵这些简单问题。根据通说,第 154、155 条(解释规则)仅涉及次要内容中的合意瑕疵。因为在就主要合同内容形成表见合意(Scheineinigung)的情形(所谓的完全不合意,Totaldissens),即通常是对双务合同中主给付义务的表见合意,合同原则上没有订立(例外:第 612 条第 2 款、第 632 条第 2 款、第 653 条第 3 款、第 315 条及以下)。[1] 是否存在一项不合意,应该根据第 133、157 条,从客观受领人视角,通过对合同订立中相互交换的意思表示的解释来进行说明。[2] 如果确定存在合意,那么一方当事人就仅保有撤销的可能。

由于瑕疵出现在意思表示的发出阶段,所以首先应检验第 119 条第 1 款中的撤销事由。由于我们要写一份鉴定,所以还应就第 119 条第 2 款的撤销可能性加以思考,找出需要对该规范在解答中加以简要检验的恰当时机。

如果撤销在结果上不仅是可能的,而且也实施了撤销行为,那么根据第 122 条第 1 款会产生损害赔偿请求权的问题。如果撤销相对人不知合同的无效或可撤销(第 122 条第 2 款),那么他会信赖其合同相对人的意思表示有效,因此是值得保护的。第 122 条规定的损

---

[1] HK/Dörner, § 154 Rn. 2, § 155 Rn. 2.
[2] Köhler, § 8 Rn. 37; Brox/Walker, § 11 Rn. 249.

害赔偿责任是不以过错为必要的。至于这一规范是基于诱因责任（Veranlassungshaftung）之思想[3]，还是基于风险领域理论（Sphärentheorie）之思想[4]，虽然存有争议，但是对于其适用而言，仅在涉及类推能力（Analogiefähigkeit）时才具有意义。

损害赔偿的范围局限于消极利益（所谓的信赖损害）。撤销相对人不会获得替代给付的损害赔偿，尤其是不会获得基于被撤销行为的所失利润。撤销相对人只是被置于如同他未曾缔结该法律行为，从未听说该法律行为时所处的状态。[5] 所有因信赖行为有效而提出的给付，以及因未订立其他法律行为而产生的不利益[6]，所花的费用均要赔偿。但是，表示相对人不应因撤销而被置于，较之于未撤销时，即在履行合同时更优的地位。[7] 因此，损害赔偿的额度仅限于积极利益（履行利益）的范围。

三、提纲

（一）B 根据第 433 条第 2 款的受领和付款请求权 …………… 1
    1. 要约 ………………………………………………………… 2
    2. 及时承诺 …………………………………………………… 5
    3. 不合意 ……………………………………………………… 7
    [难题：合同因关于货币的隐藏不合意而不生效力吗？]
    （1）解释 …………………………………………………… 8
    （2）小结 …………………………………………………… 11

---

[3] Bamberger/Roth/Wendtland, § 122 Rn. 1; Palandt/Ellenberger, § 122 Rn. 1.
[4] Bork, Rn. 932f. 附其他参考文献；MünchKomm/Armbrüster, § 122 Rn. 2f.。
[5] Brox/Walker, § 18 Rn. 446.
[6] Bamberger/Roth/Wendtland, § 122 Rn. 7; Palandt/Ellenberger, § 122 Rn. 4.
[7] Köhler, § 7 Rn. 36; Brox/Walker, § 18 Rn. 447.

     4. 根据第 142 条第 1 款不生效力 ·················· 12
        (1) 撤销事由系内容错误,第 119 条第 1 款第 1 种
            情形 ······································· 14
        (2) 撤销事由系性质错误,第 119 条第 2 款 ········· 15
            [难题:价格是第 119 条第 2 款意义上的性
            质吗?]
        (3) 撤销表示,第 143 条 ························ 17
        (4) 撤销期限,第 121 条第 1 款 ·················· 18
     5. 结论 ··· 20
   (二) B 根据第 122 条第 1 款对 M 的请求权 ············· 22
     1. 被撤销的或根据第 118 条无效的意思表示 ········· 23
     2. 信赖损害 ····································· 24
     3. 履行利益的界限 ······························· 26
     4. 不存在第 122 条第 2 款的排除情形 ··············· 27
     5. 结论 ··· 29

四、解答

(一) B 根据第 433 条第 2 款的受领和付款请求权

如果在他们之间成立了一个相应内容的买卖合同的话,B 可能根据第 433 条第 2 款,对 M 享有一项请求受领 1 千克生态猪肉并支付 12 欧元的权利。其前提是存在两个内容相互关涉且达成一致的意思表示。 1

1. 要约

M 对 B 的电话可能构成第 145 条意义上的要约。为此,M 必须在电话中作出了一个私法的、有拘束力的意思表达,并向 B 发出了订立买卖合同的要约。为此,他必须向 B 提出订立合同的要约,以使合 2

同的订立仅取决于 B 的同意。由于 M 首先只是咨询价格,从与 B 处于相同情境的客观表示受领人的视角来看,M 不想受拘束。因此存在一个单纯的要约邀请。

3　　然而,当 B 以"12"来回应 M 的询价时,关于订立 1 千克生态猪肉买卖合同的要约就产生了。B 选用的语词清楚地表达了:她愿意以所说价格向 M 提供 1 千克生态猪肉。这一要约系电话表示,根据第 147 条第 1 款第 2 句中的法思想,电话表示等同于对话的表示。在时间上,该要约因口头发出和到达(第 130 条第 1 款第 1 句之法思想)而生效,即在该要约为 M 正确理解时生效。

4　　**小贴士:**
　　在该表示被正确理解时,并不存在分析严格了解主义和限缩了解主义(参见案例 1 边码 22 及以下)的机会。

2. 及时承诺

5　　M 通过表示同意,已经不作限制地接受了该要约。他的表示因正确的理解生效了。由于该表示系当即作出,也因此系在第 147 条第 1 款第 1 句意义上及时作出的(根据第 147 条第 1 款第 2 句,第 147 条第 1 款第 1 句也适用于电话订立合同),所以合同成立了。

6　　**小贴士:**
　　在这里,鉴定风格中写上位句等句式没有意义,因为所提出的问题很快即被肯定。

3. 不合意

7　　然而,M 以为是以德国马克计价,而 B 想以欧元计价,这一事实可能会阻碍有效合同的订立。这可能导致了不合意;正如第 154、155 条所示,不合意原则上阻碍合同订立。

(1)解释

8　　如果我们以当事人的真实意思(第 133 条)作为合同成立的基

础,则不存在意思合致。由于 B 和 M 并没有意识到这一点,所以可考虑存在隐藏的不合意。这会产生合同不成立的结果。但是,应该注意的是,第 155 条的解释规则仅适用于不重要的合同内容(合同偶素)的情形,而不适用于买卖价款,买卖价款属于合同要素。[8]

但是,仅仅从欠缺当事人内心意思的合致尚不能得出存在完全不合意。因为为保护诚实的商业交易,应根据第 133、157 条对需受领的意思表示进行解释,即如同一个客观理性的第三人处于实际受领人立场可以对它作出的理解(所谓的规范解释或从受领人视角的解释)。当解释得出"规范的"合意时,即虽然内心意思不一致但双方意思表示的客观表示内容一致,则不存在隐藏的不合意。因为相对人未注意到的合同当事人的内容错误(第 119 条第 1 款第 1 种情形)并不阻碍合意。

所以关键在于:从客观受领人视角(第 133、157 条),M 是否应将 B 的合同要约理解为欧元表述,且 B 因此根据诚信(原则),在考虑交易习惯的情形下,可以将 M 的承诺表示理解为指欧元价格。因为未提及币种的价格表述原则上指向市场上的有效货币,而从 2002 年 1 月 1 日开始有效货币是欧元,所以客观相对人应将 B 的表示理解为 12 欧元。尤其是当 B 通过选用语词"现在"尽力来阐明此前的价格现在(即在转用欧元之后)不再适用时,更应该采用上述解释。此外,12 欧元的价格和上一年的价格(22 马克)基本相符,也支持作上述解释。1 千克生态猪肉的价格经过一个冬天几乎减半,这根据生活经验是极其异乎寻常的。所以,B 客观上作出了价格 12 欧元的要约,且她对 M 的承诺表示也可以作相应内容的理解。因此,两个表示根据其明确的客观表示内容意义一致,从而不存在不合意。

(2)小结

因此,关于 12 欧元 1 千克生态猪肉的合同成立了。B 可以根据

---

[8] Köhler, § 8 Rn. 8.

第 433 条第 2 款请求受领并支付买卖价款。

4. 根据第 142 条第 1 款不生效力

12   当 M 根据第 142 条第 1 款撤销该合同或其意思表示时,合同或意思表示因此而消灭,B 的请求权也因此而消灭。这是以撤销事由的存在以及在撤销期限内对适格撤销相对人发出撤销表示为前提的。

13   **小贴士:**

    合同中的撤销是针对整个法律行为(参见第 142 条第 1 款的文义)还是仅针对有瑕疵的意思表示(参见第 119 条及以下条文的文义)[9],是存在争议的。对于合同履行请求权来说,在结果上这一争议无关紧要。合同请求权之所以消灭,是因为合同本身根据第 142 条第 1 款而无效,或者是因为两个意思表示其中之一属于这种情况,并导致欠缺合意。由于这一争议在这里不重要,所以我们在请求权鉴定中不应处理这一争论。

(1)撤销事由系内容错误,第 119 条第 1 款第 1 种情形

14   关于撤销事由,可考虑 119 条第 1 款第 1 种情形之内容错误。M 应当表示了他想表示的东西(否则构成表示错误,第 119 条第 1 款第 2 种情形),但是在此过程中就其表示的客观意义存在错误。[10] M 认为缔结了一份以德国马克计算买卖价款的买卖合同,但其表示客观上指欧元,所以客观表示和主观意愿之间无意识地不一致。此时存在(单方的)内容错误。而且我们应该认为,M 在知悉实际情形后,经对情况的合理评估,本不会表示承诺。因此,他根据第 119 条第 1 款第 1 种情形,有权撤销。

---

[9] 后一观点是通说。Vgl. Bork, Rn. 915 附其他参考文献; s. a. Bamberger/Roth/Wendtland, § 142 Rn. 3: "语词上的不精确性"。关于反对观点,如 Köhler, § 7 Rn. 78。

[10] Köhler, § 7 Rn. 17.

(2)撤销事由系性质错误,第119条第2款

有疑问的是,是否还可能根据第119条第2款进行撤销。第119条第2款这一规范意义上的性质是所有构成价值的,在一定期限内直接属于标的物的因素。因为根据通说[11],价格本身并不直接属于标的物,而是由市场供应以及潜在买受人作出的价值评估所决定的(从而价格也会变化),所以价格和价值一样,并不是交易上重要的性质,以至于根据第119条第2款M不能撤销其意思表示。

虽然越来越多的人主张价值和价格实为性质。但是,即便根据这一观点,仍可能无法撤销,因为在市场经济体系中,对价格或价值的错误估算是每位市场参与者应承担的风险,且只有在合同订立时才确定价格。[12] 由于结论一样,无需就这一论争作出决定。

(3)撤销表示,第143条

根据第143条第1款、第2款,M必须向适格的撤销相对人B发出了撤销表示。有疑问的是,他为此的表达是否满足了撤销表示要件。当然,无需在表示中含有"撤销"这一语词。根据第133、157条,表示受领人可以且能够从该表示中得出,表意人因意思瑕疵想要消除该法律行为,这就足够满足撤销表示要件。由于M明确提及误解且表示不想以该价格订立合同,M作出了撤销表示。

(4)撤销期限,第121条第1款

另外,根据第121条第1款第1句,M必须不存在归责地迟延,即及时地表示了撤销。由于M在知悉撤销事由的存在后直接表示了撤销,所以即属于这一情形。

小贴士:
如果"及时"这一法律概念在规范中出现,我们应该尽可能

---

[11] BGHZ 16, 54, 57.
[12] Flume, § 24, 2d; HK/Dörner, § 119 Rn. 16; MünchKomm/Armbrüster, § 119 Rn. 131; Wolf/Neuner § 41 Rn. 56.

一直提及"及时"这一法律概念的法律定义,即便我们在一段时间之后对此感到厌烦。至少在第一学期,要重视这一点。

5. 结论

20　　由于 M 的撤销,合同溯及无效(第 142 条第 1 款)。因此,B 对 M 不享有受领 1 千克生态猪肉和支付 12 欧元的请求权。

21　　**小贴士:**

也不应考虑受领 1 千克生态猪肉和支付 12 德国马克的请求权。根据通说,虽然错误表意人必须受其真实意愿内容之拘束,第 242 条(对此,参见案例 18 边码 39 及以下)。但是,其前提是 B 愿意作出使得 M 的表示在 12 德国马克的意义上生效的意思表示,本案对此无相关提示。

(二) B 根据第 122 条第 1 款对 M 的请求权

22　　B 可能根据第 122 条第 1 款享有一项对 M 的损害赔偿请求权。

1. 被撤销的或根据第 118 条无效的意思表示

23　　相关的条件首先是:合同根据第 118 条无效或者根据第 119、120 条被有效撤销。本案属于这种情形(参见上文)。

2. 信赖损害

24　　根据第 122 条第 1 款,撤销相对人信赖合同有效而遭受的损害(消极利益、信赖损害)应该获得赔偿。B 因此可以请求被置于她未曾和 M 缔结法律行为时所处的状态。那么她本可以将 10 千克生态猪肉以 100 欧元出售给另一位顾客,并获得相应的收入。由于情况改变,她现在只能以 6 欧元每千克的价格出售 10 千克猪肉,其信赖损害计有 40 欧元。

25　　**小贴士:**

如果在案件事实中包含损害计算相关的必要说明,诸如本案中,那么我们始终应该进行损害的计算。现在问题是:B 能够请求什么?

3. 履行利益的界限

但是,撤销相对人也不应该通过撤销而处于较之于未撤销时更有利的利益状态。因此,基于撤销相对人在表示有效时获得的利益数额,第 122 条第 1 款后段对损害赔偿请求权的数额设置了上限。赔偿请求权在数额上受到积极利益(履行利益)的限制。在合同有效时,B 本可获得 12 欧元的收入,所以她不能要求更多的损害赔偿。

4. 不存在第 122 条第 2 款的排除情形

根据第 122 条第 2 款,如果受损方明知无效或可撤销的事由或者因过失而不知(应知)时,则不发生赔偿义务。然而这里并不存在 B 明知或应知的线索。

小贴士:

至少初学者应当简短地检验这一排除情形,即使显然不存在排除情形。此外,我们必须记住,第 122 条第 2 款含有重要的、关于应知的法定定义。此外,不考虑第 122 条第 2 款的情形,损害赔偿请求权也可能通过类推适用第 254 条第 1 款和第 2 款而被减少数额。类推适用的必要性源于:第 122 条和第 254 条不同,不以过失为前提。

5. 结论

所以,B 根据第 122 条第 1 款对 M 享有一项数额为 12 欧元的损害赔偿请求权。

案例18　结果完全不同

一、案件事实

在一次聚会中,汽车贸易商 A 于一位顾客——股票经纪人 B 的地下停车场发现一辆保养完好的 4.5 升宾利车,制造时间为 1928 年。A 知道,宾利车爱好者 L 会为该车支付任何价格,因此他问 B 是否愿意将这辆宾利车卖给他。B 答复说要考虑一下这件事。由于他不知道自己为买这辆车花了多少钱以及现在可能值多少,所以他委托鉴定人 G 去了解这辆宾利车的市场价值。G 在市场分析过程中发生了失误,所以少算了 5 万欧元,过低地将交易价值确定为 10 万欧元。

B 决定出售该车,因为前些年的股市萧条让他亏了很多钱,而且他仅驾驶其摩登的 S 级奔驰。他在 4 月 3 日向其秘书 S 口授一封给 A 的邮件,在该邮件中他表示愿意以 10.8 万欧元出售该车。在邮件书写过程中,秘书打错了字,输入 10 万欧元作为价格。4 月 4 日,B 没有检查邮件内容就在邮件上签了字。当 A 在 4 月 5 日收到邮件后,他开始联系 L,并和后者最后达成了售价 15 万欧元的合意。于是,他在 4 月 9 日给 B 写信道:"您 4 月 3 日关于 4.5 升宾利车的要约我特此接受。"

4 月 11 日,该书信被投入 B 的信箱中,而 B 直到 4 月 16 日才出差回来。这时,B 注意到打字错误并获知了该台宾利车的实际价值。因此,他在同一天给 A 写信道:"很遗憾我现在不能维持我 4 月 3 日的要约:其一,该要约建立在错误的价值鉴定上;其二,我的秘书写错了,我原想要10.8万欧元;其三,我并未同意立刻转卖;其四,您的信件我今日才拿到。"B在4月16日通过邮局寄出了该邮件。由于邮局的过失,信件直到5月13日才到达A。A告知L:很遗憾,未能获得宾利车。L回复道:真可惜,虽无法改变,但也没那么糟糕,兴许下次会成功。

1. A对B享有哪些请求权?

2. 如果A对B的书信回复道,他愿意支付10.8万欧元,而B对此没有回应,这会产生影响吗?

二、前期思考

这则案例从范围到要求,符合两个小时的初学者笔试。本案例再次涉及不同的撤销事由及其适用范围。应加检验的是撤销这一抗辩(撤销构成对A的履行请求权的抗辩),但该履行请求权的产生(和内容)应在检验撤销之前加以探究。如果在案件中存在多个不正确想法(Fehlvorstellungen),我们在鉴定中就必须要探究所有可能的撤销事由。我们还应考虑撤销的其他法律效果。在案件变型中(第2问),撤销相对人仍愿意以撤销人真实所欲的条件订立合同,因此要说明这可能具有何种法效果。

根据通说,对于撤销后的损害赔偿,第122条第1款并不是闭锁性的规则(abschließende Regelung),这一内容超出了不具备债法知识的初学者必须知悉并可测评的范围。正如大家几乎到处都可查阅到的,原则上还要考虑基于缔约过失的损害赔偿请求权(c.i.c.,合同磋商中的过错)。自债法改革之后,这一请求权从第280条第1款结合第311条第2款中得出,后者又指引到第241条第2款。因此,这一请求权产生于债法总则。尽管如此,对于初学者而言,尽早熟悉合同磋商以及类似接触(参见第311条第2款、第3款)中的债务关系,并无害处。因为这与合同磋商有关,因此也涉及典型的民法总则情形。缔约过失这一法律制度虽然原本是作为侵权法的补充发展而来的[1],但是长期以来在其他情形也具有意义,诸如在补充民法总则的制度的情形。在基于第122、179条产生的请求权中,缔约过失这一法律制度具有意义;另在不遵循法定形式或者中断合同磋商的情形,缔约过失也具有意义。

三、提纲

(一)问题1 …………………………………………………… 1
  1. A对B交付并移转所有权的请求权,第433条第1款第1句 …………………………………………………… 1
    (1)合同订立 …………………………………………… 2
      ①A的要约 ………………………………………… 3
      ②B的要约 ………………………………………… 4
      ③A的承诺 ………………………………………… 5
      ④承诺的及时性 …………………………………… 6
        [难题:尽管B直到4月16日才实际知悉,承诺是否在第147条第2款规定的承诺期限内完成?]
      ⑤小结 ……………………………………………… 9
    (2)合同不生效 ………………………………………… 10
      ①撤销事由 ………………………………………… 11
        A. 内容错误,第119条第1款第1种情形 …… 12
        [难题:S的输入错误构成表示错误吗?]
        [难题:B对S口授的书信事后未核验控制,这种情形是否存在错误要件中所必需

---

[1] Vgl. Fritzsche SchR I, Fall 2 m.w.N.

的错误想法?]
　　B.关于物之交易上重要性质的错误,第119条
　　　第2款 ·················· 16
　　C.基于对转卖欠缺同意而撤销 ········· 17
　　②有效的撤销表示 ··············· 19
　　③撤销期限之遵循 ··············· 20
　　④小结 ····················· 21
　(3)结论 ······················ 22
2. A对B的5万欧元的损害赔偿请求权 ········ 23
　(1)第280条第1、3款,第281条第1款 ······ 23
　(2)第122条第1款 ················ 24
　　①有效撤销 ··················· 25
　　②可赔偿的损害 ················ 26
　　③结论 ····················· 28
　(3)第280条第1款,第311条第2款 ······· 29
　　①债务关系 ··················· 30
　　②义务违反 ··················· 31
　　　A.意思表示的撤销? ············ 32
　　　B.发出有瑕疵的意思表示 ········· 33
　　③可归责 ··················· 35
　　④损害 ····················· 36
　　⑤结论 ····················· 38

(二)问题2 ························ 39
1. 在A愿意支付10.8万欧元时的权利状态 ······ 39
　[难题:在A作为撤销相对人表示愿意以B内心所
　欲的条件履行合同时,第242条产生对第142条第1
　款法律效果的限制吗?]
2. 结论 ························ 47

四、解答

(一)问题1

1. A 对 B 交付并移转所有权的请求权,第 433 条第 1 款第 1 句

1 A 可能根据第 433 条第 1 款第 1 句对 B 享有一项交付汽车并移转汽车所有权的请求权。

(1)合同订立

2 为此,在 A 和 B 之间必须已经成立一份有效的买卖合同,这要求存在一项有效的要约以及一项有效的、与之意思合致的承诺(第 145 条及以下)。

①A 的要约

3 第 145 条意义上的一项买卖合同的要约可能存在于 A 的提问中:B 是否愿意将宾利车出卖于他。一项合同要约必须包含合同要素,即在双务合同中除了当事人之外,原则上还必须确定主给付义务。由于这一提问中仅买卖标的物是确定的,而价格并不确定,因此这里不存在一项要约。

②B 的要约

4 通过 4 月 3 日的信件,B 发出了以 10 万欧元出卖宾利车的第 145 条意义上的要约。这一意思表示在 4 月 5 日在第 130 条第 1 款第 1 句的意义上到达了 A,并因此而生效。

③A 的承诺

5 A 必须在第 146 条的意义上接受了 B 的要约。A 通过 4 月 9 日的书信明确且不作限制地作出了承诺,所以该书信也到达了 B。

④承诺的及时性

6 要使合同订立,承诺必须在第 150 条第 1 款、第 146 条、第 147 条的意义上及时完成。B 没有对 A 设置承诺期限(第 148 条)。由于 B

作出了非对话的要约,所以根据第 147 条第 2 款,A 必须在 B 于通常情形下可期待承诺到达的期间之前作出承诺。确定相适应的承诺期限,应结合所选择的要约传达方式,并纳入适当的考虑期限(Überlegungsfrist)。考虑期限的长短受交易重要性或者可能存在的急迫需求等因素的影响。

对于两个表示所选择的邮政传达来说,通常可确定为 2 天到 3 天。再加上考虑期限,在本案大额奢侈品购置情形,这一考虑期限至少要 3 天。因此,最终可能的承诺时间在 7 天到 10 天;根据第 187 条第 1 款、第 188 条第 2 款,承诺期限从 4 月 4 日要约发出之时起计。所以,到达最迟应在 4 月 11 日到 14 日之间完成。

第 130 条第 1 款第 1 句意义上的到达,要求意思表示"如此这般"进入受领人的控制范围(Machtbereich),以至于受领人在通常情形下能知悉意思表示的内容。在本案中,这些要件因 4 月 11 日投入信箱而满足。B 外出并直到 4 月 16 日才确切知悉该意思表示的内容,这一事实并不重要。因为在相对人应该预估到意思表示到达的情形,正如 B 根据其合同要约可以预估到承诺的到达一样,人们无论如何应该对知悉可能作出安排。这里并不存在特别情事,使得需要根据第 242 条作出不同判断。所以,承诺及时到达。

⑤小结

所以,A 和 B 订立了以 10 万欧元价金购买宾利车的买卖合同,该交付并移转宾利车所有权的请求权成立了。

(2)合同不生效

但有疑问的是,合同或 B 的意思表示是否因撤销而根据第 142 条第 1 款无效。

①撤销事由

首先至少需要一个撤销事由。

A. 内容错误,第 119 条第 1 款第 1 种情形

对于女秘书的疏误,应检验是否存在第 119 条第 1 款第 1 种情形

的内容错误。为此,必须客观地表示价值和主观想法相互不一致。客观表示价值应根据"客观的受领人视角"(第 133、157 条)来确定,内容是以 10 万欧元的买卖价金订立买卖合同。而 B 的主观想法却指向 10.8 万欧元的价格。这一不一致为女秘书在书写口授过程中的疏误所致。就此而言,可考虑存在内容错误。

13　　虽然错误地使用表示符号(尤其在说错或写错时),原则上会导致第 119 条 1 款第 2 种情形的表示错误。然而 B 并没有说错或者打字错误,而是其女秘书打字错误。这导致 B 对其合同要约内容存在错误想法,因此,这里存在一个内容错误。

14　　但有疑问的是,是否真正存在一个 B 的错误。错误预设了对客观表示内容存在错误想法。这样一个错误想法貌似有疑问,因为 B 在签字之前没有再次阅读这封信。由于现在公认为,未阅读文件而签字并因此对文件具体内容无想法之人,不得援引对文件内容的错误想法而主张撤销。[2] 但是,B 在本案中口授了书面文件,从而对其内容具有具体想法,以致错误是可能的;而且考虑到 B 的错误想法,实际上的确存在一个错误。

15　　所以存在一个内容错误。应该认为,B 在合理判断的情形下没有该错误就不会发出该要约,因此,根据第 119 条第 1 款第 1 种情形的规定,他有权撤销。

B. 关于物之交易上重要性质的错误,第 119 条第 2 款

16　　问题是,B 是否也可基于对宾利车交易上重要性质的错误根据第 119 条第 2 款而撤销。属于物之交易上重要性质的系所有所谓的"价值构成因素"(wertbildenden Faktoren)(如材料、来源),而价值或市场价格本身则不属于。因此,必须涉及至少在一定期限内本身直接属于物,且在交易中被视为重要的性质。这里错误的专家鉴定书导致 B 对汽车的价值存在错误,但没有对价值构成特征如车龄、保养

---

[2] Vgl. nur MünchKomm/Armbrüster, § 119 Rn. 50ff. 附其他参考文献。

情况等类似因素产生错误。因此,根据第119条第2款的撤销是不可能的。

C. 基于对转卖欠缺同意而撤销

有疑问的是,B是否得因他不同意立即转卖而撤销(意思表示/合同)。由于这一希望在其表示中并没有以可知的方式呈现出来,他本应表达什么并不明晰,所以排除了第119条第1款意义上的错误。(不)转卖也不是建立在宾利车自然性质基础之上的为宾利车直接具备的特征。因此也排除了第119条第2款意义上的宾利车的性质错误。然而,可能存在关于A的身份的交易中重要的性质错误;当B认为A是收藏家时,可能存在这一错误。但是,由于B是A的顾客,因此知道他是汽车交易商,所以也排除了第119条第2款意义上的这一人的性质错误。因此,B对立即转卖欠缺同意,只是单纯的动机错误,而非撤销事由。

17

小贴士:

我们甚至还可考虑基于行为基础丧失(第313条第1款)的合同调整(Vertragsanpassung)或合同解消(Vertragsauflösung)。但是从案件事实中无从得出,B通过为A可知的方式将该内容作为其合同决定的基础。所以,不存在行为基础的所谓"事实因素"(realen Element)。这一检验显得不必要。

18

②有效的撤销表示

根据第143条第1款,撤销通过向撤销相对人的表示而实现。4月16日B的书信毫无疑义地表示出,该要约因意思瑕疵而应被消灭;至少根据第133、157条,应作撤销表示解释,尽管该书信并未包含"撤销"这一语词。根据第143条第2款,A也是适格的撤销相对人。根据第130条第1款第1句,作为需受领的意思表示,撤销表示因在5月13日到达A处而生效。

19

③撤销期限之遵循

20　　B 在获知撤销事由之后直接就发出了撤销表示,即不存在可归责的犹豫,构成了第 121 条第 1 款第 1 句意义上的不迟延。根据第 121 条第 1 款第 2 句,及时发出即为遵守期限。所以撤销表示根据第 130 条第 1 款第 1 句直到 5 月 13 日才因到达而生效,这对于遵守期限而言并不重要。

④小结

21　　根据第 142 条第 1 款,B 的意思表示因有效的撤销而自始无效。不存在一份合同。

(3)结论

22　　A 对 B 并不享有根据第 433 条第 1 款第 1 句之交付并移转宾利汽车所有权的请求权。

2. A 对 B 的 5 万欧元的损害赔偿请求权

(1)第 280 条第 1、3 款,第 281 条第 1 款

23　　根据第 280 条第 1、3 款,第 281 条第 1 款第 1 句所产生的替代给付损害赔偿请求权的前提是存在一个债务关系。由于这一债务关系因买卖合同撤销而并不存在(参见上文),因此排除替代给付之损害赔偿请求权。

(2)第 122 条第 1 款

24　　A 可能根据第 122 条第 1 款对 B 有权主张 5 万欧元的损害赔偿。这一前提是:意思表示根据第 119 条被撤销,5 万欧元系根据第 122 条第 1 款的可赔偿的损害,且这一损害赔偿请求权并未根据第 122 条第 2 款而被排除。

①有效撤销

25　　根据第 143 条、第 119 条第 1 款第 1 种情形,B 有效地撤销了其要约(参见上文)。

②可赔偿的损害

根据第 122 条第 1 款,只有撤销相对人因其信赖被撤销表示有效而遭受的损害(所谓的"消极利益"),才应被赔偿。换言之,A 应被置于如同他从未听说过和 B 之间的合同一般。那么,他应不可能获得转售利润 5 万欧元。这个 5 万欧元属于因合同无效而无法从和 L 之间的交易中获取的利润,即 A 的履行利益(亦即所谓的"积极利益")。第 122 条第 1 款并非关于履行利益之合适的请求权规范。

小贴士:
　　第 122 条第 1 款仅可能赔偿,因信赖被撤销之法律行为有效存续而未实施其他法律行为,由此所产生的所失利润(参见案例 17,边码 24)。A 被 L 要求损害赔偿而形成的损害也是可赔偿的。

③结论
A 不能根据第 122 条第 1 款向 B 请求赔偿 5 万欧元。
(3)第 280 条第 1 款,第 311 条第 2 款
A 根据第 280 条第 1 款、第 311 条第 2 款(缔约过失,culpa in contrahendo)关于 5 万欧元的赔偿请求权仍待检验;根据通说,由于存在各自不同的要件,第 122 条并不排除这一请求权。[3]

①债务关系
为此,必须在 A 和 B 之间存在一个债务关系。由于双方进行了合同磋商,但因为撤销而导致合同被取消,所以存在一个第 311 条第 2 款第 1 项或第 3 项之合同磋商关系或类似关系。

②义务违反
根据第 311 条第 2 款之债务关系形成了第 241 条第 2 款的顾及义务(Rücksichtnahmepflicht)和类似义务;B 必定违反了这些义务。问题是,B 可能具体违反了何种义务。

---

〔3〕 Vgl. etwa Bamberger/Roth/Wendtland, § 122 Rn. 12 m. W. N.; Köhler, § 7 Rn. 36.

A. 意思表示的撤销？

32　　在意思表示的撤销中或许可能存在义务违反。但是，不应支持这一看法，《德国民法典》在第 119 条以下明文允许撤销。如果《德国民法典》赋予表意人以撤销权来消除其意思表示之可能性，那么在运用这一形成权时就不存在义务违反。

B. 发出有瑕疵的意思表示

33　　在发出可撤销的意思表示中或许可能存在义务违反。虽然《德国民法典》对撤销权的允许可能并不支持这一观点，但鉴于先合同债务关系中的义务(第 311 条第 2 款，第 241 条第 2 款)，此论说明意义不大。此外，作为撤销之补偿，仅规定有第 122 条第 1 款的损害赔偿请求权；该请求权并不关涉义务违反，不以过错为必要，在赔偿额度上以履行利益为限。由于在本案中，口授之后不作校读具有决定意义，发出有瑕疵的意思表示可否认定为义务违反，仍待说明。在口授中总是发生误听或误写，从而顾及潜在合同当事人(第 241 条第 2 款)之义务就要求在发出书面表示之前检查其内容，以避免后续撤销之风险。虽然在校读的情况下人们也会漏掉错误，但是 B 并未作出任何起码降低错误风险之尝试。这里至少存在一项义务违反。

34　　**小贴士：**

当然，我们也可以不这样看。对当事人之间的利益进行折中：在第 241 条第 2 款的范围内仅使得表意人负担校读的义务，而并不使他进一步承担发现所有错误的义务。

③可归责

35　　根据第 280 条第 1 款第 2 句，推定存在 B 的可归责，因为对于他而言校读是可能的，且他本能够轻易注意到诸如价格这一如此重要内容中的错误，所以对于 B 而言很难提供相反的证明。

④损害

36　　A 可以向 B 请求赔偿基于其先合同义务违反所导致的所有损

害,第249条第1款。损害是对权利、财产和利益的侵害。应加检验的是,A因B的义务违反遭受了何种不利益。如果B在发出之前通读了文本,则他会更正其女秘书的错误,并提供一份以10.8万欧元的价格订立合同的要约。嗣后,B就不能再撤销其意思表示,和A缔结的这一合同得以存续。由于案件事实中不存在相反的线索,在B作出合乎义务的替代行为时,A原应以10.8万欧元的价格接受该要约并通过以15万欧元的价格转卖宾利车而获得4.2万欧元的利润。根据第249条第1款,A可以请求被置于如同B发出其内心所欲的而非可撤销的意思表示时他所处的利益状态。由于他随后从宾利车的转卖中本可获得4.2万欧元的利润,A可以请求B赔偿这一所失利润(参见第252条)。

小贴士:

我们经常看到,基于第280条第1款、第311条第2款(缔约过失)之请求权仅赔偿信赖损害。这在原则上虽然是正确的,因为债权人仅得请求被置于如同不存在义务违反时他所处的利益状态,第249条第1款。但是,也可能产生某一请求权,其数额和履行利益相等。[4] 有时甚至履行利益的赔偿也被肯定,尤其是因先合同义务的违反而使得债权人以较之于其他情形更为不利的条件订立合同的情形。[5] 这里的情形与此间接相仿:A虽然没有义务违反仍须支付更多,使得B不能撤销合同。这一结论一律从第249条第1款中导出;我们应该依赖这条规范,而非依赖可能具有误导性的概念。此案表明:因为不同的要件,基于第280条第1款、第311条第2款的请求权可能导致和第122条第1款不同的结果。

---

[4] Vgl. nur BGH NJW 2006, 60, 62f.:假想的合同当事人(关于)赔偿其给付价值的请求权包括利润部分。

[5] Vgl. Palandt/Gründeberg, § 311 Rn. 56 附其他参考文献。

⑤结论

38　　A可根据第280条第1款、第311条第2款、第252条,向B请求支付4.2万欧元的损害赔偿。

(二)问题2

1. 在A愿意支付10.8万欧元时的权利状态

39　　仍待检验的是:A仍愿意支付10.8万欧元是否会在某种程度上改变在问题1中基于第433条第1款第1句得出的结论。愿意(支付)在撤销事由部分并无意义。因此我们只需要探讨:对B而言,其主张有效撤销是否根据第242条是不被允许的,因为A愿意使合同以B实际希望的条件生效并履行。鉴于第142条第1款的法律效果规定,这实际上涉及撤销效果的限制。

40　　支持上述论断的依据是:在问题1中得出的结论虽然符合第142条第1款的规定,但是并没有考虑到,A愿意使得该法律行为以B实际希望的内容生效。如果B并不愿意如此,那就说明他出于其他动机利用撤销权,而非旨在消除其单方的、在法律上重要的错误产生的结果。因为该错误只是导致以过低的价格订立合同。第242条是否因此产生不同的结论,存在争议。

41　　少数说[6]拒绝对第142条的法律效果加以限制,是以基本止步于上述得出的结论,即依照第142条第1款无效,即便撤销人出于其他缘由利用其撤销权来消除法律行为。

42　　通说认为这一"后悔权"(Reurecht)和撤销的意义和目的不相符,因为撤销仅旨在消除错误的结果,而不应使得表意人处于较之于他在无瑕疵地表示意思的情形更为有利的地位。因此当撤销相对人不迟延地(第121条)表示愿意时,B应受其表示之真实意愿内容之

---

〔6〕 Soergel/Hefermehl, § 142 Rn. 9 附先前参考文献; Spieß JZ 1985, 593ff.

拘束。[7] 如果撤销人不愿意遵从撤销相对人之所请而受其真实内心意思之拘束，撤销人行为即有违诚信（第 242 条）。《瑞士债法典》第 25 条第 2 款规定："如主张错误违反诚实信用，则不得主张错误。尤其是当相对人表示愿意时，错误人必须使合同在其理解的意义上生效。"但是，难题在于，我们如何充分论证合同的成立，对此大多数通说主张者并未涉及。[8]

部分学者根据事理主张，真实的内心意思只是被外部表示遮蔽了，这和误述无害的情形一样。因此真实的内心意思应该生效。[9] 这一观点的问题在于，撤销人在没有发出载有这一内容的意思表示时，合同也以真实的内心意思为内容而成立。这在教义学上是有疑问的。   43

因为上述疑问，在撤销相对人愿意使表意人内心意思生效，而撤销权人将其撤销权当作后悔权来滥用时（第 242 条），持通说的部分人员完全反对撤销权人享有其撤销权。缔结的合同自始就是存在的。根据这一观点，A 的表示也并非无意义。他其实是向撤销人 B 提出一项订立新合同的要约，即第 311 条第 1 款意义上变更合同之要约。   44

本案例边码 41 处的少数说对 A 的表示作类似的归类：由于 A 的表示以原合同附撤销条件的无效为前提，A 向撤销人 B 提出一项新的再次订立合同之要约。   45

无论是根据少数说还是根据通说下进行教义学进一步构造的子观点，对于这一要约的承诺自然由撤销权人 B 权衡：仅在撤销权人同意时，撤销相对人方能实现撤销权人内心所欲的法律行为。撤销权人表示同意时，合同以变更后的条件，即以 10.8 万欧元成立。在本   46

---

〔7〕 Wolf/Neuner, § 36 Rn. 149f.; Lobinger, AcP 195 (1995), 274ff. 附其他参考文献; Staudinger/Roth, § 142 Rn. 38。
〔8〕 Vgl. Bork, Rn. 955.
〔9〕 So etwa Flume, § 21/6; Köhler, § 7 Rn. 31; Köhler/Fritzsche, JuS 1990, 16, 19.

案中,B 沉默,因此并未同意。

2. 结论

根据少数说,基于有效的撤销,合同不存在;因为 B 的沉默并没有产生新合同。但根据通说的子观点,因 A 愿意变更,根据第 242 条,应该不允许 B 主张撤销效果;由于 B 没有接受 A 同时提出的变更要约,合同内容仍是 10 万欧元的买卖价金。但是,根据支配性的通说观点,由于 B 撤销以及 A 表示出了变更意愿,合同以 10.8 万欧元的买卖价金为内容存续。

案例19　优惠的法律汇编书

一、案件事实

学法学的女大学生 Karolin(K)在学习两学期之后，决定在午休时间去购买一本法律汇编书——Schönfelder。她找到附近一家叫 Valentin(V)的书店，从书架上抽出一本 Schönfelder，该书因疏忽被错误标价为"23 欧元"。贝克出版社规定的价格和 V 一直售卖的价格都是32 欧元。K 携书来到收银台，V 在收款机中输入价格 23 欧元并请求 K 支付。由于 K 才注意到她忘带钱包了，所以她和 V 商定：V 将这本书留存到晚上，她届时来取书并支付价款。当 K 晚上想支付 Schönfelder 的价款并取走时，V 才注意到价格标签错误。在提出标签书写错误之后，V 拒绝以支付 23 欧元对价将 Schönfelder 交给 K。他认为，K 必须支付 32 欧元这一正确的价格。

K 可以以 23 欧元的价格请求 V 给付 Schönfelder 吗？

案件变型

V 以每本 23 欧元的价格出售一些 Schönfelder，书上贴有"几乎还属现行的"标签，因为新近的补货没有被归入到这些货品中。K 拿了一本最新但因疏忽而标价 23 欧元的 Schönfelder(书上没有"几乎全新的"标签)来到收银台。V 以为该书系特价货品中的一本。在晚间，发生了上述对话。

《图书价格约束法》(BPrBindG)摘要

第3条 价格约束

依营业或交易向终端买受人出售图书者,必须遵守依照第5条确定的价格。……

第5条 价格确定

(1)出版图书或进口图书者有义务,为图书向终端买受人出售确定包括图书发行营业税在内的价格(最终价格),并以适当的方式公开之。……

第9条 损害赔偿请求权和不作为请求权

(1)违反本法之规定者,得被请求停止该行为。故意或过失实施行为者,负有赔偿违法所生损害之义务……

二、前期思考

由于人们在V的书店中可以公开自选书籍,因此需要再次简要探讨自助交易行为中的合同订立(对此案例11已有说明)。在本案中有疑问的是错误的价格标签,错误的价格标签导致达成缔约合意之结果,因此可能为潜在的可撤销提供正当性。

此外,鉴于上述《图书价格约束法》的提示系命题人的提示,我们应结合该法来判断(鉴定):该合同是否根据第134条而无效。对此人们可能会产生疑问:如果法律行为已经依照第134条而无效,是否还应讨论撤销的问题。但是,合乎通说的观点是:即便在无效法律行为中,撤销也是可能的。相关理由本质是程序经济(prozessökonomischer Natur)层面的:有时基于某种原因(尤其在第138条规定的情形)的撤销较之于无效更容易证明。[1] 因此,在鉴定中必要时应同时逐个检验多个不生效事由(含有效实施的撤销)。

---

[1] Köhler, § 7 Rn. 72.

在检验第 134 条时,我们应该始终注意该条对无效效果明文设有保留,即从制定法中,更确切地说,从保护性规范中,基于整个规则体系无法获得无效之外的法律效果。我们必须弄清用于判断这些其他规定的标准。

三、提纲

(一)根据第 433 条第 1 款第 1 句,K 对 V 的请求权 ············ 1
  1. V 通过商品展示发出要约,第 145 条 ············ 2
  2. K 在收银台旁发出要约,第 145 条 ············ 3
  3. V 作出承诺 ············ 4
  4. 根据第 142 条第 1 款,承诺无效 ············ 5
    (1)撤销表示,第 143 条第 1、2 款 ············ 6
    (2)撤销事由,第 119 条第 1、2 款? ············ 7
    [难题:价格属于第 119 条第 2 款意义上的性质?]
    (3)小结 ············ 11
  5. 根据第 134 条,结合《图书价格约束法》第 3 条第 1 句,无效 ············ 12
    (1)违反禁止性法律 ············ 13
    (2)无效效果 ············ 15
    [难题:《图书价格约束法》第 3 条第 1 句明令违反这一禁止性规范的合同无效?]
  6. 结论 ············ 18
(二)案件变型:根据第 433 条第 1 款第 1 句,K 对 V 的请求权 ············ 19
  1. 合同订立 ············ 20
  2. 根据第 142 条第 1 款,合同不生效 ············ 21

(1)撤销事由,第119条第2款 ·················· 22
[难题:性质何时具有第119条第2款意义上的"交易重要性"?]
(2)合乎期限的撤销表示 ·················· 31
3. 结论 ·················· 32

四、解答

(一)根据第433条第1款第1句,K对V的请求权

1　　根据第433条第1款第1句,K支付23欧元的同时,可能享有一项对V的移转Schönfelder所有权的请求权。为此须在K和V之间订立一份有效的买卖合同。而这是以K和V之间通过发出两个相呼应的意思表示——要约和承诺,就重要合同义务(合同当事人、买卖标的、价款)达成合意为前提的。

1. V通过商品展示发出要约,第145条

2　　V可能已经通过将配有标价的Schönfelder放在店内书架上发出了第145条意义上订立买卖合同之要约。他或许便受到"以23欧元出售这本Schönfelder"这一要约的拘束。但是根据正确的通说观点,自助商店经营者通过商品陈列依照交易观念仍非意在发出具有拘束力的要约,因为考虑到买受人的身份、错误标识,甚至有可能还考虑到购买数量,出卖人想自己保留订立合同的决定。对立观点否定了店主不愿通过陈列商品而受法律上拘束之利益,但是考虑到交易观念(第133、157条),这一观点并不具有说服力,应予以否定。[2]

---

〔2〕 对此参见案例11边码3及以下,就观点现状附有进一步说明和证明。

因此,在图书陈列的情形仅涉及发出要约邀请(invitaito ad offerendum)。[3] 要约来自客人,她在收银台发出了其购买意思。[4]

2. K 在收银台旁发出要约,第 145 条

当 K 在收银台将该法律汇编书交给 V 来付款时,已经存在第 145 条意义上的要约。

3. V 作出承诺

根据第 147 条第 1 款第 1 句,通过输入 23 欧元的价格并请求 K 支付,V 即时默示地对该要约作出承诺。因此,以 23 欧元购买 Schönfelder 的买卖合同成立。

4. 根据第 142 条第 1 款,承诺无效

但是,V 的意思表示(并因此使得整个合同)可能根据第 142 条第 1 款而无效,如果他在晚间有效地撤销了该意思表示。

(1)撤销表示,第 143 条第 1、2 款

根据第 143 条第 1 款,需要一个 V 的撤销表示。这一撤销表示可能体现在:在指出相关情事后,他向 K 表达出他不愿以约定价格出售该书。据此他清晰地表达出,基于意思瑕疵,不愿以约定条件固守合同。因此存在一个撤销表示,且 V 已经向合同相对人 K——根据第 143 条第 2 款作为适格的撤销相对人,发出了该撤销表示。

(2)撤销事由,第 119 条第 1、2 款?

另外还需要具备一项能从第 119 条中获得的撤销事由。根据第 119 条第 1 款第 2 种情形,**表示错误**的前提是 V 发出了一个内容是他根本不想表示出来的意思表示。据此,V 应在发出其承诺表示

---

[3] Brox/Walker, § 8 Rn. 165a; Erman/Armbrüster, § 145 Rn. 10; Flume, § 35 I 1; Köhler, § 8 Rn. 11; Wolf/Neuner § 37 Rn. 7; Soergel/Wolf, § 145 Rn. 7; Schwab/Löhnig, Rn. 549; Recke, NJW 1953, 92.

[4] 具有代表性的不同意见,如 HK/Dörner, § 145 Rn. 6; Medicus, Rn. 363(参见上述案例 11)。

时——在输入收款机时说错或打错了。由于他输入23欧元且也想要23欧元,并成功地实现了,故不存在表示错误。

8   **小贴士:**
如果我们采信相反观点,将标有价格的商品作为V的合同要约,则理当得出表示错误并应肯定撤销。

9   在V对其表示的客观表示内容具有错误的主观想法时,还可考虑第119条第1款第1种情形的**内容错误**。V想要表达对K这一23欧元价格的合同要约之承诺,实际也表达出来了。就这一表示的发出而言,他意识到了其表达的客观意义。由于价格表述明白无疑义,也不存在效果意思构成中的瑕疵。所要求支付的价格并非正确的零售价格,这一点并不重要。如果仅一方当事人基于错误的情事出发,该情事对形成法律效果意思具有意义,则仅存在一个不重要的动机错误。这和本案中错误价格标识的情形一致,因此错误的价格标识并不能提供第119条第1款第1种情形意义上的撤销事由。

10   仍待检验的是第119条第2款意义上的**性质错误**。这条规范意义上的性质,是所有构成标的物价值的特征,以及标的物和外部情事之间事实上的或法律上的联系,只要性质根据交易观念对标的物的价值评估有影响,并且至少是标的物直接的、一定程度上持续具备的。[5] 单纯从标的物评价的角度,由于标的物的价值或价格是建立在标的物的其他特征基础上的,因此根据通说价值或价格本身并不属于性质。根据相反的观点,这一论断虽有不同,但是撤销仍被排除,因为价格只有通过法律行为才形成。由于在图书的情形存在法定价格约束,所以根据反对说在本案中并非如此。[6] 但是,这一论证不能令人信服,因为这会导致奇怪的区分:如果V错误标价的并非图书,而是另一件物品,那么他就可以撤销,而在是图书的情形则不

---

[5] BGH NJW 2001, 226, 227; Erman/Arnold, § 119 Rn. 36; Köhler, § 7 Rn. 19.
[6] Vgl. Münchkomm/Armbrüster, § 119 Rn. 131.

可以撤销。这反而支持了:从一开始就不应将价格理解为性质。

(3)小结

由于不存在撤销事由,V 的意思表示继续有效(不同观点亦可)。 11

5. 根据第 134 条,结合《图书价格约束法》第 3 条第 1 句,无效

买卖合同可能根据第 134 条与《图书价格约束法》第 3 条第 1 句 12
而无效。为此,《图书价格约束法》第 3 条第 1 句须为第 134 条意义
上的法律禁令,且明令 K 和 V 之间买卖合同无效。

(1)违反禁止性法律

不可通过法律行为任意替代的法律规范被称作禁止性法律,禁 13
止特定法律行为的实施。[7] 是否如此,需要通过对法律的解释来判
断。根据《图书价格约束法》第 3 条第 1 句,营业性的书商在向终端
买受人售书时,必须遵循《图书价格约束法》第 5 条所规定的销售价
格;因此对他而言,一个不符合《图书价格约束法》第 5 条规定的价格
协议是禁止的。所以,《图书价格约束法》第 3 条第 1 句是第 134 条
意义上的禁止性法律。

违反第 134 条范围内的保护性法律应完全客观判断[8],和 V 欠 14
缺恶意无关。因此,当 V 以低于出版社依据《图书价格约束法》第 5
条第 1 款第 1 句预先设定的价格出售 Schönfelder 新书时,他违反了
《图书价格约束法》第 3 条第 1 句这一法律禁令。

(2)无效效果

但是,根据第 134 条,只有从该禁止性法律中不能得出其他结果 15
时,才因违反法律禁令产生法律行为无效的后果。换言之,应通过对
禁止性规范的解释,此处即《图书价格约束法》第 3 条第 1 句,来判断
禁止性规范是否命令法律行为的无效。对此有一些不同的提示

---

[7] Brox/Walker, § 14 Rn. 321; Erman/Palm/Arnold, § 134 Rn. 9; Wolf/Neuner § 45 Rn. 3.

[8] Erman/Palm/Arnold, § 134 Rn. 10.

标志。

16　　如果禁止性规范针对法律行为的效果本身,那么禁止性规范就明令法律行为无效。如果法律行为禁令指向双方当事人,那么就提示一般不允许该法律行为以及其无效效果。[9] 相反,在禁止性法律仅仅针对法律行为实施的方式和方法时或仅仅针对一方当事人时,在有疑义的情形,法律行为有效。[10]《图书价格约束法》第 3 条第 1 句明确针对营业性的书商,并不针对顾客,其意图原则上非在压制图书出售,而仅在于防止价格差异。

17　　但是,即便禁令对象只是一方当事人,当禁止性规范意在维护公共福祉利益而非仅用于保护内部当事人关系时,也可规定法律行为无效。[11] 根据《图书价格约束法》第 1 条,该法用于保护文化财富书籍,并通过对大量销售处的资助来维系广泛的图书供应。因此,该法也服务于公共利益,支持无效效果。但是,当制定法对于违反禁止性规范的效果自身有明文规定时,或者保护目的并不要求无效这一严苛的制裁时,在有疑义时不应发生无效效果。[12] 根据《图书价格约束法》第 9 条第 1 款,违反图书价格约束产生不作为请求权以及在过程情形下损害赔偿请求权。这些法律效果对于保护文化财富书籍已经足够,从而买卖合同并不根据第 134 条无效(其他观点亦可)。

6. 结论

18　　K 在同时支付 23 欧元时,可以请求 V 移转 Schönfelder 的所有权。

---

[9] So HK/Dörner, § 134 Rn. 8; Hirsch, Rn. 773; MünchKomm/Armbrüster, § 134 Rn. 48, 49 说明如下;根据对象范围的区分实际只是用于判断无效的一个间接依据,这不能替代引入其他标准,尤其是根据法律的意义和目的(作出的)解释。同样观点,Bamberger/Roth/Wendtland, § 134 Rn. 11 附其他参考文献。

[10] Brox/Walker, § 14 Rn. 323; Köhler, § 13 Rn. 12.

[11] Larenz/Wolf, § 40 Rn. 18.

[12] Erman/Palm/Arnold, § 134 Rn. 12.

(二)案件变型:根据第 433 条第 1 款第 1 句,K 对 V 的请求权

K 基于第 433 条第 1 款第 1 句,主张对 V 的移转所有权之请求权,需要存在一个有效的买卖合同,即要约和承诺。

1. 合同订立

上文已经确定,K 通过递交 Schönfelder 一书发出 23 欧元价格的要约,V 通过将该价格输入收款机进行承诺,合同成立(参见上文边码 2 及以下)。

2. 根据第 142 条第 1 款,合同不生效

需要再次检验的是,V 能否根据第 142 条第 1 款通过撤销溯及地消灭该承诺表示。为此,V 必须附带撤销事由,向 K 撤销合同。

(1)撤销事由,第 119 条第 2 款

基于第 119 条第 1 款的撤销事由从错误的价格标识中无从获得(参见上文边码 7 及以下)。

V 有可能基于第 119 条第 2 款的性质错误撤销合同。为此,V 必须对 K 所选 Schönfelder 一书其交易上重要的性质存在错误。这样一个交易上重要的性质虽然并不体现在"正确的"价格(参见上文边码 10)上,因为性质只是标的物自身直接具有的且在一定程度上持续的情事——可能因为标的物和外界的联系。但是,这样一个情事可能是该法律汇编书的现时状态。这种活页汇编书的优点是,我们可以通过活页技术以及定期出版后续卷页即可使活页汇编书保持最新状态。如果法律汇编书不是即时的,那么对于学习以及工作的目的而言终究在使用上是受到限制的。因此,即时状态是 Schönfelder 一书直接具有的且影响到其价值评估的情事,亦即第 119 条第 2 款意义上的性质。

但是,有争议的是,如何理解性质在交易上的重要性。对此主要形成了三种观点:

25 　　根据法律行为性质错误理论[13],当事人可以决定何种性质是交易上重要的,但通常默示约定是常例。因此,客观的可使用性仅在意思表示解释的框架下对确定通常的内心想法发挥作用,交易重要性最终被转换解释为合同重要性(Vertragswesentlichkeit)。是以关键在于 K 所发出的合同要约的客观表示内容:由于那本 Schönfelder 并未附有隐指欠缺即时性的标签,K 客观上(第 133、157 条)表示了以标签价格购买现时 Schönfelder 的内心意愿。V 表示接受该要约;他认为该书是一本旧的 Schönfelder 这一想法在这一过程中并没有表达出来,所以该想法作为单纯的动机并不重要。

26 　　根据具体客观说(konkret-objektiven Theorie)[14],或者依照具体行为的交易观念属于构成价值的性质,或者性质被合同当事人提升为合同内容,所有这些性质都具有交易上的重要性。因此,非典型的性质也能成为交易上重要的性质,双方当事人的利益被计入考虑,这和第 434 条第 1 款中的瑕疵概念一致。由于 Schönfelder 通常必须是即时的,且并未作不同约定,则这属于交易上重要的性质;V 因此产生一项错误。

27 　　新近的判决将上述两种学说结合起来构造:首先只有客观上通常重要的性质才是交易上重要的;而非典型的性质只有为表意人以可知悉的方式作为意思表示的基础,但无需成为合同的一部分,也属于交易上重要的。[15] 如果我们认真循守这一观点,则 V 不能撤销,因为其想法在合同订立过程中并没有出现。

28 　　法律行为性质错误学说应被拒斥,因为该学说违背第 119 条第 2 款的文义和概念,将撤销建立在实然性质和应然性质不一致的基础

---

[13] Flume, § 24, 2; Medicus, Rn. 767.

[14] Bork, Rn. 846 附其他参考文献。(对不同观点的批评,参见 Rn. 847, 860ff.);Köhler, § 7 Rn. 21。

[15] So etwa BGHZ 88, 240, 246; BGH NJW 2001, 226, 227;对此批评,Bork, Rn. 847。

上。判决的观点也应予以反对,该观点同样背离了法条文义,法条文意就(一方当事人的)关于性质的想法并未要求可知悉,而是适用到交易重要性的标准。某一特定类型的动机错误重要而其他所有动机错误原则上不重要,这在法政策上有疑问;即便如此,这一情况并不能为曲解第 119 条第 2 款提供正当性。因此,应追随具体客观说,并肯定 V 的性质错误,因为他就不存在对交易上重要的性质产生错误。

> **小贴士:** 29
> 在本案中,学生采其他观点并附有相应论证也是可以的,但是他必须知道上述问题。如果在 Schönfelder 上有"不完全现行"标签,我们可能会认为存在相应的约定。

如果 Schönfelder 的现行状态因此是交易上重要的性质,撤销还需要具备的要件是:根据通情达理的评估,V 如果没有该错误本就不会发出该承诺,第 119 条第 1 款句末。因此,他有权根据第 119 条第 2 款撤销。 30

(2)合乎期限的撤销表示

V 已经正确地(第 143 条第 1、2 款)向其合同相对人 K 作出了撤销表示。由于他在意识到错误之后,不存在过错迟延地发出了撤销表示,因此他也遵守了第 121 条第 1 款第 1 句的撤销期限。 31

3. 结论

K 对 V 并不享有根据第 433 条第 1 款第 1 句的交付请求权。 32

> **小贴士:** 33
> 提问不涉及 K 根据第 122 条第 1 款的损害赔偿请求权。

案例20　不可信的传达

一、案件事实

律师 Randolf Rathgeber(R)和其他同事一起就一件重大跨国兼并工作了 29 个小时。由于他感到饥饿,遂叫培训生 Anna Annaberger(A)打电话给附近的意大利餐厅"Il Ristorante"(I),为他订购一个什锦披萨(Pizza Capricciosa)。注意力不太集中的 Annaberger 在电话里说成:"律师 Rathgeber 先生想要一款馅饼披萨(Pizza Calzone),送其办公室。"她得到的答复是:这个披萨会在 20 分钟内送至。

Rathgeber 必须要受领交付的披萨并支付价款吗?

案件变型 1:
如果 Anna 故意订购了错误的披萨,如何处理?

案件变型 2:
Anna 虽然订购了正确的披萨,但是因疏忽是在附近的 Pizza-Service 店(P)订购的。

二、前期思考

中间人(Mittelsperson)参与到传达意思表示(参见案例6)。错误传达在法律上产生何种效果,主要取决于中间人的法律性质,即取决于他是使者还是代理人;因此我们必须要掌握使者和代理人之间的不同;基于交易保护的理由,二者之间的区分需依照客观受领人视角(第133、157条)来完成,亦即从客观的意思表示受领人的视角,中间人以何种角色出现。

使者和代理人之界分具有多个不同的效果:其一在到达的情形(对此参见案例6);其二在行为能力上(对此参见案例33边码13),最后在意思瑕疵的处理上也存在重大的差异。使者错误地传达了表示,对此存在独立的规则。但是,如果瑕疵不在使者而是在行为主人(Geschäftsherrn),他在发出时(即向使者"传递"时)发生错误,则应适用第119、123条。关于代理人意思瑕疵情形的权利状态,参见案例37和38。

首先我们自然要找出请求权基础。显而易见,我们要考虑买卖价款支付请求权,并进行检验。但是,在进一步审思之后,我们或许还有些怀疑:这是否真的涉及买卖合同。只有听过债法课之后,我们才能进一步处理这一问题。如果还没有学过债法,干脆认为是买卖。

案件变型处理的是富有争议的案件情形,对此我们应该了解。

三、提纲

(一) 根据第433条第2款,I 对 R 的请求权 ……………… 1
 1. 要约,第145条 …………………………………… 2
  [难题:A 作为中间人是 R 的使者抑或代理人?]
 2. 通过 I 作出承诺 ………………………………… 7
 3. 小结 ……………………………………………… 9
 4. 根据第142条第1款,R 的要约无效 …………… 10
 5. 法律行为可撤销 ………………………………… 12
  (1) 撤销事由,第120条 ………………………… 14
   ① 传达他人意思表示 ……………………… 15
   ② 不正确的传达 …………………………… 16

③委托人的可归责性 ·············· 17
　　　④双重因果关系 ················ 18
　(2) 撤销期限 ··················· 19
　(3) 小结 ····················· 20
6. 结论 ························ 21

(二) 案件变型1:根据第433条第2款,I对R的请求权 ····· 22
1. 委托人意思表示的可归责性 ············ 23
　[难题:第120条也适用于有意识的错误传达情形?]
2. 结论 ······················ 27

(三) 案件变型2:根据第433条第2款,P对R的请求权 ····· 29
1. 要约,第145条 ·················· 30
2. 通过P作出承诺 ················· 31
3. 小结 ······················ 32
4. 根据第142条第1款,法律行为的可撤销性 ······ 33
　(1) 撤销事由,第120条 ·············· 34
　　　①传达他人意思表示 ············· 35
　　　②不正确的传达 ··············· 36
　　　[难题:向错误相对人的表示是错误的传达?]
　　　③可归责性 ················· 37
　　　④双重因果关系 ··············· 38
　(2) 撤销期限 ··················· 39
　(3) 小结 ····················· 40
5. 结论 ······················ 41

四、解答

(一) 根据第 433 条第 2 款,I 对 R 的请求权

如果当事人之间通过合致的意思表示(要约和承诺)缔结了这一内容的买卖合同,那么根据第 433 条第 2 款,I 对 R 有受领并支付所交付披萨的请求权。

1. 要约,第 145 条

要约作为需受领的意思表示,是合同订立的前提。通过向他人提出订立合同的要约,使得合同的成立只需要受领人的同意。[1] 为此,首先必须确定重要的合同成分(essentialia negotii),即主给付义务。[2] A 虽然说出了想点的菜名,但是价格表述是不清楚的。尽管如此,只要合同内容至少是可确定的,也满足了确定性的要求。在饭店里订购饭菜时,应支付当时适用的价格,这合乎交易观念。相应地,从客观受领人视角,A 表达了以 I 餐厅所要求价格,订立一份关于馅饼披萨的买卖合同。R 具有不同的效果意思,但这点对于存在一个意思表示而言并无影响(反面推论第 119、120 条)。

小贴士:

接下来有关合同类型的思考是初学者尚未预料到的,他们可暂时忽略之。我们对初学者通常不经思考地将本案法律行为归类为买卖已感欣慰;这一归类在最终效果上是正确的。如果大家听过合同之债的课程之后,则必须进行如下的思考。

然而应加检验的是,R 在本案中是否真正作出了缔结一份关于

---

〔1〕 Brox/Walker, § 8 Rn. 165; Palandt/Ellenberger, § 145 Rn. 1; MünchKomm/Busche, § 145 Rn. 5; Medicus, Rn. 358.
〔2〕 Köhler, § 8 Rn. 8.

披萨的买卖合同要约,因为 I 餐厅应当制作(anfertigen)并向 R 交付(liefern)披萨。由于 I 还未做好该披萨,所以这可能涉及第 651 条*意义上的工作物供给合同(Werklieferungsvertrag)。这一定性问题可以置之不论,因为第 651 条第 1 句参引到买卖法。

5 如果意思表示的要件以及其内容因此而得以确定的话,则还待说明的是:这涉及的是 R 的意思表示,还是 A 的意思表示。第三人加入合同订立之中,这可能是传达或代理。代理人发出具有为他人效果的自己的意思表示(第 164 条第 1 款),而传达人只是行为主人这一他人的意思表示的"传输工具"。[3] 中间人在个案中是作为使者还是代理人出现,应根据第 133、157 条通过解释来澄清。由于 A 明确表达了 R 的意愿,她仅传达了 R 的意思表示,因此她是作为使者出现的。所以,R 应是合同相对人,这是明确的。

6 **小贴士:**
我们这里已经就构成传达还是代理作出了判断。从"应试策略上"讲,通常较聪明的做法是,只在区分界定概念实属必要的情形来实施区分界定。大家可以向改卷人展示,你们不仅记诵知识,还掌握了重点。但只有尽力呈现出来,才会起作用。在本案中,大家最后要在代理和传达之间作出选择,因为二者之间的差异不仅体现在要约中,而且在承诺表示的到达等情形都有体现。在本案中适合在最后(在撤销部分)同时处理这个无法回避的、构成代理还是传达的判断问题。

2. 通过 I 作出承诺

7 I 餐厅或已然当即就订立合同之电话要约作出了承诺(第 147 条

---

* 第 651 条在 2017 年因建筑合同法以及买卖合同中瑕疵担保法的改革而删除,2018 年 1 月 1 日后,相应内容被吸收进现行《德国民法典》第 650 条。——译者注

〔3〕MünchKomm/Busche, § 147 Rn. 2; Staudinger/Schilken, Vorb. zu §§ 164ff. Rn. 73.

第1款第1、2句)。通过问何时送披萨,I发出了表示;承诺实际发生了。由于R不仅让A传达其要约,根据第133、157条,至少还默示地授权她来受领承诺[4],所以A也是R的受领使者。因此当A再向R转达该意思表示在通常情形是可能且可期待的时[5],承诺就到达了R。A作为受领使者具有的仅仅是拟人化受领装置的作用[6],由于她当即就可以转达该信息,因此在信息传输到A时就完成了到达R。

小贴士:

在代理人或使者参与交易的情形,如果该人(作为受领使者或受领代理人)有权受领承诺表示,也可出现第147条第1款意义上的向"对话者"作出的要约。[7] 如果A是第164条第3款中的消极代理人,则到达仅仅取决于她本身,在这里即取决于她的理解。[8]

8

3. 小结

R和I缔结了有效的合同,基于该合同,原则上产生了根据第433条第2款之要求受领披萨并支付价款的请求权。

9

4. 根据第142条第1款,R的要约无效

根据第142条第1款,在有效撤销的情形,R的意思表示以及买卖合同可能无效。根据第143条第1、2款,这同样是以撤销表示为前提的,但在本案中尚不存在撤销表示。

10

---

[4] Vgl. Palandt/Ellenberger, § 130 Rn. 8f.; Köhler, § 6 Rn. 16。
[5] BGH NJW-RR 1989, 757, 758f.; Palandt/Ellenberger, § 130 Rn. 9; Soergel/Hefermehl, § 130 Rn. 16a; Medicus, Rn. 285. 对于无形表示的到达,存在部分不同意见,MünchKomm/Einsele, § 130 Rn. 30; 受领人在正确意义上的理解。
[6] BGH NJW 2002, 1565, 1567; Köhler, § 6 Rn. 16.
[7] Soergel/Wolf, § 147 Rn. 2.
[8] Köhler, § 6 Rn. 19; Soergel/Hefermehl, § 130 Rn. 21; Palandt/Ellenberger, § 130 Rn. 13f.

11　　**小贴士：**
　　　　撤销权人始终是表意人，而非使者（反面推论第 119、120 条）。但是，表意人可以再次通过使者传达其撤销表示。

　　5.法律行为可撤销

12　　由于 R 原则上还可以发出第 143 条第 1 款意义上的撤销表示，所以应检验的是，这是否将产生第 142 条第 1 款的法律效果。

13　　**小贴士：**
　　　　我们不应因为欠缺撤销表示，就放弃检验撤销要件构成。问题的设置要求制作鉴定，直至一次国家大考（均是如此）。因此，我们仍需就撤销是否原则上可能这一问题加以探究。当然我们必须还要足够明确，撤销仍可（合乎期限地，第 121 条）被表示出来，以产生第 142 条第 1 款之法律效果。我们也可只检验第 142 条第 1 款，并在那时检验撤销事由，并进而说明欠缺撤销表示。

　　（1）撤销事由，第 120 条

14　　由于瑕疵发生在 A 订购了错的披萨，所以应考虑根据第 120 条结合第 119 条第 1 款撤销。

　　①传达他人意思表示

15　　首先应涉及对他人意思表示的传输。第 120 条仅适用于表示传达人，而不适用于代理人，因为后者并非传递他人的意思表示，而是发出自己的意思表示，只不过是以他人之名义[9]，所以根据第 166 条，意思瑕疵以代理人为准。如前文所确定的，从 I 的视角（第 133、157 条），A 仅仅传递了 R（他人）的意思表示。因此，她作为使者实施了行为。[10]

---

〔9〕 Palandt/Ellenberger, § 120 Rn. 2; Köhler, § 7 Rn. 22; MünchKomm/Armbrüster, § 120 Rn. 2.
〔10〕 Vgl. Brox/Walker, § 24 Rn. 518; Palandt/Ellenberger, Einf. v. § 164 Rn. 11; Köhler, § 11 Rn. 16.

②不正确的传达

A因为弄错了披萨的名称而错误地传达了R的表示。

③委托人的可归责性

仅当根据第133、157条,至少从客观受领人的视角,所传达的表示可归责为委托人R的意思表示时,才会涉及第120条的适用。在本案中,虽然存在A的错误,但是属于可归责于R的意思表示这种情况。

④双重因果关系

除此之外,错误撤销的前提条件还有:R在认识到情况时,经理性评估本不会发出该意思表示(第120条结合第119条第1款)。[11] 除了主观层面的重要性之外,另外还要满足客观层面的重要性,即错误表意人作为理性人、"不存在恣意、主观情绪以及不理智的观念"[12],在没有该错误的情形就不会发出该意思表示。[13] 由于我们通常愿意吃的是订购的饭菜,在本案中也是如此。至于R仍然能吃那不一样的饭菜,则无关紧要,因为R可以自行决定撤销与否。

(2)撤销期限

R仍须遵循第121条第1款第1句的撤销期限,不迟延地撤销。

(3)小结

R可以根据第120条结合第119条第1款撤销其由A传递的意思表示。被撤销的合同,应被视为自始无效(第142条第1款)。

6. 结论

如果R没有根据第120、119条第1款作出撤销决定,消灭这一合同的话,原则上I对R享有一个基于第433条第2款的受领披萨并支付价款的请求权。

---

[11] 因果关系的要件源自将第120条中的传达错误和第119条第1款第1种情形中的表示错误同等对待。HK/Dörner, §120 Rn. 5。

[12] RGZ 62, 206.

[13] Soergel/Hefermehl, §119 Rn. 67; Palandt/Ellenberger, §119 Rn. 31.

(二)案件变型1:根据第433条第2款,I对R的请求权

22　　和在初始案件中一样,I原则上对R享有一项基于第433条第2款的请求权。再次提出的问题是,R可否根据第120、119条第1款撤销。

1.委托人意思表示的可归责性

23　　仅当由A发出的意思表示可归责于R时(参见上文边码17)——至少基于客观受领人的视角,R才能撤销。恰恰对于表示使者故意误传的情形可归责这一点极具争议。

24　　根据通说,第120条仅涵盖无意识的误传。如果使者擅自将其自己的意思取代表意人的意思,那么虽然涉及的仍是不正确传达的意思表示,但是并非对他人意思表示之误传,正如第120条所要求的那样。该意思表示基于中间人的独立决定,从而不能被作为源自表意人而归责于表意人。[14] 故应类推第177条以下的规定,从而根据第179条,使者向表示相对人承担责任。[15]

25　　根据反对说,第120条也适用于故意误传的情形,因为使者的委托人通过引入中间人导致了故意误传的风险,而且他选任并指示中间人,并还能在一定程度上予以监管(überwachen)。因此,使者的姿态总是引发了完全有效意思表示之表象,基于委托人的控制可能性,这一意思表示应归责于他。因为第120、122条恰恰在于保护相对人相信向他传达的表示有效之正当信赖。[16] 除了第122条的责任之外,如果委托人就传达使者身份存在选任过失,还可以考虑根据

---

[14] OLG Oldenburg NJW 1978, 951; Brox/Walker, § 18 Rn. 415; HK/Dörner, § 120 Rn. 4; Soergel/Hefermehl, § 120 Rn. 7 i. V. m. Rn. 4; Palandt/Ellenberger, § 120 Rn. 4; Köhler, § 7 Rn. 22; Wolf/Neuner § 41 Rn. 40.

[15] OLG Oldenburg NJW 1978, 951; Palandt/Ellenberger, § 120 Rn. 4; kritisch Staudinger/Singer, § 120 Rn. 2.

[16] 对此奠基性的文献,参见 Marburger, AcP 573 (1973), 137, 150ff.; MünchKomm/Armbrüster, § 120 Rn. 4; Medicus, Rn. 748.

第311条第2款、第280条第1款,让委托人承担信赖损害赔偿责任。[17]

反对说认为委托人造成了故意误传的风险,对此应予认同。但是这却并不能为将该意思表示作为委托人自己的意思表示从而归责于委托人提供正当性。将第120条适用于故意误传的情形,将会过度扩大对表意相对人的保护。第120条对第119条第1款的参引显然说明,第120条也是以无意识的行为为前提;而在故意误传的情形恰恰欠缺这一前提。[18] 根据一般的权利表象原则,表示人所引发的意思表示之表象,在本案中也不可归责于他。通过类推第179条第1款,使者所承担的责任,足以保护表示相对人。

2. 结论

这一故意误传不能被归责于R。因此并不构成R的意思表示,无需撤销。

小贴士:

这一结论(希望)提出来的问题是:我们为什么没有在R的意思表示这一部分(即合同成立部分),探讨是否属于R的意思表示这个问题。其原因在于:这一问题一般性地规定在第120条;不同的观点在该条更为容易理解。在检验合同成立时讨论第120条,会有点不相关。

---

[17] HK/Dörner, § 120 Rn. 4; Soergel/Hefermehl, § 120 Rn. 4; Palandt/Ellenberger, § 120 Rn. 4; Köhler, § 7 Rn. 22. 委托人是否根据第278条对故意误传其表示之传达人承担责任(Soergel/Hefermehl, § 120 Rn. 4),是有争议的。此外还有部分学者主张类推适用第122条的无过错责任,参见Brox/walker, § 18 Rn. 415; Wolf/Neuner, § 41 Rn. 152; MünchKomm/Armbrüster, § 120 Rn. 4肯定这一观点,对此我们或许可以将其归入第三种观点。

[18] Soergel/Hefermehl, § 120 Rn. 7 i. V. m. Rn. 4; Köhler, § 7 Rn. 22; Wolf/Neuner, § 41 Rn. 26; 亦可参见 Marburger, AcP 173 (1973), 137, 143f. 脚注27所列文献。

(三)案件变型 2:根据第 433 条第 2 款,P 对 R 的请求权

29 如果当事人通过合致的意思表示——要约和承诺订立了这一内容的买卖合同,P 对 R 享有一项受领所交付披萨并支付价款的请求权。

1. 要约,第 145 条

30 上文已经确定(边码 2 及以下),R 为订立买卖合同基本上发出了足够确定的要约。应加以检验的是,对 R 要约的错误传达是否在某种程度上改变了这一点。由于从 A 传达的 R 的表示中,并不能得出应在 I 餐厅订购披萨的内容,根据第 133、157 条,P 可以将 A 的表示理解为,R 恰恰想在 P 餐厅订购披萨。如上所述(参见上文边码 5),A 显然作为使者出现,从而这里涉及的是 R 的合同要约。

2. 通过 P 作出承诺

31 P 立刻接受了 R 的电话要约,第 147 条第 1 款第 1 句(参见上文边码 7)。

3. 小结

32 因此,P 可以根据第 433 条第 2 款请求 R 受领披萨并支付价款。

4. 根据第 142 条第 1 款,法律行为的可撤销性

33 应加检验的是,R 可否根据第 142 条第 1 款通过撤销消灭其意思表示,并进而消灭买卖合同。

(1)撤销事由,第 120 条

34 由于意思瑕疵体现在 A 将订购要约发送到错误的餐厅,因此应考虑根据第 120 条结合第 119 条第 1 款的撤销。

①传达他人意思表示

35 A 作为使者传达了他人的意思表示(参见上文边码 30)。

②不正确的传达

36 A 必须要不正确地传达了表示。这一点看似存在疑问,因为 A

正确发出了订购要约,"只是"向错误的受领人传达。然而,根据几乎一致的观点,将表示以不正确的内容传达给正确的受领人,抑或将表示以正确的内容传达给不正确的受领人,二者并不存在不同。[19] 因为受领人的身份也属于表示的内容。故存在一个不正确的传达。

③可归责性

然而根据通说,只有当被传达的表示应被视为使者其委托人的意思表示时,第 120 条才适用。由于 R 引发了 A 的传达,且该表示未有其他内容上的变动,仅因 A 的疏忽而向错误的受领人传达了,所以该意思表示仍可归责于 R。

④双重因果关系

由于 R 想在其他餐厅订购披萨,所以应该认为,R 在知悉误传时并经理性地评估本不会发出该表示,第 120 条结合第 119 第 1 款。至于 P 的披萨是否对 R 是同样重要的*,案件事实中并未给出相关信息点。

(2)撤销期限

R 必须根据第 121 条第 1 款第 1 句不迟延地作出了撤销表示。

(3)小结

R(仍)可根据第 120 条,并结合第 142 条第 1 款的法律效果,撤销由 A 传达的他的意思表示,消灭该合同。

5. 结论

如果 R 没有不迟延地表示第 120 条的撤销,P 对 R 享有一项基于第 433 条第 2 款之受领披萨并支付价款的请求权。

---

[19] Soergel/Hefermehl, § 120 Rn. 7; Köhler, § 7 Rn. 22; MünchKomm/Armbrüster, § 120 Rn. 6. 但是,如果表示——尤其是关于地址的表示是多义性的,并因此可能构成隐藏的不合意,则另当别论。Soergel/Hefermehl, § 120 Rn. 8; MünchKomm/Armbrüster, § 120 Rn. 6; 可能 Palandt/Ellenberger, § 120 Rn. 3 也持此观点。

* 即不满足主观因果关系。——译者注

案例21　特价优惠商品

一、案件事实

由于通过第二次国家考试,法学专业女大学生 Karolin(K)想购买其最喜欢的演唱家 Heino 最后巡回演出的 DVD 来犒劳自己。为此,她来到附近有些老式的 Viktor(V)的音乐商店,问询上述 DVD。

Viktor 抽出一张 DVD,来到收银台才发现在封套上没有价格标签。由于还有其他顾客在收银台旁,Karolin 说她可以去再看一下其他 DVD 上的价格,因为她看到了 Heino 的 DVD 唱片所放的位置。她发现价格是 32 欧元,但是向 Viktor 说的是 23 欧元。Viktor 对(Karolin)所说的有些狐疑,Karolin 通过提及唱片公司的广告促销活动,打消了 Viktor 的怀疑。之后,Viktor 在收款机上输入 23 欧元。Karolin 这才发现她没带钱。双方于是约定,Karolin 晚间来取 DVD 并支付价款。到晚上之前,Viktor 发现了真实的价格,并在 Karolin 再次现身时,向她指出了这一点。Karolin 要求以支付 23 欧元的对价获得 DVD,Viktor 只愿意以 32 欧元的价格卖给她 DVD 唱片。

案件变型 1:

如果不是 Karolin 作出所谓 23 欧元的陈述,而是一位不认识的顾客(U)作出,该人只是信口开河,目的是避免在收款台耽搁,此时应如何处理?

案件变型 2：

Karolin 说，她想要观看一下 Heino 的新 DVD。Viktor 取出一张碟片，将该 DVD 投入影碟机，并将封套交给 Karolin，在该封套上标有 32 欧元的价格。Karolin 试看了该 DVD 后说："我要这个。"Viktor 要求支付 32 欧元。此后，Karolin 认为，由于该 DVD 在 Viktor 的竞争对手 Wega 市场店只要 23 欧元，所以她也只愿支付 23 欧元。在说的时候，Karolin 拿出一张 Wega 市场店的广告传单，在上面写有"新出 DVD 现在特价优惠——只要 23 欧元"。其实这和 Heino 的 DVD 无关，但是 Viktor 并没有细看传单。Viktor 当下在收款机上输入了 23 欧元，因为他作出了"最低价格保证"的广告：在他店内购买之人，只要能证明在竞争对手处价格更低，只需要支付较低的价格。到晚上之前，他发现了真实情况，并请求 K 支付 32 欧元。有道理吗？

二、前期思考

这个案件使我们想起本书案例 19。区别在于：V 的错误是因 K 的陈述所引起的。据此，我们应根据第 123 条第 1 款对基于恶意欺诈的撤销进行检验。但这并不能免除我们还要考虑其他撤销事由，并至少在头脑中进行彻底检验。在我们完全得出撤销结论之前，应详细考察合同订立。但是，首先要将提问转化为合适的请求权基础。由于当事人认为不同的价格至关重要，所以我们必须要检验两个不同的合同。在此过程中，我们通常从被撤销的法律行为开始检验。

至于合同订立，鉴于本案和案例 19 之间的相似性，如果我们通过课堂或自学已经熟习了该案，需要谨防"从记忆中"解答本案。虽然可以理解这种想法，但是我们必须尽可能抑制这一想法，理由是：其一，我们在大多数情形下不会记得此前所学案例的所有细节；其二，待决案件事实通常在细节上和前案不同。从记忆中来尝试解答案件，我们会遇到忽视待决案件细节并作为类似案件解答的危险。基于这一理由，一般无须来记忆某些案件的解答。我们可以记住具体规范的结构、具体相关问题以及如何将这些问题置入解答框架结构中,但除此之外不要记忆更多内容。如果我们尝试回忆全部解答的话,通常就会忽略当前的问题。当我们尝试来理解材料,就会发现这些问题,因为我们只有在理解材料之后才能将这些材料运用到其他案件事实中。所以,我们必须始终要求自己,针对当前的案件事实进行解答。

两则案件变型针对不同的情况。在第一则案件变型中,欺诈行为不是由 Karolin 实施,而是由第三人实施。在第二则案件变型中,合同订立过程有所不同。

三、提纲

(一)根据第 433 条第 1 款第 1 句,K 对 V 的请求权 ………… 1
　　1. 要约,第 145 条 ……………………………………………… 3
　　2. V 作出承诺 …………………………………………………… 6
　　3. 根据第 142 条第 1 款,承诺无效 …………………………… 7
　　　(1) 撤销表示,第 143 条第 1、2 款 …………………………… 8
　　　(2) 撤销事由:第 119 条第 1、2 款 …………………………… 9
　　　　　[难题:V 可基于对 DVD 真实价格的错误来撤
　　　　　销其承诺表示?]
　　　(3) 撤销事由:第 123 条第 1 款第 1 种情形 ………………… 10
　　　　　①欺诈和引发错误 ………………………………………… 11
　　　　　②双重因果关系 …………………………………………… 12
　　　　　③恶意 ……………………………………………………… 14
　　　　　④小结 ……………………………………………………… 15
　　　(4) 撤销期限 …………………………………………………… 16
　　　(5) 小结 ………………………………………………………… 18
　　4. 结论 …………………………………………………………… 19

(二)根据第 433 条第 2 款,V 对 K 的请求权 ······ 20
　　1. 请求权前提 ······ 20
　　2. 结论 ······ 21
(三)案件变型 1:根据第 123 条第 1 款撤销 ······ 22
　　1. 欺诈和引发错误 ······ 23
　　2. 双重因果关系 ······ 24
　　3. 恶意 ······ 25
　　4. 欺诈人的身份 ······ 26
　　　[难题:U 的欺诈必须要归责于 K 吗?]
　　5. 结论 ······ 28
(四)案件变型 2:根据第 433 条第 2 款,V 对 K 的请求权 ··· 29
　　1. 要约,第 145 条 ······ 30
　　2. V 作出承诺 ······ 34
　　3. 小结 ······ 35
　　4. 变更合同,第 311 条第 1 款 ······ 36
　　　(1) K 的变更要约 ······ 37
　　　(2) V 作出承诺 ······ 38
　　　(3) 小结 ······ 40
　　5. 变更要约的承诺根据第 142 条第 1 款无效 ······ 41
　　　(1) 撤销表示,第 143 条第 1、2 款 ······ 42
　　　(2) 撤销事由:第 123 条第 1 款第 1 种情形 ······ 43
　　　　①欺诈和引发错误 ······ 44
　　　　②双重因果关系 ······ 45
　　　　③恶意 ······ 46
　　　　④小结 ······ 47
　　　(3) 撤销期限 ······ 48
　　　(4) 小结 ······ 49
　　6. 结论 ······ 50

四、解答

(一) 根据第 433 条第 1 款第 1 句,K 对 V 的请求权

1 如果双方通过合致的意思表示——要约和承诺,订立了这一份买卖合同的话,根据第 433 条第 1 款第 1 句,K 对 V 可能享有一项以支付 23 欧元为对价,交付并移转 DVD 所有权的请求权。

2 **小贴士:**

如果检验 V 根据第 433 条第 1 款享有的请求权,我们必须同时考察以 32 欧元订立合同的情形,因为 V 并非请求支付 23 欧元。因为双方起初有可能以 23 欧元成功订立合同,所以首先探讨 K 的以 23 欧元为对价的交付请求权,是较好的处理方式。

1. 要约,第 145 条

3 第 145 条意义上订立买卖合同的要约,首先可能是 K 问询该 DVD。虽然单纯地在一家商店中询问特定商品,根据第 133、157 条通常不应被理解为对法律拘束力意思之表示,因为在大多数情形下当事人此时尚未作出购买决定。一般首先涉及的是评估商品以便之后作出决定。但在本案中情形不同,因为 K 的购买决定是明确的,且她也向 V 表达了出来。

4 就 K 尚未说出特定的价格这一点而言,对于存在具有拘束力的要约仍存在疑问。因为第 145 条意义上的要约其前提是:合同订立之要约要如此作出,以至于合同的成立仅取决于受领人之同意。[1] 为此,首先必须确定法律行为之要素,即合同的重要成分[2],但在这

---

[1] Brox/Walker, § 8 Rn. 165; Palandt/Ellenberger, § 145 Rn. 1; MünchKomm/Busche, § 145 Rn. 5; Medicus, Rn. 358.

[2] Köhler, § 8 Rn. 8.

里并非如此。就此而言,这取决于:K 对 DVD 的问询可否根据第 133、157 条被解释为第 145 条意义上的要约,而该要约的价格是 V 依照其店内的价格标签所要求的价格。根据生活经验,并从店主的视角来看,这一点是有疑问的,所以应否定这里存在一项要约(其他观点亦可)。

一项要约可能体现在:K 从 V 手中拿到想购买的 DVD。但是价格仍然是不明确的,因为并没有价格标签。因此,直到 K 向 V 说在其他 DVD 上的价格是 23 欧元时——虽然和实际不符,才存在足够确定的要约。直到那时,才存在一个旨在订立合同且承诺适格的意思表示。 5

2. V 作出承诺

根据第 147 条第 1 款第 1 句,通过输入 23 欧元的价格并请求 K 支付这一行为,V 当即默示地作出了承诺。因此原则上合同订立了,请求权产生了。 6

3. 根据第 142 条第 1 款,承诺无效

然而,V 的意思表示或许根据第 142 条第 1 款无效,如果他在晚间有效地撤销了该意思表示的话。 7

(1)撤销表示,第 143 条第 1、2 款

根据第 143 条第 1 款所要求的 V 的撤销表示应体现在:他在指出相关情事后向 K 表示,他不愿以约定价格出卖该 DVD。因此他清楚地表达了,他由于意思瑕疵不愿意固守被订立的这一合同。[3] 所以存在一个撤销表示,且 V 根据第 143 条第 1 款也向适格的撤销相对人发出了该撤销表示。 8

(2)撤销事由:第 119 条第 1、2 款

应加检验的是,从欠缺价格标识中能否得出一项撤销事由。对 9

---

[3] BGHZ 88, 240, 245; Soergel/Hefermehl, § 143 Rn. 2; Köhler, § 7 Rn. 76; MünchKomm/Busche, § 143 Rn. 2.

此可考虑第 119 条第 1 款。由于 V 内心意思是以 23 欧元出卖该 DVD,且表示出来的也无不同,他既没有使用他不想使用的表示符号(第 119 条第 1 款第 2 种情形,表示错误),也没有就其表示的客观表示内容存在错误想法(第 119 条第 1 款第 1 种情形,内容错误)。因此,并不存在表示错误或内容错误。或许应考虑第 119 条第 2 款,因为 V 就真实的价格存在错误。然而该条规范意义上的性质仅是所有构成价值的物的特征以及这些特征和外部情境之事实上的或法律上的关联,如果这些特征根据交易观念影响到物的价值,并至少在一定期限内是物直接具有的特征。[4] 由于物之价值或价格建立在根据物的其他特征对物的评价基础之上,本身并不属于性质。因此原则上仅涉及不重要的动机错误。[5]

(3)撤销事由:第 123 条第 1 款第 1 种情形

10　　应加检验的是,V 是否根据第 123 条第 1 款第 1 种情形具有撤销权,因为 K 恶意欺诈并因此使他作出发出意思表示的决定。

①欺诈和引发错误

11　　欺诈是一种旨在引发、增强或维持他人对事实不正确看法的行为。[6] K 违背事实宣称在其他货品上有 23 欧元的价格标签。她由此使得 V 就 DVD 的真正商店价格产生了错误想法。

②双重因果关系

12　　K 的行为是如下行为的原因:V 将 23 欧元的价格当作正确的价格,并因此发出了"以 23 欧元出售"这一内容的意思表示。

13　　**小贴士:**

　　就欺诈所需的不法性要件通常并不存在疑问,此处亦然,是以我们原则上可以放弃检验之(或者作出简要的提示)。当例外

---

〔4〕　BGH NJW 2001, 226, 227; Erman/Arnold, § 119 Rn. 35; Köhler, § 7 Rn. 19.
〔5〕　详细说明,参见案例 17 边码 15 及以下;亦见案例 18 边码 16 以及 OLG Schleswig VIZ 1993, 34, 35f.。
〔6〕　Palandt/Ellenberger, § 123 Rn. 2; Köhler, § 7 Rn. 39.

地就不法性存在疑问时,我们必须进一步检验不法性的要件。这一点适用于不允许提问的情形——这一问题主要发生在劳动法中。[7]

③恶意

和第 123 条相关的恶意指的(仅仅)是就欺诈、错误以及对建立在此基础上的 V 的意思表示存在故意。行为人至少应认为如下情形是可能的:即他表述了不真实的信息,并至少意识到如不存在欺诈,相对人就不会发出这一内容的意思表示。[8] 由于 K 确切知道并不存在特价促销活动,因此她有意且想欺诈 V。

④小结

第 123 条第 1 款第 1 种情形的撤销事由存在。

(4)撤销期限

第 124 条第 1 款的撤销期限得到了遵守。

小贴士:

如果撤销期限的遵守是显而易见的,一如本案,则我们单纯确定这一情形即可。

(5)小结

根据第 142 条,V 的承诺表示无效,因此 23 欧元的买卖合同并未有效成立。

4. 结论

K 对 V 并不享有一项根据第 433 条第 1 款第 1 句之以同时向 V 支付 23 欧元为对价(第 320 条第 1 款第 1 句),交付并移转 DVD 所有权的请求权。

---

[7] Vgl. dazu Palandt/Ellenberger, § 123 Rn. 10 i. V. m. Palandt/Weidenkaff, § 611 Rn. 6.
[8] Palandt/Ellenberger, § 123 Rn. 11; Köhler, § 7 Rn. 43.

(二)根据第 433 条第 2 款,V 对 K 的请求权

1. 请求权前提

20　　V 可能对 K 享有一项请求受领 DVD 并支付 32 欧元价款的请求权。为此双方须经要约和承诺订立了一份相应内容的买卖合同。他们起先就 23 欧元的买卖价金达成合意,然而这一合意因 V 根据第 142 条第 1 款撤销而失去效力。然而 V 在发出撤销表示的过程中要求 K 支付 32 欧元,我们可能将此解释为以 32 欧元价格缔结新合同之默示要约。V 是否具有相应的法律拘束意思或者只是就原合同的内容表达想法,对此可以不论,因为 K 无论如何均拒绝这一要约,以至于该要约根据第 146 条第 1 种情形消灭。所以,合同并没有成立。

2. 结论

21　　因此,V 对 K 并不享有根据第 433 条第 2 款之请求权。

(三)案件变型 1:根据第 123 条第 1 款撤销

22　　和初始案件不同的是,K 在这里自身并没有实施欺诈行为,而是 U 实施了欺诈行为。应加检验的是,V 是否仍可根据第 123 条第 1 款撤销。

1. 欺诈和引发错误

23　　欺诈是旨在引发、增强或维持他人对事实不正确看法的行为。[9] U 通过说该价格涉及唱片公司*的促销活动,使得 V 对 DVD 的真正店内价格产生了错误想法。

2. 双重因果关系

24　　U 的行为是如下行为的原因:V 错误地将 23 欧元的价格当作正

---

[9] Köhler, §7 Rn. 39; Palandt/Ellenberger, §123 Rn. 2.
* 原文是"竞争对手",系笔误。——译者注

确的价格,并因此发出了"以23欧元出售"这一内容的意思表示。

3. 恶意

和第123条相关的恶意,指的(仅仅)是就欺诈故意、错误故意以及对建立在此基础上的V的意思表示之故意。因此,U至少应认为如下情形是可能的:即他表述了不真实的信息,并意识到如不存在该欺诈行为,V就不会发出具有这一内容的意思表示。[10] 由于U随口而说,并不知道DVD的真正价格,无论如何他已经认为对V的欺诈是可能的。随后不可避免地产生了引发错误之结果,并使得(V)发出意思表示。因此,U其行为存在第123条第1款意义上的恶意。

4. 欺诈人的身份

对于第三人欺诈的情形,第123条第2款第1句对需受领的意思表示的撤销另设有要件:表示受领人明知或应知欺诈行为。首先应确定:U并非V的代理人或其他代表,而是第123条第2款第1句意义上的真正的第三人。K明知或应知U的表述是虚假的——即因过失而不明知(参见第122条第2款),这从案件事实中无法得出。

小贴士:

我们可能认为这一结论是脱离现实的,但从案件变型1的案件事实中并不能得出其他结论。我们必须保持案件事实原状,给定的案件事实应被承认,而不能被变造。在这里并不必然是K明知V对该DVD主张哪个价格。也许她并不知道,或者因为她极为珍视该名艺术家抑或有很多钱,所以对于价格无所谓。所有这些都是可能的,这里并不是大家显然可以想见的情形。关于第123条第2款中的第三人,我们必须知道表示受领人的代理人和谈判辅助人均不属于第三人,因为考虑到和表示受领人之间的密切关联,他们的行为均应归责于表示受领人。

---

[10] Köhler, § 7 Rn. 43; Palandt/Ellenberger, § 123 Rn. 11.

5. 结论

28　　并不存在第 123 条第 1 款第 1 种情形以及第 2 款的撤销事由。撤销是不生效的，K 可以基于第 433 条第 1 款第 1 句在支付 23 欧元对价的同时请求交付该 DVD。

(四) 案件变型 2：根据第 433 条第 2 款，V 对 K 的请求权

29　　如果双方订立了相应内容的买卖合同的话，V 根据第 433 条第 2 款，对 K 有支付 32 欧元价款的请求权。

1. 要约，第 145 条

30　　只有根据第 133、157 条，K 通过问询发出一个具有法律拘束之意思时，K 问询 DVD 才是第 145 条意义上订立买卖合同的要约。在对商品的单纯问询中，通常首先涉及的是评估商品以便之后作出决定。由于 K"想看一下"该 DVD，即明确表示想要检验，所以对她而言购买决定起初尚未明确。因此在问询时尚且欠缺法律拘束意思，因此也就不存在意思表示的外部要件。

31　　要约可能体现在：V 将该 DVD 递给 K 供其观看的行为中。V 或许借此默示地表达了，将该 DVD 出售给她的意愿；根据第 147 条第 1 款第 1 句，K 可能通过其"我拿这个"的言语接受了 V 的合同要约。因此合同或许已经成立，即便 K 根本不能付款。所以，能否将 V 的行为解释为第 145 条意义上的要约，是有疑问的。要约是需受领的意思表示，通过这一意思表示向他人作出了这样一个订立合同的要约，以至于合同的成立仅取决于受领人的同意。[11] 虽然为此所必需的合同要素，即重要的合同内容，[12] 已经包含在要约中，但是第 145 条意义上的要约还要求意思表示的外部要件构成，即一个行为；从客

---

[11] Brox/Walker, § 8 Rn. 165; Palandt/Ellenberger, § 145 Rn. 1; MünchKomm/Busche, § 145 Rn. 5; Medicus, Rn. 358.

[12] Köhler, § 8 Rn. 8.

观表示受领人的视角,该行为中可推导出特定的法律拘束意思。[13]如果我们结合 K 先前看一下 DVD 的请求来理解递交 DVD 的行为的话,V 递交 DVD 的行为主要是满足这一请求。即便他基本愿意出售,但在这不构成具有拘束力的合同要约。

小贴士:

诸位也可以作不同的理解(案例 11 边码 3 及以下对于自助商店中有关要约的初步思考可移用到此)。其结果可能是:通过 K 随后的表述,合同以 32 欧元的价格已经订立了。

32

因此,要约体现在 K"我要这个"这句话中。诸如买卖价金、买卖标的物等所有的合同要素在此时得以确定,从而 V 只说"好"就可使得合同成立。一个第 145 条意义上的买卖价金是 32 欧元的要约就此出现。

33

2. V 作出承诺

根据第 147 条第 1 款第 1 句,V 通过向 K 要求 32 欧元的价款,当即默示地对该要约作出了承诺。

34

3. 小结

因此,合同原则是以这一内容被订立:K 在支付 32 欧元的同时,其交付并移转 DVD 所有权的请求权成立了(第 433 条第 1 款第 1 句、第 320 条第 1 款)。

35

4. 变更合同,第 311 条第 1 款

但是,应加检验的是,当事人是否随后通过第 311 条第 1 款意义上的变更要约将价款降低到 23 欧元。根据第 311 条第 1 款,通过另一个合同来变更现存合同是可能的。

36

---

[13] Palandt/Ellenberger, § 145 Rn. 2; MünchKomm/Armbrüster, Vor § 116 Rn. 9, § 145 Rn. 7.

(1) K 的变更要约

37　　在指出 Wega 市场所谓的供货的背景下,K 表达出了仅愿意支付 23 欧元,借此 K 可能作出合同变更之要约。由于 32 欧元的合同已经订立,K 的这一要求只有通过对价款的变更并因此对合同的变更才属可能,从而 K 的表达根据第 133、157 条应理解为变更要约。

(2) V 作出承诺

38　　V 通过在收款机上输入 23 欧元,对 K 的变更请求默示地表示同意,因此也就对变更要约作出了承诺。

39　　**小贴士：**

　　　　我们还可以思考:"最低价格保证"的广告是否不含有 V 的变更要约。但是,这一点在教义学上难以构造。因为一方面顾客可以在订立合同之前提及更低的价格——对此必须将案件事实作很小的变动,但并不需要变更。另一方面,将 V 的变更要约赋以具体的内容,即使并非不可能,但也是非常不容易的。因此,我们最好放弃这种教义学构造。

(3) 小结

40　　根据第 311 条第 1 款,V 和 K 将买卖价款变更为 23 欧元,以致 K 现在可以根据第 433 条第 1 款第 1 句以这一价格请求交付。

5. 变更要约的承诺根据第 142 条第 1 款无效

41　　然而 V 的意思表示或许根据第 142 条第 1 款而无效,如果他在晚间有效地撤销了该意思表示的话。

(1) 撤销表示,第 143 条第 1、2 款

42　　根据第 143 条第 1 款,V 的撤销表示必须清楚地表达出:他基于意思瑕疵不愿意固守降价的合同。[14] 他是这样做的:通过提及只愿

---

[14] BGHZ 88, 240, 245; Köhler, § 7 Rn. 76; MünchKomm/Busche, § 143 Rn. 2; Soergel/Hefermehl, § 143 Rn. 2.

意以 32 欧元的价格移转 DVD 所有权这一情事,他向 K 作出了表示。所以存在撤销表示,且 V 依照第 143 条第 2 款也向适格的撤销相对人发出了该撤销表示。

(2)撤销事由:第 123 条第 1 款第 1 种情形

V 或许根据第 123 条第 1 款第 1 种情形有权撤销,如果 K 恶意欺诈了他并使得他决定发出其意思表示。

①欺诈和引发错误

欺诈是旨在引发、增强或维持他人对事实不正确看法的行为。[15] 通过信口胡诌竞争对手 Wega 市场仅要价 23 欧元,K 使得 V 对适用"最低价格保证"产生了错误想法,并因此对自我要求的价格产生了错误想法。

②双重因果关系

K 的行为是导致 V 错误地认为基于"最低价格保证"的合同变更前提已经具备的原因,并因此使得 V 发出了"买卖价款变为 23 欧元"这一内容的意思表示。

③恶意

和第 123 条相关的恶意指的(仅仅)是对欺诈、错误以及对建立在此基础上的 V 的意思表示存在故意。行为人至少应认为如下情形是可能的:即他表述了不真实的信息,并意识到如不存在该欺诈行为,相对人就不会发出具有这一内容的意思表示。[16] 由于 K 确切知道 Wega 市场并没有以 23 欧元的价格出售该 DVD,因此她有意且想欺诈 V。

④小结

存在第 123 条第 1 款第 1 种情形的撤销事由。

---

[15] Köhler,§ 7 Rn. 39;Palandt/Ellenberger,§ 123 Rn. 2.
[16] Palandt/Ellenberger,§ 123 Rn. 11;Köhler,§ 7 Rn. 43.

(3) 撤销期限

48　第 124 条第 1 款的撤销期限被遵守了。

(4) 小结

49　根据第 142 条第 1 款，V 的承诺表示无效，变更合同因此并未生效。所以，原约定继续或再次适用。

6. 结论

50　V 根据第 433 条第 2 款，可以请求 K 支付 32 欧元，并同时交付和移转 DVD 的所有权（第 320 条第 1 款第 1 句）。

案例22 购买汽车时睁大眼睛

一、案件事实

成功的不动产经纪人 Konrad Knausrig(K)为了"和身份相称地"在街上行车,想要另外购买一辆车。在二手车经销商 Viktor Veilscher (V)处,他看到一辆3年新的高级轿车,符合他的期望。对于 Knausrig 提出的该车是否非事故车的问题,Veilscher 随口肯定,虽然他并没有检查该车是否发生过事故损害,因为他只想将这辆长期停在其经营场所的汽车脱手。Knausrig 随后以2.5万欧元的价钱购买了该车,并当即用现金支付。

实际上,该车曾经发生过一场中等程度的撞车事故;事故造成的损害当时花了1万欧元才修好。Veilscher 在检查中本不难确定该车属于事故车这一事实。

同一天,Knausrig 将该车交由专业人士检测,由此得知该车发生过事故。他当即开车来到 Veilscher 处,要求他返还2.5万欧元。他说他被欺骗了,并认为整个交易因此是不存在和无效的。他还说道,在 Veilscher 没有告知他这一情况时,Veilscher 或许正开心呢。

Veilscher 应该向 Knausrig 返还2.5万欧元吗?(不应要求初学者检验侵权请求权)

二、前期思考

在法律行为学说领域,几乎总是要问及合同上的履行请求权。这一次在本案不同,因为 K 向 V 请求返还支付的价款。显而易见,这里再次涉及何种撤销事由的问题。我们必须仔细检验撤销事由的前提条件。

我们作为初学者必须首先将问题转化为请求权基础。和这里显示的撤销相关,我们至少应该涉及已经履行的无效合同的返还清算的常见请求权基础。还要考虑其他请求权基础,有些请求权基础是初阶的,大多在第一学期学习的《德国民法典》的导论性概要中,或者在法律行为部分讨论过。

但以上论述,并不适用于广泛的损害赔偿请求权,这些损害赔偿请求权虽然事实上贯穿整个案件,但对于第一学期的学生而言,要在设置问题时排除。对于进阶的学生,损害赔偿请求权不会存在困难。

三、提纲

(一)第一部分:返还请求权 ⋯⋯⋯⋯⋯⋯⋯⋯⋯⋯ 1
  1.基于第 346 条第 1 款,K 对 V 的请求权 ⋯⋯⋯⋯⋯ 2
    (1)有效的合同 ⋯⋯⋯⋯⋯⋯⋯⋯⋯⋯⋯⋯ 3
      ①合同的成立 ⋯⋯⋯⋯⋯⋯⋯⋯⋯⋯⋯ 4
      ②根据第 142 条第 1 款,合同无效 ⋯⋯⋯⋯⋯ 5
        A. 撤销事由:第 123 条第 1 款第 1 种情形 ⋯⋯ 6
          a. 欺诈行为 ⋯⋯⋯⋯⋯⋯⋯⋯⋯⋯ 7
          b. 引发错误 ⋯⋯⋯⋯⋯⋯⋯⋯⋯⋯ 8
          c. 双重因果关系 ⋯⋯⋯⋯⋯⋯⋯⋯⋯ 9
          d. 恶意 ⋯⋯⋯⋯⋯⋯⋯⋯⋯⋯⋯⋯ 10

e. 小结	11
B. 撤销表示	12
C. 撤销期限	14
③小结	16
(2)结论	17
2. 基于第985条,K对V的请求权	18
(1)V对金钱的占有	19
(2)K的所有权	20
①根据第929条第1句,所有权失之于V	21
②根据第142条第1款,所有权移转无效	22
[难题:K能根据第123条撤销所有权移转行为,抑或抽象原则阻碍撤销?]	
③小结	29
(3)V不具有第986条意义上的占有权	31
(4)结论	32
3. 基于第812条第1款第1句第1种情形,K对V的请求权	33
(1)所得	35
(2)通过给付	36
(3)无法律上原因	37
(4)得利请求权的内容和范围	39
(5)结论	40
(二)第二部分:损害赔偿请求权	41
1. K对V之缔约过失请求权,第280条第1款、第311条第2款	41
(1)债务关系	42
(2)义务违反	43
(3)可归责之推定	45

   (4)可赔偿之损害 ·· 46
   (5)根据第249条及以下赔偿 ·································· 47
   (6)结论 ·· 49
  2. 根据第823条第1款,K对V的请求权················· 50
  3. 根据第823条第2款结合《德国刑法典》第263条,
   K对V的请求权 ·· 53
   (1)违反保护性法律 ·· 54
   (2)不法性和过错 ·· 57
   (3)请求权内容 ·· 59
   (4)结论 ·· 60
  4. 根据第826条,K对V的请求权···························· 61

四、解答

(一)第一部分:返还请求权

1　**小贴士(关于结构及待检验规范):**

  本鉴定首先从第346条第1款之K对V的返还买卖价款请求权开始,对此第一学期学生会迷惑不解,而进阶的读者则很少不理解。原因很简单:其一,如果对于一项请求可考虑多个请求权基础时,我们写鉴定通常从合同请求权开始。第346条第1款之返还请求权也属于合同请求权,因为解除并非消灭合同,而只是使得合同内容发生转化(参见第346条第1款之文义)。其二,这里事故车的性质构成第434条第1款意义上的物之瑕疵,并为第437条第2项、第326条第5款之解除权提供正当性,因为无法消除该瑕疵(带有此前事故损害的汽车)。诚然,我们在这里并非一定要检验根据第346条第1款之返还请求权,因为K表示该合同是"不存在和无效的",这显然意在撤销而非只是解除。如果我们对合同请求权略而不论,则我们要在不当得利请求权之前检验物权请求权。这一检验步骤也适用于其他案件的鉴定结构。这样处理的结果是,首先必须讨论案件的特殊情形。因此,在这里首先从第346条第1款开始讨论,虽然在本案这一请求权实质并不存在。

1. 基于第346条第1款,K对V的请求权

K或许可以根据第346条第1款,对V享有一项返还已受领买卖价款的请求权。 2

(1)有效的合同

这一请求权的首要前提是在当事人之间存在一项有效的合同(反面推论第346条第1款)。 3

①合同的成立

K和V订立了一份起初有效的关于汽车的买卖合同(参见第433条)。 4

②根据第142条第1款,合同无效

但是,如果存在一项撤销事由,且K在期限内向适格的撤销相对人撤销了该买卖合同的话,买卖合同可能因第142条第1款的撤销而自始无效。 5

A. 撤销事由:第123条第1款第1种情形

对于K而言,撤销事由可能来自第123条第1款第1种情形。为此,V应通过恶意欺诈使得K发出了意思表示。 6

小贴士:

第123条第1款没有被第437条概括规定的瑕疵担保法所排除适用。两个规范可以择一适用。(瑕疵担保法)排除适用第119条第1、2款的相关理由,在恶意欺诈这里并不具有相关性。因此,在出卖人恶意隐瞒瑕疵时,买受人仍得主张瑕疵担保救济(第442条第1款第2句)。在适用第119条第1、2款时出现的

消灭时效问题,在恶意欺诈的情形并不存在。和第438条第1、2款的规定不同,第438条第3款规定在存在出卖人恶意欺诈时适用第195条、第199条的普通消灭时效期限。此外,在出卖人恶意的情形,一般(为补正履行)所需要设置的宽限期,(对于买受人而言)也是不可期待的,这属于第440条第1款第3种情形。[1]

a. 欺诈行为

7　　首先需要满足的要件是:V对K实施了欺诈行为。欺诈是任何旨在引发、增强或维持他人对事实不正确看法的行为。[2] V对K关于车是否无事故的问题回答道:该车是无事故的;尽管他根本不知道实情,且该车实际发生过一起事故。如果机动车的出卖人被买受人问及事故损害时,他必须就其所知悉的所有损害,即便是所谓的"轻微损害"(Bagatellschäden)[3],全然相告。[4] 如果他不知道该车是否有发生过事故,他必须要表达出这一点。由于V并没有这么做——尽管他作为汽车经销商、作为专业人士本可轻易地确定存在事故损害,所以V对K实施了欺诈行为。

b. 引发错误

8　　通过对事故的否定,V使得K对汽车的状态,尤其是汽车的价值产生了错误认识。

c. 双重因果关系

9　　恶意欺诈的撤销事由还要求满足所谓的双重因果关系:欺诈行为导致错误,而错误决定了发出意思表示。V的声明使得K相信该

---

[1] Staudinger/Matusche-Beckmann § 437 Rn. 45; MünchKomm/Westermann § 437 Rn. 55.

[2] Palandt/Ellenberger, § 123 Rn. 2; Köhler, § 7 Rn. 39.

[3] "轻微损害"(Bagatellschäden)仅指不严重的刮擦损害,vgl. BGH NJW 1982, 1386,因碰撞事故产生的高达1万欧元的损害不属于"轻微损害"。

[4] BGH NJW 1977, 1914, 1915.

车没有发生过事故,并因此购买了该车。据此满足了要件构成上必须的双重因果关系。

d. 恶意

V 必须恶意实施了欺诈行为。恶意指的是故意行为:欺诈人明知其回答的不正确性或者至少认为其回答可能不正确。[5] 由于不能排除二手车曾遭遇事故,V 必须估计到 K 感兴趣的那辆车可能属于事故车。尽管如此,他还是随口声称无事故,并考虑到了可能说了假话。因此 V 的行为存在条件故意(bedingt vorsätzlich),这足以构成恶意。

10

e. 小结

因此,存在第 123 条第 1 款第 1 种情形的撤销事由。

11

B. 撤销表示

K 或许已经发出了撤销表示(第 143 条第 1 款)。他告知 V:该二手车交易对于他来说是"不存在和无效的"。根据这一表示的客观表示价值(第 133、157 条),这一表示显然是说:K 不想使得其在欺诈情形下发出的表示生效,已经实施的法律行为应被溯及消灭。[6] 虽然我们还可能会想到第 349 条意义上的解除表示,但是 K 所选用的"不存在和无效的"这一特定表述并不支持作这一解释。K 不仅仅想要摆脱合同(第 349 条)并将合同转化为返还之债,而是想消灭整个法律行为。因此,其意思表示应被解释为第 143 条第 1 款的撤销表示(第 133、157 条)。根据第 143 条第 2 款前半句规定,V 是适格的撤销相对人。

12

小贴士:

对于撤销表示,法律并未规定形式要件,因此撤销表示也可在电话中口头发出。

13

---

[5] Palandt/Ellenberger, § 123 Rn. 11; Köhler, § 7 Rn. 43.
[6] Vgl. MünchKomm/Busche, § 143 Rn. 2; Köhler, § 15 Rn. 29.

C. 撤销期限

14　第124条第1款中的撤销期限得以遵守。

15　**小贴士：**

　　第124条第1款中的1年期限应根据第187条第1款、第188条第2款进行计算，起算应遵照第124条第2款第1句第1种情形之规定。在本案中，K在合同订立的当天就撤销了，所以对于撤销期限的更长时间的检验显得不必要。

③小结

16　基于成功的撤销，K和V之间的买卖合同视为自始无效（第142条第1款）。

（2）结论

17　因此，K根据第346条第1款对V的返还请求权被排除了。

2. 基于第985条，K对V的请求权

18　K可能根据第985条请求V返还2.5万欧元。为此K必须仍是该钱款的所有权人。

（1）V对金钱的占有

19　V应是该钱款的占有人。由于2.5万欧元现金在其经营店面内，他因此实际控制这笔现金，构成占有。

（2）K的所有权

20　第985条的请求权取决于K是否仍是2.5万欧元现金的所有权人。在付款之前，这笔钱属于K。

①根据第929条第1句，所有权失之于V

21　然而，当K为购买汽车而用现金支付价款时，他可能根据第929条第1句丧失了所有权，从而所有权归于V。在用现金支付时，K将钞票交付给V，双方就钞票的所有权移转给V形成合意。所以，根据第929条第1句，K因合意和交付丧失了其所有权。

②根据第 142 条第 1 款,所有权移转无效

但是,应加检验的是:钱款所有权的移转是否根据第 142 条第 1 款同样因 K 的撤销而自始无效,以致 K 仍为所有权人。

根据分离原则和抽象原则,债权负担行为和物权处分行为不仅要区分,还在法律效力上相互独立。因此,撤销买卖合同通常并不导致为履行买卖合同而实施的所有权移转行为无效[7];在本案中,就体现为买卖价款上的现金所有权移转。

但是,抽象原则并非不受限制,而是可以被例外突破。突破情形特别包括所谓的瑕疵同一,即负担行为和处分行为存在同一法律上的瑕疵,诸如第 105 条第 1 款规定的无行为能力人的意思表示即属此种情形。确切而言,这反而并不构成例外,而是两个法律行为遭受同一意思瑕疵。

普遍认为,第 123 条第 1 款意义上的恶意欺诈亦可涉及所有权移转行为,如果欺诈行为在实施所有权移转行为之时仍然继续产生影响的话;当两个行为同时作出,尤其属于这种情形。[8] 一般认为这属于瑕疵同一[9];但是,此点诚值怀疑:因为在第 119 条第 2 款意义上的错误情形,所有权移转行为的完成同样是建立在有瑕疵的负担行为基础上的,但我们这时并不允许撤销所有权移转行为。[10]

所以,显然我们应认为这是真正的对抽象原则的突破,这从对被欺诈者其自由的意思决定的严重侵害中获得正当性[11],因为欺诈是撤销事由,同时也是所有权移转行为的原因这一理由并无特异之

22

23

24

25

26

---

[7] Köhler, § 7 Rn. 73.

[8] 清晰的说明,MünchKomm/Busche, § 142 Rn. 15.。

[9] Köhler, § 7 Rn. 59, 73; Rüthers/Stadler, § 25 Rn. 90; Staudinger/Roth, § 142 Rn. 22.

[10] 通说如此,如 Grigoleit, AcP 199 (1999), 379, 396ff.; Köhler, § 7 Rn. 73; Rüthers/Stadler, § 25 Rn. 62. 不同意见,诸如 MünchKomm/Armbrüster, § 119 Rn. 144 附其他参考文献。

[11] 虽认为存在瑕疵同一性,但持此结论,Rüthers/Stadler, § 25 Rn. 90。

处,对于第 119 条意义上的错误情形这一理由同样可以适用,而人们恰恰对此并不认同。[12]

27 但是,在结论层面我们可以搁置如何对此加以精细解释的问题,因为无论如何一致同意:在恶意欺诈的情形,所有权移转行为也应被撤销。[13] 所以,根据第 123 条第 1 款第 1 种情形,K 也有权撤销所有权移转行为;他根据第 143 条第 1、2 款,在第 124 条规定的期限内,向适格的撤销相对人作出了撤销表示,即他通过向 V 表述整个交易是不存在和无效的,作出了撤销表示。

28 **小贴士:**
诸位应简短扼要地说明:在具体案件中,从对受欺诈人撤销表示的解释中得出了受欺诈人也想撤销处分行为的结论。对于法律外行人而言,即便不能理解,但这也属于显而易见的结果,因为他们并不区分负担行为和处分行为。另外,撤销处分行为是否合乎受欺诈人的利益也会影响这一问题的处理:一如本案所示,撤销一个权利丧失(Rechtsverlusts)行为肯定合乎受欺诈人的利益,但撤销一个权利取得行为并不符合受欺诈人的利益。[14]

③ 小结

29 因此,K 仍是 2.5 万欧元现金的所有权人。

30 **小贴士:**
为了使案件简易,V 并没有将这些钞票和在收款机中的其他钞票混合,而是将收到的这笔钞票特别保管。

(3) V 不具有第 986 条意义上的占有权

31 如果 V 对这笔钱款享有占有权,则不存在所有物返还请求权,第

---

[12] 除了(脚注 9)上述(文献),清晰的说明,Bork, Rn. 486, 921f.；Musielak, § 5 Rn. 493f.。

[13] RGZ 70, 55；57f.；BGHZ 58, 257, 258；BGH NJW 1995, 2361, 2362。

[14] Rüthers/Stadler, § 25 Rn. 91。

986条。V对K的钱款的占有权只可能来自买卖合同,而买卖合同因撤销而无效(参见上文)。所以,V并不享有占有权。

(4)结论

K可根据第985条,向V请求返还2.5万欧元现金。 32

3. 基于第812条第1款第1句第1种情形,K对V的请求权

K可能根据第812条第1款第1句第1种情形,对V享有一项返 33
还2.5万欧元买卖价款的还款(Rückzahlung)请求权。只有V因K的给付无法律上原因得利时,才属这种情形。

小贴士: 34

尤其要具体引述第812条,这非常重要。该条文总体上包含了四个请求权基础。[15] 在民法总则的范围,即在未订立的、不生效的特别是被撤销的合同的情形,返还清算是通过第812条第1款第1句第1种情形实现的,即所谓的给付不当得利(所谓的非债清偿)。我们根据要件构成来检验,这些要件构成从如下小标题中可以获得。

(1)所得

V必须有所获得(第812条第1款第1句)。所得是任何广义上 35
落入不当得利债务人的得利,这一得利被移转进其财产中,且(根据通说[16].)使得其财产状态得以改善。[17] 一如在第985条的情形所确定的那样,K在订立买卖合同之后向V移转了2.5万欧元现金;换言之,K向V移转了这笔钞票的所有权(第929条第1句)并使得V取得了占有(第854条)。因此,V一开始获得了这笔钞票的所有权

---

[15] 对此,诸如可参见 Fritzsche, Fälle zum Schuldrecht II, 案例13边码14,或者债法各论教科书以及法定之债教科书。

[16] Palandt/Sprau, §812 Rn. 8ff. 附其他参考文献;不同意见, Looschelders, §52, Rn. 1018 附其他参考文献。

[17] Jauernig/Stadler, §812 Rn. 8; Kropholler, §812 Rn. 4; Palandt/Sprau, §812 Rn. 8.

和占有,虽然他因撤销又丧失了所有权(参见上文)。所以,他(仍旧)只获得该笔钱款的占有。

(2)通过给付

36　　V必须通过K的给付获得对该钱款的占有。根据通说,"给付"是任何有意识的、有目的的增益他人财产的行为。[18] K向V交付了价值2.5万欧元的钞票,来履行(第362条第1款)其对V的价款义务(第433条第2款)。因此,给付的目的是清偿买卖价款之债(所谓的清偿原因之给付)。所以,K有意识且有目的地增益了V的财产。

(3)无法律上原因

37　　K向V的给付必须是在欠缺法律上原因的情形下完成的,第812条第1款第1句第1种情形。如果依照给予行为的基础关系,给予并不属于或并不最终属于给付受领人,则欠缺法律上的原因。[19]

38　　作为法律上的原因,仅可考虑的是K和V订立的关于汽车的买卖合同。业如上述,该买卖合同因K有效的撤销表示而被视为自始无效,第142条第1款。因此,法律上的原因自始欠缺,从而第812条第1款第1句第1种情形的要件满足了。

(4)得利请求权的内容和范围

39　　根据第812条第1款第1句,首先应返还的是所得本身。不当得利请求权的履行根据所得的类型而确定。[20] 由于V获得了对钞票的占有且尚未丧失占有,所以他应向K返还占有。

(5)结论

40　　K还可根据第812条第1款第1句第1种情形,向V请求返还2.5万欧元。

---

〔18〕 持续的判决,如BGH NJW 2004, 1169附其他参考文献;Palandt/Sprau, § 812 Rn. 14附其他参考文献。

〔19〕 Vgl. Palandt/Sprau, § 812 Rn. 6 und 21.

〔20〕 Vgl. Palandt/Sprau, § 818 Rn. 5f.

(二)第二部分:损害赔偿请求权

1. K 对 V 之缔约过失请求权,第 280 条第 1 款、第 311 条第 2 款

首先应检验的是:K 能否根据第 280 条第 1 款、第 311 条第 2 款(缔约过失)向 V 请求赔偿 2.5 万欧元。[21]

(1)债务关系

为此,必须在 K 和 V 之间存在一项债务关系。由于双方进行了合同磋商,而合同磋商终其结果是合同因撤销而被消灭,所以存在第 311 条第 2 款第 1 项意义上的债务关系。

(2)义务违反

根据第 311 条第 2 款,这一债务关系产生了第 241 条第 2 款意义上的顾及义务以及类似义务。这一债务关系尤其设置了在合同磋商时对相对人的问题如实回答之义务。由于 V 并没有这么做,所以他违反了第 241 条第 2 款意义上的义务。

小贴士:

我们在这里简单提及一下。德国联邦法院有时甚至将恶意欺诈称为缔约过失的特别情形。[22] 无论如何,缔约过失和第 123 条第 1 款并不相互排除适用,因为两种法律制度在功能上相互独立。第 123 条第 1 款保护意思自由,而缔约过失保护财产以及合同磋商中的善意信赖。此外,缔约过失以损害为前提条件,而第 123 条第 1 款无需损害这一要件。[23]

---

[21] 在损害赔偿的情形,我们同样首先要检验合同上的请求权基础或类合同的请求权基础。

[22] 如 BGH NJW-RR 1987, 59, 60; NJW-RR 2002, 308, 309f. 附其他参考文献。

[23] BGH NJW 1998, 302; Palandt/Grüneberg § 311 Rn. 24, Staudinger/Singer § 123 Rn. 101; 不同意见, Medicus Rn. 150, 梅迪库斯(Medicus)认为,只有在具有特别说明义务时,才应认定缔约过失责任。

(3)可归责之推定

45 根据第 280 条第 1 款第 2 句,推定 V 具有可归责性。如前文业已确定,V 故意说假话,故这一推定是不能被推翻的。

(4)可赔偿之损害

46 K 可向 V 请求赔偿所有基于前合同义务违反所产生的损害,第 249 条第 1 款。损害是任何的权利、财产以及利益上的损失。如果没有 V 的违背事实的答复,K 本不会订立该买卖合同,也不会交付钱款。因此,对钱款的占有丧失源自这一义务违反。

(5)根据第 249 条及以下赔偿

47 根据第 249 条第 1 款,K 可以请求被置于如同没有 V 的欺诈时他所处的状态。由于那时他不会向 V 交付钱款,所以他可以根据第 249 条第 1 款请求返还 2.5 万欧元。

48 **小贴士:**

第 249 条第 1 款规定的恢复原状是损害赔偿的基本情形。只有当恢复原状不可能时,才依照第 251 条产生价额赔偿。

(6)结论

49 根据第 280 条第 1 款、第 311 条第 2 款,K 可请求 V 赔偿 2.5 万欧元。

2. 根据第 823 条第 1 款,K 对 V 的请求权

50 有疑问的是,K 可否根据第 823 条第 1 款(结合第 249 条第 1 款)通过损害赔偿请求 V 返还 2.5 万欧元。

51 该请求权的前提是,V 侵害了一个在第 823 条第 1 款中明确规定的或者其他类似的权利。在本案中或许可以考虑侵害所有权;但 K 自愿向 V 交付钱款,从而排除侵害所有权。由于财产并不属于第 823 条第 1 款意义上的其他权利,因此不存在一项 K 的法益侵害。

52 根据第 823 条第 1 款,K 对 V 并不享有一项返还钱款请求权。

3. 根据第 823 条第 2 款结合《德国刑法典》第 263 条,K 对 V 的请求权

有疑问的,K 可否根据第 823 条第 2 款并结合《德国刑法典》第 263 条(诈骗)请求 V 支付 2.5 万欧元。 53

(1)违反保护性法律

为此,V 必须违反了一项旨在同时保护 K 的法律。 54

作为保护性法律,可考虑《德国刑法典》第 263 条(诈骗)。任何法规范都是法律(《德国民法典施行法》第 2 条)。《德国刑法典》第 263 条同时旨在保护个人受到财产损害。因此,这一规定是第 823 条第 2 款意义上的保护性法律。 55

V 必须违反了该保护性法律。他就汽车的性质对 K 实施了欺诈行为,他使得 K 产生了错误并促使他做出财产处分行为(支付价款)。K 的损害体现在:他是为相应车龄的、无缺陷的汽车支付了该钱款,而该汽车因为事故实际上价值明显降低。因此,V 的行为满足了《德国刑法典》第 263 条的客观要件构成。 56

(2)不法性和过错

不法性通过违反保护性法律被表征。 57

V 必须存在过错。保护性法律的主观要件对第 823 条第 2 款也至关重要。在 V 有意地(beabsichtigt)满足上述构成要件之后,他就故意地(vorsätzlich)实施了行为(《德国刑法典》第 15 条)。因此,存在充分的过错。 58

(3)请求权内容

所以,K 可根据第 823 条第 2 款结合《德国刑法典》第 263 条,向 V 请求损害赔偿。一如对第 280 条第 1 款所论及的那样,K 根据第 249 条第 1 款可以请求返还那些钞票。 59

(4)结论

K 亦可根据第 823 条第 2 款结合《德国刑法典》第 263 条,请求 V 60

支付2.5万欧元。

4. 根据第826条,K对V的请求权

61　　在V恶意欺诈的情形,同时存在第826条意义上的故意悖俗侵害行为。所以,K亦可据此支持其2.5万欧元的返还请求权。

案例 23　不去复习培训师那儿

一、案件事实

Steffi(S)在大学学习了 10 个学期的法学课程。在其朋友 Fred(F)(现是成功的公司法务)长期的督促之下,她在周三下午当着 F 的面给国家大考复习培训师 Hämmerer(H)发送了一封电子邮件,意在报名参加下周开始的为期 10 个月的主干课程。实际上,Steffi 既不想上这个课程,也不想每月支付 100 欧元的课程费用。因为她(正确地)认为:如果上免费的大学复习课程,并同时主动进行强化预习、复习和练习(可惜她目前还没有主动这么做),可能会更好地、更妥当地准备这个大型竞争性资格认证考试。

这封电子邮件进入 Hämmerer 的邮箱服务器,并被存储在其邮箱中。一秒钟之后,服务器因为停电而宕机。因此 Steffi 随后发出的撤回意思表示的邮件,多次被退回,并提示故障。后来,Steffi 最终在 22 时向 Hämmerer 女士寄发了一份传真,在该份传真中 Steffi 撤回了其报名。邮箱服务器直到周四中午才重新运作。Hämmerer 女士随后亲自向 Steffi 发送了一份其报名确认。Steffi 必须付款吗？

案件变型：

在如下两种情形下应如何处理？(1)如果 Steffi 认为 Hämmerer 女士不会将其报名当真,因为 Steffi 不久前在很多有影响的报刊和电台访问中,就长期求学中的女性情况,表达了其关于私教复习培训的观点;(2)如果 Steffi 之前告知 Hämmerer 女士这一报名不应有效。

二、前期思考

本案并不复杂,围绕意思表示发出时有意的意思瑕疵。《德国民法典》对此作出了规定。我们应找到相应的规范并检验之,此时检验顺位是随意的。但鉴定并不是从意思瑕疵开始,而是从(请求权基础和)合同订立开始。我们在前期思考中必须对此考虑仔细,即便鉴定中的结论表述得很简短。最后,我们要寻求可使 S 免于对 H 付款的其他可能性。

三、提纲

(一) H 基于第 611 条第 1 款对 S 的支付约定报酬的
请求权 ·· 1
 1. 第 145 条意义上的合意 ··· 2
  (1) 要约 ··· 3
   [难题:S 及时撤回其要约了吗?]
  (2) 承诺 ··· 9
 2. 根据第 118 条,合意无效 ·· 10
 3. 根据第 117 条第 1 款,无效 ······································ 11
 4. 根据第 116 条第 2 句,无效 ······································ 12
 5. 根据第 355 条第 1 款第 1 句,S 意思表示的撤回 ······ 13
 6. 将撤回转换为终止,第 140、620 条 ·························· 17
 7. 结论 ·· 19
(二) 案件变型 ··· 20
 1. 案件变型 1 ·· 20
 2. 案件变型 2 ·· 22

四、解答

(一) H 基于第 611 条第 1 款对 S 的支付约定报酬的请求权

H 可能根据第 611 条第 1 款,对 S 享有一个支付每月 100 欧元课程费的请求权。其前提是:S 和 H 订立了一个有效的劳务合同(第 611 条)。

1. 第 145 条意义上的合意

劳务合同是通过双方合致的意思表示,要约(第 145 条)和承诺(第 147 条)而成立的。

(1) 要约

订立合同的要约体现在 S 向 H 的报名中。为使得该要约有效,需要 S 发出该要约并到达 H(第 130 条第 1 款第 1 句)。通过发送邮件,Steffi 有意将其报名置入法交易(Rechtsverkehr)中,因此构成发出要约。当意思表示进入受领人的控制范围,以至于按照通常的情形受领人具有知悉之可能性时,非对话的意思表示才到达。在报名的情形,至少在周四中午才属于这种情况,从而实现了到达。

> **小贴士:**
> 对于要约的生效来说,时点通常并非决定性的。因此,在鉴定的开头可以满足于上述对时点的粗略确定,来制造一些"紧张状态"。

如果 S 有效地撤回了报名的话,根据第 130 条第 1 款第 2 句,报名可能并未生效。为此,根据第 130 条第 1 款第 1 句,撤回必须在待撤回的意思表示到达之前或同时到达。在本案中,S 通过一个内容明确的表示在周三晚间撤回了其报名,即表达出了报名不应生效。

为使撤回能阻止报名的生效,撤回表示最迟须和 S 的报名同时到达 H。当一个意思表示进入受领人的控制范围,以至于根据已经作出的安排该人在通常情况下能够知悉这一意思表示时,意思表示即到达了;这也适用于电子方式传达的意思表示,第 312i 条第 1 款第 2 句。通过电子邮件传递撤回表示的尝试遭到了失败。由于邮件因服务器宕机而被退回,并附有发送故障提示,所以这些邮件未曾进入 H 的控制范围。应加检验的是,在周三 22 时通过传真传递的撤回表示何时到达 H。在向第 14 条第 1 款意义上的经营者发出意思表示的情形,通常在营业时间之内到达方属可能,因为只有那时才存在知悉可能性。应该认为复习培训师的营业时间在 22 时之前结束,所以撤回表示在周三晚间不能到达,而是直到第二天上午随着营业时间的开始才到达。因此,撤回表示直到周四上午方到达。

7 **小贴士:**

如果在个别情况下,经营者营业时间与众不同,诸如 24 小时在线的订购电话或服务电话,则上述判断会发生变化。此外,如果 H 偶然在线并看到了传真,则在 22 时到达。实际知悉均构成到达。

8 因此,关键在于:S 的合同要约具体何时进入 H 的控制范围,根据已经作出的安排通常应期待知悉。这在通过电子邮件以及类似电子方式发送意思表示的情形,尚未得到完全说明。在援用一般原则之下,当邮件被存储在供应商或自己数据服务器的收件箱中可调取,且可期待其很快被阅读时,电子邮件到达。不清楚的是:在经营者的情形,电子邮件是否随时到达;在个人的情形,可期待个人查阅其邮箱的频率多大。如果邮件在不正常的时间进入系统,无论如何在第二天才完成到达。[1] 这一结论间接地为第 312i 条第 1 款第 2 句所确认;该句就电子交易中订购的情形,拟制受领人在通常情况下

---

〔1〕 Palandt/Ellenberger, § 130 Rn. 7a.

可以对订购进行阅读之时为到达时点。在本案件中,S 的报名在周三下午进入 H 的服务器,并被存储为可阅读状态。在这一时点,H 知悉原则上是可能的,也是可期待的,因为邮件是在正常营业时间内进入系统的。[2] 所以,这封电子邮件在周三下午已经到达。撤回直到周四上午才到达,因此迟延,从而并不能阻碍要约的生效。

(2)承诺

H 向 S 亲自发送了报名确认,据此完成了承诺。 9

2. 根据第 118 条,合意无效

S 的表示可能根据第 118 条而无效。为满足第 118 条的要件,S 必须在发出其意思表示之时,预期其诚意之欠缺,不至于被他人所误认(所谓的"善意戏谑",guter Scherz)。[3] 由于 S 内心暗自决定不参加该课程,也不支付费用,因此她并没有将其表示当真。但是,并不能看出 S 相信 H 会发现其真实的意思。H 反而应认为该表示具有诚意。这涉及所谓的"恶意戏谑"(bösen Scherz),而这种情形并未为第 118 条所涵盖。 10

3. 根据第 117 条第 1 款,无效

还可考虑基于第 117 条第 1 款的无效。为此,S 必须在 H 同意之下将该意思表示作为虚伪行为而发出。S 只是将该要约作为虚伪行为发出,但并未经 H 的同意,因为 H 并不知悉。所以该表示并不基于第 117 条第 1 款而无效。 11

4. 根据第 116 条第 2 句,无效

最后,这一要约还可能根据第 116 条第 2 句而无效。第 116 条第 1 句规定了内心保留、"恶意戏谑"[4],并基于信赖保护,规定因内心 12

---

[2] Köhler, § 6 Rn. 18; MünchKomm/Einsele, § 130 Rn. 19; Ultsch, NJW 1997, 3007.
[3] Palandt/Ellerberger, § 118 Rn. 2.
[4] Palandt/Ellerberger, § 116 Rn. 6.

保留发出的意思表示有效;从客观受领人视角(第133、157条)来看,内心保留不能被辨识,因此本身是不重要的。但是,如果合同相对人明知该内心保留,则根据第116条第2句,他不值得保护。[5] 如果属于这种情形,则意思表示无效。由于H并不知悉S真实的意思,所以适用第116条第1句的规则。这一内心保留并不重要,合同有效成立。

5. 根据第355条第1款第1句,S意思表示的撤回

13 如果S根据第355条第1款第1句有效地撤回了其意思表示,则她仍不受其意思表示之拘束。为此,她必须享有一项法律条文明定的撤回权,且该法条参引到第355条。在这里可以考虑根据第312g条第1款之撤回权,这一撤回权存在于远程销售合同中。

14 根据第312c条第1款,远程销售合同是指,如果有组织的远程销售系统被投入使用时,在经营者和消费者之间仅通过利用第312c条第2款意义上的远程通讯工具订立的关于商品或服务的合同。由于H在其独立的职业工作范围内订立该合同,故她作为经营者实施行为,第14条第1款。S并不满足这一要件,所以她是第13条意义上的消费者。教学活动构成第312i条第1款第1句意义上的服务给付(Dienstleistung)。

15 **小贴士:**

服务给付的概念在这里不应作术语意义上的理解,所以不仅包括第611条的情形,还包括第631、651a、652条以及第675条第1款所列情形。

16 S和H之间的这一合同必须是仅利用远程通讯工具订立的,因此双方当事人(以及其磋商辅助人)无需亲自同时在场。虽然S撰写了电子邮件——第312c条第2款特别提及电子邮件,但是H亲自传出了承诺表示。所以,并不存在第312c条第1款意义上的远程销售

---

[5] Köhler, § 7 Rn. 8.

合同,S也因此不享有基于第312g条第1款之撤回权。是以,她仍受其表示之拘束。

> **小贴士:**
> 如果要约和承诺都是只使用远程通讯工具而完成的,那么合同就应被视为第312c条第1款意义上的远程销售合同。在消费者的经管者进行和人联系而订立合同的情形,因为存在获取直接信息的可能性,所以这一规范的保护目的并不适用。

6. 将撤回转换为终止,第140、620条

应考虑的是:我们能否根据第140条,将这一基于第130条第1款第2句无效的撤回转换为终止;根据第620条第2款,在服务合同中终止原则上是允许的。为此,在撤回表示中必须同时含有本质相同但略逊一筹的终止意思。因此,终止必须产生同一结果,但其法律效果不得较之于撤回的法律效果更甚。在撤回的情形,合同如同未订立;终止则终结既有的合同,这意味着略逊一筹。但是,由于这里涉及的是为期10个月的服务关系,因此第620条第2款规定的终止无需考虑。所以,转换也被排除。

> **小贴士:**
> 我们可以将非正常的(即时的)终止转换为正常的终止、撤销表示或解除等。

7. 结论

根据第611条第1款,H对S享有一个为期10个月,每月支付100欧元的报酬请求权。

(二)案件变型

1. 案件变型1

和初始案件相比,唯一的区别在于:S现在认为,H并没有将其报

名当真。因此,这次其要约可能根据第 118 条无效。因为不仅她没有将其表示当真,而且认为 H 会看出这一点,其原因在于她在报刊和电台采访中具有广泛公众效应地表达了其关于复习培训的观点。第 118 条的要件因此得以满足,S 的要约从而根据第 118 条无效。

21　　但是,第 118 条中的法律效果规定在法政策上是有疑问的,因为这一规定违反了交易保护的思想。[6] 因此,如果表意人发现合同相对人违背她的预期,将其表示当真,则表意人必须不迟延地(类推适用第 121 条第 1 款第 1 句)向其合同相对人进行澄清。[7] 如果她不这么做,则根据第 242 条,她应使得意思表示如同自始有效。[8] 由于 S 在本案中并不知道 H 将其表示当真,因此仍适用第 118 条的无效效果。并不存在第 611 条第 1 款规定的支付课程费的请求权。

2. 案件变型 2

22　　如果 S 在发出其要约之前告知 H 其真实的意思,则 H 知悉 S 的内心保留。因此,根据第 116 条第 2 句,这一意思表示而无效。根据解释的一般原则(第 133、157 条),我们甚至怀疑:从 H 的视角来看是否存在一个意思表示,即 S 是否具有使其产生具体法律效果之拘束性的意思。由于 H 明知 S 并不具有该意思,所以根据第 133、157 条并不存在一个意思表示。因此,在合同订立的层面,及在合同订立所必需的意思表示层面,请求权本身就已落空,以致根本无需诉诸第 116 条;尽管如此,我们可以将该条作为辅助性的理由提及。但是,这并不会导致结论发生变化:未订立一个有效的服务合同(第 611 条);H 基于第 611 条第 1 款对 S 的付款请求权亦不存在。

---

[6] Palandt/Ellenberger, § 118 Rn. 2.
[7] Köhler, § 7 Rn. 13.
[8] Brox/Walker, § 17 Rn. 401; Köhler, § 7 Rn. 13.

案例24　节省费用

（参照 BGH NJW-RR 2002, 1527）

一、案件事实

Vischinger(V)向 Kreutzeder(K)出售一块经营用地。在其口头磋商中,他们就60万欧元买卖价款达成了合意。为了节省土地购置税(Grunderwerbsteuer)和所得税(Einkommensteuer),因为这些税的税额由买卖价格决定,所以 Vischinger 和 Kreutzeder 决定在公证人 Nothaft(N)面前订立一份价款为40万欧元的合同。但是,实际上他们的合意仍然是真实买卖价款应为60万欧元。他们书面约定了上述内容,并另外约定任何人不得主张合同未遵循法定形式。

Kreutzeder 可以向 Vischinger 请求,作出这一未经公证的不动产所有权移转合意吗?

案件变型1:

Kreutzeder 通过 Nothaft 支付了40万欧元,且在形成不动产所有权移转合意之后作为新所有权人被记载在登记簿上;Vischinger 能够请求他继续支付20万欧元吗?

案件变型2:

如果当事人在公证合同中规定的是40万欧元的买卖价款,另约定 V 以受偿20万欧元为对价负有改造该土地上一栋建筑的义务,但实际上并不存在该建筑,则在初始案件中应如何处理?

二、前期思考

本案涉及的是虚伪行为的典型情形,我们应该很容易掌握。要式行为原则上可以是任一行为,它也可以涉及购买公司股票,这不会有所不同。我们每次都应当知晓关于虚伪行为的重要法律规范并能够进行适用。和初始案件相比,案件变型1涉及典型的、具体形式无效行为的补正可能性问题。

相反,在案件变型2中涉及的是形式无效的范围。可分法律行为(teilbaren Rechtsgeschäfts)的无效辐射范围多大,原则上是一个解释问题。为了无效规范的贯彻施行,立法者在第139条吸收了一个解释规则,应对这一解释规则予以考虑。但是,这也仅仅是一个解释规则。

三、提纲

(一)买卖价款为40万欧元的买卖合同 ········· 2
  1. 根据第125条第1句的形式无效 ········· 3
  2. 作为虚伪行为无效,第117条第1款 ········· 4
  3. 小结 ········· 5
(二)买卖价款为60万欧元的买卖合同 ········· 6
  1. 形式无效,第125条第1句 ········· 7
  2. 不一样的约定 ········· 8
    [难题:V和K能有效地排队适用第311b条第1款的形式规定吗?]
  3. 小结 ········· 9
  4. 结论 ········· 10
(三)案件变型1:根据第433条第2款,支付剩余20万欧元的请求权 ········· 11

1. 请求权成立 ·· 12
    [难题:V 和 K 就买卖土地在形式上有效地形成了
    合意?]
 2. 部分履行,第 362 条第 1 款 ····························· 13
 3. 结论 ·· 14
(四)案件变型 2 ··· 15
 1. 存在一个虚伪约定,第 117 条第 1 款 ················· 15
    [难题:当事人关于 K 改造义务上的虚伪约定导致
    第 117 条第 1 款意义上整个合同无效?]
 2. 结论 ·· 17

四、解答

如果双方当事人订立了相应内容的买卖合同的话,根据第 433 条第 1 款第 1 句,K 可向 V 请求交付土地并移转该土地所有权(通过不动产所有权移转合意和登记,第 925、873 条)。　　1

(一)买卖价款为 40 万欧元的买卖合同

在公证人面前,V 和 K 就价款为 40 万欧元的买卖合同形成了合意。应加检验的是其效力:　　2

1. 根据第 125 条第 1 句的形式无效

由于第 311b 条第 1 款第 1 句规定的公证证书(第 128 条)作成,所以形式无效的情形被排除。　　3

2. 作为虚伪行为无效,第 117 条第 1 款

当 V 和 K 在取得对方同意后虚伪地发出其意思表示时,根据第 117 条第 1 款,公证过的合同无效。V 和 K 实际上真正约定了 60 万欧元的买卖价款,并一致同意证书上的 40 万欧元并非真实意思。由于他们均同意在公证员面前的意思表示只是虚伪地作出的,因此该　　4

公证的合同根据第 117 条第 1 款无效。

3. 小结

5　　因此,以 40 万欧元为价款的有效的买卖合同并未成立。

(二)买卖价款为 60 万欧元的买卖合同

6　　当事人一致同意,K 应支付买卖价款 60 万欧元。这一合同被在公证员面前发出的意思表示隐藏了。根据第 117 条第 2 款,为虚伪行为所隐藏的其他行为,只有在满足其生效要件时,才属有效。

1. 形式无效,第 125 条第 1 句

7　　隐藏的行为同样是土地买卖合同,也可能根据第 125 条第 1 句而形式无效。正如上文所确定的,根据第 311b 条第 1 款第 1 句的规定,土地买卖合同需要公证证书。真实价格 60 万欧元的买卖合同并没有经公证作成证书,而是书面撰写下来。因此,根据第 125 条第 1 句,价额 60 万欧元的合同形式上无效。

2. 不一样的约定

8　　应加检验的是:当事人是否通过关于不得主张法定形式的私人书面约定(因此存在形式瑕疵),而排除了适用第 311b 条第 1 款第 1 句。这一做法究竟是否可行,取决于该条文是强行法还是任意法——这要通过解释来确定。基于第 311b 条第 1 款第 1 句的意义和目的(警告功能、仓促防止功能、证明功能、照管功能),结合第 125 条第 1 句中的无效规定,可以得出这一条文是强行性的。由于该条文不能被排除适用,因此私人书面约定仍旧无效,放弃遵守形式要求也属无效。

3. 小结

9　　根据第 125 条第 1 句,私人书面买卖合同无效。所以,在当事人之间并不存在有效的买卖合同。

4. 结论

10　　K 对 V 并不享有根据第 433 条第 1 款第 1 句请求移转不动产所

有权的权利。

(三)案件变型1:根据第433条第2款,支付剩余20万欧元的请求权

为使V可向K请求支付剩余20万欧元,需要存在一个具有相应内容的有效合同。

1. 请求权成立

如上所确定(边码4),公证合同作为虚伪行为,根据第117条第1款无效;这一合同本来只提供了40万欧元的请求权。留待检验的是:从私人书面合同中能否得出支付剩余20万欧元的请求权。这一合同虽然一开始在形式上是无效的(边码7及以下)。但是,根据第311b条第1款第2句,如果已完成不动产转让合意并登记在土地登记簿上,对第311b条第1款第1句形式规定的违反可在嗣后被补正。这一情况在本案已发生。当事人在订立合同之时明知形式瑕疵并不影响这一结果。[1] 所以,真实价格为60万欧元的买卖合同有效。根据第433条第1款,V关于60万欧元的付款请求权有效成立。

2. 部分履行,第362条第1款

基于K的40万欧元的(已为V所受领的)付款,既有的请求权(部分)消灭了(第362条第1款)。

3. 结论

根据第433条第2款,V对K享有一项20万欧元的付款请求权。

(四)案件变型2

1. 存在一个虚伪约定,第117条第1款

由于作成证书的约定并非当事人内心所愿意的,这再次出现了第117条第1款意义上的虚伪约定,这一虚伪约定无效。但是,这

---

[1] MünchKomm/Kanzleiter/Krüger, § 311b Rn. 79.

一虚伪约定在此并不涉及买卖合同的主给付义务,因为 K 在支付 40 万欧元后已实际取得土地的所有权。由于虚伪约定仅涉及 V 的改造义务,进而提出了如下问题:根据第 139 条第 1 分句,虚伪约定的无效(第 117 条第 1 款)是否扩及整个买卖合同。通过第 139 条,立法者有意要防止当事人将法律行为的部分排除,而不将法律行为作为一个整体行为。[2] 由于本案中当事人实际上想要约定的是价款 60 万欧元的土地买卖合同,未设 V 的改造义务,而虚伪约定仅仅是用于索求不正当的税收利益(等),并不涉及第 139 条的规范目的。因此,当事人不能援引如下理由而主张整个买卖合同无效:即如果没有虚伪约定,该买卖合同就不会被订立。[3]

16　　但是,这一买卖合同可能根据第 134、138 条而无效,因为在合同书中的陈述旨在于税收的计算依据上欺骗税务机关。根据持续的判决,只有当偷税意图是法律行为的唯一或主要目的时,偷税意图才使得合同无效。[4] 当在土地买卖合同中就买卖价款作出虚假规定时,只要所有权移转义务和价款支付义务是内心真实所欲的,就不属上述无效情形。[5] 由于在本案中当事人诚意想要引发买卖合同的这些法律效果,所以买卖合同有效。

2. 结论

17　　因此,K 可根据第 433 条第 1 款第 1 句请求 V 作出不动产所有权移转之合意。

---

[2] Palandt/Ellenberger, § 139 Rn. 1; Soergel/Hefermehl, § 139 Rn. 1, 44; Staudinger/Roth, § 139 Rn. 1.

[3] BGH NJW-RR 2002, 1527.

[4] BGHZ 14, 25, 31; BGH NJW-RR 2002, 1527; Soergel/Hefermehl, § 138 Rn. 200; Staudinger/Sach/Seibl, § 134 Rn. 287.

[5] BGH NJW-RR 2002, 1527.

案例 25　购买不动产时睁大眼睛

（参照 BGHZ 87，150）

一、案件事实

Vischinger(V)和 Kreutzeder(K)合意约定：Vischinger 将其雷根斯堡市内奥格斯堡大街上的一处地产，以 100 万欧元的买卖价款出卖给 Kreutzeder。在公证人处作成买卖合同证书时，现场所有的人都没有注意到：一个位于邻镇 Pentling 的，在该镇登记簿第 37 页被记载为 30 号地块的毗邻地块，也属于合同书中所提及的 Vischinger 的地产。在公证买卖合同中，只有 28、29 号地块的出售被作成证书，这两个地块记录于雷根斯堡市土地登记簿第 914 页。而 Pentling 登记簿第 37 页中相邻的 30 号地块，在作成证书时被遗漏了。Kreutzeder 问：V 在奥格斯堡大街上的所有地产是否已经出售给他，他是否因此还能够请求作出移转 30 号地块所有权的合意并登记。该地产既未被使用出租，也未被用益出租。

二、前期思考

在阅读上文之后，这个案件应该会使人想起本书案例 14 中所处理的情形：当事人形成合意，他们意思一致，只是他们的意思没有在公证证书中完全地表达出来。本案和本书案例 14 的区别应会跃入眼帘：这里存在一个要式行为，因此应当探究这是否会产生某种影响。

三、提纲

K 对 V 的形成不动产所有权移转合意以及登记的请求权,
第 433 条第 1 款第 1 句 ·· 1
1. 合意 ··· 2
2. 根据第 125 条第 1 句,结合第 311b 条第 1 款第 1 句,
   形式无效 ·· 4
   [难题:在涉及需作成证书的法律行为的情形,误述无
   害吗?]
   (1) 宽泛的暗示理论 ··· 5
   (2) 判决 ··· 6
   (3) 大多数文献 ··· 7
   (4) 个人观点和小结 ··· 9
3. 结论 ··· 10

四、解答

**K 对 V 的作出不动产所有权移转合意以及登记的请求权,第 433 条
第 1 款第 1 句**

1 如果当事人已经有效订立了一份相应合同的话,K 可能根据第
433 条第 1 款第 1 句,对 V 享有一个请求作出关于 Pentling 登记簿第
37 页中 30 号地块所有权的移转合意并登记的权利。

1. 合意

2 V 和 K 订立了一个合同,该合同的标的是出售位于奥格斯堡大
街上 V 的全部地产。当事人在公证买卖合同中忘记列入在 Pentling

登记簿上记载的地块,这并不影响合同上的合意问题。虽然,为了保护表示受领人,意思表示原则上应客观解释(客观解释说或根据受领人视角的解释)[1];但是,当表示受领人正确地解释了错误表示或多义表示时,则可放弃客观解释。这一结论符合第116条以下条文的立法者评价。[2] 由于当事人内心意思一致,所以仅以他们一致的内心意思为准,并不以客观的表示价值为准(误述无害)。[3] 因此存在合意,合同订立了。

小贴士：

"误述无害"的规则无可争议地适用于形式上自由的法律行为。在要式法律行为中,这一规则的适用却是存在困难的,因为其中问题在于:实际的内心意思是否必须从证书中可识别。因此,本案的解答应如下进行。

2. 根据第125条第1句,结合第311b条第1款第1句,形式无效

如果第311b条第1款第1句这一形式要求未被遵守的话,买卖合同可能根据第125条第1句而无效。形式强制辐射到具体法律行为中所有重要的约定,也包括补充约定(Nebenabrede)。在这里,Pentling镇登记簿37页上的30号地块在公证证书中并没有被提及;但根据当事人一致的意思,买卖合同也应涉及该地块。所以,问题在于:在需作成证书的法律行为的情形,误述是否同样无害,抑或导致形式无效。

(1) 宽泛的暗示理论

部分文献主张所谓的暗示理论(Andeutungstheorie);根据这一理论,在误述的情形,只有当当事人的意思至少以暗示的方式从证书中

---

[1] BGH NJW 1984, 721; NJW 1986, 1681, 1683; Wolf/Neuner § 35 Rn. 29ff.; Soergel/Hefermehl, § 133 Rn. 17, 20ff.
[2] 对此,参见 Reinicke, JA 1980, 455, 457; Wieling, AcP 172(1972), 297, 300ff.。
[3] RGZ 99, 147 - Haakjörignsköd; 亦可见案例14。

可以客观得出时,法定形式才得以遵循。[4] 对真实意思存在暗示的必要性,主要是以法律规避风险为论证理由。他们认为,如果当事人通过主张他们一致想的内容是和形式所载不一样的内容,从而能够嗣后变更证书内容,则形式规范的警示功能就被规避了。保护功能或许也没有实现,因为公证人在不知道真实的合同内容的情形下,无从指导当事人。此外,只有当证书内容对于第三人是清晰可见且可核查时,证据功能才得到保障。同样,对第三人的保护以及行政机关的控制可能性,都要求合同内容在证书中能够辨识可知。此外,形式规范的适用必须不受个案决定的影响。由于在该公证的买卖合同中只有28和29号地块的出售作成证书,所以这里应否定有效的合同订立。

(2)判决

6　　德国联邦法院同样在出发点上追随暗示理论。[5] 根据联邦法院判决,证书内容之外的情事只有在这一形式上的意思表示中至少以暗示的方式被表达出来,才会在解释时被考虑。误述根本不属于这一情形。尽管如此,误述无害的原则应该在不动产买卖合同中得以适用,并排除形式瑕疵。[6] 联邦法院的理由是:第311b条第1款第1句的规定主要具有对当事人的警示功能。在错误表述的情形,实际表示的内容满足了形式要求,这对于警示功能而言足矣。[7]

(3)大多数文献

7　　大多数文献反对暗示理论[8],从而在要式法律行为中为确定当

---

[4] Weiling, AcP 172(1972), 297, 307ff. und Jura 1979, 524（该文考虑到BGHZ 74, 116,该判决现已被BGHZ 87, 150修正）。

[5] BGHZ 87, 150, 154; BGH NJW 1999, 2591, 2592f.; NJW 1996, 2792, 2793.

[6] BGHZ 87, 150, 153; BGH NJW–RR 1988, 265; NJW 1989, 1484, 1485; NJW 1993, 2935, 2936; NJW 1996, 2792, 2793; ebenso Bork, Rn. 564.

[7] BGHZ 87, 150, 153f.; Wolf/Neuner § 35 Rn. 40; 不同意见,Wieling, AcP 172 (1972), 297 (308ff.),他基于同一理由（即警示功能）,严格奉行暗示理论。

[8] MünchKomm/Einsele, § 125 Rn. 37; Wolf/Neuner § 35 Rn. 48; Soergel/Hefermehl, § 133 Rn. 28; Medicus, Rn. 330.

事人意思,证书之外的情事也一律可以纳入考虑。这应和内心所想的内容是否以有效形式(第 125 条第 1 句)被表示出来的问题进行区分。后一问题应根据相关形式规范的保护目的来回答。在本案涉及的 311b 条第 1 款情形,主要和警示功能相关,即提示交易的重要性并保护免于匆忙。由于作成证书的必要性,并不依赖误述,而且独立存在且得到遵行,所以警示功能并未受到损害。这一结论也同样适用于确保公证人的专业指导和建议。但是,这在明晰功能(Klarstellungsfunktion)和证据功能的情形,却存在问题:形式要求还用于明晰和精确地确定合同约定的内容,确保程序中的举证。如果合同内容单从证书中无从获得,单从证书中不能被证明,则(明晰和证据)这两个功能便没有得到保障。因此,我们或许必须认为这一合同本身是形式无效的。但是,应该考虑到误述无害规则仅适用于当事人就真实的内心想法形成合意的情形。这(可以且)必须被证书之外的情事所证明。[9] 如果这一证明是可能的,则证据功能可退居次位。[10]

还有一个问题是:第 311b 条第 1 款在具体情形中是否还保护第三人或者公众对于合同内容公开的利益(鉴于第 566 条之规定,诸如第 550 条)。[11] 由于该地产既没有被使用出租,也没有被用益出租,故这个形式目的并不阻碍误述无害规则的适用。

(4)个人观点和小结

(严格的)暗示理论过于限缩当事人的意思,并未考虑具体情形下的必要性。因此,暗示理论应被拒绝。其他观点虽理由各异,但在本案中可得出同一结论,从而无需就采纳其中何种观点进行阐述。因此,尽管就买卖标的物存在误述,合同仍然继续有效。

8

9

---

[9] Wolf/Neuner § 35 Rn. 85.
[10] 类似观点,Wolf/Neuner § 35 Rn. 84f. 。
[11] Köhler, § 9 Rn. 14ff. und JR 1984, 14; Larenz, § 19 II c; Wolf/Neuner § 35 Rn. 43ff.; MünchKomm/Busche, § 133 Rn. 28. 不同观点,Flume, § 16, 2c。

3. 结论

10 V将位于奥格斯堡大街上整个地产出卖给K,从而K还可请求移转30号地块所有权。

11 **小贴士**：

当事人理应在物权合意中正确地表述该地产。在物权合意中的误述情形,同样适用误述无害规则;具体移转哪个标的物的所有权,取决于个案情事。[12] 如果在作出物权合意之后发现存在误述,则买受人对出卖人具有一项就具体地块加以说明的合同上的从给付请求权。[13]

---

[12] Vgl. BGH NJW 2002, 1038ff. 附其他参考文献。
[13] Vgl. BGH VIZ 2001, 499, 502.

案例 26　为我购买一块土地

（参照 BGHZ 85, 245; BGHZ 127, 168;这两则判决被
BGH NJW 1996, 1960 所确认）

一、案件事实

A 想要购买 V 的一块地。为了匿名,他和 B 达成如下书面约定：B 应以自己的名义向 V 购买该土地,并嗣后将该土地的所有权移转给 A。A 向 B 负有受领该土地的义务。为了实现这笔交易,A 向 B 转了 20 万欧元,因为他知道 V 想以这个价格出卖该块地。B 如约以 20 万欧元从 V 处获得了该土地。当 B 作为所有权人被记载在登记簿中时,A 要求他作出土地所有权移转之合意并登记。B 拒绝这样做,因为他认为他和 A 之间达成的约定是形式无效的。

案件变型：

A 没有足够的资金来购买该块土地。他求助 B 作为他的代理人购买该块土地。但是,V 拒绝和 A 签订合同。此后,B 自行(B 是这样对 V 表述的)以 20 万欧元买下了该土地。A 可以向 B 请求作出土地所有权移转之合意并登记吗？

二、前期思考

和以前一样,我们首先必须寻找能够承载 A 的诉请的请求权基础。和本案相契合的无偿合同类型,可从案例 2 获知。我们应该自

行从法律规定中找到相应的请求权基础,以便一般性地训练如何适用法律来工作。在请求权基础的先决条件中,我们要探究可能的形式无效问题,这才是本案真正的焦点问题。

每当涉及土地所有权的取得或出让时,我们应立即想到第311b条第1款第1句。这一规定只是抽象地关联到土地所有权相关义务的设立,并没有预设具体的合同类型。因此,该规定的适用和个案中的具体合同类型无关。关键是:一方当事人是否负有不动产所有权取得或不动产所有权移转之义务。根据通说,还要求该义务是从当事人合意中产生的。相反,如果这一义务是"从法律中"产生的,则不可适用第311b条第1款。就此而言,正如下文解答中所进一步呈现的,我们或许应该非常认真地思考如下情形如何处理:当事人系依照法律而负有义务(如根据任意法所确定的合同内容),或者当事人在某些情形下在合同中额外负有义务。

我们还应该知道的是:司法判决在多个不同案件中认定,一方当事人主张形式无效可能因违反诚信而根据第242条被排除。这一司法判决现状,一方面对本案这类案件事实会产生影响,另一方面也会在形式不生效的不动产买卖中产生影响。[1] 所以如果我们确定存在形式无效(Formnichtigkeit),还应进一步探究,在具体案件中第242条是否阻碍了对形式无效的主张。

小贴士:

在另外一些案件中,诸如在磋商过程中无理由中断合同磋商的情形,除了适用第242条,仍可考虑缔约过失损害赔偿请求权(第280条第1款、第311条第2款,参照案例2边码7及以下和案例18边码29及以下)或侵权损害赔偿请求权。[2]

---

[1] Vgl. etwa BGH NJW 1972, 1189; Köhler, § 12 Rn. 16ff.
[2] Vgl. BGH NJW 1965, 812, 813f.

三、提纲

(一) A 对 B 的返还土地所有权的请求权,第 667 条 …………… 1
  1. 委托,第 662 条 …………………………………………… 2
  2. 根据第 125 条第 1 句,结合第 311b 条第 1 款
    第 1 句,形式无效 ………………………………………… 3
    (1) 基于委托,B 的取得义务 …………………………… 4
    (2) 根据第 667 条,B 的转让义务 ……………………… 5
    (3) 基于委托,A 的取得义务 …………………………… 6
    (4) 小结 …………………………………………………… 8
  3. 根据第 242 条,不允许主张形式无效 ………………… 9
    [难题:根据诚实信用原则(第 242 条),B 不能主张
    形式无效吗?]
  4. 结论 ……………………………………………………… 12
(二) 案件变型 ……………………………………………………… 13
  1. 根据第 667 条,关于返还土地所有权的请求权 …… 13
    (1) 委托的形式无效 …………………………………… 14
    (2) 不允许主张形式瑕疵,第 242 条 ………………… 17
    (3) 结论 ………………………………………………… 18
  2. 根据第 677 条、第 681 条第 2 句、第 667 条,关
    于移转土地所有权合意的请求权 …………………… 19

四、解答

(一) A 对 B 的返还土地所有权的请求权,第 667 条

根据第 667 条,A 可能对 B 享有一项返还土地所有权的请求权。 1

这一结论的前提是存在一个第 662 条意义上有效的委托。

1. 委托,第 662 条

2　　委托通过两个合致的意思表示,要约(第 145 条)和承诺(第 147 条)而成立。A 和 B 之间存在相应的合意。有疑问的是,当事人的行为是否具有法律拘束意思,抑或仅仅形成一个情谊关系。A 和 B 应该清楚该行为的经济意义,所以不支持情谊关系的主张。无论如何,B 应该取得价值 20 万欧元的土地。A 在意的是,之后从 B 处获得所有权的移转,因为他已经提前给了 B 20 万欧元。所以,他关注的是对应的返还请求权(第 667 条)。B 对这一点也是可知悉的(第 133、157 条)。因此,存在一个委托合同(第 662 条)。

2. 根据第 125 条第 1 句,结合第 311b 条第 1 款第 1 句,形式无效

3　　有疑问的是,这一委托合同是否根据第 311b 条第 1 款第 1 句应是要式的,并进而根据第 125 条第 1 句因未遵循形式规定而无效。根据第 311b 条第 1 款第 1 句,每当合同为一方当事人设立取得义务和让与义务时,才要求形式。在本案出现的委托合同中,可能要考虑取得义务和让与义务涉及多个方面。

(1) 基于委托,B 的取得义务

4　　应当检验的是,从委托本身,即从当事人具体的合同约定中,能否得出 B 的取得义务。根据明确作出的约定,B 应首先以自己的名义自行取得不动产所有权。这一约定由此设定了 B 的取得义务,并根据第 311b 条第 1 款第 1 句使得委托需要具备形式要求。由于委托合同仅仅书面订立,而并未作成公证证书,因此原则上委托合同根据第 125 条第 1 句无效。但是,根据第 311b 条第 1 款第 2 句,当 B 作为所有权人被登记在登记簿中时,这一无效即被补正。就 B 的取得义务来说,委托合同因此不再是形式无效的。

(2) 根据第 667 条,B 的转让义务

5　　根据第 667 条,受托人 B 负有返还所得的义务,即负有移转土地

所有权的义务。这里可能存在第 311b 条第 1 款第 1 句意义上的转让义务。但是,联邦法院在持续的判决中[3]反对部分文献提出的质疑[4],认为仅当取得义务以及转让义务只能从当事人之间形成的约定中得出时,才可适用第 311b 条第 1 款第 1 句。这一要件在本案中并未满足。虽然从当事人约定中可以得出 B 应为 A 取得该土地(第 662 条,见上文)并向后者转让所有权;但是 B 的让与义务,从第 667 条就能得出,因此源自法律规定[5],尽管这一让与义务是法律行为设定的。因此,这一义务并不需要满足第 311b 条第 1 款第 1 句的形式要求,基于这一理由并不存在形式瑕疵(其他观点亦可)。

(3)基于委托,A 的取得义务

委托合同如需要依第 311b 条第 1 款第 1 句具备形式要求,或许还可以从 A 因委托而负有的取得义务中得出。无论如何,这一取得义务并非从第 667 条得出,因为该条仅赋予 A 返还请求权,并没有设置相对应的受领义务。[6] 此外,如果认为从第 667 条能得出取得义务,这一取得义务也只具有法定属性,因此,至少根据通说不会满足第 311b 条第 1 款第 1 句的构成要件。

但是,取得义务可能产生于 A 和 B 之间的合同约定中。合同不仅约定 B 应将从 V 处取得的所有权移转给 A,而且另外约定 A 负有"受领"土地的义务。这指的无非是第 311b 条第 1 款第 1 句意义上的 A 的取得义务,这一取得义务超出了委托人义务的"法定"内容范围,从而使得 A 和 B 之间的委托合同需要具备要式。第 311b 条第 1 款第 2 句规定的形式无效的补正并没有成功,因为 A 尚未作为所有权人被记载在登记簿中。

6

7

---

[3] BGH NJW 1996, 1960; NJW 1994, 3346; NJW 1983, 566.
[4] Schwanecke, NJW 1984, 1585ff.; Erman/Battes, § 311b Rn. 26; Soergel/Wolf, § 313 Rn. 42.
[5] 持续的判决,如 BGHZ 127, 168, 170; BGH NJW 1996, 1960; MünchKomm/Seiler, § 667 Rn. 2。
[6] MünchKomm/Seiler, § 662 Rn. 47ff., § 667 Rn. 2.

(4) 小结

8　　该委托(第 662 条)因此根据第 311b 条第 1 款第 1 句是要式的。由于公证证书并未完成,根据第 125 条第 1 句,委托无效。因此,基于第 667 条的对不动产所有权移转合意的请求权原则上并不存在。

3. 根据第 242 条,不允许主张形式无效

9　　但是,B 对委托形式无效的主张可能根据诚实信用原则(第 242 条)而受到阻碍。根据德国联邦法院持续的判决,鉴于第 125 条第 1 句的强行法特征以及形式规范的保护目的,基于诚实信用原则不得援引形式无效的可能性只在极其例外的情形下才会出现。[7] 因此结果多少必须难以忍受(而不仅仅是艰难)。是否属于这一情形,取决于在个案中是否涉及相关形式强制的保护目的。

10　　根据第 311b 条第 1 款,取得义务的形式强制旨在保护在经济上具有重大意义的行为并对当事人予以警示。就此而言,在涉及委托人和受托人的取得义务时,保护目的原则上也应牵涉其中。但是,针对委托人取得义务的形式强制——在本案中委托人的取得义务对于形式无效具有决定性,却是旨在保护委托人 A,而不是 B。因此,当受托人援引旨在保护委托人的形式规范而保有在执行委托事项中获得的所有权时,这可能是违反诚信。然而,我们还增加必须结果特别难以忍受这一要件。

11　　结果难以忍受或许能从如下事实中得出:受托人在取得不动产所有权之前从委托人处获得了支付所需的买卖价款。如此一来购买该不动产对于受托人来说就不存在任何风险。在本案的情形便是如此。由于 A 提前向 B 提供了 20 万欧元供他支配,对于 B 来说,购买行为完全没有风险。所以,B 并不值得保护。但 A 的情形则不同,他负有取得不动产的义务,且已经提前向 B 支付了价款。因此,当 B 援引旨在保护委托人的形式规范,要保有在执行委托事项中获得的所有权时,是违反诚信。所以,根据第 242 条,B 不可以主张第 311b

---

[7] Vgl. etwa BGH NJW 1972, 1189; Köhler, § 12 Rn. 16ff.

条第1款第1句的形式规定。

4. 结论

A可以根据第667条,请求B作出移转土地所有权的物权合意。

(二)案件变型

1. 根据第667条,关于返还土地所有权的请求权

在这里,首先可能产生基于第667条之作出移转不动产所有权合意的请求权。这里同样存在一个委托合同。

(1)委托的形式无效

这里再次涉及委托合同根据第125条第1句、第311b条第1款第1句形式无效的问题。这一问题取决于A的取得义务。

A的取得义务在这里是否同样直接源自和B形成的合意,应通过解释根据第133、157条来确定。最初双方约定:B应以显名代理的方式为A购买该土地。这应会使得A直接取得该土地。据此,A的取得义务基于第164条第1款第1句产生了;这一取得义务应受第311b条第1款第1句的形式强制限制。

但是,这一委托合同在磋商出售期间可能变更了内容,增加了双方当事人的取得义务。还可能在委托合同之外另有一个关于信托合同的约定,这一信托合同——至少部分设立了A的取得义务,故形式要求同样适用于该信托合同。[8] 本案最终具体属于何种情形,从案件事实中不能清晰地得出。暂且不论是否只有委托合同被变更了还是另外订立了信托合同,基于初始案件所述的理由,A都具有取得义务,而这导致需要满足第311b条第1款的形式要求。由于公证证书并未完成,这一约定根据第125条第1句无效。由于A一直未取得该土地所有权,所以也未能根据第311b条第1款第2句完成补正。

---

[8] BGH NJW 1996, 1960f.

(2) 不允许主张形式瑕疵,第 242 条

17 仍应检验的是,是否根据诚实信用原则(第 242 条)否定了 B 关于形式瑕疵的主张。正如在初始案件中所阐明的(上文边码 9 以下),针对 A 取得义务的形式强制虽然目的并非在于保护受托人,但是这并不能说明形式瑕疵不重要。应对具体案件中的所有情事进行评价,在评价中不仅要考虑委托人的正当利益,也要考虑受托人的正当利益。[9] 在本案中,B 所采的进路,即首先以自己的名义取得该土地,使得他需承受以自有资金筹措价款的全部风险。在 A 陷入资金困难时尤其如此。在这种情况下,B 也是值得保护的。因此,B 对形式瑕疵的主张并没有违背诚信(第 242 条)。

(3) 结论

18 根据第 667 条要求返还土地所有权的请求权并不存在。

2. 根据第 677 条、第 681 条第 2 句、第 667 条,关于移转土地所有权合意的请求权

19 此外,还应检验的是,A 可否根据第 677 条、第 681 条第 2 句、第 667 条的无因管理的有关规定请求移转土地所有权。

20 当交易行为基于一个嗣后被证明无效的委托而被实施时,可以诉诸无因管理规范。[10] 由于 B 起初并不是想为他自己取得该土地,因此可考虑存在一个兼属他人事务(auch-fremdes Geschäft)。但是,基于第 677 条、第 681 条第 2 句、第 667 条的请求权并不成立,因为在 B 以自己名义实施的买卖不动产行为中,并不能确定存在一个客观上为他人事务管理的意思。案件事实可作如下解释:在以 A 的名义发出的要约被拒绝之后,B 在谈判中具有以自己的名义继续行为并自行取得该不动产的意思,以便嗣后自行决定是否应转卖给 A。

21 因此,基于第 677 条、第 681 条第 2 句、第 667 条的请求权也被排除了。

---

[9] BGH NJW 1996, 1960, 1961.

[10] Vgl. dazu BGH NJW-RR 1993, 200.

案例 27　迷醉的午后

一、案件事实

Prätorius Promiller(P)是大型律所 Golding Glamour 的合伙人,他很少自行代理案件。他在一次自行代理的庭审之后,于午后早些时候,去参加慕尼黑的啤酒节。在啤酒帐篷中,他感觉极好,在 4 小时之内喝了大概 12 扎啤酒。之后,他就不知道自己是谁,身在何地了。这时 4 岁的 Viktor Vischinger(V)来问他"现在几点"。Vischinger 当时在学习认钟表,因此逢人就问时间。Promiller 接着口齿不清地说:"小孩,你没有表啊?"Viktor 作出了否定回答。于是 Promiller 对 Viktor 说,Viktor 可以拿走他的表。Viktor 听话地说了句"谢谢",并拿走了表。Promiller 清醒之后,又碰见了 Viktor。Viktor 正拿着手表,Promiller 能要回该手表吗?(无须检验一时占有之请求权)

二、前期思考

根据第 104 条第 1 项,7 岁以下的儿童系无行为能力人;根据第 105 条第 1 款不能发出有效的意思表示,"纯获法律上利益"的意思表示亦不可(参见第 107 条)。完全醉酒的成年人并非无行为能力人,尽管如此,根据第 105 条第 2 款,其意思表示却非有效。由于涉及返还,我们必须在适用可能的请求权基础时考虑到这一点。尤其对于初学者,(希望)马上想到的是给付不当得利(第 812 条第 1 款第

1句第1种情形)。在这件很短的案件中,这不是第一个请求权基础,也不是唯一一个请求权基础,我们在阅读过案例22之后应当知道这一点。

三、提纲

(一)根据第985条,P对V的请求权 ································· 1
    1. P作为手表的所有权人 ······························· 2
    2. V的占有 ·· 5
    3. 不存在根据第986条的占有权 ····················· 6
    4. 结论 ··· 7
(二)根据第812条第1款第1句第1种情形,P对V的
    请求权 ··· 8
    1. 通过给付获得 ·· 9
    2. 无法律上原因 ·· 10
    3. 结论 ··· 11

四、解答

(一)根据第985条,P对V的请求权

1   当P仍为手表的所有权人,而V是手表的占有人且不享有第986条意义上的占有权时,P可根据第985条请求V返还手表。

    1. P作为手表的所有权人

2   P是手表的原所有权人(参见第1006条第1款)。他可能根据第929条第1句,通过合意和交付将手表的所有权转移给了V。在V可以拿他的手表这一(P的)表述中,存在一个第929条第1句意义上的移转所有权的要约,且也实际交付了。

然而,应加检验的是,P的要约是否根据第105条第2款而无效。由于P喝了12扎啤酒,迷糊且吐字不清,因此他严重醉酒以致处于一时的精神行为障碍的状态。因此,根据第105条第2款,其意思表示无效。

据此,并不存在一个有效的所有权移转行为。此外,这一所有权移转行为也因如下理由而失败:根据第104条第1项,V系无行为能力人,因此,其意思表示根据第105条第1款无效。因此,P一直是手表的所有权人。

2. V的占有

V对手表行使事实上的支配,因此是占有人。

3. 不存在根据第986条的占有权

如果V享有一项占有权的话,则所有物返还请求权被排除。在此,或许可从第516条第1款意义上的赠与合同中获得一项占有权;P和V在所有权移转的同时订立了赠与合同,因为V和P一致同意:V应该从P那里无偿获得该手表。然而,P和V之间的意思表示再次根据第105条第2款和第1款而无效。所以,赠与合同也是无效的,V并不享有占有权。

4. 结论

V必须根据第985条向P返还手表。

(二)根据第812条第1款第1句第1种情形,P对V的请求权

如果V通过P的给付无法律原因而获得手表的话,P可能根据第812条第1款第1句第1种情形,向V请求返还手表。

1. 通过给付获得

通过手表的交付,P向V转让了对手表的直接占有,由此有意识、有目的地使得V的财产增益。所以,V通过P的给付,获得了对

手表的占有。

2. 无法律上原因

10　　　V仍须就获得对手表的占有不存在法律上的原因。法律原因可能是V和P之间订立的、第516条第1款意义上的赠与合同,但正如上文所明确的,这一赠与合同根据第105条第2款、第1款及第104条第1项而无效,因此,不是可得保有手表的原因。V从P处获得手表不具有法律上原因。

3. 结论

11　　　因此,P可根据第812条第1款第1句第1种情形,向V请求返还手表。

案例28 对轮滑鞋的不同看法

一、案件事实

V在报纸上刊登广告:"注意,唯一的机会!新出厂的旱冰鞋,原价328欧元,现价200欧元促销。货品供应……"16岁的M想要购买一双新的旱冰鞋来增加在其朋友中的声望,为此他来到该家报社,发出了相应内容的书面要约。他希望从其父母那获得购买旱冰鞋的钱。V书面承诺了该要约。当M的父母知悉此事时,他们向V写了封邮件,表示不会让买卖合同生效。他们认为,一个如此无意义且危险的采购是没有必要的。

V仍可向M请求支付买卖价款吗?

附加问题:

假设V已经将旱冰鞋交付给M并移转其所有权,他在收到M父母的来信之后能否向M请求要回旱冰鞋?

二、前期思考

就M的年龄来说,这里显然涉及限制行为能力及其法律效果;这对于笔试来说提供了较为有限的论题选择范围。但更为重要的是,我们要知晓并掌握这些知识。

构建正确的结构有时并非易事。限制行为能力本身只涉及未成年人的意思表示,但是在合同订立的情形下继续产生影响。因此,我们应注意:在单方法律行为的情形,我们应检验第 111 条第 1 句,作为意思表示无效事由。在未成年人订立合同的情形,我们不再于未成年人的意思表示中论及限制行为能力,而是原则上在检验合同订立时才论及该问题。但如果父母已经允许订立合同,则我们可以例外地只在未成年人的意思表示中简要说明这一点即可,避免对第 108 条第 1 款进行冗繁的检验。

此外,我们根据第 108 条第 1 款将合同的待定不生效(schwebende Unwirksamkeit)作为权利阻却的抗辩(rechtshindernde Einwendung)来检验。其原因在于:这一规范是针对合同的,这和(限制)行为能力在合同订立中具有双重相关性有关。[11] 细致思考之下就会发现相对人意思表示的到达问题(参见第 131 条第 2 款)。如果是要约到达未成年人,这个问题就不存在,因为这一行为是第 131 条第 2 款第 2 句意义上纯获法律上利益的。但是,如果承诺到达限制行为能力人,则根据 131 条第 2 款不能得出一个有效的到达,因为这一规范并不承认追认可能性。此外,通过反面推论第 107、108 条,我们还应否定规则漏洞的存在,从而排除对第 108 条第 1 款的类推适用。尽管如此,更加正确的做法是认为,对到达的追认也包含在第 108 条第 1 款中。这个小小的困境和今天第 131 条的制定史有关。原来根据主题编排,意思表示到达非完全行为能力人规定在现行第 106 条以下的条文框架下。但是,嗣后人们基于体系的考虑决定将这些规范移至现在所在的位置,并未发现存在刚刚述及的问题。在案件解答中,我们最好对此保持沉默,因为人们对这一问题普遍不清楚。

关于合同是否根据第 108 条第 1 款而待定不生效这一问题,其结论仍可表述为:如果法定代理人(即父母,第 1626 条第 1 款,第 1629 条第 1 款)对合同(终局性的,参见第 108 条第 2 款第 1 句第 2

---

[11] So wohl auch BGHZ 47, 352; Soergel/Hefermehl, § 131 Rn. 6.

分句)进行追认或拒绝追认时,合同生效或终局不生效。

在案件变型中涉及的是 M 的旱冰鞋的返还。对初学者来说,这可能超出所学范围,但是因无效合同所提出的给付返还基本上一开始就属于初学者(所学范围)。至少从案例 22 第 1 部分开始,就应知道这些内容。

三、提纲

(一)V 对 M 的价金请求权(第 433 条第 2 款) ············· 1
  1. 合同订立 ·· 2
    (1)要约 ·· 3
    (2)承诺 ·· 4
    (3)小结 ·· 5
  2. 根据第 108 条第 1 款,合同有效/不生效 ············· 6
    (1)M 的限制行为能力 ··································· 7
    (2)欠缺依据第 107 条所必需的允许 ············· 8
    (3)不存在追认或拒绝 ··································· 12
  3. 结论 ·· 13
(二)附加问题 ·· 14
  1. 第 985 条的请求权基础 ····································· 14
    (1)V 系原所有权人 ······································ 15
    (2)根据第 929 条第 1 句,将所有权移转给 M ······ 16
    (3)结论 ··· 19
  2. 第 812 条第 1 款第 1 句第 1 种情形的请求权基础 ··· 20
    (1)所得 ··· 21
    (2)通过 V 的给付 ·· 22
    (3)无法律上原因 ··· 23
    (4)结论 ··· 24

四、解答

(一) V 对 M 的价金请求权(第 433 条第 2 款)

1　　V 可能根据第 433 条第 2 款,对 M 享有一个支付 200 欧元价款的请求权。

1. 合同订立

2　　这一付款请求权的前提是,关于旱冰鞋的买卖合同有效成立。为此,V 和 M 必须通过相互关涉的两个意思表示,即要约和承诺而形成合意。

(1) 要约

3　　V 的报纸广告并非要约,而是单纯的要约邀请。由于 V 只能出售一次这些旱冰鞋,所以显然他想使对订立合同的最终决定维持在待决状态,从而这里不存在法律拘束意思。要约存在于 M 的要求之中,根据第 130 条第 1 款第 1 句,该要求也到达了 V。

(2) 承诺

4　　V 对该要约作出了承诺,且其承诺表示到达了 M。虽然鉴于第 131 条第 2 款第 1 句之规定,承诺的效力可能存有疑问,因为 M 作为未成年人(第 2 条)在行为能力上存在限制(第 106 条),且其父母并没有在第 131 条第 2 款第 2 句的意义上对到达进行允许。但是效力问题可以搁置,因为根据第 108 条第 1 款,可能的瑕疵是可以补正的。

(3) 小结

5　　因此,买卖合同订立了。

2. 根据第 108 条第 1 款,合同有效/不生效

6　　根据第 108 条第 1 款,如果 M 是限制行为能力人且他未经其法定代理人的必要的允许就订立了该合同的话,该合同可能是待定不

生效的。

(1) M 的限制行为能力

M16 岁,因此根据第 2、106 条是限制行为能力人。

(2) 欠缺依据第 107 条所必需的允许

当未成年人通过发出其意思表示获得的并非单纯法律上的利益时,根据第 107 条需要事先允许(第 183 条)。因此,这取决于:M 是否通过其合同要约获得了法律上的利益。

单纯经济上考虑,这一买卖合同对于 M 可能是有利的,因为他能够以远低于市价的价格获得商品。但是,立法者基于法律安定性的利益考量,通过(第 107 条中)"没有纯获法律上的利益"的表述,恰恰排除了在确定不利益时的经济考量方式:行为在经济上是有利的还是不利益的,在个案中是很有疑问的。权利交易(Rechtsverkehr)应尽可能明晰:未成年人的意思表示是否有效。

因此,重要的是法律行为的法律效果。当法律行为为未成年人设立了直接的人身义务或者消灭了既有的权利,则一律认定构成法律上的不利益。至于未成年人是否从该法律行为中同时获得请求权,则不重要:原则上不考虑在法律上利益和不利益之间进行计算比对。由于买卖合同为 M 设定了价款支付义务(第 433 条第 2 款),因此 M 需要获得其父母的允许。但是,这一允许并不存在。

小贴士:

我们可以现在简要地提一下:第 110 条(对此,参见案例 30)在此处不适用,因为 M 尚未提出他负担的给付。由于这是如此显而易见,所以我们也可以略而不论。为了体现精细,初学者最好简短论及,而进阶者可以略而不提。

(3) 不存在追认或拒绝

根据第 108 条第 2 款,买卖合同的效力(所谓的待定不生效)取决于作为法定代理人的父母(第 1626 条第 1 款,第 1629 条第 1

款)的追认(第184条第1款)。(M的)父母向V表示,他们不想让买卖合同生效。这里可以看出拒绝追认;根据第182条第1款,拒绝追认可向V表示。因此,买卖合同终局不生效。

3. 结论

13　　K对M不享有根据第433条第2款的付款请求权。

(二) 附加问题

1. 第985条的请求权基础

14　　当V是旱冰鞋的所有权人,且M是无占有权(第986条)之占有人时,V对E拥有一个基于第985条的返还请求权。

(1) V系原所有权人

15　　V是旱冰鞋的原所有权人(理由:第1006条第1款)。

(2) 根据第929条第1句,将所有权移转给M

16　　但是,V可能因根据第929条第1句将所有权转让给了M,从而丧失了其所有权。根据案件事实,这一所有权已转移。

17　　根据第929条第1句,所有权移转不仅需要交付这一事实行为,还要求(存在)合意,所以应当检验的是:这一合意是否因拒绝追认(第182条第1款)而依照第108条第1款不生效。

18　　正如上文所确定的是,M根据第2、106条是限制行为能力人,从而根据第107条,只有当意思表示对他是纯获法律上利益的,他才能在没有其法定代理人允许的前提下有效地发出一项意思表示。由于第929条第1句下的(物权)合意表示仅仅导致所有权取得(的法律效果),而并不直接使得M负有义务,因此(物权)合意表示是纯获法律上利益的。根据第107条,M可以未经父母允许而发出这一意思表示,所以(其父母的)反对意思是不重要的。因此,根据第929条第1句,所有权移转给了M。

（3）结论

V 并不享有基于第 985 条的返还请求权。

2. 第 812 条第 1 款第 1 句第 1 种情形的请求权基础

V 对 M 的返还请求权可能从给付不当得利，第 812 条第 1 款第 1 句第 1 种情形中得出。

（1）所得

M 从 V 那里获得了旱冰鞋的所有权和占有。

（2）通过 V 的给付

由于 V 想通过移转旱冰鞋的所有权来履行买卖合同，所以他有意识且有意愿地（bewusst und gewollt）增益了 M 的财产，即从 M 的视角来看提出了给付。

（3）无法律上原因

由于作为给付基础的买卖合同在 M 的父母拒绝追认之后终局不生效（参见上文边码 12），因此给付不存在法律上的原因。

（4）结论

V 可以根据第 812 条第 1 款第 1 句第 1 种情形，请求 M 使他获得旱冰鞋的所有权和占有。

小贴士：

当涉及物的返还时，我们在大多数情况下还要检验第 861 条第 1 款、第 1007 条。这两条规范仅在极例外的情形才会实现（那些）不能通过第 985 条或第 812 条获得的结果。由于这些规范超出了《德国民法典》总则的附加内容，因此在本书略而不论。

案例 29　悬而未决的轮滑车

一、案件事实

V 和 17 岁的 M 订立了一份以 1500 欧元的价格出售二手轮滑车的买卖合同。很快，V 获知 M 是限制行为能力人。因此他向 M 父母（E）书面询问是否追认这一买卖合同。稍后，有人出了更高的价格，表示想要该轮滑车。由于过了 10 天仍未收到 E 的消息，V 给 M 打电话并告诉他：V 要取消这一买卖合同。M 反对并说服其父母制作一份追认表示（Genehmigungserklärung），第二天受其父母指示将追认表示递交于 V。

V 必须向 M 交付轮滑车吗？

附加问题：

如果 M 没有将追认表示提交给 V，而是将一份事先同意表示（Einverständniserklärung）交给了 V，这份同意表示是他学习了《经济与法》这门中学专长课程（Leistungskurs）后，在缔结合同之前预先让其父母签写的，这会导致（结果上）有所不同吗？

二、前期思考

这再度涉及未成年人在欠缺第 107 条规定的其法定代理人的允许的情况下订立合同的问题。因此，应当再度检验第 108 条第 1 款。

这种待定状态(Schwebezustand)在本案中可能因父母的追认(第184条)而结束。由于V根据第108条第2款第1句催告M的父母作出追认表示,这一追认仅得向他表示。尽管如此,M的父母给了M一个追认证书,M将该证书出示。根据第108条第2款(催告追认)这是否足以(构成"仅得向相对人作出"),是存在争议的。

但是,这一争议在这并非至关重要,所以无需论述选择持何种观点。因为V根据第109条第1款第2句,存在撤回可能性。这一规则的基本思想是:如果限制行为能力人不受合同拘束,则其行为相对人也不应受合同拘束,只要他并非有意全面接受限制行为能力人欠缺法律上的拘束力(第109条第2款)。

附加问题超出了初学者的水平:法定代理人给未成年人出具了一份许可书(Einwilligungsurkunde),未成年人直到在相对人根据第108条第2款第1句催告时才出示。但是,初学者也可从中习得论证技巧。

三、提纲

(一)根据第433条第1款第1句,M对V的请求权 ………… 1
 1. 合同订立 ………………………………………………… 2
 2. 根据第108条第1款,合同(不)生效 ………………… 3
  (1)M的限制行为能力 ………………………………… 4
  (2)欠缺第107条规定的允许 ………………………… 6
  (3)根据第110条生效 ………………………………… 8
  (4)不存在追认 ………………………………………… 9
   [难题:可以违背第108条第2款第1句的文义,追认向M表示吗?]
  (5)不存在根据第109条第1款的及时撤回 ……… 11
  (6)小结 ………………………………………………… 15

3. 结论 ·································· 16
　(二)附加问题 ····························· 17
　　1. 根据第433条第1款第1句,M对V的请求权········ 17
　　　[难题:第108条第2款第1句可以类推适用于事先同意表示的催告吗?]
　　2. 结论 ·································· 23

四、解答

(一) 根据第433条第1款第1句,M对V的请求权

1　　M可能根据第433条第1款第1句,对V享有一项移转轮滑车所有权并交付的请求权。

　　1. 合同订立

2　　根据案件事实,V和M订立了一个相应内容的买卖合同。

　　2. 根据第108条第1款,合同(不)生效

3　　如果M是限制行为能力人,且未经其法定代理人必要的允许订立了该合同的话,这一合同可能根据第108条第1款而处于待定的不生效的状态(schwebend unwirksam)。

　　(1) M的限制行为能力

4　　M17岁,因此根据第2、106条是限制行为能力人。

5　　小贴士:
　　　　我们通常以裁判风格确定限制行为能力。

　　(2) 欠缺第107条规定的允许

6　　仅当M通过发出其意思表示并非纯获法律上的利益时,根据第107条,才必需法定代理人的允许(第183条)。就此而论,该行为在经济上的意义并不重要。如果法律行为为未成年人设置义务,则都

应认定为法律上的不利益。至于未成年人是否从该法律行为中同时获得请求权,则不重要:第107条要求未成年人获得纯法律上的利益,原则上不考虑在法律上利益和不利益之间的计算比对。由于买卖合同为M设定了价款支付义务(第433条第2款),因此其旨在订立合同的意思表示并不是纯获法律上利益的。

因此,M需要其法定代理人,即根据第1626条第1款、第1629条第1款其父母的允许(第183条);但其父母并未给出允许。所以,M的意思表示并不根据第107条有效。

(3) 根据第110条生效

尽管如此,如果M以其自由可支配的资金实现他应负担的给付,这一合同或许根据第110条而被视为自始有效。由于M没有可以完全支付轮滑车的价款,未能实现这一给付,所以不属于该情形。

(4) 不存在追认

此外,E可以对该买卖合同不进行追认,亦即嗣后不同意买卖合同(第184条)。原则上这随时都是可能的,且可向M作出拒绝追认的表示。但是,由于V催告E追认,根据第108条第2款,E只能在催告之时起两周内,且只得向V表示追认。在这一期限内,E的追认仅向M作出,根据第108条第2款第1句第2半句这是不够的。

然而,对于V而言,这里的追认是否成功作出是有疑问的。因为从形式上来看,E虽然向M作出了追认表示,但是又指令M将追认表示转交给V。这说明所涉及的仅是向V作出的追认表示,M作为表示使者传达了这一追认表示。鉴于本案情事,考虑到诚实信用原则(第242条),V至少不能主张该追认表示不是向他作出的。

(5) 不存在根据第109条第1款的及时撤回

但是,如果V在追认之前根据第109条第1款撤回了合同,追认有效的问题可以搁置不论。为此,根据这一规范,他必须有权撤回且向适格的受领人作出了撤回表示。

V向M表示想要"取消"该买卖合同。由于意思表示一般不仅要在法律上无异议地被表达出来,而且根据第 133、157 条通过解释,从 V 的表示中可得出不愿受合同拘束的明确意思,这才足以构成有效的相对人撤回。

13　　根据第 109 条第 1 款第 2 句,撤回也可向未成年人表示,本案正是如此。为使撤回产生效力,根据第 109 条第 1 款第 1 句,撤回应在追认之前表示。在本案中,这些条件都已满足。

14　　由于 V 在合同订立时并不知道 M 为限制行为能力人,其撤回可能性(Widerrufsmöglichkeit)亦不受第 109 条第 2 款的限制或被排除。所以,根据第 109 条第 1 款第 1 句,V 的撤回有效。

(6)小结

15　　基于 V 的撤回,他和 M 之间的买卖合同终局不生效。

3. 结论

16　　M 对 V 不享有第 433 条第 1 款第 1 句的交付请求权。

(二)附加问题

1. 根据第 433 条第 1 款第 1 句,M 对 V 的请求权

17　　如果双方之间存在一项有效的买卖合同,M 根据第 433 条第 1 款第 1 句,可向 V 请求交付并移转轮滑车的所有权。M 和 V 就出卖轮滑车形成了合意。但是,如果该买卖合同在 V 根据第 109 条第 1 款撤回之时是待定不生效的,则这一买卖合同可能根据第 108 条第 1 款而无效。由于 M 在订立合同时已获其父母允许,所以买卖合同有效成立。但是,还应检验该合同是否嗣后变为待定不生效。有可能构成这一情形的是,如果父母的允许是因 V 向他们催告作出合同追认表示,那么根据第 108 条第 2 款第 1 句第 2 分句不生效。

18　　但是,第 108 条第 2 款第 1 句第 2 分句文义的前提是:未成年人的合同相对人催告其法定代理人发出追认合同之表示。M 的父母 E 并没有追认该合同,而是一开始就允许订立合同。根据文义,第 108

条第2款第1句第2分句的不生效效果并没有涉及允许。因此,直接适用这一规定被排除。有争议的是,第108条第2款第1句第2分句是否可被类推适用于此前向未成年人作出的允许。民法规范的类推适用,是以存在计划外的规则漏洞为前提的。

部分文献[1]基于如下理由肯定了这一规则漏洞:第108条第2款这一条文的目的在于消除合同相对人对于生效的主观上的不确定性(subjektive Unsicherheit),并因此设置了催告父母对追认合同作出表示的可能性,以获得法的安定性(Rechtssicherheit)。在合同订立之前作出允许的情形,也存在类似的保护需求,因为合同相对人通常并不一定知悉父母是否同意其未成年子女缔结合同。因此,他们认为,在第108条第2款文义之外,合同相对人始终有权了解父母同意存在与否,无论父母的同意是在合同订立之前或之后作出,抑或被拒绝作出。因此,第108条第2款第1句第2分句的适用范围也应涵盖第107条意义上的允许。在他们看来,应当接受一个已然完全有效的合同嗣后再度待定的不生效,因为立法者就向未成年人表示的追认情形规定了相同的法律效果。

19

根据这一观点,买卖合同因对追认的催告而根据第108条第2款再度成为待定不生效的。由于V在催告之后,但在E重新同意之前,可以根据第109条第1款第1句撤回这一合同,所以该合同届时就会终局地不生效。M对V的基于第433条第1款第1句的请求权也就不存在了。

20

但是,通说正确地反对对第108条第2款第1句第2分句的类推适用。[2] 第107条以下诸条的目的主要在于保护限制行为能力人。和在嗣后追认的情形不同,合同相对人具有在合同订立时确定是否

21

---

[1] Erman/Müller, § 108 Rn. 10; Jauernig/Mansel, § 108 Rn. 3; Köhler, § 10 Rn. 31; Palandt/Ellenberger, § 108 Rn. 7.

[2] Bork, Rn. 1031; Wolf/Neuner § 34 Rn. 52; MünchKomm/Schmitt, § 108 Rn. 24; Soergel/Hefermehl, § 108 Rn. 8; Wilhelm, NJW 1992, 1666, 1667.

存在父母允许的可能性。如果他不这么做,那么在存在不确定性的情况下,他总体上不会考虑订立合同。但是,如果他在不确定知悉的情况下,仍以存在未成年人所主张的允许为出发点,那么他不得通过(类推)实施第108条第2款意义上的嗣后催告,来作出不一样的决定。立法者并没有想赋予这一条文以超出其文义之外的意义;第108条第2款第1句第2分句应该只是用来平衡,因第182条将追认表示相对人的范围扩大而导致的对合同相对人所产生的法的不确定性。这也反驳了存在计划外的规则漏洞。虽然根据较早的法律状况(《德国民法典》一草第65条第3款第2句第2分句或《德国民法典》二草第82条第1款第2句),向未成年人发出追认表示被排除了;但是,立法者决定[3]:由父母自由决定是向未成年人还是向合同相对人表示追认。而因追认表示相对人范围扩大所产生的法的不确定性,理应交由第108条第2款第1句第2分句来再度纠正。故不可类推适用这一条文而允许,因此也不存在一个计划外的规则漏洞。[4]

22　　V催告父母就追认作出表示,这并不能使合同嗣后再度待定不生效。与此相应,V也不能根据第109条第1款第1句撤回合同。

2. 结论

23　　M可以根据第433条第1款第1句,向V请求交付并移转轮滑车的所有权。

---

〔3〕 Protokolle, S. 8361ff., 8366ff.; Mugdan, Die gesammten Materialien zum Bürgerlichen Gesetzbuch für das Deutsche Reich, Bd. 1 (1899), S. LXXV.

〔4〕 关于第108条法律史的说明,参见Kohler, Jura 1984, S. 349ff., 350, 358。

案例 30 对零用钱的不同使用

一、案件事实

15 岁的 Melli（M）每月从其父母那获得 60 欧元零用钱，其父母并没有预先规定她可以用这些钱干什么或不准用这些钱干什么。

由于 Melli 喜欢阅读，她在旧书商 Ansgar（A）那以 90 欧元的价格购买了一个图书盲盒（Bücher Überraschungskiste）。她在 3 个月内分期支付买卖价款。Melli 当时就支付了首期款项，随后将盲盒拿走，Ansgar 没说什么。Melli 到家发现，盲盒里的这些书大多不符合其文学品味，主要是 20 世纪 70 年代的廉价小说（Groschenromane）、法学教科书和汽车修理指南。此后，征得其父母的同意——他们直到那时才知道这一买卖行为，Melli 不再支付剩余款项。Ansgar 一开始坚持要求 Melli 付款，此后要求返还图书。这些书连同盒子放在 Melli 父母家的地下室内，后在一场百年一遇的大洪水中被冲走。Ansgar 对 Melli 有请求权吗？

案件变型 1：

Melli 用那些钱在酒品销售商 Spike（S）那买了 1 瓶 80 度的朗姆酒和 4 盒香烟，来模仿其偶像——女歌手 Piggy Pierce 的行为。当她来到收银台并将买卖价款交给 S 时，被其偶然途经的父母撞见。她的父母讨厌喝酒和抽烟，阻止了交易。Melli 第二天可以向 Spike 索要朗姆酒和香烟吗？

案件变型 2：

Melli 用那些钱购买了彩票并获得 10 万欧元大奖，她没有考虑去上学，而是立刻订购了一个环球旅行。当 Melli 用奖金来支付旅游费用时，这一旅游合同是有效的吗？

二、前期思考

这又涉及未成年人的合同订立，但是这次我们须弄清所谓的"零用钱条款"，并借助于其构成要件进行探析。其构成要件表明，这一规范是第 107 条允许的特例，通说也如是认为。

围绕第 110 条存在很多问题，对此我们须知道：关于初始案件中的分期付款约定，合同首先是不生效的。直到付完最后一笔分期款项，该结论才发生变化——但这也是有争议的。如果认定具体的金钱使用是违背法定代理人的意思时，诸如购买武器或在案件变型 1 的情形，即便完全实现给付效果，合同也可能是不生效的。但是，有争议的是，第 110 条的允许范围应从合同相对人的视角还是根据内部关系来进行判断。最后在案件变型 2 中的问题是：如何处理未成年人在第 110 条允许的范围内用其零用钱获得的替代物，未成年人也可自由处分该替代物吗？至少在替代物的价值和本案相同的情形应予以否定；在其他情形，则要看处分是否为法定代理人的允许所涵盖。

此外，在初始案件中还涉及返还清算的问题，对此初学者也应知晓（这在先前的案件中经常出现）。根据第 818 条第 3 款的排除请求权的得利丧失问题或许对初学者来说是新知识。

三、提纲

（一）A 对 M 的价金支付请求权，第 433 条第 2 款 ············· 1

1. 订立关于图书盒子的合同 ·· 2
2. 根据第 108 条第 1 款,合同(不)生效 ···························· 3
  (1) M 的限制行为能力 ··· 4
  (2) 根据第 107 条不生效 ··· 5
  (3) 根据第 110 条生效 ·· 6
  (4) 因追认而生效,第 182 条第 1 款、第 184 条
     第 1 款 ·· 7
3. 结论 ·· 9
(二) A 根据第 985 条对 M 的请求权 ····································· 10
(三) A 基于第 812 条第 1 款第 1 句第 1 种情形对 M 的
   请求权 ··· 11
(四) 案件变型 1:M 对 S 的朗姆酒和香烟请求权,第 433 条
   第 1 款第 1 句 ·· 11
  1. 订立关于朗姆酒和香烟的合同 ··································· 13
  2. 根据第 108 条第 1 款,合同(不)生效 ························ 14
   (1) M 的限制行为能力 ··· 15
   (2) 根据第 107 条不生效 ··· 16
   (3) 根据第 110 条生效 ·· 17
     [难题:第 110 条也涵盖违背零用钱教育目的这
     类行为吗?]
   (4) 因拒绝追认而不生效,第 182 条第 1 款、第 184 条
      第 1 款 ··· 20
  3. 结论 ··· 21
(五) 案件变型 2:旅游合同的效力 ·· 23
  1. 旅游合同的效力(第 651a 条第 1 款) ·························· 23
     [难题:第 110 条也扩及零用钱获取的替代物吗?]
  2. 结论 ··· 26

四、解答

(一) A 对 M 的价金支付请求权,第 433 条第 2 款

1   如果双方就图书盒子订立了一个有效的买卖合同,M 根据第 433 条第 2 款,对 M 有一项价款支付请求权。

    1. 订立关于图书盒子的合同

2   A 和 M 订立了一个以 90 欧元的价格购买图书盒子的合同。

    2. 根据第 108 条第 1 款,合同(不)生效

3   应当检验的是:该合同是否根据第 108 条第 1 款而待定不生效。

    (1) M 的限制行为能力

4   M15 岁,根据第 2、106 条,是限制行为能力人。

    (2) 根据第 107 条不生效

5   缔结买卖合同因存在对待义务并不是纯获法律利益的,且 M 的父母作为法定代理人(第 1626 条第 1 款、第 1629 条第 1 款)并未允许实施该具体的法律行为,因此这一合同根据第 107 条不生效。

    (3) 根据第 110 条生效

6   但是,这一合同可能根据第 110 条而自始有效。为此,M 必须以法定代理人交由她自由支配的钱款或经法定代理人同意的第三人交由她自由支配的钱款,来实现其负担的给付,即支付买卖价款。本案中,M 每月获得 60 欧元零用钱,所以拥有自由支配的资金。但是,她迄今只支付了买卖价款的部分数额 30 欧元,因此并没有完全实现所负担的给付,而第 110 条以此为前提。所以,该合同依照第 110 条未生效。

    (4) 因追认而生效,第 182 条第 1 款、第 184 条第 1 款

7   但是,当 M 的父母根据第 182 条第 1 款、第 184 条第 1 款对该合同予以追认时,即嗣后同意该合同时,该合同也会有效。由于 M 的父母同意 M 停止支付,他们已经向她(第 182 条)默示地拒绝了对合同

的追认;因为 A 一直未根据第 108 条第 2 款第 1 句第 1 分句催告 M 的父母作出追认表示,所以向 M 作出拒绝追认表示仍属可能。据此,这一合同终局不生效。

小贴士:
在不损害 A 根据第 108 条第 2 款进行处理的可能性的情况下,才适用上述论断。

3.结论

由于 M 的父母拒绝追认,A 对 M 不享有价款支付请求权(第 433 条第 2 款)。

(二)A 根据第 985 条对 M 的请求权

如果 A 仍是所有权人而 M 是无占有权(第 986 条)的占有人,A 根据第 985 条,对 M 享有一个返还图书盒子以及盒内东西的请求权。A 是盒子和那些图书的原所有权人;由于他在仍有待付分期价款的情况下,不作任何表态就将盒子交给了 M,他因此根据第 929 条第 1 句丧失了所有权,而 M 取得该所有权;根据第 107 条,M 可以自行作出必需的合意,因为所有权取得对于她而言是纯获法律上利益的。所以,A 对 M 并没有根据第 985 条的请求权。

(三)A 基于第 812 条第 1 款第 1 句第 1 种情形对 M 的请求权

A 可能对 M 享有一项根据第 812 条第 1 款第 1 句第 1 种情形的请求权。通过 A 的给付——他想履行合同,M 无法律原因地(参见上文边码 3 及以下)获得了盒子和书的所有权和占有。因此,根据第 812 条第 1 款第 1 句第 1 种情形,她负有返还所得的义务;由于返还所得在此期间不再可能,她根据第 818 条第 2 款负有价额偿还的义务。但是,如果 M 不再得利,这一请求权根据第 818 条第 3 款被排除。当在 M 的财产中没留有得利余留,则 M 不再得利。在书因世纪洪水而丧失之后，我们应该认为 M 不再得利。最后，M 也无需（经由第 819 条第 1 款、第 818 条第 4 款、第 292 条第 1 款）根据第 989 条承担责任，因为她对书因世纪洪水而毁损并不存在第 276 条第 1 款第 1 句的可归责。因此，基于第 812 条的请求权并不成立。

（四）案件变型 1：M 对 S 的朗姆酒和香烟请求权，第 433 条第 1 款第 1 句

12　　如果在他们之间存在一个有效的买卖合同，M 根据第 433 条第 1 款第 1 句，对 S 享有移转并交付朗姆酒和香烟的请求权。

　　1. 订立关于朗姆酒和香烟的合同

13　　S 和 M 签订了一份关于朗姆酒和香烟的买卖合同。

　　2. 根据第 108 条第 1 款，合同（不）生效

14　　应当检验的是，该合同是否根据第 108 条第 1 款而待定不生效。

　　（1）M 的限制行为能力

15　　M15 岁，根据第 2、106 条是限制行为能力人。

　　（2）根据第 107 条不生效

16　　缔结买卖合同因存在对待义务并不是纯获法律上利益的，且 M 的父母作为法定代理人（第 1626 条第 1 款、第 1629 条第 1 款）并未允许实施该具体法律行为，因此这一合同根据第 107 条未生效。

　　（3）根据第 110 条生效

17　　但是，这一合同可能根据第 110 条而自始有效。为此，M 必须以法定代理人交由她自由支配的钱款或经法定代理人同意的第三人交由她自由支配的钱款，来实现其负担的给付，即支付买卖价款。M 支付了全部买卖价款，因此她实现了所负担的给付。

18　　有疑问的是，她是否以从其父母那获得的自由支配的钱款实现了所负担的给付。这一点原则上应予以肯定，因为她每月获得 60 欧元零用钱。虽然她的父母在合同订立之后反对，但是这一点并不改

变存在第110条的要件这一事实。

但是,根据通说,第110条应作为解释规则来理解;据此,未成年人之所以能够以任其处理的钱款实施行为,是因为这些行为为其父母的默示允许所涵盖;默示允许从交易观念中得出。因此,仍存在一些行为,通常是无法被交给钱款供自由处分所涵盖的。这适用于诸如购买高度酒精饮料,以及至少在父母自己不吸烟的情形购买任何类型的烟草制品。所以,获得朗姆酒和香烟并不为表现为给零用钱的允许所涵盖。这一合同不能根据第110条而生效。

(4)因拒绝追认而不生效,第182条第1款、第184条第1款

根据第182条第1款、第184条第1款,由于父母当着S的面阻止合同的进一步履行,所以他们默示地(同时向S发出)拒绝了追认。因此,这一合同终局不生效。

3. 结论

M对S并不享有根据第433条第1款第1句的履行请求权。

小贴士:

(1)M当事人可以根据第812条第1款第1句第1种情形,请求返还买卖价款。M虽然并没有根据第929条第1句将其对钱款的所有权移转给S,但是极可能根据第948条第1款、第947条第2款将其对钱款的所有权丧失给了S,这阻碍了第985条的请求权。所谓的"金钱价值所有物返还请求权"(Geldwertvindikation),即在金钱的情形第985条针对价值的返还,不应被接受。(2)如果认为父母已经追认了该合同,则会产生该合同届时是否因其他事由而无效这一问题。

(五)案件变型2:旅游合同的效力

1. 旅游合同的效力(第651a条第1款)

第108条第1款可能阻碍旅游合同的生效。根据第2、106条,M

是限制行为能力人;而根据第651a条第1款第2句,旅游合同使得她负有价款支付义务,因此订立旅游合同对于M也非第107条意义上的纯获法律上利益的。同样,也未看到父母对订立旅游合同的允许。

24 但是,如果M以交给她由其自由支配的钱款,或以交给她为订立旅游合同目的而支配的钱款来履行合同,则该合同根据第110条自始有效。M通过彩票奖金的钱实现了旅游费用的支付。这些钱并非由其法定代理人交给她的,而是由彩票组织者交给她的;我们看不出父母同意将这些钱交给她(参见第110条)。因此,第110条的要件未满足。

25 尽管如此,我们还要考虑:由于M获得的奖金是类似于其零用钱的替代,那么第110条是否因此而可以适用。M获得60欧元,原则上可自由支配。根据交易观念,父母对于随意适用的允许也包括了彩票的购买。尽管如此,通说认为,根据第110条,基于给钱款(Mittelüberlassung)而得出的限制性概括允许(beschränkte Generaleinwilligung)仅指对钱款本身的使用,并不包括借助钱款而获得的替代物的使用。[1] 因此,父母给零用钱虽然涵盖了买彩票,却不涵盖用彩票奖金来订立其他合同。

2. 结论

26 所以,结论是:旅游合同根据第108条第1款是待定不生效的。

―――――――――

[1] RGZ 74, 234, 235f.

案例31 逃票乘车

一、案件事实

雷根斯堡16岁的Miriam(M)想在周末去科隆看望她的奶奶；她从父母(E)那获得200欧元,父母叮嘱她一定要坐公共交通工具。当M得知火车的票价时,她很吃惊。这使她在乘坐雷根斯堡联运(R)公交时没有购买2欧元的车票用来打孔剪票。当然,她很快遇到查票。查票员要求M立刻支付40欧元,依据是被主管交通行政机关所批准的R的"一般运输条件"(ABB)第13条。根据这一规定,"逃票者"必须支付40欧元的加罚票价。当R后来书面通知支付期限已到时,M的父母答复道:他们不知道(M)乘坐公交这回事,也不同意(她)逃票乘车。M还提出了异议:她并没有接受该"逃票乘车规定",该规定完全不合理,是无效的。R反驳道:R对(M和E说的)那些都不感兴趣。R认为,M的父母不能将逃票乘车的风险转嫁给R,他们的答复无异于主张M可以免费乘车(Gratisfahrten),而M这么做的目的就是想免费乘车。"一般运输条件"是R和M之间的关系,是有效的。

R能够基于合同请求M支付40欧元吗？

二、前期思考

本案适用于进阶者。这涉及的是公共短途客运中的合同订立以及向不特定人的要约(参照案例10边码5以及尤其是案例13边码4)。此外还有M的限制行为能力以及R的"一般运输条件"的订入和内容控制问题。关于限制行为能力在案件解答中的构造,从案例28和29中已经可知。所以我们在这里要检验第108条第1款,并在检验时说明:是否存在E的允许,因为不存在追认,第110条也不适用,只要M不付款。通过同意M科隆之行以及交给200欧元,父母对和旅行相关的所有行为作出了所谓的限制概括允许(beschränkte Generaleinwilligung)。乘坐公交原则上也涵盖在内。

问题是M没有购买车票或者没有打孔剪票,即"逃票乘车"。根据可能的通说,这类情形中的限制概括同意,在内容上受到限制的结果起码是:除非例外地确定父母存在不同的意思,否则逃票乘车是不包括在限制概括同意范围之内的。这一构造非无争议,因为这里应该有一种对逃票乘车的特许。因此,我们必须要探究之;这在本案中会因当事人的朝此方向说明理由而变得容易。正如多次提及过的,对于案件事实陈述中的这些法律上理由始终要加以分析研究,即便某一或另一理由一定是不正确的。这是对问题的辅助。

即使我们追随通说根据R和M之间不存在有效的合同进行构造,由于案件事实中相应的提示,我们仍须探究"一般运输条件"第13条的订入和效力。因此,如果我们不同意少数说的立场,就不免要例外地论及辅助性鉴定。为了避免在检读所引文献时产生误解,应作如下说明:即本案涉及的是主管交通行政机关批准的"一般运输条件"。因此,这不是《针对有轨电车交通、无轨电车交通以及机动车班线交通一般运输条件之条例》(VO ABB)[1]中规定的、且在第9条有加罚票价规定的一般运输条件。如果适用这一条例中规定的一般运输条件,则不会产生一般交易条件的订入和效力问题,因为此时涉

---

[1] 1970年2月27日《联邦法律公报》第1卷,第230页。最近被《时效法修改法》第23条所修改,2004年12月9日《联邦法律公报》第1卷,第3214页。

及的是法定一般交易条件。[2] 在供电、供水、供气的领域,也存在这些以条例形式规定的合同条件。(学生当然无须知道这些,如前所述,这权作说明)

小贴士:

由于论证合同上请求权存在上述困难,有人可能会尝试将加罚票价——或是补充性地或是辅助性地,诉诸法定请求权基础之上。这超出了提问(基于合同)范围,但是作为问题自然是很容易想到的。原则上可以考虑:根据第812条第1款第1句第1种情形R对M的不当得利请求权,以及根据第823条第2款结合《德国刑法典》第265a条的损害赔偿请求权,但这一损害赔偿请求权的适用是有争议的。[3] 不当得利请求权仅取除M不正当的利益,从而R可以请求M对其所获得的运输给付进行价额偿还,也就是要求M支付通常的票价。如果我们要肯定存在一个损害赔偿请求权,则应赔偿实际的损害,该损害偶然和加罚票价是相同的。[4] 使负有支付加罚票价义务的通常确实是基于法律规定的请求权基础,这无助于消除上述争议,因为相应的法律规定同样以有效的合同为前提。[5] 同样,R对E不存在任何请求权:看不出R和E之间存在合同,也看不到R和E之间存在第311条第2款意义上的接触;E也没有获得第812条意义上的所得;鉴于M的年龄,我们或许会认为E违反了第832条第1款第1句的看管义务,如果M经常逃票乘车且E对此知悉的话,但从案件事实中不能得出这一点。

---

[2] Vgl. Palandt/Grüneberg, § 305 Rn. 2, § 305a Rn. 2.
[3] Vgl. Harder, NJW 1990, 857, 862ff.一种观点, Stacke, NJW 1991, 875 另一种观点。
[4] Vgl. 对此其他参考文献, Fielenbach, NZV 2000, 358, 361; Stacke, NJW 1991, 875, 877f.
[5] Vgl. dazu MünchKomm/Gottwald, § 339 Rn. 11 附有法律规定出处。

三、提纲

(一) R 根据第 631 条第 1 款/ABB 第 13 条,请求 M 支付 40 欧元 ·················· 1
 1. 要约 ·················· 2
 2. 承诺 ·················· 5
 3. 合同生效 ·················· 6
  (1) M 的限制行为能力 ·················· 8
  (2) 根据第 107 条,承诺表示有效 ·················· 9
   ① 特别允许 ·················· 10
   ② 交付钱款,第 110 条 ·················· 11
   ③ 概括允许 ·················· 12
   ④ 因逃票乘车而例外? ·················· 13
   [难题:E 对为旅行目的而订立运输合同的概括允许包括 M 的逃票乘车吗?]
   ⑤ 小结 ·················· 17
  (3) 根据第 108 条第 1 款追认 ·················· 18
 4. 结论 ·················· 19

(二) 在认可有效合同的情形下,对 ABB 第 13 条的辅助性鉴定 ·················· 20
 1. ABB 第 13 条订入运输合同 ·················· 21
  (1) 实质适用范围 ·················· 22
  (2) 将 ABB 第 13 条订入合同 ·················· 24
  (3) 内容控制 ·················· 27
   ① 开启内容控制 ·················· 28
   ② 根据第 309 条第 5b 项,不生效 ·················· 29
   ③ 根据第 309 条第 6 项,不生效 ·················· 30

④根据第 307 条第 1 款,不生效 ················· 31
⑤小结 ····························· 32
2. 结论 ····························· 33

四、解答

(一) R 根据第 631 条第 1 款/ABB 第 13 条,请求 M 支付 40 欧元

R 根据第 631 条第 1 款结合"一般运输条件"第 13 条,可能对 M 享有一个支付 40 欧元的请求权。为此,ABB 第 13 条必须有效地被订入进 R 和 V 有效订立的运输合同中。所以,首先需要存在一个通过要约和承诺订立的合同。 1

1. 要约

要约可能是:R 将公共汽车处于待运状态,每个人上车就可使用公交。为此,待运必须要满足第 145 条意义上的合同要约要件,即必须确定了合同要素。但就此存在以下疑问:如果认为公交待运是要约,首先并不存在对特定人的要约,而是对每个人的要约。如果要约人愿意在其客容量范围内和每个人订立合同,那么这无碍于认定待运系要约。在公共客运中是这样操作的:像 R 这样的运输公司原则上愿意(或者甚至是负有义务[6],学生不必知道这些内容)以其运输条件为基础来载运任何人。因此,公共汽车待运是一个向所有在该时点出现于车站上的人发出的实物要约(向不特定人的要约)。[7] 2

但是,在公交待运时目的地和待付票价均未确定,就此点而论,欠缺合同要约所必需的确定性。尽管如此,从作为表示受领人的潜在顾客的视角来看,公共交通工具的待运其规范意义始终是:运输是有偿的(参见第 632 条第 1 款),票价根据(行政机构批准的)交通 3

---

[6] § 22 PBefG i. V. m. §§ 2, 6 Abs. 1 VO ABB.
[7] Bamberger/Roth/Eckert, § 145 Rn. 34.

公司价目表确定。由于涉及的是具有固定运行线路的班线交通,承运目的地显然由顾客自行决定。这项服务的提供和此前布告无关。

4　　　因此,在公共汽车待运中存在一个和任何乘客订立运输合同的 R 的要约,其内容是:运送乘客是以支付价目表中的、(由乘客自行算定的)、所提供的公交路线上乘客选择的下车站为止的票价为对价。

2. 承诺

5　　　M 必须对该要约作出了承诺。在现代大规模交易中,合同如何成立,是有争议的。[8] 根据早期观点,在这类情形中合同订立不存在真正的承诺表示,通过单纯的上车,即一个事实行为或社会典型行为即可完成,无需存在乘客方的意思表示。[9] 然而这一观点并不使人信服,因为该观点在制定法中找不到依据且尤其是很少考虑未成年人保护。[10] 这一构造的主要问题是不必要,因为运输服务的使用很容易被解释为默示意思表示,根据交易习惯,交通公司在第 151 条第 1 句的意义上放弃了该默示意思表示的到达。[11] 因此,通过登上公交车,M 默示地表达了对 R 实物要约的承诺。由于 M 已满 7 岁,并非第 104 条第 1 项意义上的无行为能力人,其承诺表示并不根据第 105 条第 1 款而无效。所以,基本上 R 和 M 订立了一个合同。

3. 合同生效

6　　　当 M 是限制行为能力人且在合同订立当中不存在根据第 107 条所必需的允许时,根据第 108 条第 1 款,M 订立的这一合同的生效可

---

〔8〕 详细参见案例 13 边码 5 及以下,附其他文献。
〔9〕 BGHZ 21, 319, 333ff.; BGHZ 23, 175, 177ff.; BGHZ 23, 249, 261ff., 早前 Larenz, DRiZ 1958, 245, 246。
〔10〕 Bamberger/Roth/Eckert, § 145 Rn. 34; § 133 Rn. 9; Brox/Walker, § 8 Rn. 194; MünchKomm/Busche, § 151 Rn. 10; BGHZ 95, 393, 399; BGH NJW‑RR 1991, 176, 177.
〔11〕 Brox/Walker, § 8 Rn. 194.

能取决于其法定代理人的追认。

小贴士:

如果没有高质量的上位句来预先设定进一步检验的"指导红线",我们就不可能对限制行为能力的后果进行有意义的检验。第108条第1款构成着眼点,该款并没有如同第105条第1款明文规定不生效,而是使得生效原则上取决于父母的追认。

(1) M的限制行为能力

M过完了15岁的生日,超出了7岁,但未满18岁,因此根据第2、106条是限制行为能力人。

(2) 根据第107条,承诺表示有效

根据第107条,对于作出承诺表示,如果M通过该表示并未单纯获得法律上的利益,M需要获得其法定代理人,根据第1626条第1款、第1629条即其父母的允许。当意思表示既未直接给表意人设置义务,也未直接消灭表意人的主观权利时,这一意思表示是纯获法律上利益的。[12] 该承诺表示导致订立运输合同,从而为M设置了支付票价2欧元的义务。因此,根据第107条,订立运输合同需要E的允许;需要检验的是,E在M开始乘坐公交车之前是否允许订立运输合同,即根据第183条表示了其预先的同意。

① 特别允许

E并未对M明示表示允许其乘坐公交车到火车站。

② 交付钱款,第110条

E给了M第110条意义上到科隆旅行的钱款。因此,根据第110条,如果M已经通过这些钱款实现了其适约的给付,运输合同可能是自始有效的。但是,由于M并未支付乘车票价,所以第110条的要件并未满足。

---

[12] Palandt/Ellenberger, § 107 Rn. 2f.

③概括允许

12　　有可能的是,通过作出让其女儿去科隆奶奶家的旅行能够成行的决定,E 就为此目的的所有合同作出了一个(所谓限制的)概括允许。只要基于概括允许的范围,进行概括允许不会导致未成年人其行为能力的部分扩张,就可以对于一定范围内尚未特定的行为进行概括允许。[13] 因为法定代理人可以通过授予限制概括允许而越过第 110 条,并使得未成年人还可实施信贷行为(Kreditgeschäfte),如果这在特定情形下是必要的。[14] 在本案中此类情形是:父母允许其女儿独自旅行去科隆奶奶家。尽管如此,我们还是怀疑这里存在一个甚至覆盖了订立信贷行为的限制概括允许,因为对于运输合同的严格限定范围以及其他在旅行中必要的行为,诸如途中购买食物和饮料,父母都给了 M 额外的金钱。就此而言,认为在第 110 条之外存在一个概括允许,这一观点本身几无必要。但是,在旅途中可能产生不可预见的开支,这些开支是父母给的钱款所无法覆盖的(诸如因严重的火车延误而乘坐出租车),且父母叮嘱 M 在任何情形下都要使用公共交通工具。因此,至少存在一个关于订立对旅行来说必要的运输合同的限制概括允许,这一限制概括允许和第 107、110 条的保护目的并不冲突,因为父母同意给予未成年人在法交易中一定的决定空间,并未威胁到未成年人的财产。因此,原则上乘车去火车站被 E 的概括允许所涵盖。虽然 E 嗣后拒绝"同意",我们应将它理解为第 183 条第 1 句意义上的对允许的撤回;但是,根据这一规定,只有在实施法律行为之前,才能撤回,因此在这里没有意义。

④因逃票乘车而例外?

13　　然而有疑问的是,这一限制概括允许是否也涵盖了 M 的"逃票

---

[13]　BGHZ 47, 352, 359; Palandt/Ellenberger, § 107 Rn. 9.

[14]　MünchKomm/Schmitt, § 110 Rn. 30. 概括允许尤其在未成年人异地旅行的时候存在,父母对每个具体法律行为一一允许是不可能的。通常在旅行中实施的所有法律行为都被概括允许所涵盖,诸如购买饮料和食物。MünchKomm/Schmitt, § 107 Rn. 13。

乘车"行为。根据多数说,"逃票乘车的"未成年人的该行为都是未经其法定代理人允许的。因为根据交易观念应该认为,父母只在如下停止条件下(第158条第1款)——未成年人在乘车时使用有效的车票,才给予允许。[15] 他们认为,允许并非条件敌对法律行为。[16] 由于 M 在乘车之前并未买票,根据这一观点,正常缴付票价的条件并未成就(第158条第1款)。因此,并不存在允许。

对上述观点的反驳是:对概括允许(Generalkonsens)如此宽泛的限制等于邀请所有未成年人来"逃票乘车"。[17] 他们认为,关于父母的意思或者交易观念是仅在正常缴付票价的条件下才进行允许的主张是不能证明的,且在通常情形也非如此。此外,随着登上公交车,合同已经成立,合同成立并非始自剪票之时。如认为存在第158条第1款意义上的停止条件,运输合同在剪票之前都一直是待定不生效的。附解除条件是不可想象的。

14

这一论争受到如下认识的影响:在逃票乘车的情形,允许的范围是第158条第1款意义上的条件问题。这就意味着,允许在其效力上会取决于未成年人购买车票或剪票。这一点虽然在特别允许(Spezialeinwilligung)中可以考虑。但是,这在限制的概括允许(beschränkten Generalkonsens)中是存疑的,因为限制的概括允许涉及许多行为。因此,概括允许(Generaleinwilligung)的生效不应依赖于未成年人众多行为中的某一个行为。这涉及的是允许内容外延的问题,这一问题应根据第133、157条通过解释来厘清。就此而论,很显然:允许一开始仅限于正常的乘车,而不包括逃票乘车。如果涉及的是允许内容外延的问题而非允许的生效问题,我们无法通过第162

15

---

[15] AG Bergheim NJW - RR 2000, 202, 203; AG Hamburg NJW 1987, 448; Fielenbach, NZV 2000, 358, 359f. 附其他参考文献; Harder, NJW 1990, 857, 858; Winkler v. Mohrenfels, JuS 1987, 692。

[16] Harder, NJW 1990, 857, 858; 基本也持此观点, Stacke, NJW 1991, 875, 876f.。

[17] Weth, JuS 1998, 795, 797; Stacke, NJW 1991, 875, 877.

条第1款给运输公司提供支持:部分文献认为,未成年人在逃票乘车的情形阻碍了允许条件的成就,有违诚实信用原则,从而根据第162条第1款,条件视为已成就。[18] 这一观点只会在允许的效力取决于这样的条件时才可行,所以在本案是行不通的。

16 　　最后,还有人主张:在附停止条件的允许的情形,父母必须嗣后追认M的乘车行为,以使自身免受不当的行使权利(第242条)之指责。[19] 但是,案件事实不支持这一观点:即合同相对人应该是M而非E[20],这一问题毋宁在第162条第1款下处理。因此,最后的办法是根据第242条不考虑该停止条件(以及对允许的内容限制),因为否则E可将逃票乘车的风险转嫁于运输公司。[21] 上述思考乍看似令人信服,但是并未考虑到:运输公司一般都具有在运输之前检查是否持有有效车票的可能。只要运输公司没有这么做,则从父母一方来看,E的行为并非悖于诚信的。

⑤小结

17 　　案中逃票乘坐公交车的行为并没有被E的概括允许所涵盖(其他观点亦可)。由于M并未支付运输价款,合同也没有根据第110条生效。

(3) 根据第108条第1款追认

18 　　因此,存在第108条第1款的要件:合同的生效取决于追认,即M的父母E作为法定代理人(第1629条第1款)的嗣后同意(第182、184条)。E通过向R的表示,默示地拒绝了追认。因此,第631条第1款意义上的M和R之间的运输合同未曾有效成立。

4. 结论

19 　　由于第631条第1款意义上的M和R之间的运输合同未曾有效

---

〔18〕 认为通说从这一基本立场出发,Fielenbach, NZV 2000, 358, 360f.。
〔19〕 Vgl. Weth, JuS 1998, 795, 797ff.; Stacke, NJW 1991, 875ff.
〔20〕 正确的观点,AG Bergheim NJW-RR 2000, 202, 203; AG Wolfsburg NJW-RR 1990, 1142f.; Fielenbach, NZM 2000, 358, 360。
〔21〕 AG Köln NJW 1987, 447.

成立,R 不能根据 ABB 第 13 条请求 M 支付加罚票价。

(二)在认可有效合同的情形下,对 ABB 第 13 条的辅助性鉴定

如果我们和上述所采观点不同,转而认为在 R 和 M 之间存在一个有效的运输合同的话,则需要继续检验:

1. ABB 第 13 条订入运输合同

就 40 欧元的加罚票价,R 和 M 在运输开始之时并未个别具体约定。因此,只有当 ABB 第 13 条被有效地订入进运输合同时,R 才能向 M 请求该票价。对此,需要根据第 305 条及以下诸条加以检验。

(1)实质适用范围

当合同条款是一般交易条件(AGB)且不存在第 310 条的排除事由时,就会开启第 305 条及以下诸条的实质适用范围。

根据第 305 条第 1 款第 1 句,由使用者向另一方合同当事人在合同订立时提供的,为大量合同而预先拟制的所有合同条件,只要这些合同条件并未经合同当事人商定(第 305 条第 1 款第 3 句),就属于一般交易条件。ABB 规定了合同的详细内容,因此包含了合同条件。由于 R 单方面将这些合同条件作为所有运输合同的基础,而并没有给乘客影响合同条件内容的可能性,所以 ABB 也属于为大量情形而预先拟制的且由 R 提供的一般交易条件。由于 M 并非为《德国民法典》第 13 条中所提及的目的类型而订立运输合同,反而该合同属于第 14 条第 1 款意义上的 R 的营业活动,因此根据第 310 条第 3 款第 1 项,ABB 视为已提供。据此,ABB 第 13 条是第 305 条第 1 款第 1 句意义上的一般交易条件。看不出存在第 310 条第 2、4 款的排除事由。[22] 从而,一般交易条件的实质适用范围开启了。

---

[22] 由于 R 和 M 之间的运输合同是消费者合同,根据第 310 条第 3 款,一般交易条件视为由经营者(第 14 条)提供(第 310 条第 3 款第 1 项)。此外,即使一般交易条件仅为一次使用之目的而被规定(第 310 条第 3 款第 2 项),关于内容控制的规定(第 307 至 309 条)仍适用。由于本案一般交易条件为大量合同而规定,故和第 310 条第 3 款无关。

(2)将 ABB 第 13 条订入合同

24　　ABB 第 13 条必须被订入运输合同之中。根据第 305 条第 2 款,只有当使用者明示或者通过可见的布告提示其一般交易条件(第 1 项),使得另一个合同当事人具有知悉之可能性(第 2 项),且该当事人同意适用一般交易条件时,一般交易条件才成为合同内容。由于 M 作为消费者而非作为经营者订立该合同(参见上文边码 23),不能根据第 310 条第 1 款排除第 305 条第 2 款的适用。由于 R 既没有提示其 ABB,也没有给 M 提供知悉 ABB 第 13 条的可能性,因此根据第 305 条第 2 款的订入没有成功。

25　　但是,根据第 305a 条第 1 项,班线交通中机动车的一般运输条件,只要根据《旅客运输法》被批准的,在乘客同意适用运输合同之时,就已被订入运输合同中。第 305 条第 2 款第 1、2 项意义上的提示和知悉可能性不再需要。[23] 有疑问的是,M 是否同意 ABB 第 13 条的适用。对于同意,不应设置高标准要求。根据《旅客运输法》第 39 条第 7 款 ABB 应公开,而基于 ABB 的公开,乘客具有知悉的可能性,如果乘客通过使用公交车而接受运输合同的话,这足以默示表达其同意。[24] 因此,M 在运输开始之时默示地表达了其对当时适用的 ABB 的同意。

26　　根据第 305a 条第 1 项,ABB 第 13 条因此被订入运输合同。

(3)内容控制

27　　但是,被订入合同的 ABB 第 13 条的规定可能根据第 307 条及以下诸条而无效。为此,ABB 第 13 条首先必须根据第 307 条第 3 款受到内容控制。

①开启内容控制

28　　根据第 307 条第 3 款,第 307 条第 1、2 款以及第 308、309 条仅适

---

[23] 背景:根据《旅客运输法》第 39 条第 7 款,此类运输条件应被公开知悉。参见 Bamberger/Roth/Becker, § 305a Rn. 3。

[24] Bamberger/Roth/Becker, § 305a Rn. 10, § 305 Rn. 66。

用于和任意法内容不同的一般交易条件。因此,尤其是仅规定给付标的以及为此交付的对待给付的条款,是一定要加以控制的(kontrollfest)。[25] 由于 ABB 第 13 条规定了加罚票价,这种价格规定有可能不涉及内容决定,而无需受内容控制。事实上只有当价格规定是有效合同成立不可或缺的组成部分时,它才无需适用格式条款内容控制。反之,当价格规定只是对给付约定加以修改时,则应适用格式条款内容控制。[26] 由于不存在 ABB 第 13 条,和逃票乘车者之间的合同即以正常票价订立,因此根据第 307 条第 2 款,ABB 第 13 条这一规定应受内容控制。根据第 310 条第 1 款,应适用第 308、309 条,因为 M 并非作为经营者订立该合同(参见上文边码 23)。

②根据第 309 条第 5b 项,不生效

该"逃票乘车规定"可能根据第 309 条第 5b 项而不生效,如果该规定含有总括损害赔偿(Schadensersatzpauschale)且并未明确允许合同相对人证明损害较少。总括损害赔偿旨在便于实现预设存在一项损害赔偿请求权。[27] 但是,这一"逃票乘车规定"首先应该对乘客施加压力,在坐车开始之前合规地支付正常票价;因此从目的来看,"逃票乘车规定"近似于第 339 条意义上的违约金,违约金本身也含有损害总额的内容。所以,ABB 第 13 条并非总括的损害赔偿规则,故并不根据第 309 条第 5b 项而不生效(其他认为不生效结果的观点亦可,理由是 ABB 第 13 条并未规定损害较少的证明)。

29

③根据第 309 条第 6 项,不生效

但是,这一合同条款可能根据第 309 条第 6 项而不生效。为此,ABB 第 13 条应是针对不受领给付、迟延受领给付、支付迟延或者解除合同的情形而规定违约金。第 339 条及以下诸条意义上的违约

30

---

[25] Bamberger/Roth/Schmidt, § 307 Rn. 79.
[26] BGHZ 148, 74 附其他参考文献; s. a. BGH NJW 2001, 1934, 1935; Bamberger/Roth/Schmidt, § 307 Rn. 84。
[27] BGHZ 162, 294, 301; Bamberger/Roth/Jacobs, § 309 Rn. 14ff.

金也用作施压合同相对人按照规定履行约定给付的手段。[28] 据此,ABB 第 13 条应被归作违约金规定。但是,对于支付迟延的情形,不应支付加罚票价;对无有效车票使用短途交通工具的情形则应支付加罚票价。因此,该条款并不关联支付迟延,而是关联到终局性地规避对待给付义务而骗得运输给付之尝试。[29] 第 309 条第 6 项中列举的其他情形也不适用,从而这一规范并不使得该合同条款不生效。

④根据第 307 条第 1 款,不生效

31　　鉴于 ABB 第 13 条的上述目的,也排除根据第 307 条第 1 款的不生效,因为当一般交易条件的使用者 R 尝试促使相对人作出合乎合同的行为,这并不表示是对合同相对人的不合理的不利益。

⑤小结

32　　因此,ABB 第 13 条中的条款是有效的。

2. 结论

33　　R 可根据第 631 条第 1 款,结合 ABB 第 13 条,请求 M 支付 40 欧元的加罚票价。

---

[28] Bamberger/Roth/Janoschek, § 339 Rn. 1.
[29] Palandt/Grüneberg, § 309 Rn. 35; Weth, JuS 1998, 795, 800.

案例32　善良风俗、不良风俗

（参照 BGH NJW 2000,2584 和 NJW 2004,66）

一、案件事实

Edwina Eitel(E)和 Stefan Scharf(S)多年共同经营一家律师事务所。2003 年 12 月 31 日，Edwina 离职。在共有财产分割协议（Auseinandersetzungsvertrag）中，她负有的义务是："在她退出合伙之日起 5 年内，既不得在自己律所范围内，也不得在服务关系或劳动关系范围内，直接或间接地，为其离职之前 5 年内合伙律所的客户（Mandaten）工作。"为确保遵守这一竞业禁令，规定如有任何违反行为，均应支付违约金 5001 欧元。在 2004 年 3 月，Stefan 确定，Edwina 从律所离职之后代理了和她关系良好的时装店女店主的案件，该女店主此前是合伙律所的客户。

时装店女店主 Iris I(I)刚将其店面以 30 万欧元的价格出售给富翁夫人 Melanie M(M)并交付之。I 担心，Melanie 不想付款而指责她暴利。多个独立专家已经确定：该时装店只值 10 万欧元。Iris I 和 Melanie M 在谈判过程中就买卖价款形成了合意，此前 I 并没有关于其时装店客观价值的具体想法。

1. Iris I 可以向 Melanie M 请求支付 30 万欧元吗？
2. Scharf 可以向 Eitel 请求支付 5001 欧元的违约金，并要求 Eitel 在 2008 年年底之前不得为 Iris I 提供税务咨询服务吗？Eitel 认为，不能接受这一要求，因为构成部分的职业禁止（Berufsverbot）。

二、前期思考

初学者可能会被案件中上述陌生的概念吓倒。如前所述,我们无需对这些"不熟悉的"话题感到害怕,而是应寻找请求权基础并坚持检验它。

第一个问题不会给初学者造成麻烦。东西被出售了,我们应该检验,是否存在买卖价款请求权。考虑到在案件事实中描述的价值关系以及所提及的指责,就不会不清楚我们在此处应检验什么。我们必须要了解:暴利事实构成具有严格的要件,这些要件通常并不存在或并不能被证明;判决因此发展出了所谓的"类暴利法律行为"(wucherähnliche Rechtsgeschäft)。但当前的判决并不令人满意,因为它们对此类法律行为的要求非常低。

我们很有可能能够找到解答问题 2 的门径。和很多情形一样,我们必要时可借助于《德国民法典》条文关键词索引找到违约金规定。一般而言,违约金促使债务人合规地履行,同时使债权人无需面临特别证明困难而享有一项赔偿请求权(Entschädigungsanspruch)。

如果我们根据相关规范检验违约金请求权,那么问题首先是违约金的约定是否有效,对此问题我们又回到《德国民法典》总则中。对于存在这一约定并无疑问,有疑问的是其效力。我们自然不应期待初学者掌握此类后合同竞业禁止的判断原则。在一般的意义上,按照通说,这涉及:借助民法一般条款,基本法被考虑进民事法律关系中。我们在问题 1 中已经找出了适合本案的一般条款。判决不仅帮助了竞业禁止条款的债务人,也通过将过长期限的约定有效维持限缩(geltungserhaltende Reduktion)到时间允许的范围,来对债权人提供帮助。

三、提纲

(一)基于第 433 条第 2 款,I 对 M 的支付 30 万欧元的
请求权 ·· 1
 1. 买卖合同的订立 ·· 2
 2. 根据第 138 条第 2 款无效 ··· 3
  (1)显著失衡 ··· 4
  (2)对弱势的利用 ·· 5
 3. 根据第 138 条第 1 款无效 ··· 7
  [难题:过高的价格能构成第 138 条意义上的法律行
  为的悖俗?]
 4. 结论 ·· 12
(二)S 对 E 的支付 5001 欧元违约金的请求权 ························· 14
 1. 客户保护约定 ··· 15
 2. 根据第 138 条第 1 款无效 ··· 16
 3. 无效的范围 ··· 18
  [难题:客户保护约定中超出时间界限必然导致第
  138 条意义上的无效?]
 4. 过咎违反委托保护约定 ·· 22
 5. 结论 ·· 23
(三)S 对 E 的在 2008 年年底之前不得继续为 I 提供咨询
的请求权 ·· 24

四、解答

(一)基于第 433 条第 2 款,I 对 M 的支付 30 万欧元的请求权

 I 可能基于第 433 条第 2 款,对 M 享有一个支付 30 万欧元的请 1

求权。为此,双方必须有效订立了一个相应内容的买卖合同。

1. 买卖合同的订立

2　　根据案件事实,当事人订立了一个合同,他们将该合同当作买卖合同。然而,第433条第1款第1句的出发点是:买卖合同的标的是物。但是,根据第453条第1款,关于物的买卖的规定也准用于权利买卖或其他标的的买卖,因此也适用于此处出现的企业买卖(Unternehmenskauf)。所以,存在一个买卖合同。

2. 根据第138条第2款无效

3　　一旦暴利的要件满足,这一合同可能根据第138条第2款而无效。为此,双务合同的给付之间必须处于显著失衡,且这是合同一方利用另一方的急迫情势(Zwangslage)、无经验、欠缺判断能力或明显意志薄弱所致。I 以30万欧元将其企业出卖给 M,尽管该企业实际仅值10万欧元。

(1) 显著失衡

4　　有疑问的是,这里的给付和对待给付之间是否存在显著失衡。为此,两个给付之间的差距必须超出可接受的范围。何时构成这种情形,并非根据一般标准来判断,而是原则上取决于市场状况。但是,当一项给付的价值是另一项给付价值的2倍时,一律认为构成显著失衡。[1] 这里买卖价格是企业价值的3倍。因此,存在显著失衡。

(2) 对弱势的利用

5　　仍应检验,I 是否通过利用 M 的急迫情势、无经验、欠缺判断能力或明显意志薄弱获得了过高的买卖价格。在本案中并未给出存在此类弱势的线索。双方给付之间的单纯失衡并不能证立暴利的要件

---

[1] BGH NJW - RR 1991, 589; NJW 1992, 899; NJW 1994, 1344, 1347; NJW 1995, 1022; Palandt/Ellenberger, § 138 Rn. 67; Wolf/Neuner § 46 Rn. 52; Erman/Palm Arnold, § 138 Rn. 16.

构成。

这一合同并不根据第 138 条第 2 款而无效。 6

3. 根据第 138 条第 1 款无效

但是,如果该合同还可能根据第 138 条第 1 款构成悖俗而无效。 7
为此,在进行企业买卖之时,考虑到其内容、动机和合同目的[2],该
企业买卖必须违反了所有进行公平和正义思考之人的良俗感
(Anstandsgefühl)[3]。由于这一良俗公式单独不能实现对第 138 条
第 1 款的可靠适用,因此需通过构造案件类型来进一步具体化。

在本案中,鉴于过高的买卖价格,可能从所谓的类暴利法律行为 8
的视角来看构成悖俗。根据联邦法院的观点[4]以及追随联邦法院
的通说意见[5],类暴利法律行为需要具备双方给付之间的显著失衡
和获利方的可指责的想法(verwerfliche Gesinnung)。超出企业价值 2
倍的买卖价格导致相互牵连义务之间的显著失衡,从而满足了客观
标准。

对于 I 的可指责的想法,案件事实没有提供任何线索。但是,根 9
据判决的观点,当给付之间的失衡不仅显著,且堪称之为重大
(grob)时,为有利于不利的当事人,推定存在可指责的想法,这一推
定是可推翻的。在价值相差 100% 左右,尤其属于这种情形。[6] 在

---

[2] Wolf/Neuner § 46 Rn. 21.
[3] RGZ 80, 221; BGHZ 10, 228, 232; BGHZ 52, 20; Brox/Walker, § 14 Rn. 329; Köhler, § 13 Rn. 19.
[4] BGHZ 80, 153, 156; BGHZ 87, 309, 315; BGHZ 125, 135, 140; BGH NJW 1995, 1019; NJW 2001, 1127.
[5] Bamberger/Roth/Wendtland, § 138 Rn. 61; Köhler, § 13 Rn. 30; Wolf/Neuner § 46 Rn. 43.
[6] 持续的判决,如 BGH NJW 2000, 1487; NJW 2001, 1127; NJW 2002, 429, 430ff.; Brox/Walker, § 14Rn. 342; Palandt/Ellenberger, § 138 Rn. 34a;不同观点, Maas, NJW 2001, 3467, 3468;他质疑重大失衡始终可以推导出存在可指责的想法;尤其在不动产的价格情形,双方当事人都是如此地不内行,以致他们将重大的过高价格同样主观地认为是合理的。

本案中，企业以3倍的价格售出，以致推定存在可指责的行为。

10 但是，如果发现具体的线索并不支持存在可指责的想法，这一推定是可推翻的。这类线索可从双方当事人确定合理价格的尝试中发现，或者从确定适当价值关系客观上存在困难这一情事中得出。[7] I 提出的她对价格不存在想法的单纯反驳并不足以推翻推定，因为这一反驳仍不能排除：I 认为显著失衡是可能的，并同意纳入考量中。此外，并不要求获利者明知重大失衡。[8] 但是，当遭受不利的一方当事人是《德国商法典》第1条第1款意义上的商人时，关于可指责想法的推定通常被推翻。由于 M 在取得店面时才成为商人，因此本案在这里不具有相关性，从而应认为 I 存在可指责的想法（其他观点亦可）。

11 所以，这一企业买卖作为类暴利法律行为是悖俗的，根据第138条第1款无效。

4. 结论

12 I 对 M 并不享有基于第433条第2款的价款支付请求权。

13 **小贴士：**

这看起来是全然荒谬的：只有当客观上存在显著失衡（100%），且主观上满足利用弱势时，才认为构成第138条第2款意义上暴利；而在第138条第1款的框架下，无需证明任何主观特征（可指责的想法）也可认定构成悖俗，只要双方给付的失衡达到100%左右即可。[9]

（二）S 对 E 的支付 5001 欧元违约金的请求权

14 S 对 E 的违约金支付请求权可能来自第339条第2句意义上的

---

[7] Vgl. dazu BGH NJW 2002, 3165, 3166 以及 BGH NJW 2003, 283, 284.
[8] BGH NJW 2004, 3553, 3554f. 附其他参考文献。
[9] 对此亦可参见 Palandt/Ellenberger, §138 Rn. 34a.

惩罚防御性的委托保护约定(Mandatsschutzvereinbarung)。为此,当事人必须就不作为约定有效地形成合意且 E 过咎地(schuldhaft)违反了这一约定。

1. 客户保护约定

针对合伙人在其从合伙律所离职之后 5 年之内,或者在自己律所范围内,或者在服务关系或劳动关系范围内,直接或间接地,为其离职之前 5 年内合伙律所的客户工作的情形,S 和 E 约定了 5001 欧元的违约金。在私法自治的范围内(第 311 条第 1 款、第 241 条第 1 款),这一约定原则上是可行的。

2. 根据第 138 条第 1 款无效

但是,这一客户保护约定(Mandantenschutzvereinbarung)可能悖俗,并因此根据第 138 条第 1 款而无效。为此,根据约定的内容、动机或合同目的[10],该客户保护约定必须违反了所有进行公平和正义思考之人的良俗感。[11] 本案可能属于这一情形,尤其当约定的类型、期限以及地理范围不合理地限制了承担义务的一方受《德国基本法》第 2、12 条保护的职业自由和经济自由,且该限制超出了为维护获利者利益的必要程度。[12] 虽然《德国基本法》在私法主体之间并不直接适用,但是通过民法中的一般条款,法院也应遵循《德国基本法》的评价(所谓的间接第三人效力)。[13] 由于《德国基本法》第 2 条,及特别是第 12 条之规定,当后合同竞业禁止超出了实施相关行为的必要程度,后合同竞业禁止是不允许的。一个后合同竞业禁止,如客户保护约定所示,只有在保护合伙律所免于不忠诚利用共同

15

16

---

[10] Wolf/Neuner § 46 Rn. 21.
[11] RGZ 80, 221; BGHZ 10, 228, 232; NJW 52, 20; Brox, Rn. 329; Köhler, § 13 Rn. 19.
[12] BGH NJW 1997, 3089; NJW 2004, 66f.; Bamberger/Roth/Wendtland, § 138 Rn. 77; Köhler, § 13 Rn. 28.
[13] BVerfGE 7, 198, 205 – Lüth; BVerfGE 73, 261, 269; Köhler, § 3 Rn. 33.

劳动成果时才是有必要的,才和《德国基本法》第2、12条相协调。考虑到双方的利益,这样一个对合伙律所的后合同保护是值得肯定的。但是,一般而言,应以2年为限。

17　　根据判决中一致的观点,在隶属合伙律所期间和客户之间的接触联系一般在2年内还很牢固,所以继续联系是不必要的,也因此是不允许的。[14] 2年的期限应该能确保委托关系真正结束而不是暂停。[15] 2年之后,合伙律所和先前客户之间的关系基本松散了,从而继续的行为禁止(Tätigkeitsverbot)是不合比例的。因此,5年行为限制(Tätigkeitseinschränkung)约定是不合理的。

3. 无效的范围

18　　仍待检验的是:这一客户保护约定是否仅仅因为不合比例的约束,就根据第138条第1款,正如该条文文义所示而全部无效。在超出时间界限的情形,判决肯定有效维持限缩到能容许的2年范围内,如果约定在其他内容上是合乎比例的且和《德国基本法》第2、12条相协调的话。[16] 在这里,应认为有期限的约定可分为更短的时段。[17]

19　　因此,关键在于:该客户保护条款还有何种内容和空间上的限制规定。这一客户保护条款仅适用于合伙人离职前过去几年的合伙律所客户,在此之外并不限制离职合伙人其未来的职业行为。因此,基于《德国基本法》第2、12条,不存在对余下2年的竞业禁止的质疑。

20　　因此,将行为禁止从5年有效维持限缩到2年是可能的。所以,如果这里涉及从E离职起算2年的利害期间,该委托保护约定并不根据第138条第1款悖俗。

---

[14]　BGH NJW 2004, 66; NJW 1997, 3089; NJW-RR 1996, 741; Köhler, § 13 Rn. 28.
[15]　BGH NJW 1991, 699, 700.
[16]　BGH NJW-RR 1996, 741, 742; NJW 2004, 66, 67; Köhler, § 13 Rn. 28.
[17]　Vgl. Bamberger/Roth/Wendtland, § 139 Rn. 14 附其他参考文献。

小贴士：

反之,当分割是不可能的,则排除有效维持之限缩。根据通说,在一般交易条件中的整体条款(einheitlichen Klauseln)中,有效维持限缩是不允许的,因为这和第 307 条及以下诸条的保护目的不合。[18]

4. 过咎违反委托保护约定

E 或许丧失了 5001 欧元的违约金,如果她过咎违反了委托保护规定的话(第 339 条第 2 句)。E 于 2003 年 12 月 31 日离职,于 2004 年 3 月为时装店女店主 I 提供代理,尽管 E 意识到 I 直到那时仍是合伙律所的客户。因此,存在一个对委托保护规定的过咎违反。5001 欧元的违约金由此丧失。

5. 结论

S 可向 E 请求支付 5001 欧元的违约金。

(三) S 对 E 的在 2008 年年底之前不得继续为 I 提供咨询的请求权

有疑问的是,S 是否可以请求 E 在 2008 年年底之前不得继续为 I 提供税法咨询。虽然客户保护约定规定离职者直到 2008 年都不得为合伙律所过去 5 年内的客户提供法律咨询。由此产生一个合同上的不作为请求权(Unterlassungsanspruch)(参见第 241 条第 1 款第 2 句)。已如上述,客户保护约定超出 2 年期限对职业自由的限制是不允许的,要通过有效维持之限缩作相应削减。因此,S 只能请求在 2005 年之前(含 2005 年)不得提供法律上的咨询。

---

[18] 详细说明,Bamberger/Roth/Schmidt, § 306 Rn. 16ff.; Bork, Rn. 1786。

案例 33　天生的女销售员

一、案件事实

Stefanie(S)是一个天生的女销售员。由于没有人能拒绝她,邻居 Veit 请她帮忙,为他在旧车交易所出售其 12 年的淡蓝色菲亚特 Tipo 轿车。Veit 想要至少卖得 1000 欧元,并愿意为 Stefanie 的工作支付她 50 欧元,无论结果如何。对于超额售价(超出 1000 欧元),Stefanie 可另外获得 20%。Stefanie 表示同意,遂带上 Veit 的 Tipo 轿车、机动车证件,和 Veit 一起来到旧车交易所,在那里 Veit 隐身幕后并不出面。很快,多位男士(不只是)对 Tipo 轿车感兴趣。一小时之后,Stefanie 成功地以 1400 欧元的价格将该车卖给了 Ingo(I)。在订立合同时,Stefanie 提及 Tipo 轿车不属于她本人,而是属于一位熟人。之后,Stefanie 叫来 Veit,拿出机动车证件。当 Veit 看到 Ingo 时,所有当事人的好心情都没了。Veit 不喜欢 Ingo,因为 Ingo 曾经撬了他女友,所以他不想将车和证件移转给 Ingo。他认为:不言而喻,Stefanie 无权将 Tipo 轿车出卖给其私敌。

1. I 可以向 V 请求交付并移转汽车的所有权吗?
2. 如果 Stefanie 才 17 岁,有影响吗?

二、前期思考

由于 V 自己并没有订立合同,他仅因 S 的有效代理(第 164 条第

1款第1句)而对I负有义务。根据第164条第1款第1句,有效**代理**具有**3个要件**,我们按照下列顺序检验:

(1)代理人必须要发出自己的意思表示(因此他不仅仅是作为使者传递他人的意思表示)。

(2)他必须以他人名义行为(但是不必一定要说出被代理人的身份)。

(3)他必须保持在其所属的代理权限范围内(法定代理权限或意定授权,第167条)。

通常代理事项(Zulässigkeit der Vertretung)被说成是第一个要件,但是从第164条的文义中得出:代理(仅)在意思表示中才有可能,因而本身并不需要在上述第一个要件之外特别提及。但是,有可能我们要论及,代理在高度人身性法律行为中被排除。在意思表示的要求中,我们可以特别讨论将第164条及以下诸条文类推适用于准法律行为(如根据第286条第1款第1句的催告)的必要性。仍应注意,不仅存在意思表示发出中的**积极代理**(Aktivvertretung),也存在受领他人意思表示中的**消极代理**(Passivvertretung)——否则合同应如何成立呢?

本则初始案件适合用作引子,因此比较简单。虽然存在一点复杂的地方——V和I之间敌对,但是我们应该能够把控它。通过V的表述,案件事实包含有我们可以在哪里讨论该问题的提示。

通过法律行为设置的代理权限,根据第166条第2款第1句称之为意定代理权限(Vollmacht),授权行为的效力原则上(参见第168条第1句)是抽象于基础行为的。因此,我们在解答第1个问题时无需涉及基础关系。在问题2中,这一抽象性却体现在解答中。

(对稍稍进阶者的)提示:

> 在这里,基础关系并非第652条意义上的居间合同,这在一开始就很容易看出来,因为S应该促成合同订立。S的基础报酬

(Grundbezahlung)和中介结果并不相关。因此,这涉及第675条第1款、第611条意义上的事务处理合同(Geschäftsbesorgungsvertrag)。但是,这并不重要,只是对于没有设置的如下问题有意义:S可否在约定的50欧元之外请求支付额外佣金。在问题2中,基础关系根据第108条第1款是待定不生效的(对此,参见案例28、29),但是这不影响代理行为。

三、提纲

(一)问题1:I根据第433条第1款第1句对V的请求权 ······ 1
   1. 合同订立 ······ 2
   2. 由S代理V,第164条第1款第1句 ······ 4
      (1) S自己的意思表示 ······ 5
      (2) 以他人名义 ······ 6
         [难题:当S在订立合同时向I说明,Tipo轿车属于一个熟人,但没有说出该熟人的姓名,这是否足以构成以他人名义?]
      (3) 在现有代理权限内 ······ 8
      (4) 小结 ······ 10
   3. 结论 ······ 11
(二)问题2 ······ 12
   1. S以他人名义发出自己的意思表示 ······ 13
   2. 在现有代理权限内 ······ 15
      [难题:V意定授权行为能有效到达作为限制行为能力人的S吗?]
   3. 结论 ······ 18

四、解答

(一) 问题 1: I 根据第 433 条第 1 款第 1 句对 V 的请求权

根据第 433 条第 1 款第 1 句, I 可能对 V 享有一个请求交付并移转汽车所有权的请求权。为此, 在他们之间必须存在一个有效的买卖合同。 1

1. 合同订立

根据案件事实, S 和 I 订立了一份关于 V 的 Tipo 轿车的买卖合同。 2

小贴士： 3

我们可以不详细讨论合同的订立, 因为合同订立已作为事实告诉我们了。因此, 我们检验代理无需涉及 S 的"意思表示"。我们不知道的是, 她发出的是谁的意思表示。

2. 由 S 代理 V, 第 164 条第 1 款第 1 句

由于 V 没有自行订立该合同, 故只有当 S 根据第 164 条第 1 款第 1 句以及第 3 款有效地代理他时, 他才是合同当事人。为此, S 必须在其所属的代理权限范围内以 V 的名义发出了一个旨在订立买卖合同的自己的意思表示。 4

(1) S 自己的意思表示

S 是否发出了自己的意思表示, 以客观第三人应当如何理解她的露面为准进行判断。在这里, S 不只是作为传达 V 预先形成的意思表示之人而出现的, 而是在销售谈判中享有定价空间, 以便能施展其特别的谈判技巧。因此, S 在合同订立时发出了自己的意思表示。 5

(2) 以他人名义

此外, S 必须在出卖时表明是以他人名义行为, 即不是想要使自 6

己负有义务,而是要使得他人负有义务。由于她在合同订立之前就告诉了感兴趣的 I,该车不属于她,而属于一位熟人,所以她是以他人名义行为。S 起初并没有说出被代理人 V 的姓名这一情事,并不阻碍这一要件的构成。[1] 因为她非常明确地表示出了使他人负担义务的意思(Fremdverpflichtungswillen)。因此,S 以他人名义行为。

7 **小贴士:**

因此,被代理人无需被说出来,在进行意思表示时也无需确定;当被代理人是可确定的即可。[2] 当事人可能相互之间完全不认识,如果他们对于相互认识并不看重的话。只有当代理人之后没有说出被代理人的身份,尽管合同相对人要求说出,才能被认定为不构成以他人名义。那时则应准用第 179 条。[3]

(3) 在现有代理权限内

8 应当检验的是,S 是否在赋予她的代理权限范围内行为。V 拜托 S,以不少于 1000 欧元的价格为他出卖该车。据此,他为出售该车,通过内部授权(第 167 条第 1 款第 1 种情形)的法律行为,默示地向 S 授予了必要的代理权限。但是,这一意定代理权限并非不受限制的,因为 V 向 S 预先规定最低价 1000 欧元。S 在向 I 出售过程中谨遵之。至于 S 不得向特定人出售这些其他的内容限制,V 在授权时并没有预先规定;且从情事中也得不出其他的内容限制。

9 尽管如此,当 S 通过将车出卖给 I,这个 V 的私敌,而构成滥用其代理权限时,这一买卖合同可能仍是待定不生效的(第 177 条第 1 款)。虽然并非每个滥用代理权的行为都导致同一结果,因为就此而论这涉及引入代理人的风险,而这一风险原则上应由被代理人自己承担。但是,当代理权运用有悖诚信,于合同相对人也不禁显而易见

---

〔1〕 Palandt/Ellenberger, § 164 Rn. 1; MünchKomm/Schramm, § 164 Rn. 18, 20.

〔2〕 Vgl. BGH NJW 1989, 164, 166; Bamberger/Roth/Valentin, § 164 Rn. 22.

〔3〕 MünchKomm/Schramm, § 164 Rn. 20 附其他参考文献。

时,或者甚至当代理人和另一合同当事人通谋损害被代理人时[4],就超出了上述风险分配的界限。在这里,既不存在 S 和 I 的共通行为,S 也没有以某种方式订立了对 V 客观上不利的行为或违反 V 的指示。因此,代理权的滥用被排除。

(4)小结

因此,应根据第 164 条第 1 款第 1 句,将 S 旨在订立合同的意思表示作为自己的意思表示,归责于 V。在 I 和 V 之间,成立了一个关于菲亚特 Tipo 轿车的买卖合同。

3. 结论

根据第 433 条第 1 款第 1 句,I 对 V 享有一个请求交付并移转汽车所有权的请求权。

(二)问题 2

应检验的是,根据第 2、106 条,S 的限制行为能力是否会影响根据第 164 条第 1 款第 1 句的代理效力。

1. S 以他人名义发出自己的意思表示

S 以 V 的名义,发出了一个自己的旨在订立合同的意思表示。这一意思表示可能根据第 108 条第 1 款而待定不生效,如果根据第 107 条,对该意思表示的发出,S 需要获得其父母的允许的话。由于 S 根据第 2、106 条是限制行为能力人,所以根据第 107 条,她需要为其非纯获法律上利益的意思表示,获得其法定代理人,即其父母(第 1626 条第 1 款、第 1629 条第 1 款)的允许。有疑问的是,作为代理人发出的意思表示是否属于这一类型。由于该法律行为的法律效果应该不会触及她本人,且根据第 179 条第 3 款第 1 句也不可能承担无权代理人的责任,所以通过其作为代理人的意思表示,她既没有获得法

---

[4] Brox/Walker, Rn. 580; Köhler, § 11 Rn. 63.

律上的利益,也没有获得法律上的不利益。这一意思表示是"中性的"。考虑到第106条及以下诸条的保护目的,我们或许因此能够将该"中性的"意思表示和纯获法律上利益的行为等同对待。[5] 但我们可以将这一问题搁置,因为根据第165条代理人的限制行为能力并不阻碍他所发出的意思表示的效力。因此,S以V的名义发出的意思表示是有效的。

14 然而,要实现合同订立,I的意思表示还要有效地到达S。就此而言,法律上中性行为(rechtlich neutralen Geschäfte)的问题在第131条第2款第2句再度出现,但是I的表示至少根据第165条与第164条第3款有效地到达了S,具有为V且对V之效力。

2. 在现有代理权限内

15 有疑问的是,S行为是否具有代理权限。虽然V向S授予了以不少于1000欧元的价格向任一买受人出卖其汽车的意定代理权限(参见上文边码8)。但是应该检验的是,欠缺父母的允许是否影响V的意定代理权授权行为的效力。根据第167条第1款第1种情形,意定代理权是通过单方意思表示授予的。意定代理权的授予不以代理人的同意为前提。因此,授权行为的有效性只取决于:V的意思表示是否根据第131条第2款能够且实际有效到达了S。[6] 根据该款第1句,原则上意思表示不能有效地到达一个限制行为能力人。然而根据该款第2句等规定,当表示带给限制行为能力人的是单纯法律上的利益时,则结果相异。因此,需加说明的是对限制行为能力人授予代理权时是否属于这一情形。(所谓)S获得了真正意义上的单纯法律上的利益,这看起来是有疑问的:虽然代理权的授予赋予了S能够以V的名义有效实施行为的权限,但是她本身并没有因此获得真

---

[5] Bamberger/Roth/Valenthin, § 165 Rn. 2ff.; MünchKomm/Schmitt, § 107 Rn. 33; Palandt/Ellenberger, § 107 Rn. 7; a. A. Medicus, Rn. 568.

[6] Vgl. Bork, Rn. 1461 Fn. 49; Palandt/Ellenberger, § 131 Rn. 2f. und § 107 Rn. 2.

正的法律上的利益。然而代理权的授予也不是法律上不利益的,因为代理权的授予并未使 S 负担任何义务,也未从她那里取走任何权利。因此,代理权的授予(同样)是所谓的中性行为;根据通说,中性行为和对限制行为能力人的保护相协调,并基于这一原因可以和纯获法律上利益的行为同等对待。[7] 因此,适用第 131 条第 2 款第 2 句第 1 种情形,V 向 S 有效地授予了代理权限。

小贴士: 16

虽然授权人可以在未经代理人同意的情形下有效地授予代理权限。但是,为了维护代理人的私法自治,当代理人不希望获得代理权或不想行使代理权时,他可以拒绝代理权。

留待检验的是,从第 168 条第 1 句中能否得出对代理权有效性 17
的质疑。根据该条文,代理权的消灭以代理权基础法律关系为准。在这里,基础法律关系是第 675 条第 1 款、第 611 条意义上的有偿事务管理合同,这一合同因欠缺法定代理人的允许(第 107、183 条),根据第 108 条第 1 款待定不生效。但是,第 168 条第 1 句仅针对代理权消灭的情形,限制授权行为对基础法律关系的抽象性[8],在此之外并不作限制。因此,对 S 的授权仍然有效。

3. 结论

根据第 164 条第 1 款第 1 句,S 的意思表示使得 V 负有义务。因 18
此,I 仍可根据第 433 条第 1 款第 1 句,请求 V 移转汽车的所有权。

---

[7] Vgl. Bamberger/Roth/Valenthin, § 165 Rn. 4.
[8] Köhler, § 11 Rn. 25f.; Brox/Walker, § 25 Rn. 551.

案例 34　为我买一栋别墅

一、案件事实

律师 Randolf Rathgeber（R）因为保荐兼并以及类似的大型交易，在此期间挣了很多钱，以至于他想且能在施塔恩贝格湖畔买一座别墅。他委托其兄弟 Blasius（B）以 600 万至 1000 万欧元的价格为他购买一栋符合要求的别墅，并向 B 作出了相应书面内容的授权。

Blasius 在数月之后终于有所收获，他以 Randolf 的名义和要移居伦敦的足球运动员 Flavio Flankengott（F）就以 900 万欧元购买其别墅达成合意。这一交易经公证员作成公证证书。

Flavio Flankengott 可以向 Randolf Rathgeber 请求支付 900 万欧元吗？

案件变型：

Randolf 的同居女友 Lioba Leininger（L）更喜欢万湖旁的住处。因此，她试图让她的 Randolf 改变主意。Randolf 知道，根据经验，在一段时间之后她总会达到目的的。为了使自己不改变主意，他向其兄弟出具了一份书面委托授权书；在该授权书中写有：为实施委托而授予的代理权限是"不可撤回的"，该代理权限用于（Blasius）为其兄弟购买一栋永久的别墅居所。在 Blasius 寻找别墅期间，Lioba 继续不停地劝说她的 Randolf 放弃在巴伐利亚购买别墅，而要和她一起搬到首都柏林。Randolf 提及不可撤回的授权，勇敢地拒绝了他的女友。当

Lioba 有一天对他说,她就授权书法律状况咨询过 Randolf 相交的一位同事,Randolf 放弃了反抗。

当公证员以 Flankengott 的名义请求支付约定买卖价款到公证员托管账户(Notar-Anderkonto)上时,Randolf 拒绝支付买卖价款,其理由是对其兄弟 Blasius 的所授代理权不生效。有道理吗?

二、前期思考

这涉及的是不动产买卖合同,从而应适用第 311b 条第 1 款第 1 句的形式规范(对此,参见案例 24 至 26)。我们必须在合适的位置,在适当的标题下进行相关论述。

R 自己并未实施行为,而是通过第 662 条意义上的委托,让其兄弟 B 实施行为;但这对和 F 之间的外部关系没有影响,因为外部关系取决于根据第 164 条第 1 款的代理。如果我们仔细思考代理的要件并细致通读案件的话,我们会得出如下决定性的内容:在代理相关法条中甚至有个规定,和其文义不同,不是完全不受限制地适用的。我们最终应当认识这一问题并知道这一问题的答案,或者至少发现该问题并稍加讨论。

显然,案件变型的特殊之处在于意定代理权的不可撤回。根据第 168 条第 2 句,意定代理权原则上可自由撤回,即便某一法律关系以该意定代理权的授予为基础。因此,诸如雇主可以轻易地且随时撤回他授予雇工的意定代理权,即便劳动关系继续时亦然。因为可能是其对雇工谈判能力的信赖落空了。但是,私法自治也赋予了授权人,通过不可撤回地授予意定代理权,在授权时放弃撤回可能性(Widerrufsmöglichkeit)。第 168 条第 2 句结尾提及了基础关系排除撤回意定代理权之可能性。但是,存在争议的是,不可撤回性能否随意规定在基础关系中[1],抑或只有当存在正当事由时,尤其是存在代理人自己的利益时才能规定在基础关系中。[2] 此外,判决认为,无基础关系授予的意定代理权在任何时候都是可以撤回的,因为在这一情形不存在令授权人受排除撤回意思表示拘束的理由。[3] 最后,所有这些观点在本案中却不起作用,因为意定代理权并没有被撤回。

但是,我们要再度讨论要式的问题,对这一问题,判决在不可撤回代理权的情形较之于可撤回代理权的情形更为严格。我们当然要知道这一点,或从一般原则中推导出这一点。我们不要求初学者能完成这一推导,所以初学者对此无需担心。在对 F 的关系上,R 和 B 之间的委托仍旧无关紧要。

三、提纲

(一)F 对 R 的买卖价款支付请求权,第 433 条第 2 款 ……… 1
  1. 买卖合同的订立……………………………………… 2
  2. 根据第 125 条第 1 句,结合第 311b 条第 1 款第 1 句,形式无效……………………………………………… 3
  3. 通过 B 对 R 的有效代理,第 164 条第 1 款第 1 句 …… 4
    (1)自己的意思表示;以他人名义 ……………………… 5
    (2)在代理权限范围内 ………………………………… 6
    [难题:R 的可撤回的意定代理权授予行为的生效,需要具备第 311b 条第 1 款第 1 句的形式吗?]

---

[1] Bork, Rn. 1508.
[2] Faust, § 26 Rn. 14; Köhler, § 11 Rn. 32.
[3] BGH NJW 1988, 2603f. 附其他参考文献。

(3) 小结 ·· 8
　4. 结论 ··· 10
(二) 案件变型:F 对 R 的买卖价款支付请求权,第 433 条
　第 2 款 ··· 11
　1. 订立买卖合同具有代理权限 ···················· 11
　　[难题:R 的不可撤回的意定代理权授予行为的生
　　效,需要具备第 311b 条第 1 款第 1 句的形式吗?]
　2. 结论 ··· 15

四、解答

(一) F 对 R 的买卖价款支付请求权,第 433 条第 2 款

F 可能对 R 享有一个支付 900 万欧元买卖价款的请求权,第 433 条第 2 款。这一结论的前提是,在当事人之间存在一个有效的不动产买卖合同。　　　　　1

1. 买卖合同的订立

根据案件事实,B 和 F 就 900 万欧元的不动产买卖合同达成合意。因此,买卖合同订立了。　　　　　2

2. 根据第 125 条第 1 句,结合第 311b 条第 1 款第 1 句,形式无效

由于这一买卖合同经公证员作成公证证书,合同符合第 311b 条第 1 款第 1 句规定的形式,因此并不根据第 125 条第 1 句而形式无效。　　　　　3

3. 通过 B 对 R 的有效代理,第 164 条第 1 款第 1 句

有待检验的是,这一由 B 订立的买卖合同是否为 R 且对 R 生效。为此,B 必须根据第 164 条第 1 款第 1 句有效地代理 R。　　　　　4

(1) 自己的意思表示;以他人名义

由于 B 可以自行确定买卖标的物,且在一定的范围内还可自行　　　　　5

确定买卖价格,他也是这么操作的,所以他发出了自己的意思表示且是作为代理人实施的行为。在此期间,他明确是以 R 的名义行为。

(2)在代理权限范围内

6　　有疑问的是,B 是否具有代理权。R 根据第 167 条第 1 款第 1 种情形,向 B 书面授予代理权限(内部授权)。这一授权预先确定了买卖价格空间,B 也遵循了这一买卖价格空间。

7　　有疑问的是,代理权的授予是否根据第 125 条第 1 句而形式无效。如果 R 在实施代理行为的情形负有取得不动产所有权的义务,因此授权行为需要具备第 311b 条第 1 款第 1 句的形式的话,那么有可能是这样。当设立这样一个义务时——或许只是间接设立,判决原则上一律适用第 311b 条第 1 款(参见案例 26 边码 3 及以下)。但是,需要注意的是,根据第 167 条第 2 款,代理权授予行为无需具有代理人实施的法律行为所应具备的形式。这一规定的背后是立法者不太具有说服力的考量:由于代理人必须要在代理行为中遵循形式,在本案中实际也是如此,这对于相关形式规范的警告目的而言已经足矣。尽管如此,这一主张却忽略了:实质上授权人应被警告,因为他,基于该行为而负有义务。[4] 因此,部分学者要求:鉴于诸如第 311b 条第 1 款第 1 句之类形式规范的警告目的,我们必须对第 167 条第 2 款的规定进行(目的性)限缩[5],在本案中不应适用,从而代理权的授予行为也应是要式的。[6] 判决也倾向在特定情形下,诸如在空白保证的情形,采此观点。[7] 但是,针对本案中为订立不动产买卖合同进行"简单"授权的情形,判决直到现在仍从第 167 条第 2 款的法定规则出发。如果我们将它作为立法者决定之表

---

[4] Vgl. Faust, § 26 Rn. 7; Köhler, § 11 Rn. 27.
[5] 关于目的性限缩的一般性说明,Köhler § 4 Rn. 18; Tettinger/Mann Rn. 224 f. 。
[6] Flume, § 52 2b; Köhler, § 11 Rn. 27; Staudinger/Schilken, § 167 Rn. 20 附其他参考文献;未确定(采此观点),Faust, § 26 Rn. 8。
[7] BGHZ 132, 119, 124f. 对整个问题的详细说明,Staudinger/Schilken, § 167 Rn. 21 附其他参考文献。

述而接受的话,代理权的授予行为有效,R被B有效地代理。然而有更好的理由来支持反对观点;反对说认为立法者在制定第167条第2款时很少考量到形式规范其警告功能的保护目的。因此,授权行为也必须被公证作成公证证书,这在案件事实中并未发生。因此,代理权授予行为根据第125条第1句而形式无效。

（3）小结

B没有代理权订立了一个合同,因而该合同根据第177条第1款待定不生效。R仍具有根据第182条第1款、第184条对合同订立进行追认的可能性;根据持续的判决,追认不具备形式是可行的。[8] F可以根据第177条第2款第1句,向R设定追认期限;在期限届满之后无结果的,追认视为拒绝,合同因此终局不生效。

小贴士：

当案件事实对于追认或者拒绝追认并没有说明时,我们应该以上述方式写下答案。这不属于不允许的"选择性解答"（Alternativlösung）,因为在第108条第1款、第177条第1款的情形存在这些可能性,我们不可能给出最终的答案。

4. 结论

F在这时对R尚不享有一个根据第433条第2款的买卖价款支付请求权(其他观点亦可);但是,当R根据第177条第1款对B的行为追认时,则产生这一请求权。

(二)案件变型:F对R的买卖价款支付请求权,第433条第2款

1. 订立买卖合同具有代理权限

根据第433条第2款,F可能对R享有一个支付900万欧元买卖

---

[8] BGHZ 125, 218, 220ff. 附其他参考文献。

价款的请求权。

12　　如上述边码 2 及以下检验所示,B 基本上以 R 的名义和 F 签订了一个形式有效的买卖合同。根据第 164 条第 1 款第 1 句,该合同为 R 且对 R 的效力,再度取决于 B 是否具有为要式不动产法律行为的代理权限。正如边码 7 所述,关于订立不动产买卖合同的授权行为是否通过对第 167 条第 2 款的目的性限缩而例外地需要具备形式,在学界和判决中是有争议的。但是,在不可撤回的意定代理权情形,判决向来认为:第 167 条第 2 款不予适用,意定代理权的授予行为需要具备代理行为的形式,此处即公证证书的形式,第 311b 条第 1 款第 1 句。这一观点的理由是授权人受更强的拘束,这一拘束等同于提前实施代理行为,因为除非存在重大事由(参见第 314 条),授权人不再能通过撤回意定代理权来阻止代理行为的实施。这种考虑在念及形式规范的警告目的下可信度如何,甚为可疑;无论如何,由于 R 授予的意定代理权只是书面作出的,因此根据上述观点,依照第 125 条第 1 句无效。

13　　**小贴士:**

对于不可撤回的意定代理权,我们还应该知道:只在基础法律关系中含有不可撤回性的正当事由时,诸如因为代理人或者对授权人具有指示权之第三人对实施该行为拥有请求权,或者当不可撤回的意定代理权服务于被授权人的其他的特别利益时,绝对的通说才认可存在不可撤回性。相反,如果意定代理权仅服务于授权人的利益或者并无法律关系作为基础,则该意定代理权可以自由撤回,即便它是不可撤回地授予的。[9] 在本案中,可能存在 B 的值得认可的利益,但是这一事实并没有起决定作用,因为授权行为未满足形式要求而例外无效。这体现出:有时案件事实虽然含有一些陈述,但是这些陈述最终对于案件解

---

[9] Vgl. Wolf/Neuner § 50 Rn. 51f.

答并不重要。R 和 B 之间有效的委托亦不能通过第 674 条导致不同的结论,因为委托仅在 R 和 B 之间有效,对 F 并不生效。

因此,B 再次作为无权代理人订立了一份合同,该合同根据第 177 条第 1 款首先是待定不生效的,因为合同取决于 R 根据第 182 条第 1 款、第 184 条第 1 款的追认。但是,由于 R 就支付买卖价款提请注意 B 的意定代理权授予行为的形式无效,所以他已然拒绝了追认。因此,该合同终局无效。

2. 结论

F 不能根据第 433 条第 2 款,请求 R 支付买卖价款。

小贴士:

虽并没有问及对 B 的请求权,然这一请求权可能产生于第 179 条第 1 款,但根据第 179 条第 2 款这一请求权限定于赔偿信赖损害,因为 B 并不知道他欠缺代理权限。

案例35 总是对员工不满

一、案件事实

Verena Veltberg（V）是 Visage 股份公司（AG）的独任董事。她雇佣男大学生 Sancho Sandler（S）作为秘书和生活助理（Mädchen für alles）。Verena 想要在周末开车去圣莫里茨参加一个聚会，她指示 Sancho 在此之前将其私人奔驰 SLR 迈凯轮送到"Wash'n, Drive"洗车店进行全车手工保养。为此，Verena 给了 Sancho 一张 200 欧元面额的钞票，Sancho 将这张钞票塞夹在耳朵后面。Sancho 驾驶那辆车首先来到其朋友家前，接着开车去该洗车店；这一洗车店由 Drago Dryer（D）经营。Sancho 将奔驰 SLR 迈凯轮开到洗车店前，在看了价目标牌之后他要了 191 欧元的"Smoothe'n'Shiny"全套手工清洁服务。Drago 让 Sancho 将车钥匙交给他，并叫来一位职员。在经过保养之后，该车内外极其干净，一尘不染，Sancho 不禁高呼："妙极！"当 Drago 要求他支付账款时，他竟没有找到那张钞票！由于 Sancho 不想用自己的钱来支付，他对 Drago 说：这不是他的车，而是 Verena 的车，她肯定会付钱的。在既没有获得付款也没有收到 Verena 有关她会付款的书面确认的情形下，Drago 拒绝返还车钥匙。因此，Sancho 打电话给 Verena，Verena 告诉他：如果他不立刻将奔驰 SLR 迈凯轮开回来，她打车去旅游的费用由 Sancho 承担。

Drago 可以要求谁来付款？

案件变型 1：

Sancho 和 Verena 结婚了。

案件变型 2：

Sancho 是 Visage 股份公司的员工，身穿醒目的公司工装，在周二将公司载重货车开进洗车店。此前，Verena 以 AG 的名义和 Drago 约定：员工可以将公司汽车顺道带来清洁，所有的洗车费在月中按照确定的单价一次性清结。

二、前期思考

和通常一样，在第一次阅读并简要记下问题之后，首先应厘清请求权基础。很显然，这一次例外并不涉及买卖，而是涉及（非法技术上所谓的）"服务给付"。据此，问题是：D 是否负有实现给付效果的义务。这取决于本案是否存在一个服务合同抑或承揽合同。我们实质上要在合同要约中考虑这一问题，因为合同要约确定了合同内容，也因此确定了待订立合同的类型。但是，根据经验也可以容忍在此之后才说明合同类型。面对检验交换的意思表示时，我们不应该这么做，因为合同类型取决于其内容。

此外，这显然又涉及有效代理的问题。如果在一起案件中不仅涉及对被代理人的请求权，也涉及对代理人的请求权，我们应该从对被代理人的请求权开始检验。我们在检验对被代理人的请求权时会仔细地考察代理，最后会拥有一个在讨论对代理人的请求权时可以参考的基础。因此，在初始案件中，我们必须采此标准来检验代理，之后其余部分就简单了。

案件变型中涉及的是特殊问题。案件变型 1 涉及亲属法，初学者对亲属法的内容可以放心地略而不论。对于案件变型 2，我们必须要仔细阅读。这实际是 AG 公司的汽车，因此应围绕这一点讨论。

我们需要再次检验代理的要件。不知道《股份法》的初学者无须怀疑这一点。对于解答而言,我们只需知道:根据《股份法》第1条第1款第1句,股份公司是法人,是可以自己承担义务的。根据《股份法》第76条第1款,董事代表股份公司行为;根据《股份法》第78条第1款,董事不受限制地享有代理权限。

三、提纲

(一) D 基于第 631 条第 1 款,对 V 的请求权 ············ 1
    1. 合同订立 ······································· 2
    2. 有效代理,第 164 条第 1 款第 1 句和第 3 款 ······ 4
        (1) S 的意思表示 ······························· 5
        (2) 以他人名义行为(显名主义) ················ 6
        (3) 例外:为行为所关涉之人的行为 ············ 7
        (4) 小结 ····································· 9
    3. 结论 ··· 10
(二) D 基于第 631 条第 1 款,对 S 的请求权 ············ 11
    1. 合同订立 ····································· 12
    2. 根据第 142 条第 1 款无效 ····················· 13
        (1) 撤销表示,第 143 条 ······················· 14
        (2) 撤销事由,第 119 条第 1 款第 1 种情形 ······ 15
    3. 结论 ··· 16
(三) 案件变型 1 ······································· 17
    1. D 对 S 和 V 的请求权 ··························· 17
        [难题:S 的妻子 V 也因 S 和 D 的行为而负担
        义务?]
    2. 结论 ··· 20

(四)案件变型 2 ·· 22
  1. D 对 AG 的请求权,第 631 条第 1 款 ·············· 22
    (1)合同订立 ································ 24
    (2)有效代理 ································ 25
      ①自己的意思表示 ······················ 26
      ②以他人名义 ·························· 27
      ③在其代理权限范围内 ················ 29
      ④小结 ································ 31
  2. 结论 ·· 32

四、解答

(一) D 基于第 631 条第 1 款,对 V 的请求权

D 可能对 V 享有一个基于第 631 条第 1 款的为清洗汽车支付 191 欧元报酬的请求权。 1

1. 合同订立

为此,在 D 和 V 之间必须通过合致的意思表示,要约(第 145 条)和承诺(第 147 条),订立了一个承揽合同。有疑问的是,合同要约体现在哪里。在洗车店的价格标牌含有提供服务的列表和应支付的价格,即一项一般信息;从受领人的视角,从该信息,既不能得出店面经营者的法律拘束意思,也不能得出对于合同要约必要的确定性。据此,价格标牌只是要约邀请,所以要约由 S 发出;他要求"Smoothe'n'Shiny"全套手工清洁服务。由于轿车最后应该是清洁的,对 S 而言,关键在于给付结果,从而他发出了订立第 631 条意义上承揽合同的要约。D 通过接过车钥匙,表示了承诺。承揽合同由此订立。 2

小贴士:
在这里,我们通过区分经由合致意思的合同订立和合同在 3

两个当事人间有效成立(wirksamen Zustandekommen zwischen zwei Personen),可以体现精细之感。

2.有效代理,第164条第1款第1句和第3款

4　　有疑问的是,V和D之间的合同是否成立了。由于V自己并没有参与合同订立,这只有根据第164条第1款第1句和第3款,在通过S有效代理的情形才属可能。

(1)S的意思表示

5　　S自己在洗车店发出了一个旨在订立合同的意思表示。根据情事,即从D的视角来看,他不仅仅是V所预先确定之表示的传达人,而是自己作出了关键性的决定。

(2)以他人名义行为(显名主义)

6　　有疑问的是,S是否按照第164条第1款第1句的要求,以V的名义行为。他并没有明确地这么做,但是根据第164条第1款第2句,当从情事中能获得以他人名义行为的线索,也足以构成这一要件。就这一点而言,虽然我们或许会想到,那辆车不属于S,而是属于V的。但是,这从那辆车中看不出,D也不知道那辆车是属于谁的。因此,S以他人名义行为之意思不能从情事中得出。第164条第2款的规定也表明:为了维护显名主义(Offenkundigkeitsprinzips),在发出意思表示之时,必须令以他人名义行为之意思明晰。这里不属于这种情况,S并没有以V的名义行为。

(3)例外:为行为所关涉之人的行为

7　　但是,作为显名主义的例外,或许可以适用"隐藏的为行为所关涉之人而实施的行为"(verdeckte Geschäft für den, den es angeht)这一原则。根据该原则,当行为人具有代理意思(Vertretungswillen)并享有代理权限,只要对行为相对人来说,谁是他的合同相对人无关紧要,即便行为人没有以他人名义行为,同样发生代理的效力。这尤其在所谓的"日常生活现金交易"中被接受;在此类行为中,公开代理是

不常见的,从合同相对人的视角来看,公开代理也是不必要的,因为他即时获得了对待给付。[1]

有疑问的是,清洗机动车的情形是否涉及此类日常生活现金交易。我们无疑可以将洗车本身归类为日常生活,但是考虑到豪华轿车的高额价格,就会对此存在疑虑。然而,我们可以将这一问题搁置不论,因为 S 还没有向 D 付款,是以欠缺现金交易的要件。因为当合同相对人没有即时获得付款时,对于他来说,和谁订立合同通常就不是无关紧要的了。鉴于可能的自助权(第 229 条),正如 D 的行为所示,他是想要诉诸行为人本人。因此,在这里并不适用关于"为行为所关涉之人而实施的行为"之原则。所以,也无须讨论是否应承认("为行为所关涉之人而实施的行为")这一法制度(Rechtsfigur)的问题。[2]

8

(4)小结

由于欠缺有效的代理,V 不是合同当事人。

9

3. 结论

D 对 V 不享有基于第 631 条第 1 款的支付请求权。

10

(二)D 基于第 631 条第 1 款,对 S 的请求权

D 可能对 S 享有一个基于第 631 条第 1 款的支付请求权。

11

1. 合同订立

已如上文检验所示,由 D 和 S 订立了承揽合同。由于 S 并没有表示出想以 V 的名义行为,所以从 D 的视角(第 133、157 条),S 以自己的名义订立了该合同。因此,合同在这两人之间被订立了。

12

---

[1] Brox/Walker, § 24 Rn. 526; Palandt/Ellenberger, § 164 Rn. 8.
[2] 对承认这一法制度的质疑,参见 Staudinger/Schilken, Vor § 164 Rn. 53 附其他参考文献。

2. 根据第 142 条第 1 款无效

13　　如果 S 有效地撤销了其表示,这一承揽合同可能根据第 142 条第 1 款而无效。

(1)撤销表示,第 143 条

14　　原则上,S 提出该车不属于他,V 会付款这一情况,可以考虑作为第 143 条第 1、2 款的撤销表示。S 的这一说明表达了:他不想使该合同对自己生效,因为他不想使自己负担义务。

(2)撤销事由,第 119 条第 1 款第 1 种情形

15　　由于 S 主张他不想为自己而想为 V 行为,作为撤销事由可考虑内容错误(第 119 条第 1 款第 1 种情形)。但是,基于内容错误这一类型的撤销,恰恰在第 164 条第 2 款被排除,从而撤销是不生效的。

3. 结论

16　　因此,S 是承揽合同的当事人,并因此根据第 631 条第 1 款向 D 负有报酬支付义务。根据第 641 条第 1 款,由于 S 接受工作成果("妙极!"),报酬义务已届期。

(三)案件变型 1

1. D 对 S 和 V 的请求权

17　　就 D 对 S 本人的请求权,并无不同,因为这一请求权的基础是:S 对 D 是以自己的名义行为。这里提出的问题是:是否因为 S 和 V 结婚了,D 就对 V 存在一个请求权。针对根据第 164 条第 1 款第 1 句的有效代理问题,从中得不出任何差别:由于 S 以自己名义行为,代理落空。

18　　但是,D 对 V 基于承揽合同(第 631 条第 1 款)的请求权可能从第 1357 条第 1 款第 2 句中得出[所谓的钥匙权(Schlüsselgewalt)]。根据第 1357 条第 1 款第 1 句这一亲属法的条文,任何一方配偶为合

理满足家庭生活需求,有权处理效力同时及于另一方配偶的事务;根据第1357条第1款第2句,配偶双方由此享有权利,也负有义务,如果从情事中得不出不同结果的话;他们因此是第421条意义上的连带债务人。

有疑问的是,洗车是否也属于为合理满足家庭生活需求的事务。原则上,我们要肯定这一点。虽然有人对奢侈洗车有些怀疑,但是合理满足生活需求取决于配偶的生活条件(Lebensverhältnissen)。由于V是股份公司的独任董事,开着43.5万欧元的名贵轿车,生活条件显然不简朴。由于没有其他情事可以得出不同结论,因此根据第1357条第1款第2句,V对D负有共同债务。

19

2. 结论

根据第631条第1款、第1357条第1款、第421条第1句,D也可要求V付款。

20

小贴士:

21

第1357条第1款第2句的法律性质是有争议的:法定代理权、法定义务授权(gesetzliche Verpflichtungsermächtigung),或者兼具二者性质?[3] 在案件解答中,这通常不产生影响,因为如果我们将第1357条第1款第2句视为代理规范的话,该句规定了显名要求的例外。此外,没有法定基础,根据通说"义务授权"类推第185条第1款是不允许的,因为"义务授权"的结果是:以自己名义的行为人能基于所授予的义务权限(Verpflichtungsmacht)而使第三人直接负有债法上的义务;"义务授权"和显名主义不相契,对现行法而言是异质的。[4]

---

[3] HK/Kemper, § 1357 Rn. 2; Palandt/Brudermüller, § 1357 Rn. 3.
[4] BGHZ 34, 125.

(四)案件变型 2

1. D 对 AG 的请求权,第 631 条第 1 款

22 D 可能对 AG 享有一项基于第 631 条第 1 款的支付请求权。

23 **小贴士:**

在这里不考虑对 V 本人的请求权:根据《股份法》第 78 条第 1 款,V 虽然是 AG 的董事长,并因此是具有代理权的机关,但是她本人并不负有义务,因为根据《股份法》第 1 条第 1 款第 1 句,AG 是有权利能力的。

(1)合同订立

24 在这一合同订立中,和初始案件并不存在不同。虽然我们有可能考虑到,承揽合同是否已经存在于"框架协议"(Rahmenvereinbarung)之中。由于 V 以 AG 的名义行为,且根据《股份法》第 78 条第 1 款作为独任董事有权代理 AG,以至于根据第 164 条第 1 款第 1 句,V 有效地代理了 AG,所以这一协议在 D 和 AG 之间成立。但是,该框架协议显然只具有如下内容:清洗公司汽车享受特别价格,所有的洗车费用月中清结。因此合同订立并没有提前,合同订立的进程和上文(边码 2)一样。

(2)有效代理

25 由于 AG 以及其法交往中的代理人 V(《股份法》第 78 条第 1 款)没有发出意思表示,所以应检验的是:根据第 164 条第 1 款第 1 句以及第 3 款,AG 是否被 S 有效地代理了。

①自己的意思表示

26 根据情事(上文边码 5),S 发出了自己的意思表示。

②以他人名义

27 S 虽然并未明确地以 AG 的名义行为,但是从情事中也能够得出

S以他人名义行为,第 164 条第 1 款第 2 句。在这里,这些情事体现在:S 开着 AG 的公司货车,身穿公司制服,且也没有其他迹象表明他想以自己名义行为。

小贴士:

如果某员工明显是私下开车去的,那么结论是不一样的。此外,当代理人想以自己的名义行为,但从第三人的角度根据第 133、157 条应解释为以他人名义行为,这是第 164 条第 2 款的反面适用(umgekehrten Anwendung)问题。此时,和代理人的意思无关,仍形成有效的代理,因为第 164 条并不要求代理意思(Vertretungswille)。但是,代理人可以根据第 119 条第 1 款第 1 种情形撤销意思表示。[5]

③在其代理权限范围内

然而,有疑问的是,S 为 AG 行为是否具有代理权,是否遵守了代理权的范围。在这里,代理权限只能是法律行为授予的,即基于意定代理权的授予(第 166 条第 2 款)。从案件事实中不能得出如下信息:V 根据第 167 条第 1 款第 1 种情形,以 AG 的名义向 S 授予了针对具体行为的(内部)特别授权;或者为了工作在聘用时已经向 S 授予了代理权。

因此,留待检验的是,V 是否通过对 D 的表示,以 AG 的名义进行了外部授权,第 167 条第 1 款第 2 种情形。这可能因 AG 和 D 之间的约定而发生。在这一约定中规定:AG 的司机可以将公司汽车顺道带来清洁,月中完成费用结算。从客观理性第三人的视角(第 133、157 条),这一约定含有对司机的默示授权——每次以 AG 的名义和 D 订立具体的承揽合同。因此,S 在现有代理权限的范围内行为。

---

[5] Vgl. dazu etwa HK/Dörner, § 164 Rn. 5.

④小结

31 根据第164条第1款第1句,S有效地代理了AG。

2. 结论

32 D可以根据第631条第1款,要求AG付款。

案例36 暗藏的授权

（参照 BGH NJW-RR 2002, 1312）

一、案件事实

Stephanie Schaffer(S)想为自己和其生活伴侣 Lea Leandros 建造一个漂亮的爱巢。为此，她和 Bau-Dir-Ein-Heim 有限公司(B)订立了一份书面合同：在其所有土地上，以20万欧元的固定价格，建造一个交钥匙即可入住的自有住房。根据建造说明和工作说明，B负有实施所有能想到的建筑工作，包括室内装修。该合同明确规定参引附加的事先印制的"针对自有住房建造之条件"。该条件在"支付方式"下含有一个条款，根据该条款，业主授权B可以其名义委托手工艺人来完成建筑工程。

独立的铺瓷砖工匠 Florian Fliesinger(F)是B在建造房屋过程中任用的手工艺人。尽管他按照规定完成了工作，且多次催告，他还是没有从B那获得报酬，因此F请求S支付其报酬。他对S说，B以S的名义和他订立了合同。S反驳道：她未曾愿意向B授权，也没有看过合同中的这一条款。S认为，她须就整个房屋向B付款，但是，除此以外还要向各个工匠就其工作支付报酬，这是不可能的。

谁有道理？

二、前期思考

日常生活构成了这一案件事实。首先我们要将提出的问题具体化,这并不难:F 想要求 S 付款。为此,需要存在一个承揽合同。由于 S 本人并没有发出相应的意思表示,她只有基于 B 的有效代理才能负担义务。根据案件事实,B 发出了一个意思表示,且是以 S 的名义。这些即便不存在问题,我们仍应简短提及这两个有效代理的要件。有疑问的是 B 的代理权限,其代理权限只能从"针对自有住房建造之条件"中的那个条款中得出。

因此,要简要地检验 B 和 S 之间的合同。根据案件事实,合同成功订立,且这一建造合同并没有根据第 125 条第 1 句而形式无效。为谨慎起见,在关于建筑物建造合同的情形,我们始终要考虑到这个问题点。但是,由于 B 和 S 之间的合同仅仅是以在 S 土地上提供建造给付为标的,并不适用第 311b 条第 1 款的形式规定。在典型的建筑开发商合同(Bauträgervertrag)中,情况则不同:在这一合同中,业主从开发商处"取得"一块连同所建造的交钥匙即可入住的房屋在内的土地,因此额外存在一个移转或取得土地所有权的义务。

由于主合同本身并没有包含代理权授予的规定,所以,关键在于 B 的一般交易条件。我们首先应根据第 305 条第 1 款简要地检验一般交易条件的要件构成;即便在简单的案件中,我们同样应"简要探析"该要件构成,除非我们在检验中只是在复述要件,在裁判风格中认为要件已经满足。这同样适用于此处根据第 305 条第 2 款的订入,如果案件事实并没有明确表明存在例外情况,那么该一般交易条件被有效订入合同。

第 305c 条第 1 款也属于广义上的订入,该款将出人意料的条款(überraschende Klauseln)从合同内容中排除,即便已经满足了第 305 条第 2 款的要件。就此而言,在这里意定代理权条款和总承包人合同(Generalübernehmervertrag)难以契合,以致 S 无从考虑到该条款。

结果是 S 并没有被 B 有效地代理,这是因为同样不存在表见授权(Rechtsscheinsvollmacht)(对此参见案例 39 边码 8 及以下)的线索。为全面起见,我们还可以检验 F 对 S 的基于无因管理和不当得利的法定请求权,但这些请求权同样被排除。对于第一学期新生而言,通常顶多在他们根据当地的课程设置还听过法定债务关系课程时,才要求检验法定请求权。

三、提纲

(一) F 对 S 基于第 631 条第 1 款的请求权 ·················· 1
   1. S 被 B 有效代理,第 164 条第 1 款第 1 句 ············ 2
     (1) 第 305 条及以下诸条的实质适用范围 ············ 4
     (2) 将补充约定订入合同 ···························· 6
     (3) 排除出人意料的条款,第 305c 条第 1 款 ········ 7
     (4) 小结 ·· 9
   2. 结论 ·· 10
(二) F 根据第 683 条第 1 句、第 670 条,对 S 的请求权 ····· 11
   1. 事务管理 ·· 12
   2. 客观上他人事务 ······································· 13
   3. 为他人事务管理之意思 ······························ 14
   4. 不存在委托或其他权利 ······························ 15
   5. 为 S 的利益 ·· 16
   6. 结论 ·· 18
(三) 根据第 812 条第 1 款第 1 句第 1 种情形的请求权 ········ 19

四、解答

(一) F 对 S 基于第 631 条第 1 款的请求权

F 可能基于第 631 条第 1 款,对 S 享有一个付款请求权。为此,双方必须订立了一份承揽合同。由于 S 本人并没有和 F 进行过

1

关于铺设瓷砖工作的合同磋商,只有当 B 根据第 164 条第 1 款第 1 句有效地代理了 S 时,S 才成为合同当事人。

  1. S 被 B 有效代理,第 164 条第 1 款第 1 句

2   B 以 S 的名义发出了一个旨在和 F 订立合同的意思表示,第 164 条第 1 款第 1 句。应检验的是,B 此时是否在其代理权限范围内行为。这一代理权限只能根据第 167 条第 1 款从意定代理权的授予中产生;在本案中,意定代理权的授予体现在"针对自有住房建造之条件"中的一个条款中,根据该条款规定,女业主授权 B 可以其名义委托手工艺人来完成建筑工程。

3   由于这一意定代理权的授予并不是建立在 S 的自由决定基础之上,也不是个别商定的,所以关键在于:"针对自有住房建造之条件"是否根据第 305 条第 2 款成为 S 和 B 之间承揽合同的内容。

  (1)第 305 条及以下诸条的实质适用范围

4   当"针对自有住房建造之条件"是为大量合同而预先拟制的,由一方合同当事人向另一方合同当事人在合同订立时提供的合同条件时,则根据第 305 条第 1 款,这一"针对自有住房建造之条件"属于一般交易条件。连同上述授权条款在内的"针对自有住房建造之条件"显然是由 B 起草的,为大量情形而预先拟制。B 在其经营行为范围内订立合同,因此是作为第 14 条第 1 款意义上的经营者订立合同,而 S 则是为私人目的,因此是作为第 13 条意义上的消费者;由此根据第 310 条第 3 款第 1 项至少可以推定:"针对自有住房建造之条件"是由 B 提供的,并没有赋予 S 影响其内容的可能性。因此,存在第 310 条第 3 款意义上的消费者合同,从而应适用第 310 条第 3 款第 1 项的上述推定。所以,"针对自有住房建造之条件"是第 305 条第 1 款意义上的一般交易条件。第 310 条第 1、2、4 款并不阻碍具体情形下第 305 条及以下诸条的适用。

小贴士:

案件事实虽然并没有明确说明:B 起草了该"条件",没有赋予顾客以影响的可能性。但是,我们可以从合同相对人对"条件"的使用来推导出他针对大量情形而预先拟制,同样原则上可以推导出他"提供",而不会因此犯下"案件事实加塞"(Sachverhaltsquetsche)之错。对第 310 条第 3 款第 1 项的探析是合乎目的的,但是并非一定不可或缺,如果 B 对该条件的"提供"已经从其他情事中得出。因此,在裁判风格中也可以对实质适用范围进行检验:"该补充约定是第 305 条第 1 款意义上的一般交易条件,因为这一补充约定是由 B 单方提供的并未在当事人之间商定的为大量合同而确定的合同条件。"

(2)将补充约定订入合同

将该授权条款订入合同,根据第 305 条第 2 款第 1 项需要 B 明示提及该一般交易条件,根据第 305 条第 2 款第 2 项 S 需要具有知悉可能性。根据案件事实,这两个要件都满足了。但是,有疑问的是,根据第 305 条第 2 款结尾的规定,S 是否同意适用该条款,她对于该条款实际并不知悉。然而,只要顾客在此前被提示一般交易条件,并在具有知悉可能性之后,总体上没有反对一般交易条件的适用,就应认为顾客同意将每个具体的条款订入。[1] 因此,根据第 305 条第 2 款的订入要件具备。

(3)排除出人意料的条款,第 305c 条第 1 款

但是,根据第 305c 条第 1 款,当根据情事,尤其是合同的外部印象,该条款是如此出人意料,以至于合同相对人无需考虑该条款时,该条款尽管订入合同,仍不能成为合同内容。此时,重要的仍是:顾客根据谈判以及合同的目的对合同内容的想法和期待,以及条款

---

[1] MünchKomm/Basedow, § 305 Rn. 83; BGH NJW 1982, 1388.

内容和任意法之间的差异。[2]

8　　S 和 B 订立了关于建造一个交钥匙即可入住的自有住房的合同,这一合同涵盖了所有的建筑给付。通过引入建筑开发商,业主想要达致如下结果:他只有一个合同相对人,他在所有困难情形以及存在所有瑕疵的情形可以找该人。因此,从他的角度来看,这一赋予建筑开发商以业主的名义委任工匠之意定代理权的条款是不需要的。因为该条款使得业主负有双重义务,他有可能必须支付次承揽人的给付,故该条款显然违背了总承包人合同的目的。[3] 此外,人们不能期待在"支付方式"中存在这一条款。因此,S 肯定未能预料该授权条款;该条款是出人意料的,从而根据第 305c 条第 1 款没有成为合同内容。

(4) 小结

9　　由于 S 并没有授予 B 意定代理权,所以 B 对 F 来说是无权代理人。由于 B 的代理权也不具有权利外观,所以 S 和 F 之间并不存在有关铺设瓷砖工作的承揽合同。

2. 结论

10　　F 对 S 并不存在合同上的付款请求权。

(二) F 根据第 683 条第 1 句、第 670 条,对 S 的请求权

11　　F 可能根据第 683 条第 1 句、第 670 条,对 S 享有基于无因管理的请求权。

1. 事务管理

12　　由于第 677 条意义上的事务管理应该极为宽泛地理解,所以这一概念涵盖了任何行为,因此也包括铺设瓷砖。

----

[2] MünchKomm/Basedow, § 305c Rn. 5; HK/Schulte-Nölke, § 305c Rn. 2.
[3] BGH NJW-RR 2002, 1312, 1313; OLG Nürnberg NJW 1982, 2326.

2. 客观上他人事务

在 S 未来的房屋内铺设瓷砖发生在 S 的权利范围之内,因此至少对于 F 而言这是他人的事务,如果 F 并不能据此对 S 履行义务的话。这足以满足本项要件。

3. 为他人事务管理之意思

F 必须具有为他人处理事务的意思。根据通说,即便在"兼属他人事务"(Auch-fremden-Geschäft)的情形,也应推定存在为他人事务管理的意思(其他观点亦可)。

4. 不存在委托或其他权利

S 未委托 F,因为 B 在这方面并没有代理权限(上文边码 9)。

5. 为 S 的利益

根据第 683 条第 1 句,F 的行为必须为了 S 的利益。由于 S 和 B 的合同关系已经包含了瓷砖铺设工作,所以 F 的给付并不为 S 的利益。[4]

小贴士:

第 683 条第 1 句的为一个要件是"合乎本人实际的或可推定的意思"。这一要件没有满足。我们在请求权鉴定中必须要将它和"合乎利益"相区别,即使二者通常同时被提及[5],因为通说从本人的利益中推导出其可推定的意思。但是,除了第 679、680 条的情形,即便本人不理性的"真实"意思也具有优先性。

6. 结论

F 对 S 并不享有基于第 683 条第 1 句、第 670 条的请求权。

---

[4] Vgl. etwa BGH NJW-RR 2002, 1312, 1313.
[5] 概括的提示,参见 BGH NJW-RR 2002, 1312, 1313。

(三)根据第812条第1款第1句第1种情形的请求权

19　　F可能对S享有一个根据第812条第1款第1句第1种情形的请求权。S从F处获得服务给付,即铺设瓷砖。这或许是基于F的给付而发生的。虽然为此所必需的F有意识、有目的地对S财产的增益客观上存在,但是应从给付受领人视角作出判断。从S的视角,F的行为体现的却是其合同相对人B的合同给付。[6] 因此,存在一个B的给付,所以根据通说,F对S的不当得利请求权被排除,即基于非给付不当得利的请求权也被排除(第812条第1款第1句第2种情形)。

20　　**小贴士:**
　　　因此,F只对B享有请求权,尤其是根据第179条第1、2款的请求权,因为B作为无权代理人,并没有积极知悉欠缺代理权限。但对于F来说,其更感兴趣的是对B的基于第812条第1款第1句第1种情形的请求权:F实施的铺设瓷砖的工作使得S对B的相关的合同履行请求权消灭,从而B在这一工作的价值额度上得利。然而由于第687条第1款的规定,并不考虑F对B的基于第683条第1句、第670条的请求权,因为F认为自己负有铺设瓷砖工作的合同义务,进而认为他是在履行自己的义务。

---

[6] Vgl. BGH NJW-RR 2002, 1312, 1313.

案例 37　Josefa 的沐浴之乐

一、案件事实

女艺术收藏家 Prummbaur(P)因为资金困难,想要出售其绘画藏品。她制作了藏品目录,并将画作目录提供给多名艺术商人。Kaiser(K)是一家艺术品商店店主,收到了该目录,他在该目录中发现了早就渴求的画家 Endorfer 的画作"海滩边的 Josefa"。他决定购买该画,并委托其职员 Fritz(F)去 Prummbaur 那里为他买下该画。Kaiser 告诉 Fritz,价格不是问题。他向 Fritz 描述了该画,为了谨慎起见还将目录一并交给 Fritz。接着,Kaiser 电话通知 Prummbaur 他的职员会过去,并补充道:他委托该职员为他购画。

Fritz 来到 Prummbaur 的别墅,在女主人的要求下,他必须要证明自己的身份。他因此呈上其老板的名片,并随后询问"Endorfer 的 Josefa 画"。Prummbaur 便带他去看该艺术家的画作。Fritz 欣赏了这些作品,将它们和目录上的图片一一比对。最后,他指了其中一幅他认为是要找的那幅画,并询问价格。实际上这不是"海滩边的 Josefa",而是"露天浴场中的 Josefa"这幅画。Prummbaur 随后向 Fritz 表示:对这幅画,她已有一位有意购买者,该人愿意付 1 万欧元;她已经向该人承诺,如果没有人出价更高,她就以这一价格将该作品出卖给他。Fritz 毫不犹豫地向 Prummbaur 报了 1.1 万欧元的价格。Prummbaur 同意了,Fritz 带着该画离开了。

Kaiser 对画作弄错很吃惊。他完全不喜欢购买的那幅画。在他严厉责骂 Fritz 之后,他告诉 Prummbaur,他的职员将画作弄错了。他不想要这幅画,因此他将该画交由 Prummbaur 重新处分。Prummbaur 想要固守买卖合同,因为该画只值 6000 欧元。

1. Prummbaur 可以向 Kaiser 请求支付 1.1 万欧元吗?

2. 假设 Prummbaur 不想请求支付买卖价款,如果另一位有意购买者在画作被出售给 Kaiser 之后放弃了购买意愿,她能向 Kaiser 要求赔偿基于和该有意购买者之间法律行为的所失利润吗?

二、前期思考

这一案件源自第一学期新生的 90 分钟笔试,这起简单的案件中涉及的是代理中意思瑕疵的问题。这里提出的问题是:意思瑕疵以何人为准,代理人抑或被代理人?如果我们根据第 164 条第 1 款第 1 句考虑代理的要件,答案本身是显而易见的:代理人发出意思表示,他也可以根据第 164 条第 3 款受领另一方当事人的意思表示。对于另一方当事人表示的解释,取决于代理人的受领人视角。[1] 因此,对于意思表示的所有重要因素来说,代理人是关键性的人。由于代理人形成了意思,所以也以其意思瑕疵为准。实际上,我们可以在第 166 条第 1 款找到这一结论:本人通过代理人行为的,在错误撤销的情形下,并不以本人为准,而是以代理人为准,即所谓的知悉归责(Wissenszurechnung)。F 的错误因此应归责于 K,就如同他自己发生错误一般。

如果我们考虑到这些,正确地检验合同订立、代理本身以及撤销,并在此过程中反复思考的话,在解答第一个问题时不会出现真正的难题。此外,在解答中略微提及《德国商法典》,是对中级学期学生的提示。头两个学期的学生还无须知道这一点,但可以之后记识之。

---

〔1〕 Wolf/Neuner § 49 Rn. 73; Medicus, Rn. 898.

第二个问题针对错误撤销的其他法律效果,即根据《德国民法典》哪些条文规定承担损害赔偿义务。(您还记得有哪些条文吗?)

三、提纲

(一)问题1:P对K的支付1.1万欧元的请求权 ·················· 1
  1. 买卖合同的订立 ·················· 2
  2. 有效的代理 ·················· 5
  [难题:F被授权购买"露天浴场中的Josefa"这幅画了吗?]
  3. 因撤销而无效 ·················· 15
    (1)撤销表示 ·················· 16
    (2)撤销事由 ·················· 17
    (3)撤销期限 ·················· 18
    (4)小结 ·················· 19
  4. 结论 ·················· 20
(二)问题2 ·················· 21

四、解答

(一)问题1:P对K的支付1.1万欧元的请求权

P可能根据第433条第2款,对K享有一个支付额度为1.1万欧元买卖价款的请求权。   1

1. 买卖合同的订立

为此,在K和P之间必须存在一个有效的买卖合同。买卖合同通过两个合致的意思表示,要约和承诺而订立。   2

第145条意义上的要约必须具有受法律拘束的意思、内容在受   3

领人看来是确定地提出订立合同,以至于受领人只需同意即可。P 在其目录中向所有受领人提供了大量画作供购买。由此明显可以知道,P 并不希望据此使得自己受拘束于任何人,因此该目录只是一个单纯的要约邀请。K 打电话给 P 既没有说出买卖标的,也没有说出价格,基于这一理由,这对于第 145 条意义上的要约来说太过不确定。即使当 F 在 P 家里询问"露天浴场中的 Josefa"这幅画的价格时,价格也未确定。即便 P 的回答"她向一位有意购买者允诺,如果没有人出价更高的话,就以 1 万欧元将该作品出卖给他",在客观解释之下只是表达了,她只是愿意以更高的价格将该画出售给 K,但并没有说出具体价格。所以,直到 F 报价时才存在足够确定的要约,因为直到那时才表达出了:他愿意以 1.1 万欧元的价格购买选中的"露天浴场中的 Josefa"这幅画。P 马上不作限制地承诺了该要约。由此,买卖合同订立了。

4 **小贴士:**

在本案中,合同订立并非核心问题。尽管如此,我们仍要对其进行细致检验。诸位在日后要训练以较少的文字来对不那么重要的内容进行全面检验的能力。这对于此后的学期是必要的,届时在笔试中会有民法或者整个私法不同领域的多个问题需要处理。

2.有效的代理

5 但是,只有当 F 根据第 164 条第 1 款第 1 句,在合同订立过程中有效地代理了 K 时,这一买卖合同才为 K 且对 K 有效。

6 **小贴士:**

我们不必每次都附上小标题;只要我们在文中明确述及事实构成的各个要件且在语言表述上(或通过段落)相互加以区分,这就够了。

如前所确定的是,当 F 在其要约中自行确定价格时,他在订立合 7
同时发出了自己的意思表示。在此期间,他通过呈递 K 的名片表达
出了想以 K 的名义实施行为(第 164 条第 1 款第 1 句)。

F 实施行为必须一直具有代理权限(第 164 条第 1 款第 1 句)。有 8
疑问的:根据第 167 条第 1 款第 1 种情形向 F 作出的内部授权,是否创
设了对该法律行为而言足够的代理权限。因为 K 仅向 F 授予了取得
特定画作的代理权限,即对具体行为的特别授权。由于 F 没有购得该
画,而是另外一幅画,就此而言,他是作为无权代理人实施行为的。

F 的代理权可能基于《德国商法典》第 56 条而产生。我们应该 9
认为:K 作为艺术品商店的经营人,是《德国商法典》第 1 条第 1 款意
义上的商人。那么,F 作为商店职员,对于特定的、典型的行为享有
代理权限;但是,他当时不是在 K 的商店内实施行为;尤其是购置艺
术品恰恰不属于《德国商法典》第 56 条所涵盖的行为范围。据此,也
不存在 F 的代理权限。

但是,如果在 K 向 P 打电话中存在一个根据第 167 条第 1 款第 2 10
种情形的外部授权,且该外部授权并没有局限于特定画作上的话,则
上述结论不适用。为此,K 必须通过向 P 的表示再次以法律行为授
予 F 代理权限。在内容上,这一表示提及了"委托"F 实施法律行为;
客观上,我们可以将这一情形理解为没有限制特定画作即使只有
一幅画也购买的外部授权。但是,这一情形并不是完全单一意义的;
它还可能被理解是 K 对 P 的单纯的关于 K 此前向 F 作过内部授权
的通知(Mitteilung),在这一通知中,K 并不具有实施法律行为意义上
行为的意思。[2]

无论如何,第 171 条第 1 款规定了内部代理权授予告知(Voll- 11
machtskundgabe)这种情形:如果某人以特别通知(besondere Mittei-
lung)的方式使得第三人知悉代理权的授予,则对第三人而言,被授

---

[2] Vgl. Wolf/Neuner § 50 Rn. 7f.

权人基于该通知是有权代理。这一规范旨在保护代理权自始不存在或嗣后消灭[3]情形下的交易,因此也包括意定代理权在通知范围内不存在的情形。在本案中,K 对 P 的告知在内容上并不限于"海滩边的 Josefa"这一幅画。由于第 171 条第 1 款包含了一种表见授权的法定情形,因此需要满足合同相对人正是因为信赖存在授权而和代理人缔约之要件[4],即便该规范字面上并未清楚地表达出这一要件。这一权利外观的要件构成必须是导致 P 和 F 缔约的原因(kausal, ursächlich)。因为根据第 173 条,如果第三人明知或应知代理权消灭,则不发生第 170 条及以下诸条的效力。所以,第三人必须对存在代理权是善意的,并由此得出他正是因为相信代理权的存在而发出了其表示。

12 虽然,根据第 173 条的文义,该条并没有指涉 171 条第 1 款。但学界一致认为:这涉及立法者的编纂疏失,故第 173 条应类推适用于第 171 条第 1 款(以及 172 条第 1 款)。[5] 由于 P 在 F 到达时验证过其身份,所以显然对于她来说,重要的是和由 K 所提及的职员缔约;内部代理权授予告知因此是其意思表示发出的原因,她既不知道也不应该知道内部授权的范围较小。第 171 条第 1 款结合类推第 173 条的要件,因此满足了。

13 因此,最后我们可以不作判断:P 究竟是必须将该表示作为根据第 167 条第 1 款第 2 种情形的外部代理权的授予来理解,还是必须将该表示作为第 171 条第 1 款意义上的内部代理权授予通知来理解。无论是作为外部授权还是作为内部代理权授予通知,K 对 P 的表示都涵盖了关于"露天浴场中的 Josefa"这幅画买卖合同的缔结。

14 所以,根据第 164 条第 1 款第 1 句,F 作为 K 的代理人签订了该

---

[3] Vgl. Faust, § 26 Rn. 26; Köhler, § 11 Rn. 38.
[4] Vgl. Faust, § 26 Rn. 26 i. V. m. 21ff.; Köhler, § 11 Rn. 45.
[5] Faust, § 26 Rn. 28; Köhler, § 11 Rn. 38; Wolf/Neuner § 50 Rn. 81.

买卖合同,为 K 且对 K 有效。P 根据第 433 条第 2 款对 K 的请求权由此成立。

3. 因撤销而无效

如果 K 将该买卖合同或者 F 旨在订立该合同的意思表示有效地撤销了的话,这一买卖合同可能根据第 142 条第 1 款而自始无效。

(1)撤销表示

拥有撤销权的是受该表示拘束之人,此处即被代理的 K(亦参见第 143 条第 2 款)。根据第 143 条第 2 款,在合同的情形,第 143 条第 1 款意义上的撤销表示必须向相对人作出。此处,K 在指出买错画作时向 P 表达了他不想要该画,并再次提出可供 P 处分。这一表示表明:K 因为意思瑕疵不想让该行为生效。因此,存在一个有效的撤销表示。

(2)撤销事由

作为撤销事由可以考虑内容错误(第 119 条第 1 款第 1 种情形)。但是,看不到存在 K 本人的错误,而是 F 将该画弄混了。根据第 166 条第 1 款,代理人 F 的这一意思瑕疵却要归责于被代理人 K,其结果是这种情况下在 K 身上也存在一个撤销事由。有疑问的是,弄错画作是否可涵摄到第 119 条第 1 款所含的撤销事由中。原则上,这涉及所谓的同一性错误或标的物错误(error in obiecto),因为 F 将真正希望获得的买受标的物和另一物弄混了。他指向一幅画作,用来表示那件想购买的标的"海滩边的 Josefa";但是在具体情况下,这一表示符号和想要的画作并不相符,因而他就其表示的客观意义存在错误。因此,这涉及同一性错误,即第 119 条第 1 款第 1 种情形意义上的内容错误。[6] F 这一意思表示的发出建立在错误想法之上;如果知悉真实情况并评估情事,F 在不存在该错误时本不会发

---

[6] 对此详细说明,参见 Soergel/Hefermehl, § 119 Rn. 23; HK/Dörner, § 119 Rn. 8; MünchKomm/Kramer, § 119 Rn. 76。

出该意思表示。因此,错误的主客观重要性得以肯认(第119条第1款结尾)。故存在第119条第1款第1种情形的撤销事由。

(3)撤销期限

18　　根据第121条第1款,撤销必须不迟延地,即不存在过咎地迟延表示出来。由于K在意识到F的错误之后,当即撤销,他遵循了撤销期限。

(4)小结

19　　所以,撤销是有效的,自始消灭了买卖合同(第142条第1款)。

4.结论

20　　P根据第433条第2款对买卖价款的请求权消灭了。

(二)问题2

21　　P可能根据第122条第1款,对K享有一个损害赔偿请求权。K有效地撤销了该买卖合同(见上文)。因此,他应向P赔偿信赖损害(也称之为消极利益)。由于P既不明知也不可知F的错误,该损害赔偿请求权并不根据第122条第2款被排除。因此,根据第122条第1款,P应被置于如同在和K之间的合同未曾订立时她所处的状态。那时,她便和另一顾客缔约,并获得4000欧元的利润。这一所失利润是可赔偿的(第249条第1款、第252条)。但是,根据第122条第1款尾部规定,只有当信赖损害没有超出和K行为所生之积极利益时,才可被赔偿。如果维持和K之间的合同,P必须移转价值6000欧元的画作的所有权,作为对价获得1.1万欧元的付款,由此获得5000欧元的利润。由于所错失行为产生的4000欧元的利润(较之于5000欧元)更少,故K根据第122条第1款,必须赔偿P这一4000欧元的所失利润。

案例 38　东弗利西亚貂皮 I

一、案件事实

Finerl Feichtmayr(F)在上巴伐利亚小镇经营一家时装商店。她允许其唯一的职员 Gabi Gabelsperger(G)独立完成总价 3000 欧元以下的商品订购。

Finerl 出去度假一周,在此期间,女商人 Hanne Hansen(H)的书信到了;Hanne 在书信中"无插图"一栏下,另外提及一种特别货物"不同尺码的东弗利西亚貂皮(Ostfriesennerzen)"(黄色橡皮布防水外套),总价 3000 欧元。Gabi 从没有听说过"东弗利西亚貂皮"。由于她最近多次听到基因技术并阅读了一些相关知识,她想到的是:东弗利西亚貂皮可能是一种转基因皮毛。Gabi 当时看到了为其老板购买特别便宜皮草的机会,因此她以 Finerl 的名义在 Hanne 那购买了特别货物"东弗利西亚貂皮"。Hanne 书面确认了这一订购。当 Finerl 度假结束得知此事时,她很震惊,因为她担心那些穿民族服饰的顾客对德国北部的季节性服饰(Wetterbekleidung)持保留态度。她打电话到 Hanne 家,在提及 Gabi 的错误想法之后,她告诉 Hanne:很遗憾她不能让 Gabi 的订购生效。Hanne 坚持履行合同。一方面她不能想象口耳相传的东弗利西亚貂皮,在巴伐利亚竟然鲜为人知。另一方面,如果没有 Gabi 的订购,她本会将上述货物以 3300 欧元的价格卖给吕根岛的 Rigobert Rieger(R);他在此期间在别处买到了。

第二天,Finerl 和 Gabi 收到了 Hanne 的来信。在书信中,Hanne

要求支付 3000 欧元的约定买卖价款,或作为替代要求赔偿其所失利润。有道理吗?

案件变型:

如果 Gabi 在订购之前,高兴地向 Finerl 报告了这个"千载难逢的机会",Finerl 并未采取任何行动,情形如何?

二、前期思考

和此前的案件一样,这也涉及代理人表示中的意思瑕疵的问题。因此,我们应该已经知道这些内容了,从而无须对此赘述。所以,我们必须按照规定检验合同订立、代理以及撤销,在初始案件中并不存在真正的难题。但是,我们应该考虑到,根据第 142 条第 1 款的无效不是撤销的唯一法律效果。这在本案中通过案件事实中 H 的替代请求(Hilfsverlangen)被清楚地说明了。此时,我们不应忘记,当事人的一个请求可能以数个请求权基础为依据,这些请求权基础在私法中通常也不是相互排斥的。换言之,此次请您思考:对于 H 的替代请求(Hilfsbegehren),在《德国民法典》总则之外可能还有哪些请求权基础。

此番还问到对 G 的请求权,这提出了可能的请求权基础的问题。由于 G 作为代理人,根据第 164 条第 1 款第 1 句,F 所实施行为的法律效果并不涉及她本人,所以排除合同上的请求权。如果发生无权代理,诸如因为超越代理权权限,则考虑第 179 条第 1 款。此外,根据第 280 条第 1 款之责任也是可能的,正如第 311 条第 3 款第 2 句所示。

对案件变型的解答,在某一个要点上,超出了初学者的知识和能力;因此,初学者一开始就可以略过对案件变型的解答,或者至少当他们没有形成下文解答中的思考时,他们不应失望。由于存在一些情形,适用第 166 条第 1 款的规定导致有疑虑的结果,所以当法律行为上设定的(第167条)代理人受指示拘束而实施行为时,第166条第2款设为例外。这一规范考虑到如下情形:当时,对具体行为的重要决定出自被代理人本人。在这里,指示概念(Weisungsbegriff)并不是狭隘的,应极为宽泛地来理解。知道这些内容,我们就接近于案件变型的解答了。但是,我们在仔细阅读法条后所获得的结论并不令人满意。难以期待初学者对该结论进行修正(见下文)。

小贴士:

第166条第2款的文义是针对很多问题的出发点。如此一来,就产生了这一问题:在法定代理的情形,应适用什么规定。第166条第2款中的法律行为授予代理权的限制的基础是:法定被代理人无须保护,尤其是一般来说不具有指示的能力。[7] 因此当法定代理人例外地和受指示拘束的意定被授权人地位相似,诸如当被照管人具有完全行为能力时[8],在照管人的情形就可能是这样,可以考虑是例外情形。此外,第166条第2款和第1款不同并没有涵盖意思瑕疵。尽管如此,普遍认为:在恶意欺诈的情形,被代理人可以类推适用第166条第2款撤销,即便代理人自身并没有错误。[9]

三、提纲

(一) H基于第433条第2款对F的请求权 ················ 1
    1. H的要约 ··· 2

---

[7] Soergel/Leptien, § 166 Rn. 31; Staudinger/Schilken, § 166 Rn. 31; MünchKomm/Schramm, § 166 Rn. 52.

[8] Staudinger/Schilken, § 166 Rn. 31; MünchKomm/Schramm, § 166 Rn. 57附有其他示例。

[9] BGHZ 51, 141, 145ff.; Palandt/Ellenberger, § 166 Rn. 12; Wolf/Neuner § 49 Rn. 91.

2. G 的要约以及 H 的承诺 ⋯⋯⋯⋯⋯⋯⋯⋯⋯⋯⋯⋯⋯⋯ 3
3. G 对 F 的代理 ⋯⋯⋯⋯⋯⋯⋯⋯⋯⋯⋯⋯⋯⋯⋯⋯⋯⋯ 4
　　(1)自己的意思表示,显名 ⋯⋯⋯⋯⋯⋯⋯⋯⋯⋯⋯⋯ 5
　　(2)代理权限 ⋯⋯⋯⋯⋯⋯⋯⋯⋯⋯⋯⋯⋯⋯⋯⋯⋯⋯ 6
　　(3)小结 ⋯⋯⋯⋯⋯⋯⋯⋯⋯⋯⋯⋯⋯⋯⋯⋯⋯⋯⋯⋯ 7
4. 请求权消灭 ⋯⋯⋯⋯⋯⋯⋯⋯⋯⋯⋯⋯⋯⋯⋯⋯⋯⋯⋯ 8
　　(1)撤销事由 ⋯⋯⋯⋯⋯⋯⋯⋯⋯⋯⋯⋯⋯⋯⋯⋯⋯⋯ 9
　　　[难题:尽管不存在自己的错误,F 能够根据第
　　　119 条第 1 款撤销 G 和 H 订立的合同吗?]
　　(2)错误之于发出的因果关系 ⋯⋯⋯⋯⋯⋯⋯⋯⋯⋯ 11
　　(3)合乎期限的撤销表示 ⋯⋯⋯⋯⋯⋯⋯⋯⋯⋯⋯⋯ 12
　　(4)小结 ⋯⋯⋯⋯⋯⋯⋯⋯⋯⋯⋯⋯⋯⋯⋯⋯⋯⋯⋯ 13
5. 结论 ⋯⋯⋯⋯⋯⋯⋯⋯⋯⋯⋯⋯⋯⋯⋯⋯⋯⋯⋯⋯⋯ 14
(二)H 根据第 122 条第 1 款,对 F 的损害赔偿请求 ⋯⋯⋯ 15
(三)H 基于第 280 条第 1 款、第 311 条第 2 款,对 F 的
　　损害赔偿请求权 ⋯⋯⋯⋯⋯⋯⋯⋯⋯⋯⋯⋯⋯⋯⋯⋯ 19
　　1. 债务关系 ⋯⋯⋯⋯⋯⋯⋯⋯⋯⋯⋯⋯⋯⋯⋯⋯⋯⋯ 21
　　2. 义务违反 ⋯⋯⋯⋯⋯⋯⋯⋯⋯⋯⋯⋯⋯⋯⋯⋯⋯⋯ 22
　　3. 可归责之推定,第 280 条第 1 款第 2 句 ⋯⋯⋯⋯⋯ 23
　　4. 损害 ⋯⋯⋯⋯⋯⋯⋯⋯⋯⋯⋯⋯⋯⋯⋯⋯⋯⋯⋯⋯ 26
　　5. 结论 ⋯⋯⋯⋯⋯⋯⋯⋯⋯⋯⋯⋯⋯⋯⋯⋯⋯⋯⋯⋯ 27
(四)F 基于第 823 条及以下诸条对 F 的请求权 ⋯⋯⋯⋯⋯ 28
(五)H 对 G 的请求权 ⋯⋯⋯⋯⋯⋯⋯⋯⋯⋯⋯⋯⋯⋯⋯⋯ 30
(六)案件变型
　　1. H 对 F 和 G 的请求权 ⋯⋯⋯⋯⋯⋯⋯⋯⋯⋯⋯⋯ 31
　　　[难题:尽管明知 G 的错误,F 仍享有撤销权?]
　　2. 结论 ⋯⋯⋯⋯⋯⋯⋯⋯⋯⋯⋯⋯⋯⋯⋯⋯⋯⋯⋯⋯ 38

四、解答

(一) H 基于第 433 条第 2 款对 F 的请求权

H 可能对 F 享有一个基于第 433 条第 2 款的买卖价款支付请求权。这一结论的前提是:在两人之间存在一个有效的买卖合同,该买卖合同通过合致的意思表示而成立。

1. H 的要约

一个要约可能最初包含在 H 的书信中,在该书信中提到以 3000 欧元的价格出卖特别货物"东弗利西亚貂皮"。合同要素包含在内,从而可能存在一个足够确定的要约。但是,由于 H 提及多个不同的特别货物,且这一书信并不仅仅向 F 一个人寄出,所以应认为:H 还不想借此受到法律上的拘束。因此,从客观受领人的视角来解释(第 133、157 条),欠缺法律拘束意思,并由此欠缺意思表示的外部要件构成。[10] 所以,书信只是一个要约邀请,而非要约。

2. G 的要约以及 H 的承诺

相应地,直到 G 订购时才存在一个要约;G 的订购明确规定了合同标的物,对订购中存在拘束意思也无疑问;H 通过对订购的确认作出承诺。因此,通过合致的意思表示的交换,买卖合同缔结了。

3. G 对 F 的代理

由于 F 并没有亲自参与合同订立,所以只有当根据第 164 条第 1 款第 1 句和第 3 款,她被 G 有效地代理时,合同订立才会为 F 且对 F 发生效力。

(1) 自己的意思表示,显名

G 以 F 的名义发出了要约,因此发出了一个意思表示。

---

[10] Brox/Walker, § 4 Rn. 83; Palandt/Ellenberger, § 145 Rn. 2.

(2)代理权限

6　　　需要检验的是,G 实施该行为时是否具有代理权限。由于 F 允许 G 独立完成总价 3000 欧元以下的商品订购,所以 F 向 G 作出了第 167 条第 1 款第 1 种情形意义上的内部授权,内部授权的额度限于 3000 欧元。因为 G 遵守了对其代理权的限制,故她有效地代理了 F。

(3)小结

7　　　据此,H 和 F 之间的合同成立了,存在买卖价款请求权。

4. 请求权消灭

8　　　留待检验的是,G 旨在订立合同的意思表示订购是否可因撤销而被视作自始无效(第 142 条第 1 款),进而阻碍上述请求权。

(1)撤销事由

9　　　为此,首先需要存在一个撤销事由。在这里可以考虑根据第 119 条第 1 款第 1 种情形的内容错误。虽然 F 自身并不存在错误,但是如果论及意思瑕疵,根据第 166 条第 1 款,在由代理人订立合同的情形下,取决于代理人的想法。有疑问的是,G 的错误想法得否被涵摄进第 119 条第 1 款所含之撤销事由中。就此而言,我们或许可以首先考虑 G 的同一性错误意义上的内容错误(第 119 条第 1 款第 1 种情形)。但是,同一性错误仅指如下情形:表示符号旨在指称特定的标的或特定的人,而基于个案情事,表示符号和内心所想的物或人并不相符。[11] 在本案并不属于这种情形,因为 G 并没有指向错误的标的(对此参见案例 37)。G 是对她所使用的表示媒介(Erklärungsmitt)的意思和意义产生了错误:她以为她订购了皮草大衣,但客观上她发出了订立关于防水外套买卖合同的要约。因此,这涉及的是阐示错误(Verlautbarungsirrtum),这一错误同样应被视为第

---

[11] 对此详细说明,参见 Soergel/Hefermehl, §119 Rn. 23; HK/Dörner, §119 Rn. 8; MünchKomm/Armbrüster, §119 Rn. 76。

119条第1款第1种情形意义上的内容错误。[12]

小贴士：

我们不必仅仅因为这些概念存在,就一定使用这些概念。只要确定了G关于其表示内容(皮草大衣)的主观想法和客观表示内容(防水外套)不一致,就够了。

(2)错误之于发出的因果关系

由于G想要为其老板购买廉价皮草而非橡皮布防水外套,如果没有该错误,经理性评估情事,她就不会作出订购之事;所以,这一错误是发出意思表示的原因(第119条第1款结尾)。

(3)合乎期限的撤销表示

按照第143条第1、2款,F向其合同相对人表示了撤销;更确切地说,是在她知悉G的错误之后立即表示了撤销,亦即在第121条第1款意义上不迟延地表示了撤销。[13]

(4)小结

因此,撤销是有效的;根据第142条第1款,G的订购不生效,合同不成立。

5. 结论

H对F并不享有基于第433条第2款的买卖价款请求权。

(二)H根据第122条第1款,对F的损害赔偿请求权

H可能根据第122条第1款,对F享有一个损害赔偿请求权。由于F根据第119条第1款有效地撤销了G的意思表示,因此存在

---

[12] Soergel/Hefermehl, § 119 Rn. 22; HK/Dörner, § 119 Rn. 9; Palandt/Ellenberger, § 119, Rn. 11; MünchKomm/Armbrüster, § 119 Rn. 74.

[13] 由于G的意思表示归责于F,因此只有合同当事人F有权撤销。Soergel/Hefermehl, § 119 Rn. 70; Köhler, § 11 Rn. 48. 但是也存在这一可能性,即同时授权代理人发出撤销表示。Köhler, § 11 Rn. 48。

这一请求权的要件。

16　　H 因信赖 G 的意思表示有效而遭受损害是另一要件,这一损害要通过差额假设来确定:和 R 之间的交易本可给 H 带来 3300 欧元的进账,H 同时丧失东弗利西亚貂皮所有权。现在她虽然还有进账,但只能获得 3000 欧元的进账。所以,她因信赖和 F 之间的交易有效所遭受的损害体现为所失的因和 R 交易本可获得的更高利润;根据第 252 条,这一损害是可以获得赔偿的。

17　　但是,根据第 122 条第 1 款,赔偿以履行利益为限。由于在履行的情形 H 从 F 那本来只获得 3000 欧元,也没有获得额外利润,所以根据第 122 条第 1 款,她不能请求 300 欧元的额外利润。我们认为,H 还可以以 3000 欧元的价格将东弗利西亚貂皮出售给第三人,所以根据第 122 条第 1 款,她并没有可以请求赔偿的损害。

18　　**小贴士:**

　　　　根据生活经验应该认为,H 还可以出售这些货物。因此,即便案件事实并没有明确提及,我们可以作出这一假设。如果情况是,H 现在完全不能出售这些货物,则必须要给出说明。我们认为,那时可赔偿的损害共计 3000 欧元,因为届时东弗利西亚貂皮在市场上什么也不值。

(三) H 基于第 280 条第 1 款、第 311 条第 2 款,对 F 的损害赔偿请求权

19　　应加检验的是,H 是否对 F 享有一个不以履行利益为限的,基于第 280 条第 1 款、第 311 条第 2 款(缔约过失)的损害赔偿请求权。根据通说,这一请求权能够和第 122 条第 1 款的请求权并列,因为第 122 条第 1 款规定的并非缔约过失的特别情形,而是规定无过错的信赖责任。[14]

---

〔14〕 Vgl. etwa Bamberger/Roth/Wendtland, § 122 Rn. 12 附其他参考文献; Köhler, § 7 Rn. 36 结尾。

小贴士:

教科书和评注通常在第122条的引申部分作上述说明。由于在鉴定中应该全面地评价请求权人提出的请求,所在这里应该对它作进一步探究。我们不期待初学者作这一检验。因此,他们暂时可以忽略下列论述。

1. 债务关系

基于合同磋商以及F的嗣后撤销,至少产生了一个债务关系;这一债务关系近似于合同磋商关系或合同准备关系(第311条第2款第1、2、3项)。

2. 义务违反

此外,还需要存在对第241条第2款意义上义务的违反,这一义务违反可被归责于F。就义务违反而言,可以考虑G使用了"错误的表示媒介"。然而,有疑问的是:在合同磋商中对另一方当事人,是否存在一个在使用语词(Begriffen)之前验证语词正确意义的义务。原则上我们确实可以将这一点纳入考虑,但是问题是:这是否使得第119条、第122条第1款所表达的评价面临疑问。根据这一评价,损害赔偿义务应受限制。然而第280条第1款的责任是以根据该款第2句推定的过错为前提,遂使采信存在这一义务显得合理的;且我们不应认为,第119条及以下诸条就具有错误的意思表示的法律效果进行了闭锁性的规定(其他观点亦可)。由于G并没有验证"东弗利西亚貂皮"这一语词的意思,所以她在合同磋商中违反了第241条第2款意义上的义务。

3. 可归责之推定,第280条第1款第2句

根据第280条第1款第2句,应推定F对义务违反是可归责的,如果她不能证明存在相反情况的话。

由于F本人并没有实施行为,所以她必须要证明,不存在通过第

278 条可归责于（zurechenbaren）她的 G 的可归责性（Vertretenmüssen）。F 任用 G 作为代理人和 H 进行磋商，并因此将履行所有在合同磋商过程中产生的前合同义务（第 311 条第 2 款、第 241 条第 2 款）转移到 G。但是，有疑问的是：F 是否在自己行为中对 G 的义务违反可归责。根据第 276 条第 1 款第 1 句，F 自身就故意和过失可归责。就 G 个人而言，至多可考虑存在第 276 条第 2 款意义上的过失。但是，我们在意思表示发出过程中并不总是能轻易避免瑕疵，以至于并不是在每个可以导致撤销的错误中，都存在未尽该交易中必要的注意这一事实。例如即便在注意力高度集中的情形下，也不总是能避免出现口误。

25　　但是，在本案中，G 起初对"东弗利西亚貂皮"这一语词的意思并无想法，后自行将该语词和一个凭空臆想的表示相对接。鉴于显而易见的可能的错误理解，她本应查实她的推断是否正确。但是由于她没有这么做，所以没有尽到交易中必要的注意（其他观点亦可）。

4. 损害

26　　H 必须因义务违反存在损害。其财产损害体现在，她没有获得基于和 R 可能交易所产生的更高利润。这归因于她信赖和 F 之间的交易有效，而这一交易又源自错误。因此，H 可以向 F 请求，将她置于如同没有 G 的义务违反时，她所处的利益状态。如果没有 G 的这一义务违反，G 就不会订购防水外套，H 从而就会和 R 进行交易。那时，H 就必须将东弗利西亚貂皮交给 R，并为此获得 3300 欧元。由于她现在只能卖出 3000 欧元的价格，因而丧失了 300 欧元的利润；根据第 252 条，她应就这一损害获得赔偿。

5. 结论

27　　H 可以根据第 280 条第 1 款、第 311 条第 2 款，请求 F 赔偿 300 欧元的损害。

(四) F 基于第 823 条及以下诸条对 F 的请求权

F 基于第 823 条第 1 款的请求权,是以侵害所有权或侵害其他权利为前提,在本案中看不出存在这一点。纯粹经济损失的赔偿,根据第 823 条第 2 款、第 824 条、第 826 条是可能的,但在案件事实中并不存在相关说明。因此,第 831 条也被排除。

28

小贴士:

29

这里不涉及侵权损害赔偿请求权,这在本案中是"明显的"。因此,我们也可以不进行这一"检验"。我们之所以在这里进行检验,只是为了再次提醒各位,鉴定应该全面。

(五) H 对 G 的请求权

在本案中看不出存在 H 对 G 的请求权。合同在 F 和 H 之间成立。由于 G 循守其代理权的范围且代理有效,故根据第 179 条第 1 款的无权代理人的责任被排除。代理人基于第 280 条第 1 款、第 311 条第 3 款第 2 句自己承担责任的前提是,要求利用对 G 个人的特别信赖[15],在本案中并不存在相关任何线索。

30

(六) 案件变型

1. H 对 F 和 G 的请求权

和初始案件的唯一区别在于:F 在 G 发出其意思表示前,注意到了 G 的错误;尽管如此,她既没有加以澄清,也没有阻止意思表示的发出。应当检验的是,基于 G 的错误嗣后撤销是否因此被排除。为此,至少在这种特殊情形中,对撤销的问题来说,和第 166 条第 1 款不同,对被代理人自身也应具有意义。这根据第 166 条第 2 款第 1 句

31

---

[15] Palandt/Grüneberg, § 311 Rn. 60ff.

是可能的:根据该句规定,考虑到授权人本人知悉的情事,在代理人受授权人之特别指示而行为时,授权人不能主张代理人对此不知。

32 由于无论如何并未发生明示指示,所以 F 的指示是否存在,已经是有疑问的。然而,指示的概念应该宽泛解释。根据一致的观点,当被代理人在知悉代理人打算的情形下,虽具有阻止的可能性,却未阻止时,这等同于明示的指示。[16] F 在知悉时仍让 G 进行,从而存在第 166 条第 2 款第 1 句意义上的指示。

33 此外,(第 166 条第 2 款的)制定法文义阻碍将第 166 条第 2 款适用于本案。第 166 条第 1 款不仅提及意思瑕疵,还提及对特定情事的明知和应知;和第 166 条第 1 款不同,第 166 条第 2 款中并不涉及意思瑕疵。因此,仍须停留在适用第 166 条第 1 款所规定的原则:对于代理行为中的意思瑕疵,仅以代理人本人为准。[17] 因此,这并没有改变结果。

34 **小贴士:**

   这一结果违背法感情(Rechtsempfinden)。因此,很显然我们要寻求相反结果的理由。但是,这通常超出了初学者的能力。

35 但是,上述结果看起来并不正当。在这里,F 未对 G 的已知错误予以澄清,却最终获得了撤销权;F 在自己实施该行为时是不享有该撤销权的,这一撤销权对于平衡 G 作为代理人参与的风险实际上也是不必要的。嗣后运用这一撤销权可能是滥用权利,因此根据第 242 条是不允许的。这在被代理人自己恶意行为而代理人善意的情形[18],获得了承认。[19] 我们在本案中不能认定存在这种情形,但是或许可以考虑存在自相矛盾的行为(venire contra factum proprium)这

---

[16] BGHZ 51, 141, 145; HK/Dörner, § 166 Rn. 5; Palandt/Ellenberger, § 166 Rn. 11; MünchKomm/Schramm, § 166 Rn. 58. 主张类推适用,Staudinger/Schilken, § 166 Rn. 33。

[17] HK/Dörner, § 166 Rn. 4; Staudinger/Schilken, § 166 Rn. 28。

[18] 对此详细说明,Palandt/Grüneberg, § 242 Rn. 38ff. 。

[19] Bamberger/Roth/Valentin, § 166 Rn. 10; Staudinger/Schilken, § 166 Rn. 20.

一案件类型。但是,只有当一开始使合同相对人产生了信赖,或者特别情事使得行使权利有违诚信时,矛盾行为才变得违反诚信的。[20] 由于 F 本人并没有直接引发 H 的特别人身信赖,所以只剩下第二种可能。在这里,我们可能会完全肯定存在此类特别情事。

但是,就此点而言,问题是:第 166 条总体包含的立法者评价,是否反对上述结论。因此我们很容易得出:如果能够类推适用,那么类推适用第 166 条第 2 款或许是更为正当的。为此,首先需要存在一个计划外的规则漏洞,即立法者必须忽略了这一需要规范的问题。

其次应当检验的是,第 166 条第 2 款是否具有类推能力(analogiefähig),能够提供本案问题的合理解答。第 166 条第 2 款的一般类推能力(grundsätzliche Analogiefähigkeit)也适用于意思瑕疵,这已经获得承认:从第 166 条的规定可以整体类推出这一基本思想,即在具体情形中,代理行为最终以谁的利益评价和决定为基础,谁的意识状态就具有决定性。由此我们推导出,在类推适用第 166 条第 2 款时,当行为相对人实施了恶意欺诈(第 123 条第 1 款),欺骗了被代理人并促使他作出指示,而代理人自身却不存在错误时,存在被代理人的撤销可能性。[21] 由此我们可以反面考虑:在代理人意思瑕疵的情形下,被代理人在实施代理行为之前明知代理人的意思瑕疵,但并未阐明该意思瑕疵,或者未阻止该代理行为,应类推第 166 条第 2 款排除撤销可能性。

2. 结论

因此,说得通的结果是:根据第 166 条第 2 款(可能类推适用),应排除 F 的撤销;所以在案件变型中,H 根据第 433 条第 2 款对 F 的请求权是存在的。

---

[20] Palandt/Ellenberger, § 242 Rn. 55.
[21] BGHZ 51, 141, 145ff.; Palandt/Grüneberg, § 166 Rn. 12; Wolf/Neuner § 49 Rn. 117f.; Medicus, Rn. 902; MünchKomm/Schramm, § 166 Rn. 59. 反对意见, Staudinger/Schilken, § 166 Rn. 17. BGH NJW 2000, 2268, 2269 对于不同于恶意欺诈的意思瑕疵,悬而未决。

案例39　东弗利西亚貂皮 II

一、案件事实

Finerl Feichtmayr（F）在上巴伐利亚小镇经营一家只按小时开放的服装商店，这不需要通过商人方式设立工商经营（eingerichteten Gewerbebetrieb）。她允许其唯一的职员 Gabi Gabelsperger（G）独立完成总价 2000 欧元以下的商品订购。高于该价额的情形，Gabi 需要获得 Finerl 的追认；Gabi 一直是这么做的。

在 Finerl 外出度假一周期间，女商人 Hanne Hansen（H）的书信到了；Hanne 在书信中提及一种特别货物"东弗利西亚貂皮"（黄色橡皮布防水外套），总价 3000 欧元。Gabi 知道，这种防水外套通常明显更贵。因此，她以 Finerl 的名义在 Hanne 那购买了特别货物"东弗利西亚貂皮"。Hanne 通过邮件书面确认了这一订购。当 Finerl 度假结束得知此事之后，她很震惊，因为她担心那些穿民族服饰的顾客会对德国北部的天气服饰（Wetterbekleidung）持保留态度。她打电话到 Hanne 家，告诉 Hanne：她不能让 Gabi 缔结的交易生效；Gabi 无权订立超出 2000 欧元的交易，她始终遵守这一上限。Hanne 反驳道：这和她无关，她信赖 Gabi 的订购有效；Finerl 必须管理好其商店，以便不会出现职员的自作主张。

第二天，Finerl 和 Gabi 收到了 Hanne 的来信。在书信中，Hanne 要求支付约定的 3000 欧元的买卖价款。Finerl 和 Gabi 回信道，她们不会付款，因为他们还没收到货物。Finerl 再次提及她"在电话中表明的立场"。

1. Hanne 可以向 Finerl 和 Gabi 请求支付 3000 欧元吗？

2. Hanne 还可以请求赔偿订单确认书（Auftragsbestätigung）的费用吗？

二、前期思考

本案的案件事实使人强烈地回想起前面的案件，本案涉及无权代理的法律效果。对于被代理人和第三人之间的关系，无权代理的法律效果规定在第 177、178、180 条；至少就 H 对 F 的请求权，应援引相应规范。

第三人和无权代理人之间的法律关系规定在第 179 条。对第 179 条所有三款的体系解释说明[1]：（无权代理人的）责任及其责任范围取决于代理人和第三人的知悉状态。[2] 此外，根据完全的通说，这一规范规定的仅是欠缺代理权的效果。第三人不应通过第 179 条被置于较之于和被代理人订立合同时更为有利的地位。[3] 所以，代理人可以根据第 179 条第 1 款，用他人之抗辩对抗第三人之主张。[4] 但是，第 179 条第 1 款的法律效果并非代理人本人成为合同当事人，而是承担法定担保责任。[5]

根据完全的通说，在第 179 条第 1 款规定了第 262 条意义上的选择之债。如果代理人的履行是不可能的，则根据第 265 条第 1 句，债务关系限于损害赔偿义务。这涉及替代给付损害赔偿，即便请求权仅针对无恢复原状之履行利益，即仅针对金钱，因为否则它就不是履

---

[1] 关于体系解释的一般说明，Köhler § 4 Rn. 16; Tettinger/Mann Rn. 219f.。
[2] Vgl. Wolf/Neunwer § 51 Rn. 19f.; Köhler, § 11 Rn. 71.
[3] Staudinger/Schilken, § 179 Rn. 15.
[4] Soergel/Leptien, § 179 Rn. 6; Staudinger/Schilken, § 179 Rn. 9; MünchKomm/Schramm, § 179 Rn. 22.
[5] Köhler, § 11 Rn. 68.

行请求权的替代选择。[6]

如果在本案中选择了履行,这会导致难题:代理人自己届时享有哪些权利,尤其是他在何种程度上可以援引第 320 条。因此,例如当被代理人在有效代理的情形下不可以撤销合同时,无权代理人也可以撤销。

问题 2 涉及根据第 179 条第 2 款的信赖损害赔偿请求权。在大多数情形下,确定信赖损害对初学者来说比较难。

三、提纲

(一)问题 1:H 的付款请求权 ……………………………… 1
  1. H 基于第 433 条第 2 款,对 F 的付款请求权 ………… 1
    (1)H 的要约 ……………………………………………… 2
    (2)G 的要约 ……………………………………………… 3
    (3)G 对 F 的代理 ……………………………………… 4
      ①自己的意思表示,显名 …………………………… 5
      ②代理权限 …………………………………………… 6
        A. 超越内部授权 ………………………………… 7
        B. 表见授权(Rechtsscheinvollmacht) ……… 8
          a. 根据《德国商法典》第 54 条第 3 款的
            善意保护 ……………………………… 9
          b. 容忍授权 ……………………………… 11
          c. 表象授权(Anscheinsvollmacht) ………… 13
    (4)F 的追认 ……………………………………………… 15
    (5)结论 …………………………………………………… 16

---

[6] Wolf/Neuner § 51 Rn. 28; MünchKomm/Schramm, § 179 Rn. 32. Staudinger/Schilken, § 179 Rn. 12, 16.

2. H 对 G 的请求权 ································· 17
　(1) 合同请求权 ······························· 17
　(2) 根据第 179 条第 1 款的请求权 ·············· 18
　　①请求权要件 ··························· 19
　　②选择履行 ···························· 20
　　③请求权的排除 ························ 21
　　④不履行合同之抗辩权,第 320 条第 1 款
　　　第 1 句 ····························· 22
　　　A. 双务合同 ······················· 23
　　　　[难题:尽管欠缺和 H 之间的双务合同关
　　　　系,G 能够向 H 提出第 320 条第 1 款第 1
　　　　句的抗辩权吗?]
　　　B. 对到期的、完全有效的主给付义务之不
　　　　履行 ·························· 26
　　　　[难题:G 对 H 享有履行请求权吗?]
　　　C. 不存在 G 的先给付义务 ·············· 27
　　　D. G 自己的合同信守 ················· 28
　　　E. 小结 ························· 29
　　⑤结论 ····························· 30

(二) 问题 2:订单确认书的费用赔偿
　1. 根据第 179 条第 1 款的请求权 ················ 31
　2. 根据第 179 条第 1 款,结合第 2 款的请求权 ······ 32
　3. 根据第 280 条第 1 款,结合第 311 条第 2、3 款的
　　请求权 ··································· 33
　　(1) 债务关系 ································ 35
　　(2) 义务违反 ································ 37
　　(3) 可归责 ································· 38
　　(4) 损害 ·································· 39

4. 结论 41

四、解答

(一)问题1:H 的付款请求权

1. H 基于第 433 条第 2 款,对 F 的付款请求权

1　　H 可能根据第 433 条第 2 款,对 F 享有一个支付 3000 欧元的请求权。这一结论的前提是:通过合致的意思表示——要约和承诺,缔结了买卖合同。

(1)H 的要约

2　　要约最初可能含在 H 的书信中,在该书信中提到以 3000 欧元的价格出卖特别货物"东弗利西亚貂皮"。合同要素包含在内,从而可能满足必要的确定性(承诺适格)。但是,并没有确定数量,且 H 不仅向 F 一个人寄出书信,也向很多收件人寄出书信。由于在有法律拘束的情形下,G 要承担订立多个合同而无法履行的风险,因此显然该书信欠缺法律拘束意思。意思表示并不存在[7],只存在要约邀请。

(2)G 的要约

3　　相应地,直到 G 订购时才存在一个具有拘束力的要约,H 通过对订购的确认作出承诺。因此,通过合致的意思表示的交换,买卖合同订立了。

(3)G 对 F 的代理

4　　由于 F 并没有亲自参与合同订立,所以只有当根据第 164 条第 1 款第 1 句和第 3 款 G 有效地代理了她时,合同订立才会为 F 且对 F 发生效力。

---

[7] Brox/Walker, § 8 Rn. 167; Palandt/Ellenberger, § 145 Rn. 2.

①自己的意思表示,显名

G以F的名义发出了要约,因此发出了一个自己的意思表示。

②代理权限

需要检验的是,G实施该行为时是否具有代理权限。

A. 超越内部授权

由于F允许G独立完成总价2000欧元以下的商品订购,所以F向G作出了第167条第1款第1种情形意义上的内部授权。由于内部授权的额度限于2000欧元,G关于3000欧元的订购超出了其代理权限,因此是无代理权的行为,可参见第177条以下诸条。虽然,在理论上,其中2000欧元以下额度的代理可能是有效的。但是,这一结论的前提是:由G订立的合同在第139条第1款的意义上是相应可分割的。但是,以3000欧元价格购买特别货物并不能被分离为一个有效的部分和一个无效的部分。因此,G的行为在整体上是欠缺代理权的。

B. 表见授权(Rechtsscheinvollmacht)

从表见授权学说中,可能会得出不同的结果。基本的共识是:被代理人以可归责的方式引发了授权之外观,且这导致相对人对存在代理权产生值得保护的信赖,则被代理人必须受授权权利外观的拘束。《德国民法典》在第170条及以下诸条规定了相关要件构成。表见授权的基础是信赖责任,这或者从第242条,或者基于类推第171、172条或《德国商法典》第56条发展而来。当H不能援引《德国商法典》第54条第3款时,G可能基于容忍授权或表象授权(Anscheinsvollmacht)而实施了行为。

a. 根据《德国商法典》第54条第3款的善意保护

有可能H须根据《德国商法典》第54条第3款,使得对G代理权的限制并不对她发生效力。为此,F必须向G授予了《德国商法典》第54条第1款意义上的行为授权(Handlungsvollmacht),这一行为授权同样能够限定在特定类型的交易中,诸如商品采购中。然而,行为授权仅得由《德国商法典》第1条及以下意义上的商人所作出。F的时装商店虽然原则上合乎《德国商法典》第1条第1款意义上的商事经营,但是欠缺《德国商法典》第1条第2款的商人属性,其原因在于其工商经营并不需要以商人方式设立的工商经营。F也没有根据《德国商法典》第2条被登记进商事登记簿。因此,《德国商法典》第54条不可适用。

10　**小贴士:**

　　我们并不期待初学者,现在就知晓《德国商法典》第54条。尽管如此,在这里仍检验该规范,是因为否则本解答就是不完整的。此外,偶尔稍微看一下今后学期的材料也不会有害,我们必须要习惯于一般性规定(此处:《德国民法典》)被特别规定(此处:《德国商法典》)所修改,甚或排除。

　　b. 容忍授权

11　容忍授权的前提是:他人为被代理人,如同被代理人之代理人出现,被代理人明知并让这一情形发生,而根据诚实信用原则,行为相对人可以将该容忍理解为,以代理人身份出现的行为人被授权了,且行为相对人实际上也如此理解。[8] 由于G一直以来遵守其法律行为的代理权限范围,因此容忍授权的要件并不满足。

12　**小贴士:**

　　部分观点认为,容忍授权也作为默示授权来理解。[9] 即使我们认为这一主张是对的,还是要提及容忍授权这一概念。根据通说,容忍授权和默示授权的区别在于:被代理人并不具有授权意思。[10] 在欠缺表示意识的情形下,只有当相对人将该行为实际上作为意思表示来理解,并且表意人如尽到交易中必要的

---

[8] BGH NJW 2002, 2325, 2327; Palandt/Ellenberger, §§ 172 Rn. 8.
[9] 进一步说明,Bork, Rn. 1556 附其他参考文献; s. auch Faust, § 26 Rn. 39f.
[10] Köhler, § 11 Rn. 43; Medicus, Rn. 930.

注意本能够发现并避免之时,我们才能认为存在一个推定的意思表示。[11]

c. 表象授权(Anscheinsvollmacht)

有可能 G 的行为通过表象授权可归责于 F。为此需要满足:如尽到和义务相符的注意 F 本可以发现并阻止 G 的行为,而 H 根据诚实信用原则可以认为 F 容忍 G 的行为。[12] 有疑问的是,F 是否造成了 G 被持续授权的权利外观。表象授权通常是以无代理权人实施行为的一定频繁和持续为前提,在本案中因为事情只出现一次,所以不满足该前提。[13] 尽管如此,F 和作为唯一职员的 G 经营一个小商店,以至于不可能进行有效管控。因此,F 并没有造成权利外观;根据权利外观,人们本可以将 G 的行为归责于 F。即便我们想肯定存在必要的权利外观,但由于 G 一直以来可信,也不存在 F 对必要注意的违反,因此 F 不能预估到 G 的自作主张。

小贴士:

因此,就如下争议的问题的取舍在此也无必要:表象授权是否对实际授权的替代,是否只是导致损害赔偿请求权。[14]

(4) F 的追认

因此,根据第 177 条第 1 款,该合同为 F 且对 F 的效力取决于其追认。F 通过表示她不能让 G 的行为对她生效,她根据第 182 条第 1 款、第 184 条第 1 款向 H 拒绝了对合同的追认。因此,这一合同终局不生效。

(5) 结论

H 对 F 并不享有买卖价款支付请求权。

---

[11] 参见案例 3 边码 14 及以下;亦参见 BGH NJW 2002, 2325, 2327。
[12] Köhler, § 11 Rn. 44; Wolf/Neuner § 50 Rn. 94f.
[13] BGH NJW 1998, 1854, 1855.
[14] Vgl. Köhler, § 11 Rn. 44; Staudinger/Schilken, § 167 Rn. 31.

2. H 对 G 的请求权

(1) 合同请求权

17　由于 H 和 G 之间并未就 G 作为当事人的合同进行过磋商,所以排除合同上的请求权。

(2) 根据第 179 条第 1 款的请求权

18　H 可能根据第 179 条第 1 款,对 G 享有一个履行请求权,即支付 3000 欧元的请求权。

① 请求权要件

19　如上文所确定的,G 作为无权代理人订立了一个合同,F 拒绝追认该合同。这一请求权的要件因此原则上满足了。

② 选择履行

20　H 明确要求 F 支付买卖价款,即履行合同。

③ 请求权的排除

21　根据第 179 条第 2 款,当 G 不知道其代理权欠缺时,履行请求权被排除。但是,G 明知其代理权限的具体范围,从而第 179 条第 2 款的要件并不满足。由于 H 既不明知,也不应知[15] G 代理权欠缺,H 的这一请求权并不因第 179 条第 3 款第 1 句的规定而落空。

④ 不履行合同之抗辩权,第 320 条第 1 款第 1 句

22　留待检验的是,G 是否可以根据第 320 条第 1 款第 1 句,以合同未履行之抗辩权来对抗这一履行请求权。

A. 双务合同

23　其前提是存在一个双务合同,但这里并不存在双务合同,因为 G 基于第 179 条第 1 款虽然负担履行 H 和 F 之间未成立的合同义务,但是并不因此成为 H 的合同当事人。从第 179 条第 1 款中仅获得一个法定的履行请求权。

24　因此,第 320 条第 1 款的要件本身并未满足,但是应考虑第 179

---

[15] 这称之为因过失而不知(第 122 条第 2 款)。

条所规定的责任的意义和目的:由于无权代理人引发了合同相对人对于能够和被代理人订立合同的信赖,因而规定无权代理人的责任。根据第179条第1款的无权代理人的责任应该保护这一信赖[16],因此只补偿欠缺代理权造成的不利益,并不使合同相对人在此之外受有利益。如果代理人不能至少主张,在有效合同订立情形下被代理人所享有的抗辩,就会使得合同相对人额外获利。基于这一理由,G可以提出抗辩以及主张第320条以下的抗辩权,来反驳H的请求权,尽管并不存在合同。[17] 因此,第179条第1款在结果上,在合同相对人和无权代理人之间设立了不取决于合同相对人和无权代理人意思的法定债务关系;这一法定债务关系的内容以未成立的合同为准。[18] 代理人事实上获得了合同当事人的地位,但是仅仅涉及针对他的请求权。[19]

如果F和H之间存在一个合同,则这会是一个买卖合同,也是一个第320条第1款意义上的买卖合同。在这一买卖合同中,买卖价款支付义务和交货义务作为主义务处于对待关系。

B. 对到期的、完全有效的主给付义务之不履行

G因为H没有交货,拒绝支付价款。第320条的抗辩权的前提是:G的对立请求权完全有效且到期。虽然根据通说,通过第179条第1款的责任,当相对人选择履行时,代理人自己并没有获得对相对人的履行请求权。顺理成章地,我们必须否定G享有必要的反对请求权(Gegenanspruch)。但是,通说在一定程度上,赋予了无权代理人一个并非可独立实现的履行请求权(nicht isoliert durchsetzbarer

---

[16] BGH NJW 2000, 1407, 1408; Köhler, § 11 Rn. 68; Wolf/Neuner § 51 Rn. 19; MünchKomm/Schramm, § 179 Rn. 1f.

[17] Soergel/Leptien, § 179 Rn. 16; Staudinger/Schilken, § 179 Rn. 15.

[18] Wolf/Neuner § 51 Rn. 23; Soergel/Leptien, § 179 Rn. 16; MünchKomm/Schramm, § 179 Rn. 32. 这里并不涉及合同承受,因为这一合同因拒绝追认而终局不生效。Wolf/Neuner § 51 Rn. 23。

[19] Palandt/Ellenberger, § 179 Rn. 5.

Erfüllungsanspruch)。因此,他通过履行获得对待给付权利,但是这仅得通过第 320 条第 1 款才能实现。[20] 因为否则的话,合同相对人获得给付而无须提出对待给付。因此,在适用第 320 条第 1 款第 1 句时,针对的应是合同相对人和被代理人之间的合同成立的情形。如果 F 和 H 之间的合同成立,F 本可以通过第 320 条第 1 款第 1 句,以其根据第 433 条第 1 款第 1 句的履行请求权来对抗 H 的请求权,只要 F 的履行请求权完全有效且不存在不同约定而根据第 271 条第 1 款已到期。

C. 不存在 G 的先给付义务

27　　双方没有约定 F 的先给付义务;这一先给付义务在买卖法中亦未规定。

D. G 自己的合同信守

28　　最后,作为不成文的要件,第 320 条第 1 款第 1 句还要求债务人自己信守合同。[21] 所以,债务人原则上必须愿意履行其给付义务,例如不可以陷入债务人迟延。[22] 由于 G 尚未陷入迟延,因此她应被视为信守了合同。

E. 小结

29　　第 320 条第 1 款第 1 句的要件因此满足了。G 有权在东弗利西亚貂皮交货之前拒绝支付买卖价款。

⑤结论

30　　H 可以根据第 179 条第 1 款,在同时交付东弗利西亚貂皮的条件下,请求 G 支付买卖价款(第 320 条第 1 款、第 322 条第 1 款)。

---

[20] Medicus, Rn. 986; MünchKomm/Schramm, § 179 Rn. 32 附其他参考文献; Soergel/Leptien, § 179 Rn. 15; Staudinger/Schilken, § 179 Rn. 15。

[21] BGH NJW 2002, 3541, 3542f.

[22] Palandt/Grüneberg, § 320 Rn. 6.

(二)问题2:订单确认书的费用赔偿

1.根据第179条第1款的请求权

第179条第1款的要件满足了。根据这一规范的明确文义,H在其履行请求权之外不能同时请求损害赔偿,而是替代性的。因此,问题在于:H在其履行请求之后是否还可过渡到损害赔偿请求。通说将第179条第1款作为第262条意义上的法定选择之债来看。[23] 这一观点的结果是,根据第263条第2款,先前作出的选择是具有拘束力的。根据另一种观点,第179条第1款却应被看作所谓的选择竞合(sog. elektiven Konkurrenz)情形[24],即债权人的另类选择权;在这种选择权中拘束力很晚才产生,以致从一种权利救济换到另一种权利救济是可能的。[25] 我们是否应将第179条第1款如是理解,可以搁置不论,因为在这一规定中提供择一的损害赔偿都是"因不履行"之损害赔偿或"替代给付"之损害赔偿。所以根据第179条第1款,结合第249条第1款,H可以向F请求被置于如同H和G之间合同成立时她所处的利益状态。那时就同样产生了订单确认书的费用,并由H承担。因此,这一缔约费用并非在相当因果关系的意义上基于G的无权代理行为而产生,因此是不可赔偿的;在第179条第1款并未规定信赖损害赔偿。所以,根据这一规定,H不能向F请求赔偿订单确认书的费用。

2.根据第179条第1款,结合第2款的请求权

H可能根据第179条第2款,对G享有一个信赖损害赔偿请求权。这一结论的前提是:G作为代理人不知欠缺代理权限。由于G

---

[23] Wolf/Neuner § 51 Rn. 28; Soergel/Leptien, § 179 Rn. 15; Staudinger/Schilken, § 179 Rn. 13; MünchKomm/Schramm, § 179 Rn. 31.

[24] Palandt/Ellenberger, § 179 Rn. 5.

[25] 详细说明,Bork,Rn. 1680ff.; Medicus/Lorenz, Rn. 110f.; Palandt/Grüneberg, § 311 Rn. 60ff. 附其他参考文献。

明知其代理权的欠缺,因此第 179 条第 2 款的请求权要件并未满足。

3. 根据第 280 条第 1 款,结合第 311 条第 2、3 款的请求权

33　　H 可能根据第 280 条第 1 款,结合第 311 条第 2 款或 3 款,对 G 享有一个赔偿订单确认书费用的请求权。根据完全的通说,第 179 条第 1 款并未排除这一基于缔约过失的请求权。

34　　**小贴士:**
　　　　但是,缔约过失请求权的意义是有效的,因为第 179 条第 1 款是无过错的,且旨在赔偿履行利益。相反,缔约过失请求权首先需要存在代理人和第三人之间的债务关系;正如呈现的,这一债务关系轻易不会存在。此外,根据第 280 条第 1 款,只有基于前合同的义务违反所生之损害才应赔偿,即信赖损害。

(1) 债务关系

35　　由于 G 和 H 进行合同磋商,故债务关系可能产生自第 311 条第 2 款第 1 项或第 3 款。然而,G 不是以自己的名义实施行为,而是为 F 实施行为。但是,根据第 311 条第 2 款第 1 项的债务关系通过开始合同磋商而产生,并因此在磋商的当事人之间,在本案中即在 F 和 H 之间形成债务关系。这一点被第 311 条第 3 款第 1 句佐证;根据这一规定,债务关系也可对非属合同当事人的人而产生。

36　　因此,应检验的是,是否根据第 311 条第 3 款,可能结合第 2 款,在 G 和 H 之间产生了一个债务关系。根据第 311 条第 3 款第 2 句,当 G 在合同磋商中利用了特别的人身信赖并因此对磋商有重大影响时,尤其属于这种情形。但是,本案并非属于这种情况,只是 G 没有必要代理权而订立了一个合同。仅这一事实对于代理人的自己责任仍嫌不足,因为第 311 条第 3 款第 2 句源于此前德国联邦法院的判决,根据该判决,对代理人的缔约过失损害赔偿请求权只有在特别条件下才应存在,这样代理人不至于陷入过度的责任

风险之中。[26] 然而,这一保护思想并不适用于故意实施无代理权行为的人,从而我们在这里可以肯定存在一个根据第 311 条第 3 款第 1 句并结合第 2 款第 3 项的债务关系(其他观点容易说理,届时在这里结束检验,得出相应结论)。

(2)义务违反

G 必须违反了基于先合同债务关系或合同外债务关系所生义务。根据第 241 条第 2 款,她负有理当顾及 H 财产利益的义务。由于无代理权订立合同可能损害 H 的财产利益,G 违反了其基于第 243 条第 2 款的义务。

37

(3)可归责

根据第 280 条第 1 款第 2 句,G 必须说明并证明她对于这一义务违反并不存在第 276 条第 1 款第 1 句意义上的可归责。由于她故意超越其代理权,故对她来说实现这一点是不可能的。

38

(4)损害

H 通过和 F 订立合同遭受了财产损失意义上的损害,该合同根据第 177 条第 1 款首先是待定不生效的,且最终不生效。因此,根据第 249 条第 1 款,G 必须将她置于如同没有义务违反时她所处的利益状态。如果 G 没有发出该意思表示或者将欠缺代理权公开,H 或许不会尝试和 F 订立合同。因此,H 应被置于如同存在 G 的要约时她所处的利益状态。那时,她不会对不生效的缔约进行书面确认。换言之,H 可以请求赔偿信赖损害;在这里信赖损害体现在她一般可以请求赔偿信纸、信封、邮资的费用。

39

但是,应该考虑到,H 根据第 179 条第 1 款还要求履行。正如从第 179 条第 1、2 款以及第 284 条的评价中所知,考虑信赖损害赔偿只是至多作为不履行损害赔偿请求权之替代。否则这会使得债权人得

40

---

[26] 详细说明,Bork, Rn. 1680ff.; Medicus/Lorenz, Rn. 110f.; Palandt/Grüneberg, § 311 Rn. 60ff. 附其他参考文献。

利,因为他就其在正常履行情况下必须承担的费用,获得了赔偿。所以,赔偿订单确认书费用之请求权不存在,因为在和 F 有效订立合同的情形也存在这一费用。

4. 结论

41　　H 对 G 并不享有一个基于第 280 条第 1 款,结合第 311 条第 2、3 款,关于赔偿订单确认书费用的请求权。

案例40　被骗的女继承人

(参照 BGH NJW 1995, 953)

一、案件事实

Manni(M)于90岁高龄死亡,无遗嘱,无子嗣。他身后留下和他别居之妻子Frauke(F)。在他去世之前,Manni告诉其生活伴侣Lena(L):在他死后要联系Doris(D),Doris已知道要做什么。实际上,Manni将有价证券交给了Doris,并委托她在他死后转交Lena。在逝世当天,Frauke派其第一次婚姻中的女儿Trude(T)来到Manni的住所,在那里找寻有价证券。在Manni的住所中,Trude碰到了Lena和Doris,就对他们说:她要找那些有价证券。她问这两个人,她们是否知道那些有价证券在哪里。Lena和Doris否认知情。在之后的搜寻中,Trude并未找出有价证券。Trude走后,Doris将有价证券交给了Lena。

过后,Frauke向Lena请求返还有价证券,Lena以"Manni遗愿"拒绝了她的返还请求。最后进入诉讼程序,在诉讼中双方律师争论,Trude有关有价证券下落的问题在法律上是否具有意义。Lena的律师认为这是没有意义的,因为Trude通过其问题并未发出意思表示。

Frauke能够向Lena请求返还有价证券吗?

二、前期思考

这一案件是作为复习深化而设计的,因此不太适合初学者,无论如何,这涉及移转所有权的可能的法律原因。

首先需要对请求权基础进行说明:在继承法中(第2018条)找不到请求权基础;由于也看不到 F 和 L 之间存在合同上的返还请求权,所以只有考虑前已提及过的第985条和第812条。

对第985条而言,重要的是:提出请求权之人在其主张之时是否是所请求返还物的所有权人,相对人是否为(无占有权的,第986条)占有人。如果提出请求权之人原非所有权人,应按照时间顺序考察,他是否取得了该所有权,是否可能基于对相对人或第三人的处分又丧失了该所有权。此时应注意到抽象原则:处分的法律原因,即通常是作为基础的债权上的约定在第985条中并不重要,因此尽量不要提及。如果处分行为有效,接下来对第812条的检验,会为讨论(债权上的约定)提供足够机会。然而,债权上的约定在第985条的范围内,检验第986条的抗辩要件构成时,即对于请求权相对人可否有权占有他人之物并因此无须返还的问题,也具有意义。

因此在本案件中,我们必须检验:D 是否作为 F 的代理人,根据第929条第1句有效地将有价证券的所有权移转。在检验过程中,如下问题具有意义:D 是否从被继承人处获得代理权,这一代理权是否针对死亡情况而授予[所谓的死因授权(postmortale Vollmacht)],进而这一授权是否可能根据第1922条也对继承人 F 有效。此时,我们还要想到代理权的可撤回性,并考虑到撤回是一个法律行为。为此,需要存在相应的意思表示,但在这里,意思表示非由继承人本人发出。鉴于上述案件事实,我们需要高度注意这一点,必须非常细致地思考意思表示的要件构成。

在不当得利法返还请求权的范围内,给付的可能法律原因需要详细探析。由于这超出了本书的论题范围,所以相关说明保持简短;在那里会提及第2301、516条。

三、提纲

(一) 根据第2018条,F对L的证券返还请求权 ·················· 1
  1. F的继承人地位(Erbenstellung) ·················· 3
  2. L作为遗产占有人 ·················· 5
  3. 结论 ·················· 6
(二) 根据第985条,F对L的有价证券返还请求权 ·················· 7
  1. L对有价证券的占有 ·················· 8
  2. F对有价证券的所有权 ·················· 10
    (1) F的所有权取得 ·················· 11
    (2) 根据第929条第1句丧失所有权 ·················· 12
      ① 关于所有权移转的有效合意 ·················· 13
        A. 以他人名义的合意表示 ·················· 14
        B. 存在代理权 ·················· 15
        C. 由T撤回代理权 ·················· 17
        [难题:通过单纯的询问是否保有有价证券,T已经有效地撤回了M对D授予的代理权?]
      ② 向L交付有价证券 ·················· 25
      ③ F有权 ·················· 26
    (3) 小结 ·················· 27
  3. 结论 ·················· 28
(三) 在认定代理权撤回情形下的辅助鉴定(Hilfsgutachten) ·················· 29
  1. 撤回的客观要件构成 ·················· 32

  2. 撤回的主观要件构成 ·················· 33
   (1) T 的表示意识 ···················· 34
   (2) 欠缺表示意识的结果 ·············· 35
    [难题:欠缺表示意识有利于 T,导致其撤回表示有效?]
   (3) 小结 ······························ 38
  3. 根据第 138 条第 1 款,代理不生效力 ···· 39
  4. 结论 ································ 40
 (四) 根据第 812 条第 1 款第 1 句第 1 种情形,F 对 L 的有价证券返还请求权 ·············· 41
  1. 所得 ································ 42
  2. 通过给付 ···························· 43
  3. 无法律原因 ·························· 44
   (1) M 生前赠与,第 516 条第 1 款 ······ 45
   (2) 死因赠与,第 2301 条第 1 款 ······ 46
   (3) 生前赠与允诺,第 516 条第 1 款 ···· 49
   (4) 不存在根据第 530 条第 1 款的撤回 · 50
  4. 结论 ································ 51
 (五) 根据第 823 条第 1 款、第 826 条、第 249 条,F 对 L 的有价证券返还请求权 ············ 52

四、解答

(一) 根据第 2018 条,F 对 L 的证券返还请求权

1   F 能够根据第 2018 条,请求 L 返还有价证券,如果她在其丈夫 M 死后继承了 M 的财产,且 L 是有价证券的遗产占有人的话。

小贴士：

这样列举出请求权要件，对初学者而言具有好处，列举会迫使初学者注意这些要件。尽管如此，列举在本质上是不必要的，因为无论如何接下来要检验所有的要件。因此，我们在大学学习过程中，应戒除列举所有权请求权要件之习惯。尤其是当我们要解答一个具有多个请求权基础的范围很大的问题时，写下列举的要件会耗费时间。列举也会对一些考官产生负面影响，因为列举要件是不必要的。

1. F 的继承人地位（Erbenstellung）

有疑问的是，F 是否为 M 的继承人（第 1922 条第 1 款）。由于 M 并未设立遗嘱，继承顺位根据第 1924 条及以下的法律规定确定。根据第 1931 条第 1 款，配偶享有法定继承权，其法定继承权的范围取决于被继承人是否遗留有第 1589 条第 1 句意义上的亲属。由于此处并不属于这一情形，根据第 1931 条第 2 款，F 作为唯一继承人获得全部遗产。

小贴士（对进阶者的）：

由于 M 未递交离婚申请，其妻子 F 也未同意该离婚申请，所以无须考虑第 1933 条的继承权排除。单纯的配偶别居并不足以排除配偶继承权。[1] 因此，F 成为 M 的唯一继承人。考虑到案件事实的表述，这虽然应被论及，但是在裁判风格鉴定中应作简要处理。

2. L 作为遗产占有人

应检验的是，就诉争标的有价证券，L 是否是第 2018 条意义上的遗产占有人。为此，L 必须基于事实上不并属于她的遗产继承权，获

---

[1] MünchKomm/Leipold, § 1931 Rn. 8.

得了有价证券。[2] L虽然占有有价证券,但是获得占有是基于D的交付,而并非基于僭越的继承权。因此,就有价证券而言,L并非遗产占有人。

3. 结论

6　因此,F基于第2018条对L的请求权并不存在。

(二)根据第985条,F对L的有价证券返还请求权

7　F可能根据第985条,请求L返还有价证券,如果F是有价证券的所有人,而L是无占有权的占有人的话。

1. L对有价证券的占有

8　D将有价证券交付给L,并因此赋予她对有价证券的第854条第1款的事实上物的支配。据此,L是占有人。

9　**小贴士:**

在第985条的框架下,通常在检验提出请求权之人的所有权地位之后,我们才检验请求权相对人的占有。但是,这里有两点理由反对这么做:其一,F将其对有价证券的所有权丧失给了L,这是确定的,导致检验L的占有人地位是多余的。其二,L对有价证券的占有,一句话就可以确定。

2. F对有价证券的所有权

10　应检验的是,F是否有价证券的所有权人。

(1) F的所有权取得

11　在M去世之前,M是所有权人。根据第1922条第1款、第1931条第2款,在其去世之后,其所有财产移转给其法定的唯一继承人F。F因此获得了M的所有权人地位。

---

[2] MünchKomm/Helms, § 2018 Rn. 18; Palandt/Weidlich, § 2018 Rn. 5.

（2）根据第 929 条第 1 句丧失所有权

有可能的是,根据第 929 条第 1 句,F 通过移转所有权,将其对有价证券的所有权丧失给了 L。这是以关于所有权移转的有效合意和有价证券对 L 的交付为前提。 12

①关于所有权移转的有效合意

并不存在第 929 条第 1 句意义上 F 和 L 之间的合意。然而,D 和 L 已经形成了 L 获得有价证券所有权的合意。只有当 D 根据第 164 条第 1 款有效代理了 F,D 和 L 之间的物权合意才会为 F 且对 F 发生效力。其前提是:D 将合意表示作为自己的合意表示发出,然是以 F 的名义,且具有 F 授予的代理权。 13

A. 以他人名义的合意表示

有疑问的是,D 在合意中是否以对 L 可知的方式,以 F 的名义做出行为。从明示上看,D 并不以 F 的名义做出行为。但是,根据第 164 条第 1 款第 2 句,L 可能从情事中可知:合意表示的效果不应涉及 D,而应涉及 F。[3] L 知道,D 并非有价证券的所有权人,因此 D 不是以自己的名义让与这些有价证券。然而,L 是否意识到 D 是以继承人 F 的名义出现,这是有疑问的。因为单纯知道合同应以他人名义被缔结,一般是不够的。[4] 但是,具体知道本人也是不必要的,在合同订立时对合同相对人可知就够了。本案满足这一情形,因为 L 无论如何都愿意和有价证券的所有人缔约。D 以 F 的名义和 L 形成了关于移转有价证券所有权的合意。 14

B. 存在代理权

应检验的是,D 在以 F 的名义发出合意表示之时是否被授予代理权。F 本人并没有授权 D 代理权,但是 M 委托 D 并授权他,在 M 15

---

[3] MünchKomm/Schramm, § 164 Rn. 15.
[4] BGH NJW - RR 1988, 475, 476; NJW 2000, 3344, 3345; MünchKomm/Schramm, § 164 Rn. 18.

去世后将有价证券所有权移转给 L。根据第 672 条第 1 句,委托并不因委任人的死亡而消灭。由此,根据第 168 条第 1 句,为实施委托所必要的授权继续存在。所以,D 在 M 去世之后,在法律上仍能履行 M 的委托。

16 **小贴士**:

法律行为所授予的代理权限(=意定代理权,第 166 条第 2 款第 1 句设有法律定义),原则上并不依赖于基础关系的存在(例如服务合同、委托、事务处理合同)。这就是说,即使基础关系不成立时,代理权也存在,原则上代理权亦可不依赖于基础关系而被撤回(第 168 条第 2 句)。基础关系设置了法律上的允许(das rechtliche Dürfen),意定代理权则设置了法律上的能够(das rechtliche Können)。例如一个未成年人未经其父母允许而被委托去购买一辆汽车,该委托合同根据第 108 条第 1 款不生效,而其中默示表达的授权则因第 107 条有效(中性行为)。这导致的结果是:未成年人虽然能够购买汽车,但由于欠缺基础关系不允许这么做。但是,授权行为和基础关系之间的抽象性在第 168 条第 1 句中被突破;伴随着基础关系的消灭,为实现基础关系而授予的代理权也随之消灭。因此,如果委托合同消灭,则根据第 168 条第 1 句,在有疑义时代理权也消灭,而无须特别撤回代理权。

C. 由 T 撤回代理权

17 D 的代理权可能根据第 168 条第 2 句而消灭,如果该代理权被有效撤回的话。

18 **小贴士**:

代理权随时可以撤回,除非代理权是不可撤回地授予的。根据第 168 条第 3 句、第 167 条第 1 款,撤回不仅可以向被授权人作出,也可以向第三人(合同相对人)作出,这和意定代理权是外部授权还是内部授权无关。然而,如果授权是向第三人作出,而代理权是向被授权人撤回的,则适用第170条及以下法定的表见责任原则。

当继承人F取代被继承人的法律地位时(第1922条第1款),她也享有撤回已授予代理权的权利。[5] 但F本人并没有发出撤回表示。不过,有可能被F授权的女儿T撤回了D的代理权,第164条第1款第1句。这是以T存在相应的意思表示为前提。

并不存在T的明示撤回。但是,撤回可能体现在T向D提出是否保有有价证券的问询中。这个问询的表达能否根据第133、157条被解释为撤回,取决于根据客观受领人的视角,通过T的这一问询是否表达出她的这一意思:所有损害到F继承人地位的处分均应停止。

支持将问询宽松解释为代理权撤回的理由可能是:继承人在被继承人去世后并不清楚被继承人在他死亡之前是否授予了代理权,或者向谁授予了代理权。[6] 因此,T作为F的代理人,所作出的她在找寻有价证券的表达,从D的角度只能被理解为F想要自己利用有价证券。尤其是D必须意识到T不知道存在授权,因此不能更具体地将其如下意思表达出来,即为继承人的财产获取有价证券。依照这一观点,存在撤回代理权的客观表示要件构成。[7]

但是,反对这一观点的理由是:只有当通过解释能够从外在表达中得出一个引发特定法律效果的明确意思时,外在表达才构成意思表示。[8] T关于是否保有有价证券的问询,首先只具有信息内容。虽然这一问询明显是旨在防止家财清理(Wohnungsauflösung)中丢失了有价证券。但是,从客观受领人的视角看(第133、157条),如果没有附加额外的情事,从该问询中并不能清晰地得出将有价证券不给

19

20

21

22

---

[5] Palandt/Weidlich, Einf. v. § 2197 Rn. 13.
[6] Schultz, NJW 1995, 3345, 3347.
[7] 如是认为,Schultz, NJW 1995, 3345, 3347ff.。
[8] Bamberger/Roth/Wendtland, § 133 Rn. 4, 8.

L的意思,即便将有价证券所有权移转给 L 合乎被继承人的"最后意愿"(letzten Willen)。所以,对处于 D 情势下的客观第三人来说,可以想见的是:T 在知道授权时尊重 M 的"最后意愿",不考虑撤回代理权[9],或者至少与 F 商议这一问题。因此,将 T 关于有价证券的问询赋以撤回代理权的客观表示意义,就被排除了。

23 **小贴士:**
T 的问询能否被客观解释为撤回,这一难题是本案的关键。我们必须通过对争议的详细说明以及论证,来对该难题加以考虑(适当的权衡)。

24 D 的代理权并没有根据第 168 条第 2 句被撤回。因此,D 和 L 之间存在第 929 条第 1 句的有效合意。

②向 L 交付有价证券

25 D 在第 929 条第 1 句的意义上将有价证券交付给 L,赋予了 L 事实支配。

③F 有权

26 F 作为有价证券的所有权人,有权移转所有权。

(3)小结

27 因此,根据第 929 条第 1 句,将有价证券所有权移转给 L 是有效的。F 将其对有价证券的所有权丧失给了 L。

3. 结论

28 F 不能根据第 985 条,请求 L 返还有价证券。

(三)在认定代理权撤回情形下的辅助鉴定(Hilfsgutachten)

29 如果我们将 T 关于是否保有有价证券的问询解释为代理权的撤回,作为辅助鉴定,应该进行说明的是,是否结果有所不同。

---

[9] 不同观点,Schultz, NJW 1995, 3345, 3347。

小贴士:

根据案件事实,当事人的律师之间存在争议的是:T 关于有价证券的问询,是否因为欠缺表示意识而不构成有效的撤回。解答案件必须要对案件事实中提及的每个问题进行探究。在本案中,由于已否定存在撤回表示的客观事实构成,因此只有通过辅助鉴定,才能对于这一问题发表意见。虽然大家还会考虑,在一开始将表示客观事实构成的争议搁置不论,以便确定这两种观点是不是最后不会形成同一结论。但是,这么做将使得此处的案件解答混乱得无法概观。

应加以检验的是,D 的代理权是否根据第 168 条第 2 句因撤回而消灭。

1. 撤回的客观要件构成

如作为客观的受领人,D 必须认为,T 关于是否保有证券的问询表达了她的如下意思:她作为唯一继承人的代理人,要阻止所有可能损害继承人利益的处分行为。D 享有将有价证券移转给 L 的这一代理权限,也属于这种情形。

2. 撤回的主观要件构成

然而,在一个意思表示中,客观的表示需具有表意人相应的内心意思。意思和表示必须要相互一致。因此,T 的撤回表示,必须以内在的行为意思、表示意思和效果意思为基础。[10] 由于 T 的问询是一个有意识的外部行为,因此毫无疑问存在行为意思。

(1) T 的表示意识

然而有疑问的是,T 在发出撤回表示时是否具有表示意识。我们将表示意识理解为意识到通过外在表达发出了一个意思表示,即

---

[10] Erman/Arnold, Vor § 116 Rn. 2ff.; MünchKomm/Armbrüster, Vor § 116 Rn. 22ff.; Palandt/Ellenberger, Einf. v. § 116 Rn. 1ff.; Hirsch, Rn. 173ff.

意识到在进行法律行为。T并不知道D的代理权的存在。因此,关于有价证券的问询,从她的视角来看,应不是代理权的撤回,而仅仅是一个事实上的表述。所以,我们不能认为她意识到通过其问询发出了法律上重要的表示。

(2)欠缺表示意识的结果

35　　有疑问的是,T欠缺表示意识是否必然导致代理权撤回的不生效。

36　　依照学界一种意见[11],意识到发出法律上具有拘束力的表示,这是意思表示不可舍弃的组成部分。如果没有表示意识,所发出的意思表示就不再是表意人私法自治的决定,因此该意思表示是无效的。相应地,代理权的撤回也当然是无效的。

37　　相反,法院和通说的观点认为,当表意人在尽到交易中必要的注意后,原本能发现其表述可以被作为意思表示理解,且相对人实际上也这样认为时,尽管欠缺表示意识仍认为存在意思表示。[12] 这些要件此处是否满足,依照多数说,并不确定。因为意思和表示必须一致这一基本要求的例外,只是用于保护表示相对人。[13] 当表意人过失地引发了愿意受法律上拘束之表象时,表示相对人对这一表示其法律有效性(Rechtswirksamkeit)的信赖不应被落空。但是,在本案情形中,认为欠缺表示意识时存在有效的意思表示,将会产生相反效果:即表示被误解的表意人(会受到)优待。换言之,恰恰是过失的、不谨慎表达出来的T的表示产生了如下效果:撤回表示是有效的,F基于第985条的返还请求权得以成立。这可能违反了对表示相对人的保

---

〔11〕 Canaris, NJW 1984, 2279, 2281f.；Fabricius, JuS 1966, 1；Thiel, JZ 1969, 405, 407；Wieacker, JZ 1967, 385, 389.

〔12〕 BGH NJW 2002, 363, 365；BGHZ 91, 324ff.；109, 171, 177；Brox/Walker, § 4 Rn. 85；Hirsch, § 4 Rn. 591. 附其他参考文献；Jahr, JuS 1989, 249, 256；Köhler, § 7 Rn. 5.

〔13〕 BGH NJW 1995, 953.

护初衷。[14] 因此,根据这一观点,也不存在有效的代理权的撤回(其他观点亦可)。

(3)小结

T并没有意识到在进行法律行为这一情事,使得代理权的撤回不生效。D在物权合意中是以F的名义行为,具有代理权。

3. 根据第138条第1款,代理不生效力

但是,关于有价证券所有权移转的合意可能根据第138条第1款而无效,如果D和L故意串通来造成F的损害。[15] 为此,一方面需要存在造成被代理人受损的代理人的信义违反,另一方面需要存在合同相对人对这一信义违反的有意识利用。[16] D和L就所有权移转达成合意,尽管双方应认为代理权被T撤回。同样,将有价证券所有权移转给L,造成了F的损害。然而,从有利于D和L的角度看,我们应当认为:从非专业的视角来看,他们通过移转所有权并没有损害F,而只是践行M的最后意愿。同样的理由也可用于反驳存在不当行使权利的抗辩(第242条)。[17] 无论如何,对L而言,违反义务行使代理权并不明显,因为从她的非专业视角不一定产生对代理权行使合法性的怀疑。无论是第138条第1款,还是第242条均不能阻碍物权合意的有效性。

4. 结论

D和L关于所有权移转的物权合意是有效的。根据第929条第

---

[14] 批评,Habersack, JuS 1996, 585, 587f. 他认为,德国联邦法院(BGHZ 91, 324, 329f.)同样以保护表意人的理由来论证欠缺表示意识的学说,因为撤销较之于无效更好地考虑了意思自治的决定自由。此外,如果我们在此类案件中将意思表示的效力取决于意思表示有效是否对表示相对人有利或不利——这通常并不容易确定,交易安全会受到严重损害。

[15] Palandt/Ellenberger, § 164 Rn. 13; BGH NJW 1989, 26; NJW-RR 1989, 642; OLG Hamm NJW-RR 1997, 737, 738.

[16] BGH NJW-RR 1989, 642.

[17] 关于代理权滥用要件的观点现状,详细说明,MünchKomm/Schramm, § 164 Rn. 108ff. 。

1句,通过将有价证券交付给 L,该所有权移转于 L。所以,F 基于第 985 条对 L 的返还请求权被排除了。

(四)根据第 812 条第 1 款第 1 句第 1 种情形,F 对 L 的有价证券返还请求权

41　　根据第 812 条第 1 款第 1 句第 1 种情形,F 可能对 L 享有一个有价证券返还请求权。为此,L 必须通过给付、无法律原因获得了什么。

　　1. 所得

42　　L 获得了有价证券的占有和所有权,因此获得了财产利益。

　　2. 通过给付

43　　L 必须通过给付获得这一财产利益。给付是任一有意识、有目的的、对他人财产之增益。[18] D 为移转所有权之目的将有价证券交付给 L,并因此有意识地增益了 L 的财产。所以,L 通过 D 的给付获得了有价证券。

　　3. 无法律原因

44　　L 必须无法律原因获得该财产利益。在给付不当得利的框架下,当给付追求的目的并没有实现时,例如作为给付基础的原因行为不再存在,因而给付是基于事实上不存在的债务,则欠缺法律上的原因。[19]

　　(1)M 生前赠与,第 516 条第 1 款

45　　可以保有有价证券的法律原因可能是在 M 和 L 之间成立的赠与合同。赠与合同的内容是财产价值的无偿给予(第 516 条第 1 款)。M 在世期间只是向 L 指示,她要在他死后找 D。这并不足以构成缔结生前赠与合同。

---

〔18〕 BGHZ 58, 184; 111, 382; BGH NJW 1999, 1393; Erman/Buck-Heeb, § 812 Rn. 11; Palandt/Sprau, § 812 Rn. 3.

〔19〕 Erman/Buck-Heeb, § 812 Rn. 44f. ;关于第 812 条框架下的法律原因概念,详细说明,Kupisch, NJW 1985, 2370ff. 。

(2) 死因赠与, 第 2301 条第 1 款

可以考虑的是存在一个死因赠与(第 2301 条第 1 款)。因为在 D 知悉的情形下, M 对 L 关于她要在他死后找 D 的指示, 可能构成一个以 M 死亡为期限的赠与允诺, 该赠与允诺的条件是 L 比 M 活得更长; 只有这样, 这一赠与允诺才能被 D 执行。无论如何, M 委托了 D 在其去世之后将有价证券的所有权移转给 L。因此, 或许根据第 2301 条第 1 款第 1 句, 应遵循关于死因处分的规定, 进而根据通说要遵守第 2276 条的形式规定[20]; 该形式规定要求制作成公证人证书。但是, 基于指示表述的内容不确定性, 我们不能认为存在一个死因赠与。从该表述中, 既不能得出一个明确的赠与意思, 也不能得出赠与标的。

小贴士:

根据第 2301 条第 1 款, 死因赠与允诺的前提是, 被继承人在其死亡之前发出一个赠与允诺, 该赠与允诺的生效以其死亡为期限, 并以被遗赠人活得更长为停止条件。[21] 如果赠与人在世期间执行了死因赠与允诺, 则根据第 2301 条第 2 款, 该赠与允诺应被作为生前赠与来处理。根据通说, 执行(Vollzug)的要件是: 赠与人的财产, 因赠与即时且直接地减少。[22] 当受赠人被赋予一个期待权时[23], 即当标的物被交付, 而所有权移转在延缓条件成就时以及第 2301 条第 1 款第 1 句的期限届满才完成时[24], 就属于这一情形。因此, 当标的物应该在赠与人去世之

---

[20] Palandt/Weidlich, § 2301 Rn. 6 附其他参考文献。
[21] Brox/Walker, Erbrecht, 25. Aufl. 2022, Rn. 741; Erman/Schmidt, § 2301 Rn. 3ff.
[22] Brox/Walker, Erbrecht, 25. Aufl. 2022, Rn. 744.
[23] OLG Hamburg NJW 1961, 76; BGH WM 1971, 1338, 1339; Schreiber, Jura 1995, 159, 161.
[24] 部分观点主张, 即便所有权移转随着赠与人的死亡自动发生时, 也应肯定存在执行(赠与), 而并不需要满足, 所赋予受赠与人的法律地位在赠与人在世期间是不可消灭的这一要件。MünchKomm/Musielak, § 2301 Rn. 19, 22。

后由代理人移转所有权时[25],不存在执行。有争议的是,当因表示使者的介入,导致所有权移转直到赠与人死后才发生时,是否存在执行。根据通说,在这种情形下也存在执行,因而执行并不取决于赠与人在意思表示的发出和到达之间偶然死亡[26];但是当根据赠与人的指示,移转所有权的要约应该直到其死后才由使者传递时,不构成执行。在这种情形下,并不存在赠与人在世期间的财产减少的情况。因此,只有那种"在路上的"物权合意表示才受到优待。[27] 如果使者尚未转达移转所有权的表示,继承人可以根据第 130 条第 1 款第 2 句撤回该意思表示。但是,如果赠与人无论如何都会作出赠与允诺,且只对执行设有其死亡的期限,则根据第 516 条第 1 款,存在一个生前赠与。[28]

48　　但是有可能的是,D 受 M 的委托,并以他人的名义,发出了这一死因赠与允诺。在形成物权合意的同时,D 和 L 也默示地订立了赠与合同,且 D 仍拥有必要的代理权限,因为根据第 672 条第 1 句、第 168 条第 1 句,无论是委托合同还是在委托合同中所包含的默示授予的代理权,都不因 M 的死亡而消灭,从而也并不导致代理权的撤回。然而,死因赠与允诺的作出,在要件构成上是以允诺人的死亡为期限,且以被赠与人活得更久为条件。[29] 由于按照 M 的想法,D 在 M 死后才应将有价证券赠与给 L,M 死亡这一事件可能不是赠与的生效条件。[30] 对第 2301 条第 1 款的类推适用也被排除,因为应该认为,M 为 L 预先考虑,所以不愿意将给予行为(的生效)和其死亡相关联。

---

[25]　BGHZ 87, 19, 25.

[26]　Schreiber, Jura 1995, 159, 161; MünchKomm/Musielak, § 2301 Rn. 24f.; Brox/Walker, Erbrecht, 25. Aufl. 2012, Rn. 751;不同观点,Erman/Schmidt, § 2301 Rn. 8。

[27]　对此参见 Otte, Jura 1993, 643ff.,批评分析"Bonifatius 案"(RGZ 83, 223ff.)。

[28]　Brox/Walker, Erbrecht, 25. Aufl. 2012, Rn. 742.

[29]　Brox/Walker, Erbrecht, 25. Aufl. 2012, Rn. 741; Erman/Schmidt, § 2301 Rn. 3ff.

[30]　对此,参见 MünchKomm/Musielak, § 2301 Rn. 23; Brox/Walker, Erbrecht, 25. Aufl. 2012, Rn. 751。

(3)生前赠与允诺,第516条第1款

由前述可知,赠与合同根据第164条第1款第1句由D有效代理,直到M去世之后,才在M的继承人F和L之间成立。这一赠与合同并不根据第125条第1句、第518条第1款而无效,因为根据第518条第2款,形式瑕疵因所允诺给付的实现,即通过移转有价证券的所有权而被补正。因此,该给付是在履行有效的、第516条第1款的赠与合同,提出给付故而是具有法律原因的。

(4)不存在根据第530条第1款的撤回

当F有效撤回了赠与时,返还请求权还会存在,第531条第2款。虽然F的返还请求权中含有第531条第1款意义上的赠与撤回表示,但是根据第530条第2款,作为赠与人M的继承人,只有当受赠人故意且不法杀害赠与人或者阻止撤回时,她才享有撤回权。此处并不属于这一情形。

4. 结论

F根据第812条第1款第1句第1种情形,对L的有价证券返还请求权并不存在。

(五)根据第823条第1款、第826条、第249条,F对L的有价证券返还请求权

F可能通过损害赔偿,以恢复原状的方式,请求返还有价证券。在第823条第1款的情形下,这是以不法且过错地损害F的法益为前提。L虽然促成了F将其对有价证券的所有权丧失给了L,但是根据上文说明,L的行为既非不法,也不存在过错。因此,F基于第823条第1款、第249条对L的请求权被排除;基于第826条的故意悖俗侵害所产生的请求权更是被排除。

案件 41　圣诞节法律问题

一、案件事实

Manni(M)和 Frauke(F)是 2 岁 Seppi(S)的父母(E)。他们曾送给 S 一个木制火车作为圣诞节礼物。18 年后,Seppi 上大学学习法律,这时他问自己:他能否向其父母要回在其父母家地下室中存放的木制火车。

案件变型：

S 年满 5 岁时,M 和 F 不但送给 S 一套乐高之家玩具作为圣诞节礼物,还赠给 S 一幅土地,以便日后为 S 提供经济保障。该土地上建有一栋多户型住宅楼(Mehrfamilienhaus),且该住宅楼已经出租。所有为移转土地所有权必需的意思表示都被作成了公证证书,之后 S 作为该土地所有权人被记载在登记簿中。S 现在上了物权法的讲授大课,他又想起了幼时印象很深刻的土地赠送过程。出于兴趣,S 要来了当时交易的材料,以便能理解物权变动过程。此举导致 E 和 S 之间产生争执,因为 E 现在认为该土地所有权属于他们,应该用于自己养老。E 主张赠与无效,理由是在约定之时他们的儿子 S 是未成年人。

S 现在想探究他是否还是该幅土地的所有权人。S 能够得出什么结论？

二、前期思考

这则简短的案件显示,用《德国民法典》来构造一个必然"正确"的结果,有时并不那么简单。首先自然应该寻找请求权基础:S 要求返还,初学者也应该知道相关的两个法定请求权基础。

由于 S 获得木制火车时才 2 岁,关于行为能力的法条必然产生作用。因此,我们必须考虑对于无行为能力人要如何处理,我们必须构想出父母能向无行为能力人有效给予的可能性。再者,父母"在行为的两方"实施行为。由于在这类情形会导致利益冲突,因此在代理法中设有一条一般法律规定。为解答这一案件,我们须提出如下问题:该法条的保护目的是否适用于本案情形,以便能形成"正当的"解答。

三、提纲

(一)S 对 E 的返还木制火车请求权,第 985 条 ……… 1
 1. 占有人 ……………………………………………… 2
 2. 所有人/所有权丧失 ……………………………… 4
  (1)交付 ……………………………………………… 5
  (2)E 和 S 本人之间的物权合意 …………………… 6
  (3)E 和 S 之间的物权合意,由 E 代理 …………… 7
   ①E 自己的意思表示、以他人名义、具有代理权 … 8
   ②自己代理中代理权的限制,第 181 条 ………… 9
    A. 自己代理 ……………………………………… 10
    B. 履行债务中的行为 …………………………… 11
   ③目的性限缩 ……………………………………… 15
    A. 不允许限缩 …………………………………… 16

             B. 不存在利益对立情形下的限缩 ············ 17
       3. 占有权,第986条第1款 ···················· 23
       4. 结论 ·· 24
   (二)其他请求权基础 ·· 25
   (三)案件变型:S对房屋土地的所有权取得,第873条 ······ 26
       1. 登记 ·· 28
       2. 处分权 ·· 29
       3. 不动产所有权移转合意 ································ 30
         (1)形式上有效的意思表示 ························ 31
         (2)E和S之间的物权合意由E代理 ············ 32
             ①E具有代理权限,以他人名义发出自己的意思
               表示 ·· 33
             ②自己代理中代理权的限制,第181条 ······ 35
                A. 自己代理 ·· 37
                B. 履行债务中的行为 ·························· 38
                C. 目的性扩张 ···································· 40
                D. 取得已出租土地的所有权构成法律上的不
                   利益 ·· 42
             ③小结 ·· 44
       4. 结论 ·· 45

四、解答

(一)S对E的返还木制火车请求权,第985条

1　　S根据第985条对E享有一个返还木制火车的请求权,如果他是木制火车的所有权人且E是无权(第986条)(共同)占有人的话。

　　1. 占有人

2　　E作为所有物返还请求权的债务人必须是木制火车的占有人。

占有是对物之现实支配力,无须考虑和物之间的法律关系(第854条第1款)。[1] E将木制火车放置于其地下室,因此是(共同)占有人。

小贴士:

我们也可首先检验S的所有权。由于在大多数情形下占有要件容易确定,所以先行检验占有的好处是:如果所有物返还请求权因不满足占有要件而落空,我们就无须详细地考察通常疑难的所有权状况。然而,如果所有权要件的检验还服务于其他目的,那么这一做法就不再适用。

2. 所有人/所有权丧失

关键是,S是否是木制火车的所有权人。原先该火车属于E共同所有(第1006、1008条)。E可能根据第929条第1句,通过物权合意和交付,将这一权利丧失给了S。

(1)交付

根据案件事实,S获得了作为圣诞节礼物的木制火车。因此,这无论如何导致交付,即获得占有。

(2)E和S本人之间的物权合意

应检验的是,E和S之间是否存在有效的物权合同。虽然考虑到赠与引起的(schenkungsbedingten)交付,应当以原则上的默示物权合意为出发点。但是,S作为取得者一方,本身要作为合同相对人出现。由于他当时才2岁,根据第104条第1项,他是无行为能力人,因此其意思表示根据第105条第1款无效。顺此进路,并不会得出有效的物权合意。

(3)E和S之间的物权合意,由E代理

因此应检验的是,在物权合意中,S是否由其法定代理人,即根据第1626条第1款第1句、第1629条第1款第1句,由其父母E有

---

[1] Bamberger/Roth/Fritzsche, § 854 Rn. 3

效地代理(第164条第1款第1句)。

①E自己的意思表示、以他人名义、具有代理权

8 　　由于父母向其无行为能力的孩子有效地赠送东西肯定是可能的,所以应该认为,父母在"赠与"或移转所有权的同时为孩子发出了自己的意思表示。从相关情事中可得出,父母此时还愿意以孩子名义行为;根据第164条第1款第2句,这对于显名而言已经足够。父母M和F实施了行为。留待检验的是,E是否具有必要的代理权。这一代理权从第1629条第1款第1句中得出,对本案来说,代理权并不根据第1629条第2款、第1795条或根据第1643条第1款而受到限制。

②自己代理中代理权的限制,第181条

9 　　尽管如此,代理可能是不生效的,如果E的代理权限根据第181条被排除的话。那时,S或许仅因为第1629条第2款、第1795条第2款、第181条的规定,而不能被E有效代理。

A. 自己代理

10 　　为此必须存在自己缔约的情形。E一方面作为受赠人S的代理人,以S的名义出现;另一方面作为让与人,以自己的名义出现。因此,E在合同两方实施行为。根据第181条,如果自我缔约未经被代理人允许,或旨在履行债务,则自我缔约原则上是禁止的。在这里排除第一个例外情形。

B. 履行债务中的行为

11 　　如果移转所有权旨在履行一个现存的债务的话,这一代理可能根据第181条结尾是有效的。此处,作为待履行的债务可考虑第516条第1款的赠与合同,如果这一债权合同自身有效成立的话。考虑到"圣诞礼物"这一情事,对于存在第516条第1款意义上的合意,并无疑问。

12 　　然而,根据第125条第1句,这一赠与合同的形式可能是无效的。根据第518条第1款第1句,赠与允诺应被作成公证证书。由于

E 在这里只是口头发出其表示,该表示欠缺必要的形式,因此是无效的(第 518 条第 1 款第 1 句、第 125 条第 1 句)。但是,这一形式瑕疵可以经实现所允诺的给付,即通过交付并有效地向 S 移转木制火车的所有权而被补正(第 518 条第 2 款)。

小贴士:

这里面临一个循环推论:根据第 181 条,所有权移转以存在有效的赠与合同为前提;而赠与合同因为执行,即通过有效的所有权移转而成立。我们应该发现这一点,并通过适用第 181 条关于保护被代理人之目的,来获得正当的结果。

如上文检验所示,只有当赠与合同有效时,所有权移转行为本身才因第 181 条之规定而有效。根据完全的通说,对满足第 181 条"履行债务"这一事实构成特征来说,债直到通过履行才有效是不够的[2],因为由此会打开规避第 181 条的门禁。因此,移转木制火车的所有权并不是在履行债务。所以,根据第 181 条的文义,应否定 E 对 S 的有效代理。

③目的性限缩

但是有疑问的是,能否基于其他原因排除第 181 条的适用。可以考虑对第 181 条进行目的性限缩。[3]

A. 不允许限缩

先前的判决和部分学说文献[4]仅仅以第 181 条的文义为准,并将这一规范理解为形式上的程序性条文(formale Ordnungsvorschrift);基于法安定性的考虑,这一条文不可以通过创设例外而被"绕过"。这一观点的依据是:虽然立法者考虑的是利益对立的情形,但是根据

---

[2] RGZ 94, 150; Erman/Maier-Reimer, § 181 Rn. 31; Staudinger/Schilken, § 181 Rn. 62.
[3] 关于目的性法律解释的一般说明,Köhler § 4 Rn. 18; Tettinger/Mann Rn. 224f.。
[4] RGZ 157, 24, 31; BGHZ 21, 229, 230; BGHZ 50, 8, 11; Flume, § 48, 1; Pawlowski, Rn. 794ff.

该条明文规定的构成要件,利益对立并非必需。然而这一观点在如下情形会导致不公正的结果:即当存在(合同当事人和代理人的)身份同一(Personenidentität)而不存在利益冲突(Interessenkonflikt)时,也不允许自己代理。举例来说,根据这一观点,父母不可能有效地以其代理来接受他们为其无行为能力孩子准备的礼物。

B. 不存在利益对立情形下的限缩

17   因此,大多数人一致认为,在自己代理的情形下如果不存在利益冲突就无须适用第181条。但是,有争议的是,这取决于什么因素。根据少数说,关键在于:在个案中是否存在需对被代理人进行保护的具体利益冲突。[5] 在本案中可能不存在这一利益冲突,从而不应适用第181条。

18   然而,根据现今判决和通说,具有决定性的是:根据行为的类型,利益冲突是否被一般性地被排除了。因此,利益冲突不以个案情事为准进行判断[6],因为法交易不能轻易辨别出个案中具体的利益冲突,而利益冲突才需要适用第181条。因此,应以客观的、抽象可确定的案型为准。显然我们应奉行这一观点,因为这一观点最能契合被代理人的利益,且在适用第181条时避免了法的不安定性。

19   **纯获法律上利益的行为**可能是典型的不存在利益冲突的**案件类型**。因为根据第107条,当意思表示给限制行为能力的未成年人带来单纯法律上利益时,根据第107条,无须对他进行保护。第181条中的利益状态是类似的,因为这一规范应保护被代理人的利益免受代理人意思表示的损害,代理人的判断能力因其自身对法律行为的参与而受到影响。当被代理人通过代理人的行为单纯获得法律上的利益时,被代理人也无须保护。一个行为对于被代理人是否仅仅包

---

[5]   Brox/Walker, § 26 Rn. 592f.; Erman/Maier-Reim, § 181 Rn. 2.
[6]   BGHZ 56, 97, 102f.; BGHZ 94, 232, 235. Bork, Rn. 1592f.; MünchKomm/Schramm, § 181 Rn. 15; Köhler, § 11 Rn. 64; Medicus, Rn. 961; Staudinger/Schilken, § 181 Rn. 6f. 附其他参考文献。

含法律上的利益,和第107条的情形类似,是相当容易确定的;可能也会存在一些个案,确定起来完全不容易。法的安定性因此并未受到损害。[7] 因此当某一类型的行为给被代理人带来纯获法律上利益时,应类推第107条对第181条的适用进行目的性限缩。[8] 同样的结论也适用于第1795条的规定。[9]

因此,具有决定性的是:在本案中对木制火车的赠与以及所有权移转是否单纯使S获得法律上的利益,或者在一般的意义上赠与玩具是否是让小孩子单纯获得法律上的利益。由于这一行为仅仅导致所有权取得,并未同时设立个人义务,因此应肯定纯获法律上利益。所以,这显然不存在S须受第181条保护而免受之危险。设置第1909条补充性保佐(Ergänzungspflegschaft)虽属可能,其必要性却会导致不切实际的结果。因此,第181条的规范范围应作限制性解释(目的性限缩)。

E以S的名义有效地对物权合意要约作出了承诺(第164条第1款第1句),这导致和相反观点(少数说)之间在结果上并无不同,所以我们无须对这一争议作出判断。因此存在必要的、关于木制火车所有权要有效地向S移转的意思表示。

小贴士:

有效的物权移转亦导致赠与合同的有效,因为根据第518条第2款,形式瑕疵通过赠与合同的执行而被补正。赠与合同作为双方代理而订立,这无害,因为赠与同样只是给S带来法律上的利益,即根据第516条的所有权移转请求权。对于第107

---

[7] BGHZ 94, 232, 235; NJW 1989, 2542, 2543;对此不同观点,Jauernig/Mansel, § 181 Rn. 7。

[8] BGHZ 94, 232ff.; BGHZ 112, 339, 341; Bamberger/Roth/Valenthin, § 181 Rn. 19 附其他参考文献;Brox/Walker, Rn. 592; HK/Dörner, § 181 Rn. 13; Köhler, § 11 Rn. 64。

[9] BGH NJW 1975, 1885.

条的总体观察学说(Gesamtbetrachtungslehre)[10]在这里没有意义,因为移转所有权本身已经是法律上获得利益的;此外,并非在履行一个有效的赠与合同,而是补正其形式无效(第518条第2款)。

3. 占有权,第986条第1款

23　　此外,E不可以拥有第986条第1款意义上的占有权。虽然起初基于父母照顾(第1626条第1款)存在一个E的法定占有权[11];父母照顾使得E负有保管属于未成年人S之物的义务。但是,这一法定占有权随着成年而结束,反面推论第1698条第1款。由于成年的S将木制火车放在父母家的地下室里,原则上可以考虑存在保管合同(第688条),从保管合同中可以推导出E相对于S享有占有权;亦可考虑存在一个情谊关系,情谊关系并不产生占有权。[12] 支持后者的理由是:推定父母只是想在亲属关系的范围内为他们的儿子帮个忙,而不想对保有火车负有责任(第690条)。此外,该火车的微小价值以及如下情事亦可佐证这一观点:在S过18岁生日时,当事人可能就这一火车也没有形成法律行为上的想法。但是最后我们可以就情谊关系还是保管合同的决定搁置不论,因为即便认为存在保管合同(第688条),E的占有权也随着S的返还请求而结束,因此不能阻止返还请求,因为根据第695条寄托人可以随时要回保管物。

4. 结论

24　　S可以根据第985条,向E请求返还木制火车。

---

[10] BGHZ 78, 28, 34f.; Palandt/Ellenberger, § 181 Rn. 22; Bamberger/Roth/Valentin, § 181 Rn. 40.
[11] BGH NJW 1989, 2542, 2544.
[12] Bamberger/Roth/Fritzsche, § 986 Rn. 5, 17.

(二)其他请求权基础

作为其他请求权基础,一方面可以考虑第695条,但根据刚刚作出的考量,该条因为欠缺保管合同无从适用;另一方面可以考虑第812条第1款第1句,因为没有发现父母占有的法律原因。然而他们是否基于S的给付抑或基于其他方式而获得占有,从案件事实中无从得出。

(三)案件变型:S对房屋土地的所有权取得,第873条

该土地的所有权原先由E共同所有(第892条第1款第1句、第1008条)。然而,E可能已经将他们的所有权有效地移转给了S(第873条第1款)。

小贴士(对进阶者的):

例外的是,这里问的不是请求权,而是所有权状况(Eigentumssituation)。在有效地向S移转土地所有权的情形下,需适用第566条的规定,S不能享有第985条的返还请求权。[13] 因为S作为新的土地所有权人承受了租赁关系,成为新的出租人。因此,S至少是该土地的间接占有人(第868条),从而E不能要求S返还占有,因为承租人享有直接占有。

1. 登记

根据案件事实,S作为新的土地所有权人已经被记载在登记簿中了(第873条第1款)。

2. 处分权

一般而言,作为有处分权的所有权人,E有权转让该土地的所有权。

---

[13] Palandt/Weidenkaff § 566 Rn. 8.

3. 不动产所有权移转合意

30　　就移转已建房屋土地的所有权,E 和 S 达成的合意必须在形式上是有效的。(第 873、925 条)

(1)形式上有效的意思表示

31　　物权合意的意思表示在公证人前发出,因此在形式上是有效的(第 925 条第 1 款第 1、2 句)。

(2)E 和 S 之间的物权合意由 E 代理

32　　然而,问题是:E 和 S 是否形成了有效的物权合意(第 873 条第 1 款)。由于 S 在形成物权合意之时才 5 岁,根据第 104 条第 1 项属于无行为能力人,因此只有根据第 164 条第 1 款第 1 句、第 1626 条第 1 款第 1 句、第 1629 条第 1 款第 1 句,当 S 在形成物权合意过程中由 E 有效代理时,该物权合意才可能有效。

①E 具有代理权限,以他人名义发出自己的意思表示

33　　E 不仅以自己的名义发出了物权意思表示,同时还以其儿子的名义发出了物权意思表示,从本案赠与的相关情况中可以得出这一论断,因为 E 想为 S 的未来预做准备(第 164 条第 1 款)。

34　　作为 S 的法定代理人(第 1626 条第 1 款第 1 句),原则上 E 具有以 S 名义实施行为所需的代理权限(第 164 条第 1 款第 1 句、第 1629 条第 1 款第 1 句)。既不能根据第 1629 条第 2 款、第 1795 条,也不能根据第 1643 条第 1 款来限制这一代理权限。尤其是本案并不涉及将 S 的土地所有权移转给第三人[14],这需要得到家事法院的追认(第 1643 条第 1 款、第 1821 条第 1 款第 1 项)。

②自己代理中代理权的限制,第 181 条

35　　然而,E 的代理权行可能根据第 1629 条第 2 款、第 1795 条第 2 款、第 181 条而被排除。

---

[14]　Palandt/Götz § 1821 Rn. 7.

小贴士：

如果根据第1629条第2款、第1795条,父母被排除对其子女进行代理的代理权限,则需要根据第1909条设立补充保佐人(Ergänzungspflegers),以便能有效地实施赠与。由此可见,我们并不总是能"扭曲"第181条的文义,使得每个赠与都是有效的。

A. 自己代理

在本案中,E在向S转让该土地所有权时,是同时以自己的名义和以他们儿子的名义实施法律行为的。因此这里原则上构成第181条第1种情形所禁止的以自己缔约形式的自己代理。

B. 履行债务中的行为,第181条结尾

但是,如果移转所有权专为履行既有的债务时,这一代理行为可能根据第181条结尾之规定而例外被视为有效。和初始案例一样,这里可考虑履行第516条第1款规定的赠与债务。而这是以存在有效的赠与合同为前提的。

由于本案中遵循了公证形式(第518条第1款第1句),因此可能一开始对存在有效的赠与合同并不存在疑问。但是,赠与合同的不生效可能肇因于物权移转行为或构成不利益:由于和土地相连的多户型住宅楼被出租,所以根据第566条,S实现赠与合同并取得土地所有权的进一步后果是,S取代其父母承受既有租赁合同的权利义务。这并不是赠与合同本身的效果,因为第566条将承受租赁合同关系和住宅的所有权取得相关联。根据区分原则和抽象原则,执行行为(Vollzugsgeschäft,即物权行为)的这些效果在评价债权原因行为时不应考虑。尽管如此,早先的判决在结果上考虑到第107条和第181条的保护目的,在此类赠与案件中开启了整体观察视角(Gesamtbetrachtung)[15]来论证赠与合同无效。但是,这一做法无法改变

---

[15] BGHZ 78, 28, 34f.; OLG Köln NJOZ 2003, 3046, 3049; Bamberger/Roth/Valenthin § 181 Rn. 40.

的事实是:整体观察学说(Gesamtbetrachtungslehre)是对区分原则的明显违背,因此应该予以拒斥。[16] 即便是德国联邦法院,好像也在新近的判决中和整体观察视角保持距离。[17] 因此,移转该土地的所有权是履行有效债务的结果,根据第181条结尾的明确文义,应肯定E对S的代理构成例外,是有效的。

C. 目的性扩张

40 留待检验的是:目前所得出的结论是否和第181条第1种情形的保护目的相契合。这条规范旨在保护被代理人免受代理人缔结如下法律行为:即在此类法律行为中,代理人的利益和被代理人的利益相冲突且对于后者构成法律上的不利益。在父母和其未成年子女的关系中,第181条扩大了在第107条中明文规定的保护未成年人免受法律上不利益行为的范围。如果第181条后半句也适用于对未成年人构成法律上不利益的履行行为,则对未成年人的保护就会落空。所以,未成年人保护的规范目的要求:将第181条前半句所规定的禁止代理也适用于此类履行行为的情形,或者此时不适用第181条后半句的例外规定。[18]

---

[16] 亦持同一立场,Jauernig JuS 1982, 576。

[17] BGHZ 162, 137, 143.

[18] 超出考试中案例研习本身要求的一道思考题:我们通过何种法律续造的方法,得出了上述答案?无论如何,这绝不构成对整个第181条的目的性限缩,因为我们应该在适用这一规范时违背其整个文义。各位很容易认为这是对第181条后半句规定例外情形的目的性限缩(持此观点,Jauernig JuS 1982, 576f.; MünchKomm/Schramm § 181 Rn. 56; Wolf/Neuner § 49 Rn. 119)。对例外情形的限缩,必然会导致对禁止代理要件构成的扩张;只有从第181条的整体意义和目的出发,才可以得出上述答案。如果我们考虑到这一点,那么我们也可以将对第181条后半句的目的性限缩解释视为对第181条前半句所规定的禁止代理的目的性扩张。所以,在具体案件中,我们要纠正此前人们对第181条前半句的目的性限缩,在一定程度上使得第181条在结果上回归到正常状态。

小贴士: 41

即便不存在第 181 条所预设身份同一(Personenidentität),仍可能存在利益冲突,例如在使用复代理人的情形,因此要扩大适用这一规定成为共识。[19]

D. 取得已出租土地的所有权构成法律上的不利益

因此需要检验的是,是否因为该土地上建有一栋出租的多户型住宅楼,移转土地所有权就构成第 107 条意义上的对未成年人 S 非纯获法律利益的情形。至少当某一法律行为为未成年人设置了义务,即未成年人不只是在物权上以其所获得的物为该义务承担责任,而且个人还必须以其全部财产为该义务承担责任[20],则该法律行为就对未成年人构成法律上不利益。根据第 566 条第 1 款,取得已出租土地的所有权其结果是,取得人替代现所有人和出租人的地位,承担租赁关系中的权利和义务。除了第 535 条第 1 款所规定的主给付义务,在租赁物瑕疵情形可能产生的费用偿还义务和损害赔偿义务,以及向承租人返还已给付的担保义务[21],这些都属于取得人的义务。由此可知,取得已出租土地的所有权构成第 107 条意义上的非纯获法律上利益,甚至是直接的法律上的不利益。然而第 107 条在这里并不能提供任何保护,甚至通过第 181 条前半句对未成年人的保护也可能最后落空。因此,完全的通说主张在这里让第 181 条中自己代理之禁止同样适用。 42

小贴士: 43

在其他情形,例如在赠与和移转附负担的土地所有权的情

---

[19] Vgl. nur Köhler § 11 Rn. 64; HK/Dörner § 181 Rn. 15.
[20] BGH NJW 2005, 1430, 1431; Palandt/Ellenberger § 107 Rn. 2.
[21] BGH NJW 2005, 1430, 1431; OLG Oldenburg NJW-RR 1988, 839; Bamberger/Roth/Wendtland § 107 Rn. 8. 不同意见,Stürner AcP 173 (1973), 402, 431, 448; Jerschke DNotZ 1982, 459, 437。

形下,也存在类似问题。[22] 具有决定性的始终是:受赠人个人是否要负有义务,是否要以他的其他财产来承担责任。因此,受赠与的土地上负担土地债务[23],或者负担用益——哪怕在用益权人也要承担特别负担的情形[24],以及为赠与人的利益在移转所有权同时一起进行预告登记[25],都不属于法律上的不利益。

③小结

44 因为出租的缘故,土地所有权的移转至少是法律上不利益的,经对第181条的目的性扩张,E和S的物权合意中包含了不允许的自己代理。

4. 结论

45 因此,S并没有成为该土地的所有权人。

---

[22] BGH NJW 2005, 1430 m. Anm. Berger LMK 2005, 89; BGH NJW 2010, 3643; Röthel/Krackhardt Jura 2006, 161ff.

[23] BGH NJW 2005, 415, 417; BayObLGZ 79, 49, 53.

[24] BGH NJW 2005, 415, 417; RGZ 148, 321, 324.

[25] BGH NJW 2005, 415, 417.

案例42 太迟了?

一、案件事实

妈妈 Muriel(M)在2004年3月1日借给她的儿子 Seppi(S)50欧元,Seppi 本应在暑假之后,于2004年9月1日从他在假期期间工作挣得的金钱中返还。但他把这件事忘记了。2005年10月1日,Seppi 离家上大学学习法律。多年之后,在2008年2月,Muriel 和 Seppi 陷入争吵,因为 Seppi 为准备考试想要找复习培训师 Hammer-Albtraum 上课,并因此索要更多的抚养费。Muriel 随后就要求 Seppi 返还50欧元。Seppi 认为,他们之间没有书面约定,且过了这么长时间,他无须返还这笔钱。

1. Muriel 可以向 Seppi 请求还款50欧元吗?
2. 如果 Muriel 在2007年12月已经要求还款,而 Seppi 随后想要首先借助于其证据材料检验一下该请求权,则情形如何?
3. 如果 Muriel 在2007年12月已经对 Seppi 申请催告通知(Mahnbescheid),这一催告通知直到2008年1月中旬才寄达,这有影响吗?

二、前期思考

对于本案,我们首先也要找到适当的请求权基础。即使我们在一般用语中使用借入钱(Geld leiht)或借出钱(Geld verleiht),但这从法律角度看并不涉及借用(Leihe),而是涉及信贷(Darlehen)。考虑到案件事实中的提示,我们也要简短地探究这一行为的要式问题。

本案显然存在还款请求权,且自提及的9月1日届期。有疑问的是,S在案件事实中提到时间已过可否根据第214条第1款主张罹于时效,如他通过提及时间届满所做的一般。在第214条第1款中,消灭时效是作为给付拒绝权而构造的,这是检验的抓手。所以,我们不是(Cnicht)从下列表述开始检验消灭时效:"该请求权可能罹于时效(更确切地说,只有当嗣后参引到第214条第1款或者其法律效果时)。"很少有消灭时效是案件的唯一问题;即使本案主要涉及消灭时效,消灭时效也不是这里的唯一问题。

在可能的给付拒绝权的上位句下面,我们必须要确定适用于待检验请求权的消灭时效期限、期限起始(Fristbeginn)以及期限结束(Fristende)。因此,如果出现消灭时效,我们还必须要考虑,是否由于某一原因导致根据第203条及以下的消灭时效停止(Hemmung der Verjährung),因为根据第209条,消灭时效停止延长了消灭时效期限。这尤其在案件变型中发挥作用。

对于第2个案件变型,我们并不需要具备《德国民事程序法》中的特别知识。我们只需知晓《德国民事程序法》第167条,该条字面规定如下:"如果因送达而应得以遵守期限,或者因送达而应重新开始消灭时效,或者因送达而应根据《德国民法典》第204条停止消灭时效,在送达随即完成时,上述效力已因对申请或表示的收讫而发生。"我们应将这一规范和第204条并列,写入《德国民法典》。

三、提纲

(一)问题1:M根据第488条第1款第2句第2种情形,
　　对S的请求权 ························· 1
　　　1. 请求权成立 ························· 2

2. 请求权的消灭 ································· 5
　　3. 根据第 214 条第 1 款的给付拒绝权 ··············· 6
　　　(1) 重要的消灭时效期限 ························ 7
　　　(2) 期限起始,第 199 条第 1 款 ·················· 8
　　　(3) 期限结束,第 188 条第 2 款 ·················· 9
　　　(4) 因停止而期限延长,第 209、207、203 条 ········ 10
　　　(5) 小结 ···································· 11
　　4. 结论 ······································· 12
　(二) 问题 2(继续) ································ 13
　　1. 因协商停止而期限延长,第 203、209 条 ············ 14
　　　[难题:协商已经存在于 S 想要首先检验其材料的请
　　　求中了吗?]
　　2. 小结 ······································· 16
　　3. 结论 ······································· 17
　(三) 问题 3 ····································· 18
　　1. 根据第 204 条第 1 款第 3 项的消灭时效停止 ······· 19
　　2. 消灭时效停止的结束 ·························· 20
　　3. 结论 ······································· 21

四、解答

(一) 问题 1:M 根据第 488 条第 1 款第 2 句第 2 种情形,对 S 的请求权

　　M 可能根据第 488 条第 1 款第 2 句第 2 种情形,对 S 享有一个还款 50 欧元的请求权。为此,二者之间须存在一个金钱借贷合同,且还款请求权届期。　　　　　　　　　　　　　　　　　　　　　1

1. 请求权成立

2 　　第488条第1款意义上的金钱借贷合同的前提是,M负有向S提供一定数额金钱供他支配的义务,而S嗣后应偿还这一数额金钱。根据案件事实,属于这种情形:M应且已于2004年3月1日将50欧元交给S,这笔钱应在2004年9月1日偿还。虽然我们也可能想到第598条意义上的借用,但是S不仅可以使用这50欧元,而且可以花掉这50欧元;因此他无须还回同一钞票。然而鉴于M和S之间的亲属关系,我们可能会考虑,交钱不只涉及情谊关系。但是,这一约定显然拘束双方当事人,无论如何,当事人首先想要还款。这一事实同样不支持认定赠与。这一金钱借贷,如同第488条第1款第2句文义所示,并非有偿。所以,存在一个金钱借贷合同。

3 　　需检验的是,这一金钱借贷合同是否根据第494条第1款而无效。为此必须涉及一个第491条第1款意义上的消费者金钱借贷合同,即涉及经营者作为贷与人和消费者作为借款人之间的有偿金钱借贷合同。由于未约定利息,该合同是无偿的,因此并不属于有偿金钱借贷合同的情形。此外,贷与人M并未在其营业活动或独立职业活动的范围内订立该合同,因此不是作为第14条第1款意义上的经营者订立该合同。

4 　　根据第488条第1款第2句,还款请求权还以金钱借贷的届期为前提。在这里,当事人已经约定应在2004年9月1日完成还款。因此,在这一约定日存在届期。所以,还款请求权成立且于2004年9月1日届期。

2. 请求权的消灭

5 　　关于请求权的消灭,例如根据第362条第1款或者基于第397条的免除合同的订立,案件事实中并不存在相关线索。

3. 根据第214条第1款的给付拒绝权

6 　　需检验的是,S是否有权根据第214条第1款,基于消灭时效在

2008年2月拒绝偿还金钱借贷。

(1)重要的消灭时效期限

由于在第488条及以下诸条和第196至198条并未规定特别消灭时效期限,因此对于金钱借贷还款请求权,适用第195条的3年一般消灭时效期限。

(2)期限起始,第199条第1款

根据第199条第1款,通常的消灭时效,自请求权产生(第199条第1款第1项)且债权人明知或应知产生请求权的事实和债务人的身份(第199条第1款第2项)之年底起算。尽管存在(第199条第1款第1项)法律明文,根据第1项期限起算不只取决于请求权成立之时,还取决于请求权届期之时。[1] 这一请求权于2004年9月1日届期且产生;在这一时点M知道该请求权以及债务人的身份。为此,消灭时效自2004年年底,即从2014年12月31日24时开始起算。

(3)期限结束,第188条第2款

根据第188条第2款、第195条,这一期限在3年之后,即2007年12月31日结束。

(4)因停止而期限延长,第209、207、203条

需要检验的是,从如下情事中是否会得出不同的结论:在某一时间段内消灭时效停止,根据第209条,该时间段没有被计入消灭时效期限。为此必须导致第203条及以下诸条的消灭时效停止;鉴于M和S之间的亲属关系,可考虑第207条因家庭原因或类似原因而停止。但是,在父母和孩子的关系中,第207条第1款第2句第2项只对孩子未成年期间规定了这一停止。因此,这里并未形成第207条的停止。仍可考虑因当事人就请求权协商,或者就形成请求权情事的协商而导致的停止(第203条第1句)。但是,这些协商在罹于消

---

[1] Palandt/Ellenberger, § 199 Rn. 3.

灭时效之后才发生,因此不能推迟罹于消灭时效。

(5)小结

11　　在2008年2月,这一请求权罹于时效,以致S根据第214条第1款可以拒绝还款。

4.结论

12　　M不能成功地根据第488条第1款第2句第2种情形,请求S还款50欧元。

(二)问题2(继续)

13　　检验在一开始和初始案件中一样。但是应该检验其他停止事由。

1.因协商停止而期限延长,第203、209条

14　　当债务人和债权人相互就请求权或者就形成请求权的情事进行协商时,消灭时效期限仍可能根据第203条而停止。2007年12月,在M提出还款要求时,S只是告诉M他必须首先查看其证据材料。有疑问的是,在这里是否能够看出存在第203条第1句意义上的关于请求权的协商。虽然应对第203条第1句的协商概念作宽泛解释。如果债权人的请求未被拒绝,任何关于请求权的观点交流都应被纳入第203条第1句意义上的"协商"。[2] 同样,告知对方想要检验该请求权,这也构成协商,并因此导致第203条第1句的停止效力。[3] 通过提及想要查看M的证据材料,S表达了想要验证M所主张的请求权的准备。因此,当事人之间就该请求权进行协商。所以,根据第203条第1句,还款请求权的消灭时效期限停止了。

〔2〕　持续的判决,如BGH NJW 2007, 587 Rn. 10; NJW 2011, 1594 Rn. 14;附其他参考文献：Bamberger/Roth/Spindler, § 203 Rn. 4; Köhler, § 18 Rn. 25; Mansel, NJW 2002, 89, 98。

〔3〕　MünchKomm/Grothe, § 203 Rn. 5。

根据第209条,期限进程的停止只是导致这一期间不被计入期限进程。因此,具有决定性的是,消灭时效期限被延长了多久。原则上,当当事人一方令人不生误解地表达不想继续协商时,消灭时效的停止结束(第203条第1句结尾)。[4] 由于S并没有告知,所以S对于继续协商并未明确拒绝。有疑问的是,当当事人只是使得协商"休眠"时,应如何适用。在这种情形下,应该认为在如下时点协商结束,即依照诚实信用原则,在某一时点可以期待一方当事人对另一方当事人的最终意见作出反应。[5] 在本案中,告知M查验的结果是S的事。具体到何时S应告知,以及根据诚实信用原则(第242条),M应何时可再度要求S给出最终意见,以避免将沉默等同于对继续协商的终局性拒绝[6],对于这些问题我们倒是可以搁置起来。因为,根据第203条第2句,在结束协商之后3个月之内,不会罹于时效;2007年12月协商才开始,因此2008年2月还未罹于时效。

2. 小结

因此,M基于第488条第1款第2句第2种情形对S的还款请求权,并未罹于时效。S不可根据第214条第1款主张罹于时效。

3. 结论

M可以向S请求偿还50欧元的金钱借贷。

(三) 问题3

根据第204条第1款第3项,催告通知可能导致消灭时效的停止,并因此根据第209条延长了消灭时效期限。

---

[4] BGH NJW 2008, 576 Rn. 21ff.; Palandt/Ellenberger, § 203 Rn. 4.
[5] BGH NJW 2009, 1806 Rn. 10ff. 附其他参考文献; Bamberger/Roth/Spindler, § 203 Rn. 7; Begr. zum RegE, BT-Drs. 14/6040, S. 112。
[6] Vgl. BGH NJW-RR 1990, 664, 665; MünchKomm/Grothe, § 203 Rn. 8.

1. 根据第 204 条第 1 款第 3 项的消灭时效停止

19　　为此,基于还款请求权,在消灭时效完成之前,催告通知(《民事程序法》第 688 条)必须要送达 S。M 虽然在 2007 年 12 月就提出申请催告通知,但是直到 2008 年 1 月中旬催告通知才被送达于 S,所以在该时点请求权或许已经罹于时效了。因此,该催告通知的送达可能并不具有停止期限的效力。但是,从《民事程序法》第 167 条中可能得出不同的结论。根据该条,当送达随即完成时,送达的效力因对颁发催告通知之申请的收讫而发生。M 已于 2007 年 12 月,即在消灭时效完成之前提出申请催告通知。但是,有疑问的是:在 2008 年 1 月中旬送达一个于 2007 年 12 月申请的催告通知,是否仍可被视为《民事程序法》第 167 条意义上的"随即"(demnächst)。这要根据如下标准来判断:根据具体情事,期限届满——即消灭时效完成和送达之间的时间段是否应被判断为合理的时间段。[7] 对此,具有决定性的是,送达的当事人对于送达迟延是否存在过错。但是,在任何情况下,至少 14 天的时间段都被视作无害的。[8] 在这里,消灭时效期限于 2007 年 12 月 31 日届满,送达在 2008 年 1 月中旬完成。因此,无论 M 是否存在过错(对此在案件事实中也无描述),送达还是在《民事程序法》第 167 条意义上"随即"完成。根据第 204 条第 1 款第 3 项,时效期限因催告通知而停止了。

2. 消灭时效停止的结束

20　　需检验的是,消灭时效期限的停止何时结束。根据第 204 条第 2 款,直到开始的程序结束后 6 个月,属于停止结束的情形。因此,无论如何,2008 年 2 月停止仍旧继续,无论在催告程序中还发生了什

---

[7] Thomas/Putzo/Hüßtege, § 167 Rn. 10.

[8] 持续的判决,BGH NJW 1993, 2811, 2812; NJW 2011, 1227 Rn. 8;附其他参考文献; Thomas/Putzo/Hüßtege, § 167 Rn. 13. Zöller/Greger, ZPO, 28. Aufl., 2014, § 167 Rn. 11 认为的范围大:甚至在代理的超期情形下,至少 6 周是无害的。

么事。

3.结论

因此,根据第488条第1款第2句第2种情形的还款请求权是可以实现的,从而S不得援引第214条第1款。M可以向S请求偿还50欧元的金钱借贷。

第三编

家庭作业写作指引

一、引言

对于很多大学生来说，初学者的民法家庭作业，形成了深入解答私法案件的门径。在此之前，我们通常在讲授大课上听过《德国民法典》总则的内容，或许还听过侵权法以及债法的其他内容，并参加案例研习技术课程，此类课程在各法学院具有极为不同的称谓。但是这里涉及的是对更大案件的解答，在此过程中要遵循所谓优质科学行为的标准；我们早先将这些标准称之为家庭作业形式（Hausarbeitsformalia）。我们应该将形式本身和科学工作的原则相区分，科学工作的特征是，研究分析他人观点——在法学中也包括判决，并通过论文脚注中的出处说明展现出来。下文所有相关的问题均会被考虑到。[1] 但是，**需要强调的是**，今天在很多学院和/或很多教席主页上有相应的说明和指引。**然而首先应当遵循的是自己学院或者命题人的提示说明**，因为在细节方面人们看待事物可能完全不同。

1

二、家庭作业的形式

现在首先要对真正的形式进行说明。

2

---

〔1〕 对此详细说明，Tettinger/Mann Rn. 292ff.（边码152及以下附有一般参考文献）。

(一)概述

3　　按照顺序,家庭作业由封皮、家庭作业的案件事实、目录(提纲)、文献索引以及论文本身、法律鉴定所组成。家庭作业(通常)应在最后签名。即使实际情形并非如此,但在大多数情形下仍会对家庭作业评分。只有当使用了不常见的缩略语时,我们才要制作缩略语索引。[2]

4　　目录索引和文献索引要连续用罗马数字编排,而鉴定用阿拉伯数字编排。所有纸张仅得单面书写。基于美观的理由,推荐对文章正文以及脚注使用两端对齐(Blocksatz)格式,并激活文本处理程序的音节划分。

5　　此外,必须严格遵循关于家庭作业解答所允许范围的具体规定以及应遵守的形式。不遵守规定通常会导致扣分。在大多数情形下,我们在家庭作业案件事实的结尾能找到相关的规定;可能有时学院会一般性地作出这些规定,或者由教席规定于其他地方。

(二)封皮

6　　家庭作业从封皮开始。封皮包含有对作者(连同通讯地址)、学号、学期数(Semesterzahl)、作业类型的说明;如果家庭作业属于讲授大课或案例课的作业,封皮还要包括对所涉及课程名称的说明。很多学院和/或教席提供封皮模板供学生使用,诸位应遵照使用。在假期家庭作业中,对于说明学期数而言重要的是,你在学期中处于练习所属的哪个专业学期(Fachsemester)。

---

〔2〕 关于常用缩略语,参见 Kirchner, Abkürzungsverzeichnis der Rechtssprache 以及《德国民法典评注》;在这一问题上,建议不要参考 Palandt,因为基于篇幅理由,Palandt 一般对正文使用不常见缩略语。

(三)目录(所谓的提纲)

目录是对解答提纲的复述,包含鉴定的所有标题,并在右侧页边附有相应的页码数字。[3] 目录的页码数字本身由罗马数字组成。

标题不应包含完整的句子,而只应包含关键词语。此外,当我们将文中标题编为标题格式时,我们在完成解答后可以由文本处理程序自动生成目录。在法律作业中,通常的提纲要点(Gliederungspunkte)是:A. I. 1. a) aa) (1) (a) (aa)。*

小贴士:

(1.)文中任何标题都必须要以相同的语词表述(以及页码数字)在提纲中出现!(2.)提纲要点的"编号"应该"一致"。这是指:在提纲要点 A 之后必须接着要点 B,在"Ⅱ."之后接着是"Ⅲ."而非"Ⅳ."或"Ⅱ."。在这方面的错误会提前给人留下不好的印象。只要稍微对作业进行最后检查就能避免这些错误。

(四)文献索引

文献索引用罗马数字编号,包括所有在脚注中引用过的作品(且只能包括这些作品),根据作者或编者(后者要附上"Hrsg.")姓氏的字母顺序排列。

法院判决和制定法不在文献索引中。这同样适用于联邦议院出版物(Bundestags-Drucksachen)和其他立法材料。但当这些立法材料是特别编写的,尤其如 Mugdan, Benno (Hrsg.), Gesamte Materialien zum Bürgerlichen Gesetzbuch für das Deutsche Reich, 1899-1900,则另当别论。

---

[3] 在提纲要点的右侧应写上起始页码,起始页码对提纲要点的说明在鉴定中才开始。

* 对于中国读者而言,可采用本书第二编中文式的提纲要点层级设置方式。——译者注

12　如果某人有多部作品(作为作者或者编者),则这些作品应按照时间顺序整理;其姓名不必始终重复,而是可以通过"同一人"(ders.)(=derselbe 或 dieselbe)的表述替代。

13　如果有多本教科书或专著来自同一作者,则要按照括号中对作品的表述进行说明,例如在脚注中引述(多个)不同作品(例如引注:Lettl, KartellR, Lettl, WettbewerbsR, Lettl, UrhR)。如果人们在脚注中遵循习惯做法,则不需要这些对脚注的引注方式的提示。

14　**小贴士:**

在引注中常见的是,当我们阅读教科书和评注中的脚注时,我们同时学到了在准备家庭作业需要检索哪些文献和判决。但在文章中的情形则有所不同,因为文章并不含有文献索引;因此在文章中作品标题必须在脚注中至少提及一次,以便之后附上诸如"上文脚注3"来参引。

15　在同一作者的多篇文章的情形下(或者一篇文章和一本书),脚注不能区分不清,因为文章本身通过对期刊出处的必要说明可被识别出来。这里无需进一步说明。

16　我们可以将文献索引进一步划分为评注、专著、教科书、文章、祝寿文集和裁判评议。但是,这么做并不是必需的,更多是不常见的。

17　**复习材料(Repetitorien)、课件(Skripten)、案例汇编(Fallsammlungen)以及问答式图书(Prüfe Dein Wissen)都不能被引用**。这同样适用于网络来源,尤其适用于例如"GuteFrage"页面上的法律回答或网上论坛中的法律回答,还适用于特别的法律网站和维基百科。(我们在必要时,对非法律概念可以使用维基百科,如果这些概念需要另外说明的话。)

18　在文献索引中应当陈述:

(1)作者[4](不要列学术头衔)或编者(后者要标识"Hrsg.")的姓、名。

如果一部作品有多个作者或编者,原则上应提及所有的作者或编者,用斜线符号隔开;在多于3个人的情形下,我们只提及前两个,并用"u. a."或"et. al."指代其他人。如果评注(等)有正题名(如 Münchener Kommentar zum BGB),则要提及该正题名;编者要随后补充(有时也在作品的总标题之后)。评注中某一条文的相关执笔人或者手册(等)中某一章节的**执笔人**无需在目录索引中说明,而仅应在脚注中述及。

(2)**图书标题**、**版次**[5]、**出版地及出版年份**;或文章标题连同期刊的标题[通常对期刊(名称)缩略]、**年份**、起始页码和结束页码。

关于评注的举例:

Palandt, Otto	Bürgerliches Gesetzbuch, 71. Aufl., München, 2012
Erman, Walter	Bürgerliches Gesetzbuch, Band I:§§1-811, 13. Aufl., Köln, 2011

关于教科书的举例:

Köhler, Helmut	BGB, Allgemeiner Teil, 35. Auflage, München, 2011
Medicus, Dieter/ Petersen, Jens	Bürgerliches Recht, 23. Auflage, Köln, München u. a., 2011

关于文章、评议和祝寿文章的举例:

Arnold, Arnd	Das neue Recht der Rücktrittsfolgen, JURA 2002, 154-160
Canaris, Claus-Wilhelm	Die einstweilige Unmöglichkeit der Leistung, in: Festschrift für Ulrich Huber (hrsg. v. Theodor Baums u. a.), Tübingen, 2006, 143-164
Fritzsche, Jörg	Der Abschluss von Verträgen, JA 2006, 674-681
Giesen, Dieter	Anmerkung zu BGH vom 13.10.1992, JZ 1993, 519ff.

---

[4] 贵族头衔置于名字之后。
[5] 如果迄今作品只有一个版次,则不要说明版次。

21 **小贴士：**

(1)如果我们和上文一样不用缩进(Einrückung)，而是在作者姓名/编者姓名之后陈述标题，则应在名字之后加一个逗号！如果我们要引用多个很长的作者姓名或是多个作者姓名的作品，在格式上通过插入**表格**作为**文献索引**最容易实现。(2)始终要引用作品的**现行版本**，除非例外地因为在此前版本中作者主张不同(于现行版本的)观点或者仍有一个此后删除的表述，需要提及此前版本。

22 **文献索引的范围**应当引起这一印象：作者切实地对案件以及案件的问题进行了深入研究。仅仅通过两本教科书、一本简要评注和一篇文章，无法真正地达到对案件解答的**学术要求**。因此，我们应该查阅多部评注、教科书、文章等，在文献索引中列出，在脚注中引述。否则，我们自身根本不可能分析争议和研究论证。由此可以预知，法律人其全部职业生涯都一直必须利用评注、文章和判决来工作。因此，提前适应这些也属于常规的大学教育。

(五)脚注中对引用的出处说明

23 我们设置脚注，或者是为了论证内容上的表述，该内容上的表述从制定法文义本身难以得出，或者是用于说明在**文献或判决中所主张的观点**。对此以及对于正文中法条引注的进一步说明，参见下文C. V. 部分；我们在这方面或许还应注意(我)自己学院的"学术注意基本规则"(Grundregeln wissenschaftlicher Sorgfalt)(或类似规定)，这或许是根据古登堡动议(Causa zu Guttenberg)而制定的，在(雷根斯堡大学法学院)主页上可以找到。

24 如果我们要复述(引用)**其他作者、法院(或其他机构/来源)**的表述或观点，始终需要(作出)**出处说明**(Quellenangabe)。这同样适用于自己的某一表达也能在其他作者或法院那里找到的情形。这属于公认的学术论文原则。

出处说明一律要在脚注中完成。**脚注**出现在使用引用的相应页码,而不是汇总于论文的结尾(脚注和尾注相对)。正文中的脚注符号是一个上标的数字。[6] 如果引用涉及整句,脚注符号应在句末标点之后列出;如果引用仅涉及句子成分或者仅涉及某一具体语词,则脚注符号应直接设置在(该句子成分或语词)后面。

脚注的文字以大写字母开始,每个脚注以句号结束。

小贴士:

我们不可以未经验证地接受他人作品中的引述,例如不可以简单照抄评注或教科书中对法院判决的说明。因为有时这些出处说明是错的,作者在制作出处说明时可能犯了个错(错误的期刊、错误的年份、错误的页码)。还会存在一些错误引述(Fehlzitate),这些错误引述被评注常年保留并维持。

脚注中对文内论断(或引用)的出处说明应符合如下模板:

我们引用**判决**要标明法院、列出判决汇编或期刊、卷册或年份、起始页码、具体页码;

例:BGHZ 110, 140, 144; BGH NJW 1994, 3170, 3171; OLG Celle JZ 1990, 294, 296.

新的联邦法院判决和宪法法院判决(大概从 2006 年起)包含广泛边码。因此,我们现在通过列出边码来对具体论断提供证明:例如:BGH NJW 2012, 48 Rn. 9。

小贴士:

(1)如果最高法院的判决收录于官方汇编中(例如 BVerfGE, BGHZ, BGHSt),则应引用这一判决。如果不属于这

---

[6] 直到 2003 年,在微软 Word 中可以在"插入—引用—脚注"中找到(添加脚注),从 2007 年之后,在"参引"中能找到(添加脚注)。

一情形,则通过期刊出处来引用该判决。[7] 无须列出(多个)并列出处(Parallelfundstellen),但是如属这种情况,可以通过在多个出处之间附上"="的符号来解决(见上文的例子;在什么地方列上边码,并不影响)。(2)单纯对法院、日期和案卷号进行说明而不附上相关出处,或只附上网络来源,只有在该判决未曾刊印或大学图书馆的期刊中没有,且 juris 或者其他网络数据库中也不包含该判决时,才是允许的;否则要在法院、日期和案卷号中添上出处说明"juris"(或者如 BeckRS 2011, 435687)。(3)如果多个法院的判决被提到,顺序以法院的"尊严"等级为准,即:欧共体法院、联邦宪法法院、联邦法院、州高等法院、州法院、地方法院。在联邦法院下设的法庭中,要附带说明法庭的地址。一个脚注中的多个判决通过分号相互分隔。

32　　我们通过列出**评注/手册**的书名,这正如我们在文献索引中对他们的说明一样,加上执笔人、§+边码来引证评注/手册。[8]

例:Palandt/Ellenberger, § 173 Rn. 1; MünchKomm/Ernst, § 275 Rn. 15.

33　　我们按照教科书的作者以及对边码的说明(不得已时:分段和页码)——在该边码上可发现(所引内容的)具体论断,来引用教科书。如果我们要引用一个作者的**多本书**,除了和在文献索引中的相关说明一致以外,还要作出区分的附加标识。

例:Köhler, § 18 Rn. 12; Brox/Walker, AT, § 7 Rn. 8.

34　　我们仅按照专著的作者以及页码的说明——在该页可发现(所引内容的)具体论断,或者如果有边码,则按照边码,来引用专著。

例:Grigoleit, S. 111ff., 117.

---

[7] 如果在期刊中找到一则判决,我们可以通过 juris online 来验证该判决是否被引入官方汇编。

[8] 很多评注等在卷首给出引用建议,我们应该接受该引用建议。

期刊中的**文章**是按照作者、期刊、年份[9]、起始页码、所引页码来引用的。

例（同样适用于判决评议）：Arnold, JURA 2002, 154, 156; Mayer-Maly, AcP 194 (1994), 105, 113.

祝寿文集或其他汇编作品中的文章，我们按照作者、祝寿文集（或其他作品）、起始页码、所引页码来引用。

例：Canaris, FS Huber, S. 143, 161.

如果一位作者在文献索引中有多部作品出现，则应在脚注中另外列出所引作品的缩略名称（如 Brox/Walker, AT, § 18 Rn. 430），以便读者可能区分。在这种情形下，必须在文献索引中提及这一引述方式（见上文）。如果该作者在专著或教科书之外只有文章被引用，则区分已然可以通过如下方式完成：图书通过 Autor, S. 99ff., 105（或 Autor, Rn. 438）来引用；而文章，列上期刊（Autor, NJW 2007, 452, 455）。

三、鉴定的技术和内容

（一）概要

如果不存在其他说明，在家庭作业中，初学者要对所有和案件解答相关的法律问题制作**鉴定**。

首先，我们应该反复多次阅读题目文本和"考生提示"，即弄清真正的题目要求。

然后，我们应该尝试**只借助于制定法**来解答这一**作业**（和在笔试中一样），并对解答进行图示。此时应仔细注意**案件问题**。这样我们

---

[9] 我们引用有些期刊，尤其是 AcP、ZHR、RabelsZ，存在不同，即按照卷、册，并附带年份作为括号补充。此类引用在正文例子中可以找到。

会获得对案件解答的大致框架,这一框架应按照请求权提出人和请求权基础进行划分。和在笔试中一样,除了请求权基础以及其要件,我们同时还要记下引起注意的、作为(真正的或假定的)难题的内容。

41 　　在制作了粗略提纲以及对可能的**相关难题**加以明确之后,接下来要借助于**文献和判决**进行探究,并构造出这一解答中的不同意见。在这一阶段,我们仍然不能忽略案件事实。

42 　　作业必须**在完整意义上制定提纲**,诸如根据**案件事实关联**、**请求权提出人**、**请求权相对人**、**请求权目标**(损害赔偿、返还等)以及**请求权基础来制定提纲**。在具体的请求权基础下,我们要根据请求权要件构成和抗辩(继续按照构成要件)来制作提纲。所有可能考虑到的、能支持该请求权的请求权基础,都应被检验。

43 　　重要的是最后要**充分使用标题**和子标题来使大家看出清晰的结构。即使在具体的构成要件中,该处存在"难题",我们也要进一步划分提纲。

(二) 鉴定结构、鉴定风格和涵摄

44 　　第一编对**鉴定技术**和**鉴定风格**的一般性规定,在制作解答时要无条件遵守。不遵照这些规定,就会导致作业被评价为"不及格"(mangelhaft),尤其是当我们提交一篇对案件法律思考的文章来替代所要求的请求权鉴定时。脱离案件对法律问题的思考,会导致扣分。

45 　　尤其是无论如何都不要提及一般性导论或类似内容,以及关于结构的说明。我们可以将所有对案件的解答要点放在请求权规范或抗辩规范的待检验事实构成特征中,从中必然也会得出鉴定的结构。

46 　　在每一论述的开始都应是请求权基础。在请求权基础之后则是**上位句**,上位句要精确说出请求权基础。我们要对请求权基础的事实构成特征进行**界定**,案件事实应被涵摄在这些事实构成特征之下;

表达的观点需要**论证**。在请求权基础和抗辩中,均要检验所有的**要件**,在此过程中对于**没有疑难问题的段落**,我们可以**简要说明**。对于每个请求权要件必须能看出有明确的结论,不可以搁置不论(除非在有争议的情形,具体案件中的不同观点得出同一结果)。

在对解答表述时,只有当某一内容或事实确属有疑问,我们才能描述为其是有疑问的。我们不应过度使用对于鉴定风格而言典型的虚拟语气。总的来说,应注意优质的语言表达。此时,法律人的武器之一是语词,表述失败会直接影响到分数,分数在结尾会获得[亦可参见下文"(三)"]。

十分重要的是,将请求权基础的**抽象要件**转化到**案件**并适用(**涵摄**)!初学者经常犯的错误是将案件事实复述一遍,并插入一些法条,紧接着就主张具体案件中满足该规范的要件。这不是涵摄。

举例(不正确的):K 无论如何需要一个打印机,因为他旧的打印机坏了。因此他在报纸上发出一则启事。之后 V 给他致信:K 可以支付 99 欧元获得 V 的打印机。这可能是第 145 条的要约。K 必须接受这一要约。他在嗣后从 V 处取货时,拥有了该打印机,并支付了货款。所以,买卖合同成立了。

举例(正确的):为使当事人之间订立一个合同,首先需要存在第 145 条意义上的要约。要约必须对订立合同的内容如此具体地进行规定,以致相对人只需要表示同意即可使得合同成立。因此,要约尤其要包含合同要素,并具有法律拘束意思。在本案中,K 首先在报纸上做广告:他想要寻购一台(……)打印机。这里可能存在一个要约,即该广告足够确定地提出了订立合同的要约且使得 K 的必要的法律拘束意思是可知的。然而,这一广告并未确定:和谁订立合同,应是何种型号的打印机,机器价钱多少。此外,(……)。因此,这则广告只是一个要约邀请,而非要约。

但在 V 给 K 的如下书面通知中可能存在一个要约:V 可以 99 欧元的价格,将一台型号 444c 的二手激光打印机转让给 K。由此,除了潜在的合同当事人V和K,对于买卖合同的典型主给付义务也确定了,从而K只需要表示承诺;V愿意受其书信拘束也是可知的(第133、157条)。所以,这构成第145条意义上的要约。需要继续检验的是(……)。

50　　根据案件事实,一度成立却因为其他事件而再度"取消"的请求权,我们有时必须检验,有时则无须检验。这大多取决于问题设置。如果问题设置在这方面是不明晰的,大多情形下在案件事实中可以找到当事人的表述,从中可以得出他们追求何种法保护目的(Rechtsschutzziele)。

51　　例:如果撤销导致请求权"落空",则当问及合同请求权时,我们必须检验这一内容。相反,如果只被问到在本案中一方当事人可否向另一方当事人请求返还所得,我们无须深究(取消的)合同请求权,而只需在欠缺法律原因中探讨第812条第1款第1句第1种情形中的撤销。请求权根据第275条第1至3款而消灭的情形也类似:如果债权人仍旧主张给付,我们必须检验给付请求权及其落空。如果债权人要求替代给付的损害赔偿,或者在解除之后想要回已支付的买卖价款,则我们可以将第275条的内容置于结果请求权(Folgeansprüchen)(救济请求权)之下。

52　　最后:我们不要在解读**案件事实**过程中添加解释案件事实中未曾提及的内容。案件应该如此评价,一如案件所示。同时,**案件事实中所有的陈述**应尽可能地被利用。例如,如果当事人表达了**意见**或者交流了**理由**,我们**无论如何都要探究它们**。因为这些表述是命题人提供的帮助,以引导考生进入正确的轨道。

(三)语法和表达

53　　**书写规则**、**正确的语法**以及**标点符号**也是非常重要的!因为规范的学术作业要遵循语言标准,且对于法律人来说,语言作为论证的媒介是最重要的工具。

在(语法和表达)这方面有很多瑕疵和缺点的作业,要被评价为劣于含有同样内容的、(但)语言上更好的作业。因此,包含了同样内容说明的两篇作业,但各自独立表述,可能得分完全不同。所以我们必须注意:句子表达得是否容易理解,或者是否会被误解。我们最好将长句分解为多个句子。而且句子应该得出一个意思;遗憾的是,很多作业并不是这样。在提交作业之前,我们必须就所述的方面对作业进行最终检查。在这一过程中,我们或许还会发现提纲的技术性缺陷。

(四) 案件难题(争议)

在初学者家庭作业中涉及的是,让初学者第一次来解答复杂案件。他们应该证明,他们已经在一定程度上学会了第一学期的"法律手工工具"并能运用它们(参见本书第一编关于"请求权与请求权方法"的说明)。重要的首先是,找到对于案件解答有意义的规范,并根据法律作业技术规则来适用这些规范。

同样重要的是,不仅要通过手工工具来正确地处理案件非疑难的内容,而且也要能发现案件的"难题"并对它们进行表述。什么地方是"难题",通常对它的解答也存在争议。

因此,要明确案件的难题,对它具体命名,并按照如下模板阐述:

首先,法律适用中的具体问题要用专业表述(如果有话)称谓,并提及文献和判决中围绕该问题的典型**观点争议**。

其次,我们要通过在脚注中提供出处说明的证据,就该难题阐述不同的观点,一开始是抽象地以各个观点的核心论据来阐述。不仅在判决和学说文献之间可能存在**不同观点**,而且在联邦法院和审级法院(Instanzgerichten)之间、审级法院之间、作者之间等也会存在不同观点。

在描述他人观点和理由时,必须在(如果有的话)判决和文献中选择代表性的证据来证明。通常会出现某一出处说明,本身含有进一步的证据,即诸如:Staudinger/Singer, §119 Rn. 102 m. w. N. (或者:m. w. Nachw.)。

无论如何,我们不应仅通过一本教科书,根据其引导性的话来阐述和证明完整的争议:"存在三种意见。[10] 第一种观点说的是,(……);另一种观点认为,(……);第三种观点(……)。"

在抽象地阐述不同观点之后,还要说明:对于待解答案件来说,这些观点(可能)得出何种结论。

58　　在阐述难题和观点现状之后,**一定要接着(说明)自己的观点**。自己的观点(最好)应该采信此前所主张观点中的一种,因为对早就知晓的问题自行创设一个全新的解答,这一尝试本身蕴含着风险:因对关联之处欠缺洞察而写下"无意义"内容的风险。

59　　观点必须要包含**自己的理由**,自己的理由通常归因于之前述及观点的论据。论证越是深入,对作业的印象就会越正面。但当在解答具体案件所有观点都导致同一结果时,**自己的观点**(只有那时)才是**不必要的**。这时我们也应将这一点明确。

(五)文中引用和出处说明

60　　在鉴定中,不仅引述制定法是必要的,引述判决和文献中的论断也是必要的。二者引用的方式不同。

1. 法条引用

61　　重要的是,在鉴定中始终要引用法律条文,对于这些法律条文的要件我们要加以探究(或者从这些法律条文中,我们可以获得定义或其他什么内容)。否则,是否要适用该法律抑或进行自由造法(freier Rechtsschöpfung),都是不清楚的。我们始终要**在正文中陈述要分析**

---

[10] Vgl. Köhler, §14 Rn. 17.

的法律条文,而不要在脚注中陈述。

法律条文要始终尽可能精确地引述。在由一些句子组成的规范情形下,只对条文数字做陈述就可以了。在其他情形下,要陈述款、句、半句、项、字母或情形,诸如§ 346 Abs. 2 S. 1 Nr. 3(第346条第2款第1句第3项)或§ 812 Abs. 1 S. 2 Alt. 1(第812条第1款第2句第1种情形);我们也可以缩写为§ 346 II 1 Nr. 3 BGB或§ 812 I 1 Alt. 1 BGB,如果这在自己学院或者命题人那里未被明文禁止的话。如果条文只有1款,但又有多个句子或项等,我们应该引述如下:§ 116 S. 2 BGB(《德国民法典》第116条第2句), § 437 Nr. 2 BGB(《德国民法典》第437条第2项)。

2. 在脚注中引用文献和判决

对于法条的内容以及**源自法条的直接结论**,无须在述及条文之外进一步引述。**普遍公认的原则**等,我们也无须提供证明,诸如合同是由要约和承诺形成的。脚注中过度的引证,**例如**:"根据第311b条第1款,关于不动产的买卖合同需要作成公证证书。[11]"

相反,如果是为了论证单从法律文本中难以获得的内容上的论断,或者是当我们要**表述文献或判决中所主张的观点**时,则可作出引注。关于脚注中出处说明的形式,参上文"(一)5."。

在任何时候要描述或接受他人观点,我们必须要用出处说明来提供证据。**重要的是**:在法律作业中,**只在例外情形**,即当特定表述是关键时,**才允许(原文)逐句引用**。在一般情形下,复述他人的想法要通过间接表述(加上结尾的脚注)来完成。

引述不能替代对案件的具体说明,而只是证明**一般抽象**的确定(内容)或论断。

不正确引用的举例:根据一种观点,V的意思表示(具体)是有效

---

[11] Jauernig/Stadler, § 311b Rn. 1; Palandt/Grüneberg, § 311b Rn. 25.

的,因为它具有潜在的表示意识,即想要表示具有法律拘束意思的内容。[12]

67　　脚注中所引的作者通常只是一般地对某法律问题表达意见,但并未对本件具体案件发表意见,而(作业)涉及的恰恰是这一案件的解答。(如果作者真的将同一案件事实作为例子提及时,则会不同。)

正确引用的举例:根据通说,在主观方面,表意人潜在表示意识(抽象的),对于意思表示有效来说就足够了。[13] 因此,V 必须知道了(……)。

68　　如果我们想通过**通行观点或通说**(herrschende Meinung bzw. herrschende Lehre)来论证一种观点,我们虽然不必述及这一观点的所有主张者,但是最好要述及多个出处。在通行观点的情形下,适当的做法是,列出最高法院判决中的证明以及至少 2 个文献中代表性的意见,这些意见要含有广泛的、进一步的证明。

69　　提及通行观点并不能省却自己的论证!通行观点一般也涵盖了判决(或部分判决),但"通说"(h. L.)仅包括学术文献中的主导观点。这不仅取决于主张者的数量,而且取决于主张者的"分量"——例如评注比判决评议要具有更大的分量。

四、文献检索

70　　为处理家庭作业中的相关难题,我们尤其必须使用**评注**(如 Palandt, Erman, Münchener Kommentar, Staudinger)、**教科书**(如 Brox/Walker, Medicus/Lorenz, Köhler)以及**期刊**(如 NJW, JuS, JURA, JR)。在这些著作中,大家通常(取决于作品的篇幅)可以找到广泛

---

[12]　Köhler, § 7 Rn. 35.

[13]　BGHZ 109, 171, 177; Palandt/Ellenberger, Einf. v. § 116 Rn. 17 附其他参考文献。

的文献说明,还有对不同观点的说明,我们之后对此必须加以探究。

对于刚入门者适合的做法是,查阅教科书中有疑问的论题范围;我们一般借助于教科书工作,或者通过 juris 数据库寻找教培期刊(JuS,JURA,JA)中的导论性文章。但是,仅仅据此可能还没有很好地解答家庭作业,以致我们必须要"深入进阶"。对此,教科书通常给出了一些提示,或者讲授大课中也可能有文献说明。

通过(列出)具体著作的位置,图书馆目录展现了大学的整个文献存储情况。我们现在能在网上找到图书馆目录,并借助它引导接触到图书(通常附有目录索引)以及期刊本身,但不能接触到期刊中的文章或判决。

对于后者来说,深入的检索是有帮助的。我们可以借助教科书或评注来进行深入检索,但现今,一般利用**网络搜索**在法律数据库中深入检索。在数据库中,我们可以将相关问题作为关键词输入,通常会获得找出的文献或判决的直接阅览权限。您的大学有哪些数据库,应在大学网页上查明。

五、一些额外建议

我们应当即时在脚注中作出出处说明,并同时制作文献索引——这会节省一半工作量,并会因此节省很多时间,免去很快要提交作业的压力。在文献检索时,如果不能复制或打印作品,我们最好记下主要表述、作者以及详细出处。

如果最后完成的作业所含页码明显少于允许的页码数量,可能是我们遗漏了问题或者在涵摄和/或论证中写得太短。(规定的页码最高数量通常是这样选定的,即该页码数量足够依照范式来处理这一作业。因此,通常少 1 页或 2 页也是允许的。这一警示仅适用于明显的低于数额的情形。)

如果最后家庭作业篇幅过长,我们必须缩短它。在此过程中要注意，我们首先应该在没有问题的地方进行缩减。相反，我们不应在形式上缩减，这会导致扣分。我们也可以考虑，可否舍弃某些标题，所属的考核点是否能在统一的标题下仅通过段落的区分来进行说明。

77　　始终要考虑**书写规则**、**正确的语法**、**标点符号**以及高质量的、可理解的**表达**(参见本书边码 53 和 54)。

78　　在写完作业之后，我们还要批评性地再次通读作业。书写错误等应该被消除，目录或提纲应检查有无错误和不完整性，文献索引同样要如此检查。我们不应该只信赖拼写程序。

79　　如果这一步骤在之前没有做，而在正式提交期限之前还有时间，为了检查是否遗漏了什么或者在某处"错误地偏离了方向"，和同学们讨论解答是合适的做法。

80　　如果在这之后到最后可能的提交期限之前还有时间，大家最好避免去大学或者见同学，不要马上提交作业——**提交的最后期限才是正式的提交期限**。否则会存在如下风险：在解答案件时可能忘记考虑的那些内容，在提交之后又想到了。这种情况很可能发生：我们虽然了解这些内容，但是当我们全身心解题时，就可能会因为匆忙而认为已经解决了这些内容，而实际上忘记了解决。

81　　即使处理作业时间应该包括所有的没有讲授大课的时间(这是完全不同的)，这并不是指，我们需要这么多的时间。对于解答初学者家庭作业来说，在保持一定程度专注和连续工作的情形下，我们不需要超过 3 个工作周的时间。

缩略语

a. A. 根据其他观点
a. a. O. 同上
a. E. 结尾
a. F. 旧版
a. M. 根据其他意见
abl. 拒绝地
ABl. EG 《欧盟及欧共体公报》
Abs. 款
abw. 偏离的,不同的
AcP 《民法实务档案》(杂志)
AEG 《一般铁路法》
AG 地方法院
AGB 一般交易条件
AgrarR 《农业法和环境法》(杂志)
allg. 一般/普通
allg. M. 通说
Alt. 情形
Anm. 评议,点评
AP 《劳动法实务》(杂志)
arg. 理据
Art. 条
AuA 《劳动和劳动法》(杂志)
Aufl. 版次,版

AuR 《劳动和法》(杂志)
ausf. 详细地

BAG 联邦劳动法院(http://bundesarbeitsgericht.de)
BAGE 《联邦劳动法院官方判例集》
BauR 《建筑法》(杂志)
BB 《企业顾问》(杂志)
Bd. 卷/册
Begr. zum RegE 政府草案的理据
bes. 尤其/特别
BGB 《德国民法典》
BGBl. 《联邦法律公报》(http://www.bundesanzeiger.de/bgbl1.htm)
BGH 联邦最高法院(http://www.bundesgerichtshof.de/)
BGHZ 《联邦最高法院民事裁判集》(按照卷册和页码引注)
BR- Drs. 《联邦参议院印本》
BT- Drs. 《联邦众议院印本》(按照立法任期/序号引注)
BverfG 联邦宪法法院(http://www.

bverfg.de）
BVerfGE 《联邦宪法法院官方判例集》
bzgl. 关于，相关的
bzw. 或/和

c. i. c. 缔约过失
ca. 大约
CR 《计算机与法》（杂志）

d. h. 此即
DB 《企业》（杂志）
ders. 同一（阳性）
dies. 同一（阴性）
DuD 《数据保护和数据安全》（杂志）（URL: http://www.dud.de/）

EG 欧共体
EGBGB 《德国民法典施行法》
Einf. 导引/导论
Einl. 引言
entspr. 相应地
etc. 等等
EU 欧盟（http://www.europa.eu.int）
EuGH 欧共体法院（http://www.curia.eu.int）
EuGHE 《欧共体一审法院和欧共体法院判例集》
EuZW 《欧洲经济法杂志》
EWG 欧洲经济共同体

f. 以下
ff. 以下（数页）
FGPrax 《非讼管辖实践》（杂志）
Fn. 脚注
FS 祝寿文集/纪念文集

gem. 根据/依照
GG 《德意志联邦共和国基本法》
GmbH 有限责任公司
GoA 无因管理
grdl. 基础的，基本的
grds. 基本的/原则的

h. L. 主流学说
h. M. 主流观点
HGB 《德国商法典》
Hrsg. 主编
Hs. 半句

i. d. F. 此版
i. d. R. 通常
i. H. v. （数量）高达
i. R. d. 在……范围内
i. S. d. 在……意义上
i. S. v. 在……意义上
i. V. m. 和……相联系
insb. 尤其

JA 《法学工作报》（杂志）
JR 《法学评论》（杂志）

JURA 《法律学习》(杂志)
JuS 《法律教育》(杂志)
JW 《法学周刊》(杂志)
JZ 《法律人报》(杂志)

K&R 《交流与法》
krit. 批判的

LG 州法院
lit. 字母
lt. 根据

m. Anm. 附注
m. w. N. 附进一步参考
m. z. n. 附诸多参考
MDR 《德国法月刊》(杂志)
MMR 《多媒体与法》(杂志)

n. F. 新版
NJ 《新司法》(杂志)
NJW 《新法学周刊》(杂志)
NJW-RR 《新法学周刊——私法裁判报告》(杂志)
Nr. 号码
NZA 《劳动法新刊》(杂志)

OLG 州高等法院
OLGR 州高等法院报告
OLGZ 州高等法院民事判决

PBefG 《客运法》
PFV (pVV) 积极侵害债权(侵害合同)
ProdHaftG 《产品责任法》
Protokolle 《德国民法典草案二读起草委员会会议记录》(1897)

RdA 《劳动法》(杂志)
RG 帝国法院
RGZ 《帝国法院民事裁判集》
RL 指令
Rn. 边码
RRa 《旅游法时讯》(杂志)
Rspr. 判决/裁判

S. 句或页
s. 见
s. o. 见上
s. u. 见下
sog. 所谓
st. Rspr. 持续的判决
StGB 《德国刑法典》
str. 争议的

TranspR 《运输法》(杂志)

u. a. 此外
u.U 可能,也许,大概
Urt. 判决
usw. 等等

v.	从/之于	z. B.	例如
v. a.	首先	ZEuP	《欧洲私法杂志》(杂志)
VersR	《保险法》(杂志)	ZfA	《劳动法杂志》(杂志)
vgl.	比较,参	ZGS	《债法综合杂志》(杂志)
VIZ	《财产法和不动产法》(杂志)	ZHR	《商法和经济法综合杂志》(杂志)
Vorb.	前言	ZIP	《经济法杂志》(杂志)
VuR	《消费者与法》(杂志)	ZPO	《民事程序法》
Wg	由于	ZRP	《法政策杂志》(杂志)
WM	《有价证券信息》(杂志)	ZVglRWiss	《比较法学杂志》(杂志)
WRP	《法和实务中的竞争》(杂志)		

本书中条文如未作进一步标识,均为《德国民法典》之条文。

缩略征引文献名录

《德国民法典》评注

缩略	评注全称
Bamberger/Roth/Bearbeiter	Bamberger/Roth, BGB, Kommentar, 3. Aufl., 2012; zitiert in der Version als Beck'scher Online-Kommentar BGB, Stand 30. Edition 2014
Erman/Bearbeiter	Erman, BGB, 13. Aufl., 2011
HK/Bearbeiter	Schulze u. a., Handkommentar zum BGB, 8. Aufl., 2014
Jauernig/Bearbeiter	Jauernig, BGB, 15. Aufl., 2014
MünchKomm/Bearbeiter	Münchener Kommentar zum BGB, 6. Aufl., 2012
Palandt/Bearbeiter	Palandt, BGB, 73. Aufl., 2014
RGRK/Bearbeiter	Reichsgerichtsrätekommentar, hrsg. Von den Mitgliedern des BGH, Bd. II, 5. Teil, 12. Aufl., 1989
Soergel/Bearbeiter	Soergel, BGB, Kommentar, 13. Aufl., 2000ff.
Staudinger/Bearbeiter	Staudinger, BGB, Kommentar, 13. Bearbeitung (fortlaufend)
Thomas/Putzo/Bearbeiter	Thomas/Putzo, ZPO, Kommentar, 35. Aufl., 2014

教科书

缩略	教科书全称
Bork	Bork, Allgemeiner Teil des Bürgerlichen Gesetzbuchs, 3. Aufl., 2011

(续表)

缩略	教科书全称
Brox/Walker	Brox/Walker, Allgemeiner Teil des BGB, 37. Aufl., 2013
Faust	Faust, BGB, Allgemeiner Teil, 4. Aufl., 2014
Fritzsche SchR I	Fritzsche, Fälle zum Schuldrecht I - Vertragliche Schuldverhältnisse, 5. Aufl., 2013
Fritzsche SchR II	Fritzsche, Fälle zum Schuldrecht II - Gesetzliche Schuldverhältnisse, 2. Aufl., 2013
Flume	Flume, Allgemeiner Teil des bürgerlichen Rechts, Bd. II: Das Rechtsgeschäft, 4. Aufl., 2001
Hirsch	Hirsch, Der allgemeine Teil des BGB, 7. Aufl., 2012
Köhler	Köhler, BGB Allgemeiner Teil, 37. Aufl., 2013
Larenz	Larenz, Allgemeiner Teil des deutschen Bürgerlichen Rechts, 7. Aufl., 1989
Larenz/Canaris	Larenz, Canaris, Lehrbuch des Schuldrechts, Bd. II/2, 13. Aufl., 1994
Leipold	Leipold, BGB I: Einführung und allgemeiner Teil, 7. Aufl., 2013
Medicus	Medicus, Allgemeiner Teil des BGB, 10. Aufl., 2010
Medicus/Lorenz	Medicus/Lorenz, Schuldrecht I – Allgemeiner Teil, 20. Aufl., 2012
Medicus/Petersen	Medicus/Petersen, Bürgerliches Recht, 24. Aufl., 2013
Musielak	Musielak, Grundkurs BGB, 13. Aufl., 2013
Pawlowski	Pawlowski, Allgemeiner Teil des BGB, Grundlehren des bürgerlichen Rechts, 7. Aufl., 2003
Rüthers/Stadler	Rüthers/Stadler, Allgemeiner Teil des BGB, 17. Aufl., 2011

(续表)

缩略	教科书全称
Schwab/Löhnig	Schwab/Löhnig, Einführung in das Zivilrecht, 19. Aufl., 2012
Tettinger/Wank	Tettinger/Wank, Einführung in die juristische Arbeitstechnik, 4. Aufl, 2009
Wolf/Neuner	Wolf/Neuner, Allgemeiner Teil des bürgerlichen Rechts, 10. Aufl., 2012

关键词索引

德语关键词	中文对译词	索引位置*
A		
Abschluss	缔结	
- von Verträgen	合同的缔结	见 Vertragsschluss
- zwang	缔约强制	13, 30
Abstraktionsprinzip	抽象原则	6, 28, 40
Aktiengesetz	《股份法》	35
Allgemeine Geschäftsbedingungen	一般交易条件	12, 16, 31, 36
- Abwehrklausel	防御条款	16
- Einbeziehung	一般交易条件的订入	16, 31, 36
- Inhaltskontrolle	一般交易条件的内容控制	30
- Grundsatz der Kongruenzdeckung	合意一致原则	16
- sachlicher Anwendungsbereich	一般交易条件的实质适用范围	31, 36
- Theorie des letzten Wortes	最后言词理论	16
- überraschende Klausel	出人意料的条款	36
Analogie	类推	2, 3, 28, 29, 38–41

* 根据表述的需要,关键词在正文中的呈献可能与此表略有不同。本列中的数字为本书案例编号。——译者注

(续表)

德语关键词	中文对译词	索引位置*
- Voraussetzungen	类推前提	38
Änderungsvertrag	变更合同	9, 21
Andeutungstheorie	暗示理论	25
Anfechtung Beispielsfall	撤销案例	3, 4, 12, 15, 17–22, 35, 37, 38
- Ausschluss bei Kenntnis des Vertretenen	被代理人知悉时排除撤销	38
- bei Irrtum des Vertreters	代理人错误情形的撤销	37, 38
- Erklärung	撤销表示	15, 37
- Frist	撤销期限	37
- treuwidrige	违反诚信的撤销	18, 38
Anfertigung von Hausarbeiten	家庭作业的写作	第3编
Angebot Beispielsfall,	要约案例	2–33, 26, 28, 31, 35, 37–39
- ad incertas personas	对不特定人的要约	10–13
- Ausschluss der Bindung	要约拘束力的排除	9, 10–13
- bedingtes	附条件的要约	10
- durch Warenauslage	通过商品陈列发出要约	11, 19
- freibleibendes	不受拘束的要约	11
Annahme Beispielsfall,	承诺案例	2–23, 26, 28, 31, 35, 37–39
- durch Schweigen	基于沉默的承诺	8, 16
- antizipierte	预期的承诺	12

(续表)

德语关键词	中文对译词	索引位置*
- Erklärung, erkennbar verspätet übermittelte	可知悉的、迟延传达的承诺表示	6
- Frist Beispielsfall	承诺期限案例	5-7, 17, 18
- modifizierende	变更的承诺	7, 9, 13, 16
- Rechtzeitigkeit Beispielsfall	及时承诺案例	5-7, 17, 18
- Verweigerung	拒绝承诺	5
Anscheinsvollmacht	表象意定代理权/外观意定代理权	39
Anspruch Beispielsfall	请求权案例	(无)
Anspruchsgrundlage Beispielsfall	请求权基础案例	2, 3, 26, 35, 40-42
Anspruchsprüfung Beispielsfall	请求权检验案例	(无)
Antrag s. Angebot	要约	见 Angebot
Arglist	恶意	5, 21, 22, 38
Auflassung eines Grundstücks	土地之让与合意	24-26
Aufrechnung	抵销	16
- Ausschluss durch AGB	通过一般交易条件排除抵销	16
Auftrag	委托/委任	2, 26, 40
Auktion	拍卖	12
Auslegung von Gesetzen	法律解释	34, 39, 41
Auslegung von Rechtsgeschäften und Willenserklärungen	法律行为和意思表示之解释	2, 3, 10-25
- Anfechtungserklärung	撤销表示的解释	15
- Auslegungsregel	解释规则	24
- ergänzende	补充解释	2, 14

(续表)

德语关键词	中文对译词	索引位置*
- formbedürftige Geschäfte	要式行为的解释	25
- Grundsätze	解释基本原则	14
- natürliche	自然解释	15
- normative	规范解释	17
- objektive	客观解释	2, 3, 10–23, 25, 26, 29, 33, 35, 37, 38, 40
- der Vollmacht	对授权行为的解释	35
Außenvollmacht	外部授权	37
B		
Bargeschäft des täglichen Lebens	日常生活中的现金交易行为	35
Bauträgervertrag	房地产开发商合同	36
Bedingung	条件	10, 31
- aufschiebende	停止条件	31
- Vereitelung des Bedingungseintritts	阻碍条件的成就	31
Beförderungsentgelt, erhöhtes	加罚票价	31
Beförderungsvertrag	运输合同	13, 31
Bereicherung (sanspruch)	不当得利(请求权)	22, 27, 28, 30, 36, 40, 41
Berufsfreiheit	职业自由	32
Besitz	占有	27, 40, 41
Bestätigungsschreiben, kaufmännisches	商人确认书	8, 16
Beurkundung	作成证书	25–27, 34
Beurkundung, notarielle	作成公证证书	24–26, 41

(续表)

德语关键词	中文对译词	索引位置*
Bevollmächtigung	授权	见 Vollmacht, Erteilung
Bewirken der Leistung	给付之实现	30
Billigkeitsjurisprudenz	衡平法学	3
Botenschaft, Abgrenzung zur Stellvertretung	传达，区分于代理	6, 20
Bringschuld	赴偿之债	9
Buchpreisbindungsgesetz	图书价格约束法	19
Bürgschaft	保证	2
C		
culpa in contrahendo (c. i. c.)	缔约过失	18, 21, 38
D		
Darlehen	金钱消费借贷	42
Deliktsrecht	不法行为法	21
Dienstvertrag	服务合同	23, 35
Differenzhypothese	差额假定/差额说	38
Dispositives Recht	任意法	见 Recht
Dissens	不合意	15–17, 20
- offener	公开的不合意	15–17
- Schein-	虚伪的不合意	15
- Total-	完全的不合意	17
- verdeckter	隐藏的不合意	15, 17
Drittwirkung von Grundrechten	基本法的第三效力	32
Duldungsvollmacht	容忍代理权	39
E		
Eigenschaft, verkehrswesentliche	交易上重要的性质	17–19, 21

(续表)

德语关键词	中文对译词	索引位置*
Eigenschaftsirrtum	性质错误	见 Irrtum
Eigentum	所有权	22, 27, 28, 30, 40, 41
Einigung	合意	见 Vertragsschluss
Einigungsmangel	合意瑕疵	见 Dissens
Einrede Beispielsfall,	抗辩权案例	3, 39, 42
- dauernde (peremptorische) Beispielsfall	持续的(永久的)抗辩权案例	(无)
- der Verjährung	消灭时效之抗辩权	见 Verjährung
- der Vorausklage	先诉抗辩权	3
- des nichterfüllten Vertrages	合同不履行之抗辩权	39
- des Rechtsmissbrauchs	权利滥用之抗辩权	15
- vorübergehende (dilatorische) Beispielsfall	一时的(延期的)抗辩权案例	(无)
Einwendungen	抗辩	(无)
- Begriff Beispielsfall	抗辩概念案例	(无)
- rechtshemmende Beispielsfall	权利障碍之抗辩案例	(无)
- rechtshindernde Beispielsfall	权利阻却之抗辩案例	4, 28
- rechtsvernichtende Beispielsfall	权利消灭之抗辩案例	4
Einwilligung	允许	28–31, 33
- bedingte	附条件的允许	31
- Einwilligungsurkunde	许可证	29

(续表)

德语关键词	中文对译词	索引位置*
Empfängerhorizont, objektiver	客观的受领人视角	2, 3, 10–23, 25, 26, 29, 33, 35, 38, 40
Empfangsbote	受领使者	6, 20
- Ehegatten	配偶(作为受领使者)	6
- Nachbarn	邻居(作为受领使者)	6
Empfangsvertreter	受领代理人	6, 13, 20
Entreicherungseinwand	得利丧失之抗辩	30
Erbrecht	继承权	40
Erfüllungsanspruch	履行请求权	17, 18, 39
Erfüllungsschaden	履行损害	17, 18, 38, 39
Ergänzungspfleger	补充保护人	41
Erklärungsbewusstsein	表示意识	2, 3, 4, 39, 40
Erklärungsbote	表示使者	4, 6, 20, 29
Erklärungsirrtum	表示错误	见 Irrtum
Erklärungstheorie	表示主义	3
Erwerbsverpflichtung	取得义务	(无)
- gesetzliche	法定的取得义务	26
- vertragliche	合同的取得义务	26
essentialia negotii Beispielsfall	合同要素案例	6, 7, 12, 13, 15–21, 38, 39
F		
Fälligkeit	届期	14, 42
Fahrlässigkeit	过失	2, 3, 4, 21, 38
- Erklärungs-	表示过失	3
- grobe	重大过失	2

(续表)

德语关键词	中文对译词	索引位置*
Faktischer Vertrag	事实契约	13, 31
Fallbearbeitung	案例研习	第1编,第3编
falsa demonstratio non nocet	误述无害	14, 18, 25
- beim formbedürftigen Geschäft	在要式行为中误述无害	25
Falschübermittlung	误传	20
Fernabsatzgeschäft	远程交易行为	12, 23
Fernabsatz- Richtlinie	远程交易指令	8
Fiktion	拟制	2
- Zugangs-	拟制到达	5
Form des Rechtsgeschäfts	法律行为之形式	
- Formbedürftigkeit	要式性	24-26, 34, 42
- Formnichtigkeit	形式无效	3, 24-26, 34, 36, 40, 41
- Formzwecke	形式目的	24-26, 34
- Freibleibendes Angebot	不受拘束的要约	11
- Genehmigung	事后追认	34
- Heilung von Formmängeln	形式瑕疵之补正	24, 26, 40, 41
- notarielle	公证的形式	24-26, 34, 41
- schriftliche	书面的形式	3
- Vollmacht	形式授权	34
- zwingende	强行的形式	24, 26
G		
Garantiehaftung, gesetzliche	法定的担保责任	39
Gefälligkeitsverhältnisse	情谊关系	2, 26, 41, 42

(续表)

德语关键词	中文对译词	索引位置*
- Haftung	情谊关系的责任	2
- rechtsgeschäftliche	法律行为的情谊关系	2
- reine	单纯的情谊关系	2
Geheimer Vorbehalt	内心保留	13, 23
Geltungserhaltende Reduktion	有效维持之限缩	32
Genehmigung	事后追认	28–31, 34, 39
- Aufforderung des anderen Teils	相对方的催告	29, 34
- Form	追认的形式	34
- Genehmigungsurkunde	追认书	29
- Verweigerung	拒绝追认	28–30, 34, 39
Generaleinwilligung, beschränkte	概括允许/许可，限制的	29–31
- Bedingung	概括允许的条件	31
- Ratenzahlungen	分期付款的概括允许	30
- Reichweite	概括允许的范围	31
- Verträge über Surrogate	关于替代的合同之概括允许	30
Generalkonsens	概括同意	见 Generaleinwilligung
Generalunternehmervertrag	总承包商合同	36
Gesamtschuld	连带债务	35
Geschäft, rechtlich neutrales	法律上的中性行为	33
Geschäft für den, den es angeht	为行为所关涉之人而实施的行为	35

(续表)

德语关键词	中文对译词	索引位置*
Geschäftsähnliche Handlung	准法律行为	33
Geschäftsbesorgungsvertrag	事务处理合同	33
Geschäftsfähigkeit, beschränkte	行为能力,限制的	20, 28-31, 33, 41
Geschäftsführung ohne Auftrag	无因管理	26, 36
Geschäftsgrundlage	行为基础	14, 15, 18
Geschäftsunfähigkeit Beispielsfall	无行为能力案例	27, 31, 41
Geschäftswille	效果意思	3, 4, 13, 20, 40
Gesetzesverstoß Beispielsfall	违反法律禁令案例	12, 19, 24
- bei Steuerhinterziehung	在避税时/逃税时违反法律禁令	24
Gewährleistungsbürgschaft, selbstschuldnerische	自居债务人的担保责任保证	14
Gliederung der Lösung	解答提纲	第1编,第3编
Gliederung von Hausarbeiten	家庭作业提纲	第3编
Grundeigentum	土地所有权	24-26
- Grundrechte	基本权利	32
Gutachtenstil Beispielsfall	鉴定风格案例	(无)
H		
Haakjöringsköd	鲨鱼肉	14
Haftung	责任	(无)
- Begrenzung	责任界限	2
- des vollmachtlosen Vertreters	无权代理人的责任	38, 39
- in Gefälligkeitsverhältnissen	情谊关系中的责任	2
- Milderung	责任减轻	2
Handeln in fremdem Namen	以他人名义之行为	33, 35

(续表)

德语关键词	中文对译词	索引位置*
Handlungswille	行为意思	3, 4, 13, 40
Hausarbeitsformalia	家庭作业格式	第3编
Heilung von Formmängeln	形式瑕疵的补正	24, 26, 40, 41
Herausgabeanspruch	返还请求权	26, 27, 28, 30, 40, 41
- Erbschafts-	遗产返还请求权	40
I		
Inhaltsirrtum	内容错误	见 Irrtum
Inhaltskontrolle bei AGB	一般交易条件中的内容控制	31
Inhaltsverzeichnis von Hausarbeiten	家庭作业的目录	第3编
Innenvollmacht	内部授权	（无）
- kundgemachte	公开的内部授权	37
Insichgeschäft	对己行为/双方代理	41
Interesse	利益	（无）
- negatives	消极利益	见 Vertrauensschaden
- positives	积极利益	见 Erfüllungsschaden
invitatio ad offerendum Beispielsfall	要约邀请案例	7, 9–12, 17, 19, 28, 35, 38, 39
Irrtum	错误	（无）
- bei fehlender Vorstellung vom Erklärungsinhalt	对表示内容存在不正确想法的错误	12, 18
- Eigenschafts-	性质错误	17–19, 21
- Erklärungs-	表示错误	3, 4, 12, 17–19, 21
- Identitäts- (error in objecto)	同一性错误（客体错误）	37, 38

（续表）

德语关键词	中文对译词	索引位置*
- Inhalts-	内容错误	3, 4, 12, 17-19, 21, 35, 37, 38
kalkulalions	计算错误	15
- Motiv-	动机错误	15, 18, 19, 21
- über den Preis	关于价格的错误	17
- über Rechtsfolgen	关于法律效果的错误	12
- über ungelesene Urkunden	关于未读文书的错误	18
- Verlautbarungs-	阐示错误	38
J		
Juristische Personen	法人	13, 35
K		
Kaufmann	商人	6, 16
Kaufvertrag Beispielsfall	买卖合同 案例	4-12, 14, 16-22, 24, 25, 28-30, 32-35, 38, 39
- Grundstücks-	不动产买卖合同	24, 25
- Rechtskauf	权利买卖	32
- Unternehmenskauf	企业买卖	32
Kollusion	串通	33, 40
Konsens	合意	15, 17
- normativer	规范的合意	17
Kontrahierungszwang	缔约强制	13, 31
Kündigung	终止	23
L		
Leihe	使用借贷/借用	42

(续表)

德语关键词	中文对译词	索引位置*
Leistung (skondiktion)	给付(不当得利请求权)	22, 27, 28, 30, 36, 40
Leistungspflicht(en)	给付义务	2, 12, 39, 第1编, 第3编
Literaturverzeichnis von Hausarbeiten	家庭作业的文献索引	第3编
M		
Mahnbescheid	催告通知	42
Maklervertrag	居间合同	33
Mandantschutzvereinbarung	委托人保护约定	32
Minderjährige	未成年人	20, 27, 28, 29, 30, 31, 33, 41
Missbrauch der Vertretungsmacht	代理权的滥用	33, 39, 40
Mittelbare Drittwirkung (von Grundrechten)	(基本法的)间接第三效力	32
Motivirrtum	动机错误	见 Irrtum
N		
Nichtigkeit Beispielsfall	无效案例	4, 12, 17–24, 27, 32, 35, 38, 41, 42
O		
Offenkundigkeitsprinzip	显名原则	33, 35
offerte ad incertas personas	对不特定人的要约	10–13, 30
Online- Auktion	网上拍卖	12
P		
Perplexität	矛盾性	15
Pflichtverletzung	义务违反	18, 38, 39

(续表)

德语关键词	中文对译词	索引位置*
Privatautonomie	私法自治	3, 4, 14
Prokurist	经理人	6
protestatio facto contraria	和行为相悖的主张/禁反言	13
Q		
Quellenangaben in Hausarbeiten	家庭作业中的出处说明	第3编
R		
Realofferte	实物要约	10-13, 31
Recht	法/权利	（无）
- dispositives	任意法	16, 24, 26, 31, 36
- zwingendes	强行法	24
Rechtsausübung, unzulässige	不允许的权利行使	15, 31, 38, 40
Rechtsbindungswille Beispielsfall	受法律拘束的意思案例	2, 7, 11, 12, 19, 21, 23, 26, 28, 35, 38, 39
Rechtsgeschäft	法律行为	（无）
- Abgrenzung zur Gefälligkeit	和情谊行为的界分	2, 26
- einseitiges	单方法律行为	28, 39
Rechtsmissbrauch	权利滥用	15
Rechtsnorm Beispielsfall	法规范案例	（无）
- Rechtsfolge Beispielsfall	法律效果案例	（无）
- Tatbestand Beispielsfall	事实构成案例	（无）
Rechtsschein	权利外观	20, 39
Rechtsscheinsvollmacht	表见意定代理权	见 Vollmacht
Regelungslücke	规则漏洞	2, 3

(续表)

德语关键词	中文对译词	索引位置*
Reisevertrag	旅游合同	30
Reurecht	后悔权	18
Rückabwicklung	返还清算	27, 28, 30
S		
Sachen, vertretbare	可替代物	2
SB- Tankstelle	自助加油站	11
Schaden	损害	（无）
- Begriff	损害概念	2
- Erfüllungs-	履行损害	17, 18, 38, 39
- Vermögens-	财产损害	38
- Vertrauens-	信赖损害	3, 4, 17, 18, 38, 39
Schadensersatz	损害赔偿	2, 3, 4, 17, 18, 21, 37, 38, 39
- pauschale	总括的损害赔偿	31
Scheingeschäft	虚伪行为	23, 24
Schenkung	赠与	（无）
- an Minderjährige	对未成年人的赠与	41
- unter Lebenden auf den Todesfall	死亡案件中的生前赠与	40
Schenkungsversprechen	赠与承诺	40, 41
Schenkungsvertrag	赠与合同	27, 40–42
Scherzerklärung	戏谑表示	23
Schickschuld	送付债务	9
Schlüsselgewalt	锁钥权/夫妻家事代理权	35

(续表)

德语关键词	中文对译词	索引位置*
Schriftform	书面形式	3
Schuldverhältnis	债务关系	(无)
- bei Gefälligkeit	情谊行为中的债务关系	2
- gesetzliches	法定债务关系	2, 39
- vorvertragliches	前合同债务关系	18, 38
Schwebezustand	待定状态	28, 29
Schweigen als Willenserklärung	作为意思表示之沉默	8, 16
- Selbstbedienungsladen	自选商店	11
Selbstkontrahieren	自己缔约	41
Sittenverstoß	悖俗	见 Sittenwidrigkeit
Sittenwidrigkeit Beispielsfall	违反善良风俗案例	12, 24, 32
- wegen Einschränkung der wirtschaftlichen Bewegungsfreiheit	因限制经济行为自由而违反善良风俗	32
- bei wucherähnlichem Geschäft	在类暴利行为中违反善良风俗	32
Sorgfalt, eigenübliche	自己通常的注意	2
Sorgfaltspflicht	注意义务	5
- im Gefälligkeitsverhältnis	情谊关系中的注意义务	2
Sozialtypisches Verhalten	社会典型行为	13, 30
Spielvertrag	博彩合同	12
Stellvertretung	代理	6, 20, 33–40
- Abgrenzung zur Botenschaft	代理和传达的界分	20

(续表)

德语关键词	中文对译词	索引位置*
- und beschränkte Geschäftsfähigkeit	代理和限制行为能力	33
- Offenkundigkeitsprinzip	显名原则	33, 35
- offene	显名代理	26
- Voraussetzungen	代理的前提	33
- Zurechnung von Willensmängeln	代理中意思瑕疵的归责	38
Subsumtion Beispielsfall	涵摄案例	(无)
Systematische Auslegung	体系解释	39
T		
„Taschengeldparagraf"	零用钱条文	见 Generaleinwilligung
Tankstelle	加油站	11
Täuschung, arglistige	恶意欺诈	见 Arglist
Teilnichtigkeit	部分无效	24
Teleologische Extension	目的扩张	41
Teleologische Reduktion	目的限缩	41
Testament	遗嘱	40
Transportkosten	运输费	9
Treu und Glauben	诚实信用	2, 5, 13–16, 18, 23, 26, 29, 31, 38–40, 42
Treuhandvertrag	信托合同	26
Trierer Weinversteigerung	特里尔葡萄酒拍卖	3
U		
Übereignung	移转所有权	24–28, 40, 41

(续表)

德语关键词	中文对译词	索引位置*
Übermittlung	传达	（无）
- an falschen Empfänger	向错误受领人的传达	20
- einer elektronischen Willenserklärung	电子意思表示的传达	23
- einer fremden Willenserklärung	对他人的意思表示的传达	20
Übermittlungsrisiko	传达风险	5
Umdeutung	转换/转义	23
Unerlaubte Handlung	不法行为	21
Ungerechtfertigte Bereicherung	不当得利	22, 27, 28, 30, 36, 40, 41
Unmöglichkeit Beispielsfalll	给付不能案例	6
- objektive Beispielsfall	客观不能案例	（无）
- subjektive Beispielsfall	主观不能案例	（无）
Unterlassungsanspruch, vertraglicher	合同上的不作为请求权	32
Unterlassungsvereinbarung	不作为约定	32
Unternehmer	经营者	8, 12, 23, 36, 42
Unwirksamkeit Beispielsfall	不生效 案例	4, 12, 17-19, 21, 27-31, 33, 38-41
- schwebende	待定的不生效	29-32, 33, 39
Urteilsstil Beispielsfall	裁判风格案例	（无）
V		
venire contra factum proprium	违背先前所为/自相矛盾	16, 38

(续表)

德语关键词	中文对译词	索引位置*
Verbot, gesetzliches	法律禁令	12, 19
Verbraucher	消费者	（无）
- Begriff	消费者概念	8, 12, 23, 36
- Darlehen	金钱消费借贷中的消费者	42
- Schutz	消费者保护	12, 23
Verfügung	处分	40
Vergleichsvertrag	和解合同	14
Verjährung Beispielsfall	消灭时效 案例	42
- Beginn	消灭时效起算	42
- Ende	消灭时效结束	42
- Frist	消灭时效期间	42
- Hemmung	消灭时效停止/不完成	42
Vermutung	推定	38
Vernehmungstheorie Beispielsfall	了解主义 案例	17
Verpflichtung	义务	（无）
- zum Grundeigentumserwerb	关于土地所有权的取得义务	26
- zur Grundeigentumsveräußerung	关于土地所有权的让与义务	26
Verpflichtungsfähigkeit	义务能力	13, 35
Verschulden	过错	38
Versendungskauf	送交买卖	9
Versendungskosten	寄送费用	9

(续表)

德语关键词	中文对译词	索引位置*
Verspätungsanzeige	迟延催告	6
Versteigerung	竞价拍卖	见 Auktion
Vertrag	合同	(无)
- Auslegung	合同解释	见 Auslegung von Rechtsgeschäften
- faktischer	事实契约	13, 31
- notarieller	公证合同	24
- unentgeltlicher	无偿合同	2, 26, 42
- über Surrogate	关于替代的合同	30
Vertragsänderung Beispielsfall	合同变更案例	21
Vertragsanpassung	合同调整	15
Vertragsbedingungen	合同条件	见 Allgemeine Geschäftsbedingungen
Vertragsbestandteile, wesentliche	合同要素	见 essentialia negotii
Vertragsfreiheit, negative	消极的合同自由	13
Vertragsschluss Beispielsfall	订立合同 案例	7-31, 33, 35, 38, 41
- an Tankstelle	在加油站订立合同	11
- an Warenautomaten	在(使用)自动售货机时订立合同	10
- bei freibleibendem Angebot	不受拘束要约情形中的合同缔结	11
- durch einvernehmliche Vertragsdurchführung	通过一致的实施合同订立合同	16
- im Internet	在网上订立合同	12
- durch Minderjährige	通过未成年人订立合同	27-31, 41

(续表)

德语关键词	中文对译词	索引位置*
- im Personennahverkehr	在客运短途交通中订立合同	13, 31
- durch Rahmenvereinbarung	通过框架约定订立合同	35
- im Selbstbedienungsgeschäft	在自助交易中订立合同	11, 19
- durch sozialtypisches Verhalten	通过社会典型行为订立合同	13, 31
Vertragsstrafe	违约金	31, 32
Vertragstyp, Einordnung	合同类型的归类	20, 26, 35, 42
Vertragsverhandlungen	合同磋商	18, 38
Vertrauenshaftung	信赖责任	3, 4, 39
Vertrauensschaden	信赖损害	3, 4, 17, 18, 37–39
Vertretenmüssen	可归责	18, 38, 39
Vertreter	代理人	（无）
- gesetzlicher	法定代理人	28–30, 33, 35, 41
- Haftung	代理人责任	38, 39
Vertretung	代理	见 Stellvertretung
- ohne Vertretungsmacht	无权代理	36–39
Vertretungsmacht	代理权	6, 28–30, 33–41
- Begrenzung	代理权的界限	33, 38
- gesetzliche	法定代理权	28–30, 33, 35, 41
- Missbrauch	代理权滥用	33, 39, 40
- rechtsgeschäftliche	法律行为的代理权	见 Vollmacht
Verwahrungsvertrag	保管合同/寄托合同	41

(续表)

德语关键词	中文对译词	索引位置*
Vollmacht	授予意定代理权	6, 33-41
- Abstraktheit	授予意定代理权的抽象性	33, 40
- Anscheins-	表象授予意定代理权	39
- aufgrund Rahmenvereinbarung	基于框架约定授予意定代理权	35
- Außen-	外部授权	35, 37
- beschränkte	有限的授权	33
- Duldung-	容忍授权	39
- Erlöschen	意定代理权的消灭	33, 40
- Erteilung	意定代理权的授予	6, 33, 36
- Form	授予意定代理权的形式	34
- und Grundgeschäft	授予意定代理权和基础行为	33, 34, 40
- Innen-	内部授予意定代理权	33, 35, 37-39
- konkludente	默示授予意定代理权	39, 40
- kundgemachte Innenvollmacht	公开的内部授权	37
- postmortale	死因授予意定代理权	40
- Rechtsscheins-	表见授予意定代理权	36, 37, 39
- Überschreitung der Innen-	内部意定代理权的逾越	39

(续表)

德语关键词	中文对译词	索引位置*
- Widerruf(lichkeit)	意定代理权撤回(性)	34, 40
Vorleistungspflicht	先给付义务	39
Vorsatz	故意	21, 22
Vorteil, lediglich rechtlicher	纯获法律上的利益	28–31, 33, 41
W		
Wegfall der Geschäftsgrundlage	行为基础丧失	14, 18
Weisung des Vollmachtgebers	意定代理授权人的指示	38
Werklieferungsvertrag	承揽供给合同	20
Werkvertrag	承揽合同	13–15, 35, 36
Wettbewerbsverbot	竞业禁止	32
Widerruf Beispielsfall	撤回案例	1, 12, 23, 29, 39
- bei Beteiligung Minderjähriger	在未成年人参与(法律行为)情形中的撤回	29
- bei Fernabsatzgeschäften	在远程交易中的撤回	12, 23
- der Vollmacht ohne Erklärungsbewusstsein	撤回无表示意识之意定代理权	39
- Erklärung, konkludente Beispielsfall	默示的撤回表示案例	(无)
- Rechtzeitigkeit Beispielsfall	撤回的及时性案例	23
- Umdeutung in Kündigung	撤回转换为终止	23
Widersprüchliches Verhalten	自相矛盾的行为	13
Widersprüchlichkeit	自相矛盾	见 Perplexität
Willenserklärung	意思表示	(无)

(续表)

德语关键词	中文对译词	索引位置*
- Abgabe	意思表示的发出	4, 23, 27
- Abgabe in Rauschzuständen	酒醉/迷糊状态下发出意思表示	27
- abhanden gekommene	脱离的意思表示	4
- Auslegung	意思表示解释	见 Auslegung von Rechtsgeschäften
- Begriff	意思表示概念	3
- durch Schweigen	通过沉默发出意思表示	8, 16
- eines Minderjährigen	未成年人的意思表示	27–31, 41
- elektronische Übermittlung	电子传达意思表示	23
- empfangsbedürftige Beispielsfall	需受领的意思表示案例	2, 4, 14, 20, 21
- konkludente	默示的意思表示	8, 13, 31, 39
- Scheinabgabe	意思表示的表见发出	4
- Tatbestand (obj./subj.)	(客观的/主观的)意思表示要件构成	3, 20, 21, 38-40
- telefonische Beispielsfall	电话的意思表示案例	7, 17, 20
- Wirksamwerden Beispielsfall	意思表示的生效案例	4, 23
- Zugang	意思表示的到达	见 Zugang
Willensmängel Beispielsfall	意思瑕疵案例	17–21, 23
- beim Vertretergeschäft	在代理人行为中的意思瑕疵	38

(续表)

德语关键词	中文对译词	索引位置*
Willenstheorie	意思主义	3
Wucher	暴利	32
- ähnliches Geschäft	类暴利行为	32
Z		
Zitate in Hausarbeiten	家庭作业中的引注	第3编
Zug- um- Zug Beispielsfall	同时履行案例	（无）
Zugang Beispielsfall	到达案例	1, 4 - 7, 17, 18, 20, 23, 28, 31, 33
- an beschränkt Geschäftsfähige	对限制行为能力人（发出的意思表示）到达	33
- Anrufbeantworter	接电话人情形下的到达	7
- Beförderungsverzögerung	运送迟延情形的到达	6
- Briefkasten Beispielsfall	邮箱案例	1, 18
- E- Mail	电邮的到达	23
- Einschaltung von Hilfspersonen	辅助人参与情形的到达	6, 20
- Einschreiben	挂号信的到达	5
- Fiktion	拟制到达	5
- Telefax	传真到达	23
- unter Abwesenden Beispielsfall	非对话人之间的到达案例	1, 4, 6, 7, 18, 23
- Vereitelung	到达障碍	6
- unter Anwesenden Beispielsfall	对话人之间的到达案例	1, 7, 17

(续表)

德语关键词	中文对译词	索引位置*
- Verzicht	到达放弃	13, 31
Zurechnung	归责	3, 4, 20, 38
Zusendung unbestellter Ware	寄送未订购的商品	8
Zustellung	送达	5, 42
Zwingendes Recht	强行法	见 Recht

译后记

经红明兄介绍，并获李昊兄的慨允，我在 2015 年夏承接了尤科·弗里茨舍这本书的翻译。幸得李昊兄和陆建华编辑不时督工，本书初稿终在 2020 年春告竣。本书第一编、第二编第 1 至 12 个案件的译文，由中山大学德语系游小红老师辛苦校阅，后续内容由译者自行校阅。硕士生章也桢、史铭作为第一读者，通读了全部译稿，并提出了很多意见。陆建华、陆飞雁两位编辑审读极为细致认真，发现并更正了译稿中的多处问题。他们对本书的贡献，在此一并致谢。

由于翻译工作时辍时续，本书翻译时间跨度较长，译文风格前后有所差异。译稿完成后，我对此做过一些调整润饰，希望可以弥补一二。由于译校仓促，水平有限，译文讹误难免，敬请贤明的读者惠赐意见至 gutachten@zoho.com.cn。

2022 年，业师张俊浩先生和德国科隆大学 Klaus Luig 教授先后因病离世。师恩永远难忘，谨以这本译作纪念他们两位。

法律人进阶译丛

⊙ 法学启蒙

《法律研习的方法：作业、考试和论文写作（第9版）》，〔德〕托马斯·M.J.默勒斯 著，2019年出版

《如何高效学习法律（第8版）》，〔德〕芭芭拉·朗格 著，2020年出版

《如何解答法律题：解题三段论、正确的表达和格式（第11版增补本）》，〔德〕罗兰德·史梅尔 著，2019年出版

《法律职业成长：训练机构、机遇与申请（第2版增补本）》，〔德〕托尔斯滕·维斯拉格 等著，2021年出版

《法学之门：学会思考与说理（第4版）》，〔日〕道垣内正人 著，2021年出版

⊙ 法学基础

《法律解释（第6版）》，〔德〕罗尔夫·旺克 著，2020年出版

《法理学：主题与概念（第3版）》，〔英〕斯科特·维奇 等著

《德国基本权利（第6版）》，〔德〕福尔克尔·埃平 著

《德国刑法基础课（第6版）》，〔德〕乌韦·穆尔曼 著

《刑法分则I：针对财产的犯罪（第21版）》，〔德〕伦吉尔 著

《刑法分则II：针对人身与国家的犯罪（第20版）》，〔德〕伦吉尔 著

《民法学入门：民法总则讲义·序论（第2版增订本）》，〔日〕河上正二 著，2019年出版

《民法的基本概念（第2版）》，〔德〕汉斯·哈腾豪尔 著

《民法总论》，〔意〕弗朗切斯科·桑多罗·帕萨雷里 著

《德国民法总论（第42版）》，〔德〕赫尔穆特·科勒 著，2022年出版

《德国物权法（第32版）》，〔德〕曼弗雷德·沃尔夫 等著

《德国债法各论（第17版）》，〔德〕迪尔克·罗歇尔德斯 著

⊙ 法学拓展

《奥地利民法概论：与德国法相比较》，〔奥〕伽布里菈·库齐奥 等著，2019年出版

《所有权的终结：数字时代的财产保护》，〔美〕亚伦·普赞诺斯基 等著，2022年出版

《合同设计方法与实务（第3版）》，〔德〕阿德霍尔德 等著，2022年出版

《合同的完美设计（第5版）》，〔德〕苏达贝·卡玛纳布罗 著，2022年出版

《民事诉讼法（第4版）》，〔德〕彼得拉·波尔曼 著
《消费者保护法》，〔德〕克里斯蒂安·亚历山大 著
《日本典型担保法》，〔日〕道垣内弘人 著，2022年出版
《日本非典型担保法》，〔日〕道垣内弘人 著
《担保物权法（第4版）》，〔日〕道垣内弘人 著
《信托法》，〔日〕道垣内弘人 著
《公司法的精神：欧陆公司法的核心原则》，〔德〕根特·H.罗斯 等著

⊙ 案例研习

《德国大学刑法案例辅导（新生卷·第三版）》，〔德〕埃里克·希尔根多夫著，2019年出版
《德国大学刑法案例辅导（进阶卷·第二版）》，〔德〕埃里克 希尔根多夫著，2019年出版
《德国大学刑法案例辅导（司法考试备考卷·第二版）》，〔德〕埃里克 希尔根多夫著，2019年出版
《德国民法总则案例研习（第5版）》，〔德〕尤科·弗里茨舍 著，2022年出版
《德国法定之债案例研习（第3版）》，〔德〕尤科·弗里茨舍 著
《德国意定之债案例研习（第6版）》，〔德〕尤科·弗里茨舍 著
《德国物权法案例研习（第4版）》，〔德〕延斯·科赫、马丁·洛尼希著，2020年出版
《德国家庭法案例研习（第13版）》，〔德〕施瓦布 著
《德国劳动法案例研习（第4版）》，〔德〕阿博·容克尔 著
《德国商法案例研习（第3版）》，〔德〕托比亚斯·勒特 著，2021年出版

⊙ 经典阅读

《法学方法论（第4版）》，〔德〕托马斯·M.J.默勒斯 著，2022年出版
《法学中的体系思维和体系概念》，〔德〕克劳斯-威廉·卡纳里斯 著
《法律漏洞的发现（第2版）》，〔德〕克劳斯-威廉·卡纳里斯 著
《欧洲民法的一般原则》，〔德〕诺伯特·赖希 著
《欧洲合同法（第2版）》，〔德〕海因·克茨 著
《德国民法总论（第4版）》，〔德〕莱因哈德·博克 著
《合同法基础原理》，〔美〕麦尔文·艾森伯格 著
《日本新债法总论（上下卷）》，〔日〕潮见佳男 著
《法政策学（第2版）》，〔日〕平井宜雄 著